普通高等教育"十四五"国际经济与贸易专业规划教材

国际投资与跨国公司（第二版）

主　编　樊秀峰　薛新国

副主编　樊增强　王舒建　王增涛

西安交通大学出版社
XI'AN JIAOTONG UNIVERSITY PRESS

内容提要

本书对国际直接投资、国际间接投资以及跨国公司的基本理论、基本知识以及基本的经营技巧与管理技能进行了较全面、系统的介绍。全书共分十一章,第一章到第三章,分章具体介绍了国际投资的概念与基本分类、国际投资环境的分析与评估、国际投资风险的识别与防范等方面的基本理论与基本知识;第四章到第五章,分章具体介绍了国际间接投资理论、国际间接投资的基本类型及其决定因素等;第六章到第十一章,分章具体介绍了有关国际直接投资的组织载体——跨国公司(含跨国金融机构)——的基本理论、基本知识以及基本的经营管理技能,如跨国公司及其特征和基本类型、跨国公司直接投资的方式与抉择、跨国公司组织结构的基本形式与影响因素、跨国金融机构的国际投资等。

本书适合高等院校国际经济与贸易专业、世界经济专业以及经济类、管理类相关专业的大学生、研究生学习使用,亦适合广大的企业经营管理人员、对外经济贸易研究人员与业务人员学习参考。

图书在版编目(CIP)数据

国际投资与跨国公司/樊秀峰等主编. —2 版. —西安:西安交通
大学出版社,2013.8(2023.8 重印)
ISBN 978 - 7 - 5605 - 5631 - 4

Ⅰ. ①国… Ⅱ. ①樊… Ⅲ. ①国际投资-高等学校-教材②跨
国公司-企业管理-高等学校-教材 Ⅳ. ①F831.6 ②F276.7

中国版本图书馆 CIP 数据核字(2013)第 196817 号

书　　名	国际投资与跨国公司(第二版)	
主　　编	樊秀峰　薛新国	
责任编辑	魏照民	
出版发行	西安交通大学出版社	
	(西安市兴庆南路 1 号　邮政编码 710048)	
网　　址	http://www.xjtupress.com	
电　　话	(029)82668357　82667874(市场营销中心)	
	(029)82668315(总编办)	
传　　真	(029)82668280	
印　　刷	西安日报社印务中心	
开　　本	787 mm×1092 mm　1/16　印张 15.25　字数 363 千字	
版次印次	2008 年 8 月第 1 版　2013 年 9 月第二版　2023 年 8 月第 5 次印刷	
书　　号	ISBN 978 - 7 - 5605 - 5631 - 4	
定　　价	45.90 元	

普通高等教育"十四五"国际经济与贸易专业规划教材

编写委员会

学术指导：王洛林

总 主 编：冯宗宪

编委会委员（按姓氏笔画排序）：

策　　　划：魏照民

总　序

随着经济全球化和信息技术的发展，国际经济与贸易活动的环境、内容和方式都发生了重大变化。国际经济与贸易活动的内容不仅包括商品的跨国流动，还包括服务、技术以及知识的跨国流动，这些跨国流动比过去任何时候都规模更大、程度更高，同时也伴随着大量的劳动和资本的国际流动。对于国际经济与贸易方式，电子商务、电子结算等新的技术手段的出现和发展大大地减少了国际贸易的交易成本，提高了国际经济与贸易活动的效率，也使许多非贸易产品和服务变得可贸易。国际贸易产品提供者不仅要考虑东道国经济、政治和法律的影响，也必须考虑社会的、环境的、甚至伦理因素的影响。今天的跨国企业比过去任何时候都需要承担更多的社会责任，也比过去任何时候都将受到国际组织和贸易伙伴国相关规则的约束。

随着我国经济发展和对外开放规模的不断扩大，国际经济与贸易人才成为我国经济建设和社会发展需求量较大的人才，其人才培养模式多样化已成为必然的趋势。为了及时反映经济全球化和我国经济发展、对外开放的变化，促进国际经济与贸易领域人才的培养，发挥院校之间相互合作的优势，使国际经济与贸易专业的学生能尽快适应快速变化的国际经贸环境，西安交通大学出版社邀请了部分国内学有所长的专家教授编撰了这套普通高等教育"十一五"国际经济与贸易专业规划教材。为使这套教材的编撰有序地进行，还专门成立了教材编写委员会，由总主编、分主编和有关委员组成。各分册主编分别由具有一定实力的本学科学术带头人担任，组织编写人员时注意老中青结合、教学人员与科研人员结合。同时还建立了规范的编、审制度，每一分册的编写组拟出大纲，其框架和内容经过编委会详细讨论，最后由总主编和分主编审订。

这套教材具有如下特点：第一，涵盖了新环境下国际经济与贸易学科的主要领域和前沿课题，力图准确、全面、系统地阐述国际经济与贸易专业学生所应掌握的主要领域的最新知识和技能。第二，遵循规范化、国际化和本土化的要求。各教材尽量用现代主流经济学和管理学的规范化理论和研究方法阐述问题，也尽量与国际接轨，同时也特别注重理论和政策的中国化。不照搬西方理论，语言风格和具体案例尽量适合中国学生的学习兴趣，避免了一些翻译教材的语言晦涩和外国教材的距离感等问题。此外，特别对中国遇到的国际经济和贸易问题给予重点关注。第三，结构安排上最大限度地方便读者。各教科书每章的内容阐述前都明确列出了本章的重点问题,在章节内容讲述完毕后,都附有本章小结和思考练习题。

这套教材的作者们都来自教学和科研第一线,对国际经济与贸易的教材建设都有一些切身的感受和见解。教材经反复讨论、几易其稿,吸纳了各合作院校的独特风格,必将更加适合于学生的学习。

衷心感谢参加这套教材编写的教师们,正是由于他们的辛勤劳动,这套系列教材的编写工作才得以顺利完成。我还要真诚感谢西安交通大学出版社的领导和有关编辑,正是由于他们的支持和认真督促,这套教材才能够如期与读者见面。当然,也应看到,由于院校之间、编写者之间的差异性,教材中还是难免会出现一些问题和不足,欢迎选用本系列教材的教师、学生提出批评和建议,也希望参加这套教材编写的教师在今后的教学和科研实践中能够百尺竿头,更进一步,实事求是,不断改进,以使这套教材能够日臻完善。

王洛林
2008 年 8 月于北京

目　录

第一章　绪论

本章要点

1. 国际投资的含义与基本特征
2. 国际投资的主要类型
3. 国际投资与国内投资的联系与区别
4. 国际投资与跨国公司的关系

第一节　国际投资及其分类

一、国际投资的基本概念

国际投资(international investment)是指各类投资主体,包括跨国公司、跨国金融机构、官方与半官方机构和居民个人等,将其拥有的货币资本或产业资本,经跨国界流动与配置形成实物资产、无形资产或金融资产,并通过跨国运营以实现价值增值的行为过程。从这个定义可以看出,国际投资具有以下三个重要特征:

(一)多元化的投资主体

投资主体是指具有独立投资决策权并对投资结果负有责任的经济法人或自然人[①]。在国际范围内,所谓"经济法人"和"自然人"的内涵与外延相比国内要复杂得多,国际投资主体结构呈现多元化。这既表现在微观层面的投资主体多元化,还表现在宏观层面的投资国家和地区的多元化。长期以来,世界主要投资国一直为西方发达国家,美、日、西欧"大三角"国家的对外投资占全球对外投资的绝大部分。进入 20 世纪 90 年代,发展中国家特别是新兴工业化国家和地区对外投资迅速发展,从而使国际投资主体在国家与地区层面也呈现出多元化趋势。

具体来说,国际投资主体可分为以下四类:①跨国公司,是国际直接投资的主体。其在世界经济运行中的作用举足轻重。一些大型跨国公司如沃尔玛、微软、国际商用机器公司(IBM)的生产总值相当于世界一些小国的 GDP。因而,对跨国公司的研究也逐渐成为国际投资的研究重点。②国际金融机构,是参与国际证券投资和金融服务业直接投资的主体。其具体包括全球性金融机构和区域性金融机构。全球性金融机构主要有国际货币基金组织、世界银行、国际金融公司、国际开发协会、多边投资担保机构、国际清算银行等;区域性金融机构主要有亚洲开发银行、泛美开发银行、非洲开发银行等。③官方与半官方机构,是某些带有国际援助色彩的基础性、公益性国际投资的承担者。官方机构一般指一国政府,如对东道国政府发放贷款、

---

① 杨大楷.国际投资学[M].上海:上海财经大学出版社,2003:4.

出口信贷、投资基础设施建设等,这种国际投资一般是建立在友好的外交关系基础上的,往往有其他附加条件;半官方机构主要指超国家的国际性组织;④个人投资者,主要是指以从事国际证券投资为主的群体。

(二)多样化的投资客体

投资客体是投资主体加以经营操作以实现投资目标的对象。国际投资客体主要包括金融资产、实物资产和无形资产。金融资产主要包括国际债券、国际股票和金融衍生工具等。实物资产包括土地、厂房、机器设备、零部件和原材料等,实物资产又被称为有形资产(tangible assets)。无形资产(intangible assets)包括管理技术、生产诀窍、商标、专利、商业信息、销售渠道等可以带来经济收益的优势因素。在现代社会,一个国际投资主体可能采用一种投资客体形式,也可能同时采用几种投资客体形式,从而使国际投资客体形式呈现多样化与复杂化趋势。

(三)跨国性的资产运营

这是国际投资区别于其他国际经济交往方式的重要特征。例如,国际贸易主要是商品在国家与地区间的流通与交换,交换的目的在于实现商品的使用价值和价值;国际信贷主要是货币的贷放与回收,信贷的目的在于实现货币的增值。而国际投资蕴含资产的跨国运营过程,既具有获利性特征,还具有经营性特征。

二、国际投资的基本类型

(一)按投资期限划分

按投资期限的长短,国际投资可分为短期投资(short-run investment)和长期投资(long-run investment)。短期投资是指投资期限在一年以内的投资;长期投资是指投资期限在一年以上的投资。在现实生活中,国际投资一般都是长期投资。

(二)按投资目的划分

按投资主体的目的不同,国际投资可分为官方投资(public investment)和民间投资(foreign private investment)。官方投资主体是一国政府或国际公共机构,这种投资一般不以盈利为直接目的,往往带有援助性质或政治目的;民间投资主体是个人或具有法人性质的经济单位,其投资的主要目的是盈利。

(三)按投资方式划分

按投资方式的不同,国际投资可分为国际直接投资(international direct investment)和国际间接投资(international indirect investment)。国际直接投资又称对外直接投资(Foreign Direct Investment,简称FDI),是指投资者以拥有或控制外国企业经营管理权为核心,以获取利润为主要目的而进行的投资,其主要方式有独资企业、合资企业和合作企业等。国际间接投资又称为对外证券投资(Foreign Portfolio Equity Investment,简称FPEI),是指投资者仅以获取资本增值或实施对外援助与开发,而不以控制经营权为目的的投资行为,其主要方式有长期贷款、国际证券投资等。这一划分方法对于研究跨国公司经营与管理问题具有重要的理论与实践意义。因此,为人们研究跨国公司问题所常用。

国际直接投资与国际间接投资二者间的区别在于:

1.投资者对投资对象是否具有实际有效的控制权

"实际有效的控制权"的界限如何判定?目前,国际上还没有一个明确的界定。国际货币基金组织在《国际收支手册》中认为,拥有被投资企业25%以上的投票权就可以认为对国外投资企业拥有控制权;而美国商务部规定,美国公司对国外投资时如拥有某公司10％以上的投票权就可划为直接投资。但是由于不同国家不同企业的组织形式和股权结构不同,取得有效控制权所需的股权比例也是不相同的。一般国际惯例认为,超过企业资本10％的外国投资就可认为是国际直接投资①;而国际间接投资一般是通过国际证券市场进行的,投资者不构成对企业经营管理的有效控制。

2.资本流动形式的复杂程度不同

国际直接投资资本流动形式一般比国际间接投资资本流动形式更复杂。国际间接投资一般体现在货币资本的流动或转移;而国际直接投资除此之外,还包括其他资产形式,如人力资本、技术的流动或转移。

3.投资者承担的投资风险程度不同

国际直接投资直接参与企业的具体生产经营活动,且投资周期长,其收益也与企业经营状况密切相关。国际间接投资一般周期短,通过收取利息或股息收益获利,所以收益一般固定,投资风险要小于国际直接投资。

(四)其他形式

国际租赁、国际信托、国际工程承包等,也都属于国际投资行为。由于这些投资行为不像直接投资和间接投资那样属于纯粹的投资活动,而是与许多国际贸易活动紧密地联系在一起,其投资行为和目的均蕴含于商品或劳务贸易活动之中。因此,这类投资行为可称为国际灵活投资,即不同国家的当事人双方就某一共同参与的商品生产和流通业务达成协议,采取一些灵活方式进行的投资活动②。

三、国际投资与国内投资的联系与区别

(一)二者的联系

首先,两者都是投资行为。所谓投资,即是指投资主体为了获得预期回报,而将货币或其他形式的资产投入到经济活动中的行为过程。投资是市场经济中的普遍现象,具有风险性和收益性两个基本特征,且两者呈正相关关系,即预期收益越大,风险也越大,存在预期回报的不确定性③。在这方面,无论是国内投资还是国际投资都是一样的,都具有投资行为的基本特征。

其次,两者的定义相互依存而存在。国际投资是相对于国内投资的定义。就一国而言,参与国际投资包括引进外资与对外投资两个方面。作为跨国经济行为,国际投资涉及两类国家,即投资国与东道国。投资国亦称为资本流出国或对外投资国,是东道国的对称,是指从事对外投资活动的经济主体所在的国家。东道国亦称为资本流入国、资本接受国或被投资国,是指允许和吸收外国资本在本国进行投资和接受外国资本贷款的国家。在现实经济活动中,就一国而言,往往难以做出明确的投资国与东道国的划分,而就一项投资而言,一国是投资国还是东道国其身份是确定的。

① 吴晓东.国际投资学[M].成都:西南财经大学出版社,2005.
② 綦建红.国际投资学教程[M].北京:清华大学出版社,2005:4.
③ 张蔚.国际投资学[M].北京:北京大学出版社,2002:3.

(二)两者的区别

1.国际投资中的双重利害关系

由于国际投资活动的跨国性,决定其投资主体不论是一国政府还是一国的企业甚或私人,都会产生投资主体及其投资国与引资主体及其东道国这双重关系,而国内投资不存在国家之间的关系。所以,国际投资不仅涉及微观企业利益,还涉及国家利益,一些重大投资项目的利害关系经常上升到国家政治层面。

2.国际投资中的双重制约关系

国际投资主体除了要遵守母国的法律法规、制度政策外,还受到东道国法律法规、制度政策的约束,而国内投资只涉及本国政策法规的管制而不受外国的限制。除此之外,国际投资主体的合法利益也要受到国际双边、多边投资协定等国际条约的制约与保障。从这点来说,国际投资要承担更多的国际政治风险。

3.国际投资中的双重评价标准

在国际投资活动中,既要涉及母国货币,还要涉及东道国货币,这就使得国际投资活动成果的评价必须采用双重标准。除了用东道国货币作为衡量国际投资成果的标准之外,还需用投资国货币对其在当地投资的成果予以度量,由此同国内投资进行比较。而国内投资由于无需用外币衡量,其评价标准是单一货币。

4.国际投资中的多元目标定位

国际投资的直接目标往往要比国内投资复杂得多。由于国际投资往往与国内经济以及其他国际经济活动存在千丝万缕的联系,因此,不同的投资者,不同的投资项目,除了最终目标是追求利润最大化之外,他们的直接目标往往差异很大。从现实来看,国际投资的直接目标主要有以下几种:①避开贸易保护主义障碍,维护和扩大公司已有的国际市场份额;②维护与扩大垄断优势;③获得国外自然资源;④利用东道国廉价的自然资源和劳动力,降低产品成本;⑤获得经济信息;⑥获得国外先进技术。除此之外,投资者进行国际投资的直接目标还包括实现国内产业的升级换代,分散风险,转移污染等。

5.国际投资中的多重风险影响

在国际投资中,各国的政治环境不同,经济环境差异较大,法律环境也很复杂,同时还会遇上语言、风俗习惯等各方面的差异。因而,国际投资所面对的风险也更大:既有经济风险,如国际收支变化、汇率变动、外汇资金短缺等;又有政治风险和社会风险,如东道国的政策、法令法规的变化等。而国内投资由于环境单一且比较熟悉,投资风险相对较小。

第二节　国际投资的历史沿革

国际投资、国际贸易和国际技术转让是一国参与国际分工和国际经济合作的主要形式。国际分工是社会生产力发展的结果,同时又会促使社会生产力的进一步发展,也是国际投资、国际贸易、国际技术转让得以产生与发展的基础与起点。按照发展的先后顺序来看,资本在国际范围内的运动首先表现为商业资本的运动,即国际贸易;其次表现为货币资本的运动,即国际间接投资;再次表现为生产资本的运动,即国际直接投资。

一、国际投资的产生与发展

(一)国际投资的产生

国际投资是商品经济发展到一定阶段的产物,它伴随着生产的社会分工国际化而产生,伴随着国际资本的发展而发展。

在资本主义自由竞争阶段,世界经济开始形成。当时英国首先完成了工业革命,社会生产力的飞速发展一方面使机器大工业代替工场手工业,积累了大量资本;另一方面也使得英国开始向海外投资,寻求工业原料和生活资料,实质上形成了超越国界的资本主义剥削关系。此时,国际投资还处在萌芽状态。

在资本主义自由竞争阶段向垄断阶段过渡的过程中,以电力为标志的第二次科技革命使得生产力进一步发展,国际垄断组织开始形成。伴随着跨国银行的出现,银行资本和工业资本相互渗透融合,形成了巨大的金融资本,为大规模的资本输出提供了条件,以资本输出为特征的国际投资也随之形成。这一阶段的国际投资形式以借贷资本和债券投资为主体,因此又称作间接投资阶段。

国际商品资本、国际货币资本的发展,进一步加深了国际分工,促进了社会生产力的发展,资本在各国间的运动要求采取更高的形式,于是国际直接投资应运而生,其产生的重要标志是跨国公司的出现。大多数西方经济学家认为,国际直接投资产生于 19 世纪末和 20 世纪初,当时,一些发达资本主义国家的大型企业通过对外直接投资的方式在国外设立子公司,成为典型的现代意义的大型跨国公司。

(二)国际投资的发展

从国际投资的规模及方式的角度分析,通常将其发展历程划分为以下三个阶段:

1. 1914 年以前

从投资规模来看,整个 19 世纪的投资规模不大,而且 1914 年以前的国际投资以私人对外投资形式为主,是国际间私人投资活动的"黄金时代"。截至 1914 年,各主要债权国的对外投资总额已超过 410 亿美元,其中多为私人对外投资[①]。

从投资格局来看,主要的投资国是英国、法国和德国。英国曾长期占据主导地位,到 1914 年,其对外投资额已达 41 亿英镑,占全球对外投资额的 43%[②]。法国与德国虽然也进行了大量的对外投资,但规模远小于英国。到 19 世纪末,法国与德国对外投资总额平均占其国民生产总值的 2%~3%[③]。到 1914 年,全球国际投资流出存量为 440 亿美元,其中,英国、法国、德国和比利时等主要西方国家的对外投资总额分别为 180 亿美元、90 亿美元、60 亿美元和 55 亿美元[④]。

从投资方向来看,19 世纪初期英国的对外投资多投向欧洲大陆,1970 年以后则转向农产品和原料的重要产地,尤其是美国、澳大利亚、加拿大、阿根廷和新西兰。法国和德国到 19 世纪末才开始对外投资。法国的对外贷款受政治因素的影响,主要流向俄国、东欧和北欧的一些国家。德国对外投资主要集中在中欧、东欧的一些国家。

---

① 綦建红.国际投资学教程[M].北京:清华大学出版社,2005:4.
② A.G.肯伍德,A.L.洛赫德.国际经济的成长:1820—1990[M].王春法,译.北京:经济科学出版社,1997:22.
③ 世界银行.1985 年世界发展报告[M].北京:中国财政经济出版社,1985(11).
④ 联合国跨国公司与投资司.1994 世界投资报告[M].北京:对外经济贸易大学出版社,1995:174.

从投资行业来看,由于该阶段主要为英、法、德等发达国家对殖民地的投资,因此多面向初级产品产业,集中在铁路运输、矿物采掘、石油开采、热带植物种植等基础部门,对制造业的投资很少。

从投资形式上看,主要是国际间接投资。以当时世界主要国际投资输出国英、法为例:1913年英国有70.5%的对外投资为证券投资;法国也是以债权资本输出为主,故而有"高利贷帝国主义"之称。直到1914年,国际投资的90%都是证券投资,生产性直接投资仅占10%[①]。

这一阶段国际投资的主要特点有五个:

(1)投资规模不大,私人资本占据主要地位。

(2)投资国仅限于英国、法国、德国、美国、日本等少数国家,其中又以英国为主,其他国家的投资规模微不足道。

(3)投资主要集中在东道国的初级产业和基础设施建设。

(4)投资形式主要是对外提供贷款、购买债券和股票等对外间接投资,对外直接投资所占的比例很小。

(5)投资国从不平衡的世界经济发展中获得了巨大的收益。

2.两次世界大战期间

1914年至1945年,两次世界大战的爆发使国际投资活动受到了严重的影响,不仅使得对外投资总额有所下降(1945年第二次世界大战结束时,主要国家的对外投资总额下降到了380亿美元,还不及1938年412亿美元的水平[②]),而且使国际投资的格局也发生了重大变化。美国从一个国际净债务国变成了最大的债权国;英、法两国由于大量借款和削减对外投资,加之在国外投资的贬值,大大削弱了其债权国的地位;德国由于战争赔款、在协约国的投资被没收以及在其他地区投资的贬值,沦为一个净债务国。因此,第一次世界大战以后,美国取代英国成为新的国际长期资本的主要来源地。

1929年以后的11年间,由于世界性的经济危机以及危机后的大萧条,各国生产萎缩、经济发展停滞不前、国际货币体系崩溃、贸易保护主义抬头及各国普遍实施外汇管制、国际政治局势动荡不安等,导致新的国际投资中止,未清偿的国际贷款普遍不履约,发生了国际债务危机。在1929-1933年世界经济大危机期间,世界上工业国的产量下降了17%,世界贸易量下降了25%以上[③]。到第二次世界大战结束的1945年,美国、英国、法国、德国和日本5个主要投资国的对外投资额分别为170亿美元、140亿美元、60亿美元、10亿美元和零[④]。

在第二次世界大战期间,西方发达的资本主义国家只能借助武力进行对外资本扩张。在动荡不安、战火纷飞的国际大环境下,传统的私人对外投资受到了极大的影响。总体来说,国际投资活动在这一阶段处于停滞和动荡之中,西方各主要国家的海外直接投资在本阶段的年增长率不足1%[⑤]。

本阶段的国际投资方式仍然是以间接投资为主。例如,1920年美国私人海外投资中有

① 王东京.国际投资论[M].北京:中国经济出版社,1993:137.
② 张中华,李荷君.国际投资理论与实务[M].北京:中国财政经济出版社,1995:17.
③ 世界银行.1985年世界发展报告[M].北京:中国财政经济出版社,1985.12-13.
④ 中国社会科学院世界经济与政治研究所.世界经济统计简编(1978)[M].上海:三联书店,1979:421.
⑤ 世界经济统计年鉴[M].上海:三联书店,1974.

60％为证券投资；1930 年英国的对外投资中有 88％为间接投资①。

这一阶段国际投资的主要特点有以下四个：

（1）主要投资国的地位发生了重大变化，美国成为国际长期资本的主要来源地。

（2）私人对外投资仍在国际投资中占据主导地位，但官方对外投资规模迅速扩大。

（3）投资方式仍然以间接投资为主。

（4）债务危机导致国际投资违约事件频繁。

3.二战后至今

第二次世界大战之后，国际政治经济局势相对稳定，国际投资发展较快，在世界经济中的地位逐渐提高。具体来讲，这一阶段又可划分为三个时期：恢复增长时期、高速增长时期、稳定增长时期。

（1）恢复增长时期（1946—1970 年）。这一时期，国际投资在世界经济中的地位得到了较大的提高。由于第二次世界大战规模大、时间长、涉及国家数量多，各参战国的生产力都受到了极大的破坏，唯独美国成为战争的最大受益者。战后，美国凭借其政治经济实力，继续充当主要债权国的角色，美元成为主要的国际储备货币。凭借工业生产、对外贸易和黄金储备上的绝对优势，美国获得了世界政治、经济、军事等方面的霸主地位，迅速地进行了大规模的对外扩张。在 1946—1965 年间，美国的对外贷款和赠与总额达 840 亿美元，仅赠与即达 500 亿美元。1960 年底美国对外投资总额为 662 亿美元，而到 1970 年底，这一数字达到 1486 亿美元②。在这一阶段，美国私人资本和官方资本的对外直接投资均得到迅速增长，私人资本投资不仅总额超过了历史上的任何时期，其方式也由证券投资占主导地位转变为直接投资占主导地位。

在 20 世纪 50 年代，各主要西方国家的对外投资规模也迅速增长，但规模仍然有限，具有明显的恢复性质（见表 1-1）。英、法、德等国对外投资总和仅为美国的一半左右，其他西方国家的对外投资规模虽然也得到了较快的发展，但其所占比重仍然较小，国际投资发展中的这一阶段可以说是美国独霸天下的时代。

表 1-1　主要西方国家对外投资简表　　　　单位：亿美元

年份	美国	英国	法国	原联邦德国	日本
1960	662	220	115	31	5
1970	1 486	490	200	190	36

资料来源：中国社会科学院世界经济与政治研究所：《世界经济统计简编 1978》

到 20 世纪 60 年代末期，美国的国际收支持续出现巨额逆差。20 世纪 70 年代初，在世界经济发展不平衡规律的作用下，加上受国际石油危机的严重冲击，美国的经济地位受到影响。与此同时，随着国内经济的发展和引进外资规模的扩大，一些发展中国家和地区也开始发展对外投资。到 1969 年，发展中国家和地区的跨国公司已达 1 100 个③，印度、韩国、中国香港、新加坡、巴西、墨西哥、阿根廷、中国台湾省以及中东一些发展中国家和地区成为对外投资的新生力量。虽然从总体上讲这类国家和地区的对外投资在国际投资中所占的比例仍然较小，但发

---

①　世界经济统计年鉴[M].上海：三联书店，1974.

②　吴晓东.国际投资学[M].成都：西南财经大学出版社，2005：15.

③　陈琦伟.评发展中国家和地区对外直接投资的兴起[J].世界经济，1982(10).

展势头良好,在一定程度上打破了西方经济大国在国际投资领域的垄断地位。此外,当时的苏联和东欧各国也开始发展对外投资。

这一时期国际投资的主要特点有三个:①国际投资迅速恢复并呈现增长态势;②国际投资的格局再次发生变化,美国的世界债权国地位发生了动摇;③国际投资方式由以国际间接投资为主转变为以国际直接投资为主。

(2)高速增长时期(1971—1980年)。在这一阶段,国际投资在世界经济中的地位得到进一步提高。美国、英国、法国、原联邦德国和日本在国际投资领域仍保持领先地位,其中,美国仍然占据主导地位。西方经济大国既发展对外投资,又大力引进外资。到1980年底,美国对外投资存量达到6 069亿美元,引进外资存量为5009亿美元①。与1970年相比,美国对外投资余额增长了近4倍。在这一阶段,西方主要投资国的地位又发生了变化。后起之秀的日本在国际投资领域的地位日益提高,美国和西欧各国是日本对外投资的重点区域。在1970年之前,日本在美国的投资微不足道,而到1975年已增至5亿美元,以后逐年增加。日本在美国的直接投资占外国对美国的直接投资比例已从1960年的3.16%上升到1980年的6.2%②。到1980年底,日本已超过法国,成为继美国、英国、原联邦德国之后的第四大对外投资国。

进入20世纪70年代之后,发展中国家和地区的对外投资增长也较快。1970—1972年间,发展中国家和地区的对外投资存量仅为4 300万美元,相当于发达国家对外投资存量的0.33%。1978—1980年间,这一比例上升到1.64%③。新加坡、中国香港、韩国、菲律宾、阿根廷、巴西、墨西哥、委内瑞拉等发展中国家和地区既积极引进外资,又大力发展对外投资,成为发展中国家主要的对外投资国(或地区)。苏联和东欧一些国家的对外投资也得到了进一步的发展。尤为值得一提的是,在这一时期,石油输出国组织异军突起,成为国际投资领域的一支重要力量。1973—1974年与1979—1980年两次石油提价,使得石油输出国组织的经营账户出现巨额盈余,大量资本外流。在此期间,石油输出国组织在西方发达国家的存款为1 250亿美元,对外直接投资与证券投资为2 320亿美元,为国际货币基金组织提供贷款200亿美元,无偿援助非产油发展中国家810亿美元④。

这一时期国际投资的主要特点有三个:①对外直接投资形成了主导地位,国际直接投资所占比重进一步上升;②发展中国家和地区的对外投资增长较快;③石油输出国的"石油美元"成为国际投资的重要资金来源。

(3)稳定增长时期(1981年以后)。进入20世纪80年代,以美国为首的主要西方国家的对外投资总规模仍不断扩大,但增长速度明显放慢,进入稳步增长时期。同时,主要西方国家在国际投资中的相对地位也发生了进一步变化。在第二次世界大战之后的很长一段时间内,美国的对外投资发展迅速,大于其引进外资规模,在国际投资领域处于绝对的主导地位。但从1982年起,美国对外投资额增长极为缓慢,引进外资的发展速度却增长较快,国外净资产额逐年下降。例如,其1981年对外直接投资存量为2 283亿美元,到1984年增长为2 334亿美元,3年仅增长2.2%。到1985年第二季度,美国引进外资的存量超过其对外投资存量,由世界最

①　中国社会科学院世界经济与政治研究所.世界经济年鉴[M].中国社会科学出版社,1988:487.

②　张蕴岭.外国对美国直接投资的增长[J].世界经济,1983(12).

③　杰·阿加瓦尔.欠发达国家的对外直接投资[J].郑月泉,胡福润,译.世界经济译丛,1986—09.

④　仇启华.世界经济学[M].中共中央党校出版社,1989:333.

大的债权国变为债务国,并且净对外债务额逐年增加。但美国仍然是世界上最大的投资国,在国际投资领域依旧处于重要地位。与此同时,日本对外直接投资存量从1980年的365.2亿美元猛增到1986年的1 000多亿美元①,一跃成为世界上最大的债权国。西欧各国对外投资增长虽慢于日本,但远远高于美国,是国际投资领域一股重要力量,其中英法德等国在国际投资舞台上发挥着越来越重要的作用。至此,美国、日本和西欧三足鼎立的"大三角"国际投资格局得以形成。广大发展中国家虽然以更为积极主动的态度参与国际投资,既积极引进外资,又发展对外投资,参与国际投资的程度不断提高,但在国际投资领域仍处于从属地位。

自20世纪80年代以来,发达国家间的相互投资(也称交叉投资)不断增加,不仅在国际资本流动中占据2/3的比重,成为国际投资的主体,而且在全球直接投资中占有更加重要的地位,形成了明显的以德国为中心的欧盟圈、以美国为中心的北美圈和以日本为中心的亚洲圈,占据了发达国家间资本输入的93%和资本输出的91%②。不仅"大三角"内部的国际直接投资比重较大,"大三角"之间的相互投资也十分活跃。对美国投资的国家主要有英国、日本、荷兰、加拿大、原联邦德国和法国。英国、法国吸引外国投资也主要来自美国和日本。

在发展中国家,就吸引外资而言,拉丁美洲国家是吸收外国投资较早、较多的国家。亚洲的新加坡、韩国等国家和中国香港、中国台湾地区也不断吸收外国投资、引进先进技术,使外资成为其经济发展的重要因素。就对外投资而言,一些发展中国家在积极吸收外国投资的同时,也纷纷展开对外投资,主要有石油输出国组织成员国和一些经济发展较快的发展中国家和地区。

这一时期国际投资的主要特点有五个:①国际投资的格局再次发生重大变化,出现"三足鼎立"的新格局;②国际投资的流动方向转为以发达国家间为主;③国际投资出现了直接投资和间接投资齐头并进的发展局面;④投资行业由第二产业逐步转向第三产业;⑤国际投资的参与方式更加灵活,非股权参与方式获得了发展。

二、国际投资的发展趋势

随着全球经济一体化和投资自由化程度的进一步加深,国际投资已成为国与国之间经济活动的主要内容,对国际间的政治、经济关系正产生着深刻影响。20世纪末及21世纪以来,国际投资又出现了一些新的发展趋势,其主要方面可归纳为以下五点:

(一)国际直接投资持续增长

进入21世纪伊始,由于受全球经济衰退和2001年突如其来的"9·11"事件的影响,根据历年《世界投资报告》数据,2001年全球的外国直接投资流入量相比上一年猛跌41%,降到了8 180亿美元,这是10年来的第一次下降,也是30年来最厉害的一次下降。2002年下降17%,2003年持续下跌18%,全球外国直接投资流入量降至5 600亿美元。在全球195个经济体中,有108个经济体的外资流入额下跌。下降原因主要是世界大部分地区经济增长放慢,复苏前景不乐观。

2004年,由于流向发展中国家的外国直接投资强劲增长,全球外国直接投资流量在连续三年下滑之后略有回弹,世界外国直接投资流入量上涨到6 480亿美元。流入发展中国家的

① 刘昌黎.浅析80年代世界直接投资的形成[J].投资研究,1987(2).
② 陈宝森.新世纪跨国公司的走势及其全球影响[J].世界经济与政治,2000(8).

数额激增了 40％,达到 2 330 亿美元,但作为一个整体发达国家的外国直接投资流入量减少了14％。

2005 年,全球国际直接投资开始了全面的加速增长。2005 年,外国直接投资流入量在2004 年增长 27％的基础上又增长了 29％,达到 9 160 亿美元。所有主要分区域的外国直接投资流入量都出现增长,有的达到前所未有的程度,贸发会议涵盖的 200 个经济体中有 126 个的流入量增加。近年来国际直接投资具体情况如表 1-2 所示。

由表 1-2 可以看出,虽然经历了 2001—2003 连续三年的低迷期,从 2004 年开始,国际直接投资总量开始回升,而且增长势头迅猛。与此同时,发展中经济体异军突起,成为重要的FDI 来源。国际直接投资已经成为一种世界现象。

(二)跨国并购成为国际直接投资增长的主要驱动因素

与 20 世纪 90 年代后期的情形类似,跨国并购驱动了外国直接投资的近期增长。2005 年跨国并购的交易额和交易量均有所增加:金额增至 7 160 亿美元(比上一年增加 88％),交易量增至 6 134 宗(比上一年增加 20％),在全球国际直接投资总流量中所占的比重为 78％,已接近 1999 年跨国并购达到第一次高峰时的水平。这样高水平的并购尽管是跨国公司战略选择的结果,但也部分归因于 2005 年股市复苏带动的大宗交易:价值 10 亿美元以上的特大交易有141 起,接近 2000 年 175 起的峰值,总价值为 4 540 亿美元,是 2004 年交易价值的 2 倍以上,占全球跨国并购总价值的 63％。2006 年上半年,发达国家完成的跨国并购交易金额达到4 350 亿美元,与 2005 年同比增加了 48％,发展中国家的增速虽然相对低一些,但也达到了15％。

与上一次跨国并购的繁荣相比,目前的并购在发生的部门和产业分布上呈现出了一些变化。在新近的这次并购高潮中,初级产品部门的份额相对较高,而服务业的份额则比较低。2005 年最大的三个并购目标产业分别是采矿、采石和石油,而上次并购高潮中的两个领先产业,即交通储运通讯业和金融业则分别被挤到第二和第三的位置上,商业服务业则被挤出了前三名。当前的跨国并购高潮背后也有一些值得注意的因素差异,金融市场和网络经济的繁荣不再发挥关键作用,此外,考虑到经济增长提供的发展机遇,有理由认为当前的并购高潮主要是受公司的战略选择行为所驱动。在当前的并购中,出于机会主义考虑的因素作用很小,因而交易所涉及的产业数量比上一次繁荣阶段所涉及的产业要少。除了新型投资者如私募基金通常对所有产业投资之外,大多数跨国并购都是在同一行业内进行的[1]。

(三)跨国公司成为国际投资主体,国际战略联盟势不可挡

随着国际化大生产的发展,跨国公司在世界经济全球化中所起的作用越来越大。与此同时,跨国战略联盟也成为不可阻挡的趋势。所谓跨国战略联盟,是指多个相互竞争的跨国公司采取联合研究与开发、联合营销和互授特许权等形式,在共同利益的基础上,为了实现某一战略目标而建立的一种优势互补的合作伙伴关系,从而增强彼此的国际竞争力。据英国《经济学家》报道,目前全球大型跨国公司 90％以上已入盟,发展中国家为了从跨国公司获取技术含量较高的资本和管理经验,也纷纷创造条件与发达国家的跨国公司联盟,跨国战略已成为全球资本流动不可阻挡的趋势[2]。

---

① 冼国明,严兵.全球国际直接投资的发展趋势与前景[J].国际经济合作,2007(1).

② 胡帆.论国际直接投资发展趋势和中国的对策[J].当代经理人.下半月.2005(2).

表 1 - 2　1994—2005 年按区域及若干国家列出的外国直接投资流量

（单位：10 亿美元和百分比）

区域/国家	外国直接投资流入量							外国直接投资流出量						
	1994—1999（年平均值）	2000	2001	2002	2003	2004	2005	1994—1999（年平均值）	2000	2001	2002	2003	2004	2005
发达经济体	373.9	1 133.7	509.3	441.2	358.5	396.1	542.3	486.6	1 097.5	684.8	485.1	514.8	686.3	646.2
欧洲	220.4	721.6	393.1	314.2	274.1	217.7	433.6	326.6	871.4	474.0	281.7	317.0	368.0	618.8
欧洲联盟	210.3	696.1	382.0	307.1	253.7	213.7	421.9	304.2	813.1	435.4	265.8	286.1	334.9	554.8
日本	3.4	8.3	6.2	9.2	6.3	7.8	2.8	22.8	31.6	38.3	32.3	28.8	31.0	45.8
美国	124.9	314.0	159.5	74.5	53.1	122.4	99.4	114.3	142.6	124.9	134.9	129.4	222.4	12.7
其他发达国家	25.1	89.7	40.4	43.4	25.0	48.3	6.5	22.9	51.9	47.6	36.2	39.7	64.9	5.7
发展中经济体	166.4	266.8	221.4	163.6	175.1	275.0	334.3	64.9	143.8	76.7	49.7	36.6	112.8	117.5
非洲	8.4	9.6	19.9	13.0	18.5	17.2	30.7	2.5	1.5	2.7	0.3	1.2	1.9	1.1
拉丁美洲和加勒比海	65.2	109.0	89.4	54.3	46.1	100.5	103.7	18.9	60.0	32.2	14.7	15.4	27.5	32.8
亚洲和大洋洲	92.9	148.3	112.2	96.2	110.5	157.3	200.0	43.5	82.2	47.2	34.7	19.0	83.4	83.6
亚洲	92.4	148.0	112.0	96.1	110.1	156.6	199.6	43.5	82.2	47.1	34.7	19.0	83.4	83.6
西亚	3.1	3.5	7.2	6.0	12.3	18.6	34.5	0.4	1.5	1.2	0.9	2.2	7.4	15.9
东亚	58.5	116.3	78.8	67.4	72.2	105.1	118.2	32.3	72.0	26.1	27.6	14.4	59.2	54.2
中国	40.7	40.7	46.9	52.7	53.5	60.6	72.4	2.2	0.9	6.9	2.5	0.2	1.8	11.3
南亚	3.4	4.7	6.4	7.0	5.7	7.3	9.8	0.1	0.5	1.4	1.7	1.4	3.1	1.5
东南亚	27.4	23.5	19.6	15.8	19.9	25.7	37.1	10.7	8.2	20.8	4.6	5.4	14.7	12.0
大洋洲	0.5	0.3	0.1	0.1	0.4	0.7	0.4	0.0	0.0	0.1	0.0	0.0	0.0	0.0
东南欧和独联体	7.8	9.1	11.5	12.9	24.2	30.6	39.7	1.6	3.2	2.7	4.7	10.7	14.0	16.1
东南欧	2.2	3.6	4.2	3.9	8.5	13.3	12.4	0.1	0.1	0.1	0.6	0.2	0.2	0.5
独联体	5.6	5.4	7.3	9.0	15.7	26.3	27.2	1.5	3.2	2.5	4.1	10.6	13.8	14.6
世界	548.1	1 409.6	832.2	617.7	557.9	710.8	916.3	553.1	1 244.5	764.2	539.5	561.1	813.1	778.7
备注：占世界外国直接投资流量的份额														
发达经济体	68.2	80.4	72.0	71.4	64.3	55.7	59.2	88.0	89.2	89.6	89.9	91.7	84.4	83.0
发展中经济体	30.4	18.9	26.6	26.5	31.4	38.7	36.5	11.7	11.6	10.0	9.2	6.3	13.9	15.1
东南欧和独联体	1.4	0.6	1.4	2.1	4.3	5.6	4.3	0.3	0.3	0.4	0.9	1.9	1.7	1.9

资料来源：2006，世界投资报告.

(四)外国直接投资大多流入服务业,但升幅最大的在自然资源领域

根据有关占流入量很大份额的跨国并购的数据推断,服务业从国际直接投资的迅猛增长中获益最大,尤其是金融、电信和房地产业。服务业在国际投资中占支配地位并不是新现象,而制造业所占份额则在进一步急剧下降(与2004年相比,制造业在跨国并购出售额中的比例下降了4个百分点,在购买额中的比重下降了7个百分点),以石油行业为主的初级产品部门的跨国并购出售额增长了5倍,在总额中的比重增长了11%,如图1-1、图1-2所示。

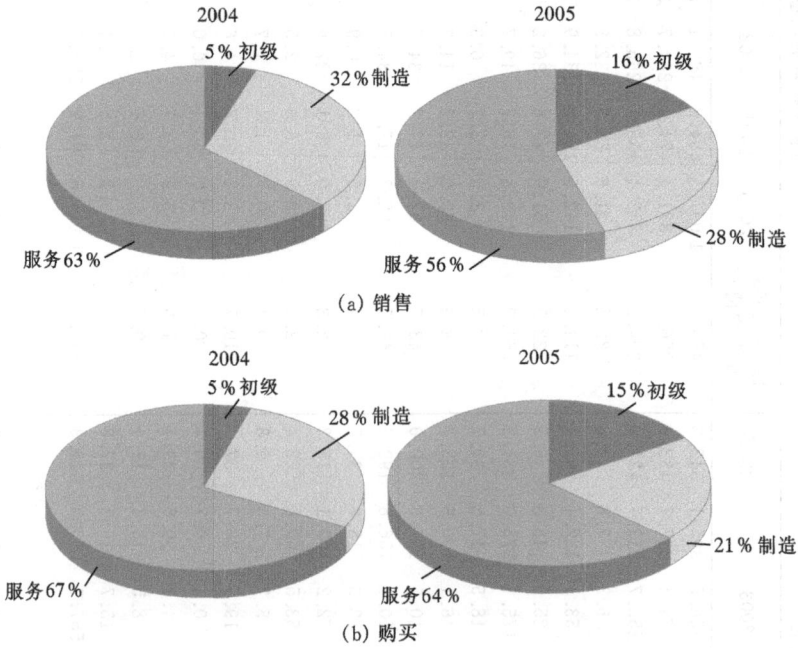

2004　　　　　　　　2005
5%初级　　32%制造　　16%初级
服务63%　　　　28%制造　　服务56%
(a) 销售

2004　　　　　　　　2005
5%初级　　28%制造　　15%初级
服务67%　　　　21%制造　　服务64%
(b) 购买

图1-1　2004—2005年跨境并购的部门分类(百分比)
资料来源:2006.世界投资报告.

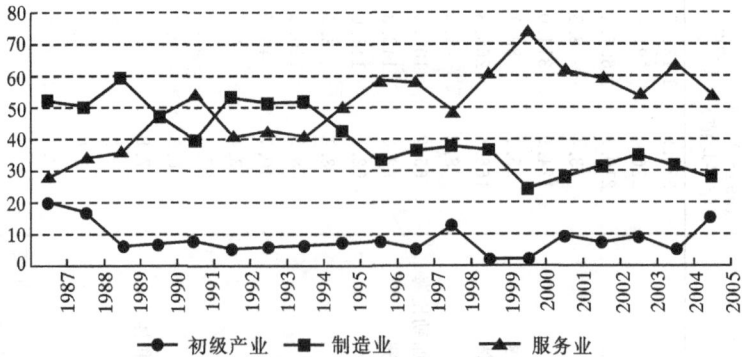

—◆—初级产业　—■—制造业　—▲—服务业

资料来源:2006.世界投资报告.

图1-2　1987—2005年跨境并购销售的部门分解(百分比)
资料来源:2006.世界投资报告.

具体来看,2005 年石油和天然气、公用事业(如电信和能源)、银行和房地产业是 FDI 的主导行业。石油产业在 1987 年以后首次成为最大的 FDI 接受产业,占了全部跨国并购销售额的 14%,紧随其后的是金融和电信。以上三个产业的并购活动占了并购交易总价值的三分之一。此外,大量 FDI 也投向建筑、交通和软件业等服务行业。在制造业内部,与初级产品相关产业的 FDI 有所增加:例如,石油精炼业的跨国并购额翻了一番、橡胶和塑料制品业翻了两番,金属制品业则增长了 6 倍。在经历了过去 20 年甚至更长时间的大幅下降之后,初级产品部门 FDI 的重要性在过去的几年里略有复苏,而服务业 FDI 的份额则持续上升。这样,一个必然的结果便是制造业部门在 FDI 流量和存量总体中的份额进一步下降。无论是内向和外向的 FDI,还是在所有组别的经济体中,情况基本都是如此。

(五)投资自由化仍在继续,但保护主义开始抬头

近年来,与外国直接投资有关的国际协议不断增多。截至 2005 年年底,双边投资条约总共达到 2 485 项,双重征税条约达到 2 758 项,还有 232 项包含投资规定的国际协议。一些发展中国家通过更多的南南合作积极参与这种规则的制定。一个显著的趋向是缔结进一步的自由贸易协定和建立各种有关投资的经济合作安排。国际投资协议的格局正在日趋复杂,近来的国际投资协议往往针对范围更广的各类问题,包括与健康、安全或环境等方面有关的公众关注问题。这种量和质的变化或许有助于为外国直接投资形成更具扶持性的国际框架,但也意味着政府和公司需要面对迅速演变的、多层次多方面的规则体系。

在与投资相关的管制方面,前些年的形态仍然如故:管制改革基本上促进了外国直接投资。这些改革主要是简化手续、加强激励、减少税收以及对外国投资者加大开放力度。然而,也有明显的相反动向。2005 年在世界许多地方都能看到人们关于自由化与经济保护主义的激烈争论。尽管 2005 年有利于 FDI 的政策变化仍占主流,但是许多现状使得东道国不再那么欢迎 FDI,这种不利变化达到了联合国贸发会有记录以来的最高水平。实际上,不利于 FDI 的政策变化所占比重正在稳步上升,从 2002 年的 5% 上升到 2005 年的 20%(41 项),如表1-3所示。这一比重在拉丁美洲尤其高,该洲有三分之二的政策变化中暗含着不利于 FDI 流入的措施。在大多数情况下,引入的不利于 FDI 的新措施都与自然资源开采相关。2006 年 5 月玻利维亚政府决定将其石油和天然气行业收归国有时,人们对这一问题的关注达到了顶峰。

虽然对 FDI 有利和不利的变化之间的平衡关系正在发生些许转变,但就目前来看,这种趋势仍主要局限于少数国家且主要与自然资源投资有关,投资自由化在相当长的时期内仍将是主导趋势。

表 1-3 1992—2005 年的国家管制政策

项目	1992	1993	1994	1995	1996	1997	1998	1999	2000	2001	2002	2003	2004	2005
投资制度实行改革的国家数目	43	57	49	64	65	76	60	63	69	71	70	82	102	93
管制改革的数目	77	100	110	112	114	150	145	139	160	207	246	242	270	205
更有利于外国直接投资	77	99	108	106	98	134	136	130	147	193	234	218	234	164
更不利于外国直接投资	—	1	2	6	16	16	9	9	3	14	12	24	36	41

资料来源:2006.世界投资报告.

第三节 国际投资与跨国公司

一、国际投资活动是跨国公司产生与发展的前提

首先,国际投资活动的产生与发展为跨国公司的出现创造了前提条件。这从国际投资活动的历史沿革中可以看到。第一次工业革命后,机器大工业得以建立,新兴资产阶级极力推动商品资本在世界范围内的运动,形成了流通领域内以国际贸易为主的国际经济联系。第一次科技革命后,新的工业部门不断涌现,人类生产活动的规模、广度及深度都达到了新的水平,这时生产领域内的生产要素供求乃至直接生产过程都开始突破国家的界限,走向国际化。首先是以国际间接投资形式(股票、债券投资)为主提供了货币资本要素,而后是以国际直接投资形式为主实现了产业资本运营国际化;20世纪80年代以后,则是两种形式相互作用、竞相发展,共同促进全球生产的一体化[①]。

其次,国际投资活动的繁荣与活跃为跨国公司投资方式多样化提供了条件。自跨国公司产生以来,直接投资和各种股权安排一直是国际产业转移的主要方式。但自20世纪末以来的本轮国际产业转移,其投资方式日趋多样化。除了原有的直接投资和各种股权安排外,间接投资和非股权投资越来越多。国际间接投资增长速度大大快于国际直接投资,国际间接投资规模已经超过国际直接投资规模。据统计,1995年至2001年发达国家向发展中国家进行的直接投资年增长速度为8%,而相应的间接投资年增长速度为15%。证券投资和跨国企业间并购日益成为国际投资和产业转移的主要方式。1995年至2001年证券投资规模在全球资本流动总额中所占比重由1995年的22%上升至2001年的75%以上,并有继续上升的态势。1995年跨国兼并金额为2 000多亿美元,2001年达到3 500亿美元左右,年平均增长速度为17.8%。值得注意的是,在发达国家企业收购和兼并快速发展的同时,发展中国家在国际直接投资和产业转移中,也越来越多地采用了这种方式[②]。

二、跨国公司投资是促进国际资本流动的重要形式

跨国公司是国际资本流动的产物,反过来它又是推动国际资本流动的主要力量和纽带。以跨国公司为主体的国际资本流动贯穿于全球经济、金融、贸易等各个环节和各个领域,对世界经济产生越来越大的影响。跨国公司进行的对外直接投资活动,推动了各种生产要素的国际流动,包括资本越出民族国家界限,在国际范围内运动。

首先,跨国公司促进了金融资本的国际间流动。战后,在跨国公司迅猛发展的推动下,跨国银行逐渐成为国际金融活动的主要参与者,极大地推动了金融资本的国际间流动。其次,跨国公司使生产和贸易在世界范围内完成,使商业资本与产业资本形成了更为紧密的国际规模的专业化分工和协作。最后,跨国公司加快了生产资本的国际化进程。跨国公司的发展深化了国际产业分工,使生产社会化高度发展,生产过程越出民族国家疆界,在国际范围内形成一个整体,每个国家的生产都成为整体中相互依赖和相互补充的一个组成部分。总之,生产资本的国际流动在专业化的基础上实现了更有效率的规模经济,带动了投入和产出的成倍增长,从

---

① 杨大楷.国际投资学[M].3版.上海:上海财经大学出版社,2003:7.
② 国际产业转移向我国中西部辐射.中新山东网,2006-10-25.

投资和商品交换两个方面引发了货币资本在国际间的加速流动,从而大大加快了资本的国际化。

跨国公司组织全球生产经营的主要手段是国际直接投资,在海外创办子公司或分公司。他们拥有雄厚的财力,而且往往同跨国银行交织在一起成为一种新型国际金融资本。跨国公司在全球范围内统一调配资金时,总是根据自身利益考虑,把资金调到最能获利的地方、最急需的地方、最安全的地方,既不考虑母国资本是否过剩,也不考虑东道国金融市场将会出现怎样的紊乱。它所采取的一些手法,如利用转移价格抽逃利润,在国际金融市场上进行各种有价证券和外汇的交易,利用子公司所在国之间利率的差异将借来的资金调到高利率地区贷出等,都会加剧东道国和相关国家资本市场的不稳定,从而影响国际投资市场的资金流向。

三、二者相得益彰是跨国投资方式不断创新的基础

国际资本市场的繁荣与发展为国际投资方式不断创新提供了巨大的历史空间。跨国创业投资就是20世纪90年代以来一个重要的投资方式创新。像跨国并购一样,跨国创业投资也是企业国内创业投资的跨国界延伸。创业投资最先出现在美国,经过半个世纪的探索,其不仅造就了微软、网景、雅虎、戴尔等全球高科技产业的佼佼者,而且带动了大批中小企业的发展。国际实践证明,创业投资尤其是跨国创业投资是各国加快科技成果产业化、发展高新技术型中小企业、培育新的经济增长点、加快产业结构调整的重要杠杆。目前创业投资对经济,特别是对高科技新型企业的促进作用,已得到了全世界各国普遍的肯定,创业投资企业也成为经济体系中最具有活力的、发展最快的部分。国际范围内创业投资的大力发展表明,创业投资的国际化趋势越来越明显,跨国创业投资已经成为国际直接投资(FDI)的重要组成部分。

(一)跨国创业投资及其发展历程

创业投资(venture capital,又译风险投资)已成为一个专有名词,它是指专业性或非专业性投资人员为具有一定增长潜力、可以快速成长、成为经济增长重要贡献者和增长点的新兴企业即创业企业[①]提供一定期限的股权性资金支持,并通过经营管理服务对所投资企业进行全方位培育和辅导,在企业发育相对成熟后通过上市、转让等手段退出所投资企业,以实现资本增值,然后开始新一轮投资的投资活动。创业资本是新兴企业(start-up)重要的股权资本来源。专业化管理的创业投资企业通常采取个人合伙制或由私人或公共养老金、捐资基金、基金会、工商企业、富裕个人、外国投资者以及创业投资家自身资金组成的封闭持股的股份有限公司形式[②]。所谓跨国创业投资,则是指跨越国界的创业投资活动。

创业投资的叫法最初出现于15世纪的西欧,随着所谓的"地理大发现"和随之而来的远洋贸易以及海外殖民地的发展,欧洲的一些投资者越来越多地投资于远洋探险,"创业投资"的概念开始出现,当时出现的东印度公司就是创业投资萌芽的标志。在19世纪末美国的铁路建设和油田开发中,被称作"天使资本"(angel capital)的创业投资有了进一步发展。

进入20世纪以来,一些资金实力雄厚的投资银行、金融公司和实业公司等也开始运用自

---

① 虽然高科技投资构成了创业投资的主要内容,且创业投资对高科技投资给予了极大的关注,但创业投资家同样投资于建筑、产品制造、商业服务等,有不少创业投资企业投资于零售业,而有的创业投资企业则仅仅集中投资于"社会责任"式创业活动。如美国的中小企业投资公司和加拿大的工会发起职工持股的创业投资基金。

② 张蔚,徐晨,陈宇玲. 国际投资学[M]. 北京:北京大学出版社,2002:56.

有资金直接向创业企业投资,出现了企业附属的创业投资。与富有的个人的天使资本一样,企业附属的创业投资均属于直接投资,其投资仍然是分散进行的,尚未实现组织化和制度化运作。

20世纪40年代,为了适应新兴中小企业发展对于创业资本的巨大需求,"美国研究与开发公司"(ARD)应运而生,标志着高度组织化、制度化的创业资本——创业投资基金——产生。创业投资基金的投资者并不是直接投资者,而是以出资者身份出现的间接投资者。以创业投资基金形式从事的创业投资,一是保证了资金来源,从而可以通过对多个企业或项目实现一揽子组合,有效地分散和规避投资风险;二是通过专业机构的"专家管理",充分发挥资本运营优势,在对所投资企业提供资金支持的同时,还从信息咨询、产品开发、决策管理、市场营销、资产重组与融资安排、物色专业人才和战略伙伴等各个方面为所投资企业提供资本经营服务,并提高其在市场中的知名度和信誉。创业投资基金实现了创业投资运作的专业化、机构化和制度化,是创业投资的高级形式,也是现代创业投资的主流形式,并于20世纪70年代以来逐渐发展成为一个独立的产业。

随着创业资本的迅速发展,一方面创业资本的资金来源日益国际化,外国投资者也成为国际创业资本的重要资金来源;另一方面,创业资本投资地区也日益国际化。一些国家尤其是新兴市场和发展中国家为发展本国的创业投资也采取了"请进来、走出去"的办法。所谓"请进来"是指积极创造条件大力引进国外创业资本。这方面以色列最为典型,也最为成功。所谓"走出去",是指为了学习外国创业投资的先进经验和开拓国外市场,鼓励本国创业投资机构到国外学习"取经",并积极向国外发展。日本的JAFCO就是"走出去"方面比较成功的例子。

伴随着创业资本日益国际化发展的同时,国际创业资本的发展也呈现出多样化与集中化的发展趋势。所谓多样化趋势,即是说国际创业投资在资助创新产品或服务开发的同时,其创业投资的范围越来越宽泛,信息产业、生物技术等日益成为其创业投资的热点;所谓集中化趋势,即是说国际创业资本主要集中于北美和西欧国家。目前,美国创业资本占全球创业资本的75%,欧洲创业资本占全球创业资本的20%,亚洲仅占5%,而非洲、南美洲和亚欧内陆其他地区仅占1%。另外,这种集中化趋势还表现在一个国家或地区的内部,创业投资也主要集中于一个国家或一个地区内的几个地方。

(二)跨国创业投资的基本特性

1.跨国创业投资的高不确定性与高风险性

首先,创业投资的过程本身就具有较高的风险,而跨国界因素又带来了附加风险,如政治风险、汇率风险和高代理成本等;其次,在创业资本的运营过程中存在着资本的两级委托代理问题,即投资者与创业投资家之间、创业投资家与创业企业之间的委托关系,由此产生的信息不对称在创业企业运营中引起了逆向选择和道德风险问题。

2.跨国创业投资条件的苛刻性与复杂性

作为一种股权投资,创业投资的资本增值收益是通过股权转让退出创业资本而实现的,所以创业资本的退出问题独具特点。因此,作为一种特殊形式的国际直接投资,跨国创业投资产生的条件更具复杂性,其对外部环境的要求更为苛刻。

(1)国际投资环境。国际投资环境为跨国创业投资提供国际资本运作的条件。目前,随着经济全球化与金融全球化,适合跨国创业投资的国际资本市场条件正日益成熟。首先,全球经济一体化的运动使得全球经济壁垒逐渐降低,从而推动了资本市场国际化的发展,创业资本的跨国界流动更加通畅；其次,对技术创新的追求增加了对创业资本的需求,相应地也拉动了创业资本的供给,国际创业资本市场的供求关系得到了改善。

(2)东道国创业投资环境。东道国对创业投资的规制和国内创业投资业的活跃性是吸引跨国创业投资的基础。基于对创业投资重要性的认识,许多国家制定了专项政策以吸引国际创业资本。东道国创业投资业的发达程度和集聚效应(区域集聚和行业集聚),对国际创业资本的进入起着重要的引导作用。

(3)创业投资退出环境。创业投资是靠资本的退出来实现其投资收益的,所以对退出环境的要求显得尤为重要。退出环境一般包括资本市场特别是 IPO(公开上市发行股票)市场、政策环境、法律环境和国际环境等,这些因素决定了国际创业资本从东道国国内渠道和国际渠道退出的选择和效益。

(三)跨国创业投资的进入模式①

1.跨国创业投资进入模式的独特性

国际直接投资进入模式,是指投资方的资本、技术、管理技能等生产要素进入他国市场的途径以及相关的法律制度安排。传统的国际直接投资进入模式一般都要涉及一国企业对另一国企业的管理控制。相比而言,跨国创业投资的进入模式显然有其独特性:

(1)跨国创业投资不追求对所投资创业企业的资产控制,通常以可转换优先股、可转换债券等特别的股权安排来投资。

(2)投资方通过创业投资家对所投资创业企业提供增值服务,提高创业资本的运营效率,使得投资方和引资方的合作关系更为密切。

(3)跨国创业投资要依靠创业资本的跨国退出来获得投资收益,对引资方的资本市场环境和政策法规环境要求较高。

2.跨国创业投资的主要进入模式

(1)直接投资。根据投资方数量的多少,可以把直接投资进入模式分为两种:①独立直接投资。境外投资者单独对东道国创业企业进行投资。跨国公司附属的创业投资公司大多采用这种模式。独立直接投资其经营战略明确,资本退出比较容易(必要时可以在跨国公司内部转让)。专业创业投资公司进行独立直接投资时,主要是对项目的投资预期看好。②联合直接投资。境外投资者联合其他创业投资者对东道国创业企业进行投资,联合方既可以是境外创业投资公司也可以是东道国的创业投资公司。联合直接投资的主要目的:一是分散创业投资风险,二是拓宽资本退出的渠道。

(2)间接投资。由于投资环境差别较大,创业资本的进入、运作和退出的不确定性和风险性随之加大,为减少投资风险,投资方会通过与东道国创业投资机构合资的方式进入。根据合资方式的不同,间接投资进入模式分为两种:第一是联合间接投资;第二是委托间接投资。

本章小结

(1)国际投资(international investment)是指各类投资主体,包括跨国公司、跨国金融机构、官方与半官方机构和居民个人等,将其拥有的货币资本或产业资本,经跨国界流动与配置形成实物资产、无形资产或金融资产,并通过跨国运营以实现价值增值的行为过程。国际投资

---

① 跨国创业投资新动向概览[N].http://www.500wan.net/2006－3/0632122441437037.htm

的三个重要特征是：多元化的投资主体、多样化的投资客体、跨国性的资产运营。

(2)国际投资的基本类型，按投资期限，可分为短期投资和长期投资；按投资主体的目的，可分为官方投资和民间投资；按投资方式，可分为国际直接投资和国际间接投资。

(3)国际投资的发展可分为三个阶段：1914年以前、两次世界大战期间、二战后至今。进入20世纪70年代以来，国际投资的发展超过了以往任何时期，国际投资已成为国与国之间经济活动的主要内容。跨国公司是国际投资的重要组织载体。

(4)国际投资活动是跨国公司产生与发展的前提；跨国公司投资是促进国际资本流动的重要形式；二者相得益彰是跨国投资方式不断创新的基础。跨国创业投资就是20世纪90年代以来一个重要的投资方式创新。

关键术语

国际投资　国际直接投资　国际间接投资　创业投资　跨国创业投资

思考练习题

1. 试述国际投资与国内投资的联系与区别。
2. 国际投资的基本类型有哪些？
3. 简述20世纪70年代以来国际投资发展的新特点。
4. 试分析国际投资与跨国公司二者之间的辩证关系。
5. 跨国创业投资与其他国际投资方式相比有什么不同？
6. 简述跨国创业投资进入模式及其独特性。

第二章 国际投资环境

本章要点

1. 国际投资环境的定义和特点
2. 国际投资环境的因素及分析
3. 国际投资环境的评估原则及方法

第一节 国际投资环境及其特点

一、国际投资环境及其主要类型

(一)国际投资环境的定义

所谓环境总是对于某一中心事物而言的。环境会因中心事物的变化而有不同的指向。"环境"本是自然科学的术语,我们通常所称的环境指的是人类的环境。在经济学领域,环境是指经济主体从事经济活动中对其产生影响的各种外部条件的统称。

国际投资环境是指在一定时间内,东道国或某一地区存在着的决定和影响国际投资活动进行和预期投资收益的各种因素及其相互依赖、相互制约所形成的有机统一体①。它是进行国际投资活动的外部条件。与国内投资相比国际投资要面对更加广阔的区域、涉及多个国家,而且各个国家的经济发展状况、政治法律制度、宗教信仰、民族习惯、语言文字等都不尽相同,因而要面临更多的风险和不确定性。国际投资环境相对显得更加复杂,对投资活动的影响也就更大。因而国际投资能否顺利地进入投资目的地,国际投资活动能否在当地有效地开展并获得预期的投资收益,就与国际投资的外部环境有着直接的关系。对于复杂多变的国际投资环境而言,国际投资活动的主体是难以把握和驾驭的,必须用全方位的思想、多角度的眼光加以审视,尽可能地适应和顺从它的变化,从这个意义上说,国际投资环境是决定国际投资成败的关键因素。本章主要从国际直接投资视角出发来分析国际投资环境。

(二)国际投资环境的分类

国际投资环境由多种因素组成,虽然在不同的时期各个因素对单个或整体国际投资活动的影响程度各不相同,但是各种因素相互作用,相互影响,共同构成了国际投资的外部环境,持续地影响着国际投资活动的进行和它的效益。

---

① 闫定军,周德魁,刘良云.国际投资[M].北京:清华大学出版社,2005:60.

1．按投资环境各个组成因素的属性划分，国际投资环境可划分为自然资源环境、经济、社会文化、政治和法律等环境因素

自然资源环境包括一国或地区的土地、矿藏、石油、森林、水、太阳等自然资源以及对其开发利用和保护状况；经济环境因素涉及一个国家和地区的经济体制和经济政策、经济发展水平及其发展前景、市场规模及其准入程度、生产要素市场的完善程度、科技发展水平及其社会基础设施等；社会与文化环境因素涉及一个国家或地区中人们的处世态度、价值取向、道德行为准则、教育程度、风俗习惯等；政治环境因素涉及一个国家和地区的政治体制、政党体制、政治的稳定性、政府对外资的态度、国家政治关系等；法律环境因素涉及本国和东道国颁布的各种法规以及各国、各地区之间缔结的贸易条约、协定和国际贸易法规等。

2．按投资环境的表现形态划分，国际投资环境可划分为硬环境和软环境

硬环境泛指与投资直接相关的物质条件，主要包括自然地理条件，即地理位置、资源、气候等和基础设施结构。软环境则指对投资有重大影响的社会、人文方面的因素等。

3．按各种因素对国际投资活动的影响程度划分，国际投资环境可分为一般环境和具体环境

一般环境是指可能对国际投资的经营活动产生影响但其影响的相关性及其程度并不十分清楚的各种因素，包括政治、法律、经济、社会文化、自然等因素。一般环境对国际投资的影响通常不是直接的，但有可能对其产生某种重大的影响。具体环境是指对国际投资目标的实现有着直接影响的外部环境，包括资源供应者、竞争者、服务对象、政府管理部门及社会上的各种利益代表组织，这些因素与国际投资的活动有着直接的密切的联系。

4．按环境包含因素的多少，国际投资环境分为狭义和广义的投资环境

狭义的投资环境是指国际投资的经济环境，即东道国的经济发展水平、经济体制、金融市场、外汇状况等。广义的投资环境是指除经济环境外，还包括自然、政治、法律、社会文化等对投资发生影响的所有外部因素。

二、国际投资环境的主要特点

（一）综合性

国际投资为了预期的收益总要在一定的时间和空间进行活动，所以就要受到当时当地多种因素的制约与影响。国际投资环境是由影响投资流量、流向及效益的政治、经济、社会文化、自然等许多因素交织而成的一个矛盾综合体。在众多的因素中，有的对投资的流量、流向、效益起决定作用或主要作用，有的起次要作用或补充作用。一国或地区的投资环境可能在某些方面具有优势，而在另一些方面却处于劣势，它们都或多或少地对国际投资产生影响，形成整体"合力"后才具有吸引外资的功能，并对国际投资产生持续性的影响。因此投资者在进行投资决策时，必须对东道国的各种因素进行综合分析、统筹考虑。只强调投资环境的某一因素或几个因素，都会陷入片面性。

（二）系统性

国际直接投资环境涉及范围广，包含内容多，各个因素既有各自独立的性质和功能，又是相互联系，相互作用的，它们共同构成一个有机的整体，这个整体系统功能的强弱不仅取决于各个因素的状况，而且还取决于各种因素相互间的协调程度，这就是国际投资环境的系统性。在这样一个纷繁复杂的庞大系统中，任何一个因素的变化，都可使涉及投资活动的其他因素发生连锁反应，进而导致整个投资环境的变化，影响到投资者对投资环境的评价。这里有两点值

得注意:①投资环境的各种构成因素的相互作用包括正面作用和负面作用,一种有利的环境因素通常会使已有的各种环境因素更好地发挥作用,也会促进其他因素朝着对投资有利的方向发展,进而使整个投资环境得到优化。反之,一种不利的环境因素也会阻碍已有的各种要素发挥作用,对其他因素的变化也会产生负面影响,进而使整个投资环境恶化。②各种环境因素间的相互协调表现为各因素的相互适应和配套,各因素处于各自的合理区间内,在各因素的相互作用中,各因素间的正负面作用的比较情况决定了各种因素的协调程度。因此,国际直接投资环境的分析,要善于运用系统分析的方法,在把握整个系统功能的基础上,分别考虑各子系统的结构功能。

(三)动态性

从时间的角度来看,国际投资环境是一个动态的开放系统,它总是处在不停的变化之中。因为构成国际投资环境的各种因素都不是一成不变的,总是处于不断变化之中,有些因素逐步改善,有些因素逐步恶化。因而投资环境的动态发展,既可能带来投资环境的改善,也可能带来投资环境的恶化,会给国际投资带来新的机会和威胁。同时,对国际投资环境的评价标准也不是一成不变的,会因经济条件的变化而变化。在变化的评价体系中,有些因素会变得越来越重要,有些因素的地位则相对下降,从而会诱发投资环境的趋向性变化。国际投资环境的动态性要求国际投资不仅要全面考虑国际投资环境的现状,还要分析和预测未来若干年投资环境的可能变化,同时对投资环境的观察和分析不是一时一事的工作,要善于密切观察投资环境的变化,以便采取适时适地的反应行动,不断提高对国际投资环境变化的应变能力,以便做出科学决策。

(四)客观性

国际直接投资环境作为一种客观存在,是不以国际投资主体的意志为转移的。外部环境因素的变化对于国际投资来说是不可控制的,如不可能控制东道国的政策法令,不可能控制人口的发展及变化趋势。尽管环境因素对国际投资来讲不可控制,但许多环境因素的变化对国际投资构成的影响是可以通过努力得到改变的,即国际投资活动在不可控制的环境因素面前不是完全被动的。因此,国际投资对投资环境的适应不应该只是一种消极的反应,而应该是在对环境的透彻了解基础上的能动反应。

(五)复杂性

对于国际投资环境的研究与考察,可以通过考察了解很多国际投资活动面临的潜在或显现的变量来进行。但是外部环境中的影响因素的数量和种类几乎是无限的,任何一种研究都不能奢望考察全部因素。而且从动态的角度看,投资环境是在不断变化的,这种变化使国际投资环境进一步复杂化。认识到外部环境的复杂性,就需要更加重视当前直接相关的和紧迫的影响因素,而不是企图考虑到所有可能的偶发事件。

第二节 国际投资环境因素分析

一、自然资源环境因素

自然环境是人类赖以生存、发展所必需的各种自然条件和自然资源的总称①。自然环境既为人类提供了生存环境,也为人类生存提供了必要的资源,自然资源是自然环境的重要组成

---

① 韩福荣.国际企业管理[M].北京:北京工业大学出版社,2006:157.

部分。

　　自然资源是指自然环境中与人类社会发展有关的、能影响劳动生产率以及被利用来产生经济价值,从而提高人类当前和将来福利的各种要素和环境条件。从广义上来说,自然资源包括全球范围内的一切要素,它既包括过去进化阶段中无生命的物理成分,如矿物,又包括地球演化过程中的产物,如植物、动物、景观要素、地形、水、空气、土壤和化石资源等。自然资源是人类生活和生产资料的来源,是人类社会和经济发展的物质基础。

(一)自然资源环境的分类

　　自然资源从不同的角度可以有多种分类。从形态上可分为有形自然资源和无形自然资源。有形自然资源包括土地资源、水资源、植物资源、海洋资源、能源资源、矿产资源等;无形自然资源包括光资源、热资源、风资源等。

　　按自然资源的增殖性能,可分为可再生资源,如气候资源、水资源、地热资源;可更新资源,如生物资源、土地资源;不可再生资源,如能源资源、矿产资源。

　　按自然资源与人类社会生活和经济活动的关系,一般可分为矿产资源、土地资源、水资源、气候资源、生物资源、海洋资源。

　　从可持续发展的角度出发,自然资源可划分为耗竭性资源和非耗竭性资源。非耗竭性资源,包括恒定性资源如太阳能、风能、潮汐能,与易误用而污染的资源,如大气、水能和水资源。耗竭性资源又包括可更新性(再生)资源和不可更新性(不可再生)资源。

(二)自然资源环境分析的内容

1.自然资源状况

　　自然资源状况主要是指资源的分布、质量以及可使用性。

　　自然资源是自然界提供给某国的各种形式的财富。自然资源的分布很不平衡,数量上和质量上也有着显著的地域性差异,并有其特殊的分布规律。自然资源的地域分布受太阳辐射、大气环流、地质构造和地表形态结构等因素的影响。由于影响自然资源地域分布的因素基本上是恒定的,在特定条件下必定会形成和分布着相应的自然资源区域,所以自然资源的区域分布也有一定的规律性。例如从世界范围来看,探明储量约占世界总储量的58%的石油,集中在波斯湾石油沉积盆地,全世界煤炭总量的87%分布在美国、中国和前苏联三大国或地区等。因此,各国的自然资源的质量、数量以及可使用性有着很大的差异,其对国际投资者的经营活动会产生不同的影响。如自然资源蕴藏的品种、数量、开采的难易程度和开采成本,投资所在地与未来市场的距离,交通运输条件以及气候等都会对投资项目决策造成不同的影响。

　　对于资源短缺的国家而言,可以向其出口产品;对资源丰富的国家而言,则可以利用其资源,在当地投资建厂进行生产,并就地销售所生产的产品。一国或地区某些自然资源短缺或即将短缺,国际市场能源价格变动很大等都会对国际投资者产生严重影响。

2.自然资源保护状况

　　随着环境意识的普遍增强,人们开始担心自然资源的供应问题。目前,可持续发展的战略已为全球所接受,许多国家正在实施这种发展战略。可持续发展的根本思想就是要合理地开发利用自然资源。这样一国的环境保护政策就会改变自然资源的开发及使用成本,影响自然资源的市场供应状况①。当然,不同国家的经济发展水平不同,对自然资源保护的重视程度存

---

①　〔英〕伊恩·沃辛顿 克里斯·布里顿,著.企业环境[M].徐磊,洪晓丽,译.经济管理出版社,2005:112.

在很大的差异。一般来说,发达国家环境保护意识强,措施得力;发展中国家环境保护意识就相对较差,尤其在实际当中,更看重经济发展。

3.开发和利用自然资源的技术使用状况

人类社会和科学技术的发展推动了自然资源范畴的扩展。回顾人类社会的发展历程,在不同的发展时期,伴随不同技术的发展,拓展了与新技术相适应的新资源。自然资源的内涵随着时代而变化,资源消耗效率的提高,新的资源的开发,不断地改变着自然资源的供应和消费,而且通信、运输等成本也大幅度降低,使自然资源在国际投资决策中的重要性大大下降,自然地理环境因素对国际投资的影响不断下降。

科学技术能使人类发掘出新的资源,替代原有的自然资源,却不能完全解决资源危机问题,因为资源的有限性在本质上是无法改变的,可替代资源的品种也是有限的。依靠科技进步,提高现有资源的利用率,拓展可利用的资源范围,是对待资源有限性的重要选择。但是科学技术的发展一方面使消耗自然资源的成本不断降低,另一方面使人们生活水平的提升建立在直接或间接大量消耗自然资源的基础上,从而使得对自然资源的消耗总量在不断地增加,对自然环境的压力愈来愈大。

二、经济环境因素

经济环境是指东道国的经济发展状况、宏观经济运行状况、经济体制和各种经济政策等经济因素①。国际投资的目的和动机,是为了开拓新市场,获得廉价生产要素,提高国际投资利润率,而这些动机和目的的实现,必然直接受到东道国和世界经济环境中各因素的影响和制约。因此,经济环境是影响国际投资的众多因素中最直接、最基本的因素。

(一)经济体制和市场体系的成熟和完善程度

经济体制简单地说就是一个国家经济的协调机制,也是一个国家的基本经济制度,它直接决定社会经济资源的配置原则和经济运行的方式及方法等。主要以价格机制的调节功能来协调经济活动的是市场经济体制;主要以行政机构的行政命令来调节经济活动的属于计划经济体制。不同经济制度下国家的目标取向是不同的,会对整个社会的经济活动产生根本性的影响,并直接影响到投资的目标定位和管理程序及管理方法等。就是同属于市场经济体制的国家,其市场经济体制的特点也不尽相同,市场经济的发展水平也不平衡。如有的国家的市场经济体制带有较强的自由性,表现为政府对企业的经营活动干预程度很低;有的国家的市场经济体制则带有较强的计划性,表现为政府对企业的经营活动干预程度较高。一般地说,发达和成熟的市场经济以及相对自由的经济政策,对投资者有着较强的吸引力。

经济体制影响到一国国民经济的各个方面。例如,政府与企业的关系,生产要素的定价方式,劳动就业体制,商品流通体制以及与此密切相关的法律体系。目前西方发达国家一般实行以市场机制为主的市场经济体制。但在广大发展中国家,由于市场经济不成熟,欠完善,加上法制不健全,则普遍存在着政府过度干预甚至操纵企业和个人的微观经济活动,政企不分,国有企业占很大比重,效率低下,私营经济发展缓慢等问题。经济体制和市场体系是否完善,决定着国际投资者获得经营资源的难易程度和经营收益的高低。如果产品市场和要素市场不完善,国际投资者的投资和生产经营活动就难以正常运行。

---

① 闫定军,周德魁,刘良云.国际投资[M].北京:清华大学出版社,2005:60.

(二)经济发展状况及发展前景

东道国的经济发展状况主要是指东道国的经济增长速度,经济协调性,产业结构的合理性,市场体系的健全性以及经济的稳定性和经济发展所达到的水平。一般来讲,国际投资者比较重视一国或地区经济发展的长期稳定性。

现实中世界各国的经济发展状况存在着较大的差异,处于经济发展的不同阶段,有的国家经济上主要依赖原料资源和农产品,仍然处于传统社会阶段;有的国家处于经济起飞阶段,工业化水平逐步提高,经济持续稳定增长;有的国家处于成熟阶段,经济上完全工业化,生产处于世界领先地位。不同国家经济发展水平不同,经济发展景气程度不同,决定着其投资需求也不同。经济发展水平高,前景好,意味着有更多的投资机会。因此,经济发展状况及其发展前景是国际投资主体衡量投资机会的重要指标。衡量经济发展状况及其发展前景的指标主要包括国民生产总值、国民收入状况、通货膨胀率、就业率、商品进出口、国际收支状况、国家债务等。

(三)经济政策和措施

经济政策主要是指东道国政府为实现其社会经济发展目标而制定和实施的一系列政策。经济政策是一国政府为了达到充分就业、稳定物价、经济的持续快速增长、国际收支平衡等宏观经济政策目标,为增进社会福利而制定的解决经济问题的指导原则和措施。经济政策有宏观经济政策和微观经济政策之分。宏观经济政策包括财政政策、货币政策、税收政策、收入政策等;微观经济政策是指政府制定的一系列反对干扰市场正常运行的立法以及环保政策等。各国在经济政策上的差异,对国际投资的方向、区域、方式等有着不同的影响。当一国实行宽松的财政政策和货币政策时,往往会放松银根,降低贷款利率和法定存款准备金率,减少外汇储备,从而利于国际投资的进入;如果实行紧缩的财政政策和货币政策,则效果刚好相反。一国政府对某些行业、某些经济行为的优惠和倾斜或限制构成了政府经济政策的另一个主要内容。企业在做投融资决策时,应认真研究政府的产业政策,按照政策导向行事,才能趋利避害。

对经济政策环境考察的另一方面体现在经济政策制定的合理性和合法性、透明度以及政策的稳定性等。就体制结构及其运行而言,经济政策具有短期的特点,调整比较频繁。但是,经济政策不是随意性的,不以个人意志为转移,必须具有透明度,否则国际投资者对来自政策层面的影响难以做出较准确的估计。而且如果经济政策没有稳定性,执政者推行的政策前后不一致,甚至相互抵触,会对投资者造成损失。

(四)市场规模及其准入程度

一国或地区的市场规模大小、有无市场潜力、市场的准入程度如何,都直接关系着投资机会的大小,关系着投资后的经营前景①。

市场规模是国际投资选择目标、确定进入方式的依据,不仅在总体上要深入研究,而且还须细分市场的各个层次进行剖析。市场规模可从两个方面考察,一是市场广度,一是市场深度。一般来讲市场广度主要取决于国民生产总值和人均收入水平。市场深度则取决于生产的社会化、人口城市化的程度,因为生产力水平愈高,生产社会化、专业化就愈发展,各个行业、部门之间的分工以及行业、部门、企业内部的分工愈细,它们之间必然互为市场。人口城市化程度愈高,反映市场交换关系愈发展。这些都意味着该市场具有较大的发展潜力。衡量市场规模的指标主要有人口数量及其增长速度、人口分布状况、人均国民收入水平、市场消费水平、消

---

① 韩福荣.国际企业管理[M].北京:北京工业大学出版社,2006:153.

费性质和消费结构,以及市场的竞争态势、物价水平等。

市场准入是指政府(国家)为了克服市场失灵及考虑国际自由贸易和国家安全的需要,实现某种公共政策,根据本国市场经济和国际条约的承诺,允许市场主体、货物、服务、资本进入某个国家、地区或领域市场的宏观掌握和微观直接控制或干预;市场准入是指在国际贸易方面两国政府间为了相互开放市场而对各种进出口贸易的限制措施,其中包括关税和非关税壁垒准许放宽的程度的承诺。市场准入原则是指一国允许外国的货物、劳务与资本参与国内市场的程度,是国家通过实施各种法律和规章制度对本国市场向外开放程度的一种宏观控制,体现一国法律精神。市场准入制度对经济发展具有重要的影响。制度的松紧程度直接影响着市场主体进入市场的成本和难易程度,影响着市场秩序和交易安全,影响着经济效益和活跃程度。经济发展水平、市场和市场主体发育程度、国际参与度、决策者和社会对经济的认识程度、国家干预经济的水平以及政治和民主的灵活度等都是影响市场准入程度的因素。衡量市场的准入程度主要看投资所在国的贸易和关税政策、对外资企业产品内销的政策等。

(五)贸易及国际收支状况

对外贸易是一国参与国际分工和国际竞争的重要形式,东道国对外贸易的规模、产品结构、地区分布等对外贸易状况决定着该国经济的外向程度和对外开放程度,它们在很大程度上反映着一国的投资环境中涉及经济因素的整体面貌。通过对一国贸易状况的了解,国际投资者可以了解东道国经济发展在世界经济中的地位和东道国参与国际市场竞争的能力如何。

国际收支状况全面反映了一国同其他国家所进行的一切经济交易的状况,主要包括经常项目和资本项目。经常项目反映了一国与其他国家进行商品和劳务的转移状况,而资本项目则记录了一国与他国发生金融资产转移的状况,直接反映出一国参与国际直接投资和间接投资的状况以及其可支配的国际储备资产情况。一国涉外经济政策的调整往往与该国的国际收支平衡状况有很大关系。因此,国际投资者可以通过一国的国际收支状况预测该国潜在的投资条件,如贸易政策、外资政策、汇率变化趋势、利率变化趋势等。

因此,东道国的对外贸易以及国际收支状况对国际投资者所产生的影响是不言而喻的,也是直接而明显的。

三、社会文化环境因素

社会文化环境因素是指一个国家或地区的语言、宗教、文学艺术、伦理道德、风俗习惯等等,它们是一种潜移默化的力量,塑造着一个民族的价值观念和社会心态[①]。由于历史和环境的原因,世界各国都有其独特的社会文化背景,且国与国之间的差别很大。这些差异决定着当地人的社会态度、思想观念、消费偏好。同时,各种文化的特征又有其不同程度的稳定性,尤其是历史悠久的文化,沉淀在深层的一些传统往往十分牢固,它是民族凝聚力的重要因素,在人们的思想和行为中有着深刻的烙印,要改变和消除这种影响是很不容易的,其必然影响东道国政府、组织、群体和个人的行为习惯,进而影响国际投资者与当地政府、企业、消费者之间的关系。社会文化因素和政治因素不同,政治因素一般带有强制性,而社会文化因素则带有习惯性,在无形中制约着每一个人的行为。因而国际投资者必须根据当地的具体情况,随时调整自身以适应东道国的社会文化习惯,以取得良好的投资收益。

---

① 王林生.跨国经营理论与实务[M].对外经济贸易大学出版社,1994:127.

(一)语言

语言是人们社会化的一种重要手段,不仅包括说话和文字,还包括无声语言或形体语言。一方面,语言是人们思维的表述,即人们所固有文化的表现,人们的思维方式与自己的母语有着密切的关系。另一方面,语言的词汇也反映出人们在社会上进行沟通的频率和重要性。例如,在阿拉伯语中,描述骆驼及其相关设备的词汇就有数千余个;而在爱斯基摩人的语言中有大量的有关雪的词汇①。

语言也是人们相互沟通的重要手段,对国际投资而言不仅是资本的投入过程,在经营过程中投资者不可避免地要进行语言沟通。不同的国家有着语言上的差异,语言的差异代表着文化的差异,由于国际投资是一种跨越国界的经济行为,各国语言文字的差异,会给投资者与东道国政府、机构和个人的交流沟通带来一定的困难,这就是人们常说的语言障碍。这是因为语言包含着丰富的文化内涵,虽然有时能理解不同语言表达的字面意思,但却很不容易理解其中的内涵和文化背景。这就在一定程度上增加了外来投资者与东道国各方面之间的沟通难度,形成一种投资障碍。

一般来讲,国际投资者倾向于到语言相近或相同的国家或地区投资,这样更有利于取得成功。例如,美国、英国、加拿大之间的相互投资一直十分活跃;港、澳、台地区投资者对大陆的大量投资,无疑都有语言文字因素的作用。语言文字和思维方式相同,交流沟通起来就比较方便顺利且迅速,不会有语言障碍,不需要配翻译,可以节约成本开支,同时互相理解起来也比较容易且正确,发生误解的情况比较少,关系容易融洽,工作就能顺利开展;反之,会增加成本,有时会造成一些不必要的误解,增加隔阂和矛盾,耽误工作。与正式语言相比,无声语言更加丰富多彩,也更加复杂而无规范可循,极易产生误解②。

(二)宗教信仰

宗教是文化中处于深层的要素,也可以说是文化的精神基础。宗教对人的信仰、价值观念和态度的形成影响极大。宗教对经济活动的影响主要通过两个方面,一是宗教教义,一是宗教习俗。世界上有三大宗教:基督教、佛教和伊斯兰教。宗教信仰是社会与文化环境的一个重要组成部分,其对人们内在的心理活动和对客观世界的认识有着重要的影响。不同的宗教有着不同的文化倾向或戒律,从而影响人们认识事物的方式、行为准则和价值观念。不同宗教所具有的不同价值观念和行为准则,可以导致人们在价值观念、生活态度以及生活习性和偏好上的差异,影响人们的消费行为。如不同的宗教节日,人们有不同的消费习惯,可以使市场形成各种各样的消费高峰。而一定的宗教教义可以直接造成人们在消费行为和消费模式上的差异。因此,宗教信仰必然影响着投资者对投资方向和市场定位的选择,对国际投资活动及其成员的行为准则和道德规范产生影响。

国际投资者应该了解宗教在进行活动的社会里所起的作用,了解在东道国中起主导地位的宗教或国教,包括宗教在该社会的重要性,各种宗教在该社会分布的程度以及了解各种宗教彼此之间的宽容程度。

在一个国家里,起支配作用的宗教会在许多方面影响人们的生活,如上下班时间、节假日、典礼仪式以及食品等。宗教信仰也会影响到企业的生产与消费。例如,在美国,圣诞节对大多

---

① 徐二明.国际企业管理概论[M].北京:中国人民大学出版社,1995:99.
② 阎定军,周德魁,刘良云.国际投资[M].北京:清华大学出版社,2005:67.

数职工来讲是节日。在此期间,尽管消费会骤然上升,但由于假日临近,生产往往趋于下降或缓慢增长。

在宗教发挥作用较小的社会里,人们对外国人所犯的宗教上的错误往往比较宽容。在以宗教信仰为基础的社会里,人们不会容忍外国人在宗教上所犯的错误。例如,在前一类社会里,社会可以容许职工在宗教节日里加班加点;而在后一类社会里是绝对不行的。同样,企业如果在广告上使用了某种宗教所不能接受的主题,前一类社会可以允许企业纠正;而在后一类社会里,企业只有遭受严重损失。

一个国家存在着多种宗教也是一个重要的因素。大部分国家都会有一个起主导作用的宗教。不同宗教信仰的人们会有不同的工作时间、不同的节假日、不同的宗教仪式安排等,这会给国际投资者在当地的活动带来一定的困难。在这种情况下,应尊重员工的宗教信仰,较为灵活地进行管理。如果不理解这一点,往往会影响工作人员的工作情绪,发生缺席、旷工等现象。

(三)教育

教育与语言和宗教一样,是社会文化中不可分割的组成部分。它是一个学习的过程,是传授知识与信息的过程。同时,教育通过特定的人、特定的时间和特定的形式对文化价值观念产生作用[①]。

一个国家的教育水平通常反映在国家的教育制度和结构、教育的普及程度、教育与社会的结合程度、国民对教育的态度等方面。教育水平与吸引直接投资的能力有着密切的关系,因为教育也是传递生产经验和生活经验的重要手段[②]。

一个国家的教育水平往往与其经济水平是统一的,各国在教育体系、教育方式及其内容等方面的差异,会给国际投资活动带来影响。教育水平的高低反映了人们的文化素养,影响着投资者在投资水平、投资结构及其投资项目上的选择。教育水平高的国家和地区,人口素质相应也高,有利于吸收高水平的投资活动。而教育水平相对低的国家和地区,其人员素质也相对较低,缺乏合格人才,影响投资的效益。

(四)价值观念

价值观念是指人们对周围事物意义和重要性的评价,是人们对客观事物的评价标准,它是决定人们态度和行为的一个基础。

一般来讲,一个国家和民族都会在其长期的历史发展过程中积淀下来一些反映时代基本特色的共同价值观。不同的价值观可能会导致剧烈的冲突而影响国际投资活动。如东西方价值观念的差异导致东西方人在对待家庭、子女、物质享受、储蓄、消费习惯等方面存在巨大的差异,进而集中反映在开放观念、时间观念、集体观念、对外国管理人员的态度等方面的不同。所有这些都将极大地影响到国际投资者投资和生产经营活动的成败。

(五)风俗习惯

风俗习惯是人们长期自发形成的习惯性行为模式,是一个社会大多数人共同遵守的行为规范。风俗习惯遍及社会生活的各个方面,包括婚丧习俗、饮食习惯、节日习俗、商业习俗等。世界不同国家的风俗习惯千差万别,甚至在同一国家里,不同地区也有极不相同的习俗,从而对企业的国际投资活动产生不同的影响。

---

① 徐二明.国际企业管理概论[M].北京:中国人民大学出版社,1995:102.
② 韩福荣.国际企业管理[M].北京:北京工业大学出版社,2006:156.

一国的商业习惯深深地受到社会文化的影响。由于文化的差别,致使各国的商业习俗与惯例也有很大的差别。成功的国际投资者应该对国外的商业惯例感觉敏锐,入境问俗,并且恰如其分地与之相适应。

四、政治环境因素

政治环境指国际投资所在国家对国际投资活动有直接影响的政治因素[①]。对于国际投资来说,由于政治环境与政府、政权等紧密联系在一起,所在国的政治因素会影响国际投资活动,它直接关系到国际投资资本的安全。因而,一国的政治环境是国际投资环境中最敏感的因素。通常应该了解和分析东道国的国家安全性、政治稳定性、政治意识形态、政府干预、政策的稳定性及其东道国的国际地位和国际关系等。

世界上不同的国家有着不同的政治环境,其直接或间接地影响着国际投资活动,影响到投资的难易程度及其安全性,因而是投资者决定其投资取向的重要评价因素。

(一)国家政治体制

国家政治体制也叫政治制度,通常是指建立在一国经济基础之上的上层建筑,包括国家政权的组织形式以及相关的制度,如国家的政治和行政管理体制、经济管理体制、政府部门结构以及选举制度、公民行使政治权利的制度等。不同的国家政治体制常常导致政府政策、法规、行政效率等诸方面的差异,从而对直接投资形成有利或不利的影响,如在民主制度相对健全的国家,其政策、法规的透明度高,政策的稳定性好,从而有利于外资进入的稳定发展。

(二)政党体制

世界上不同的国家有着不同的政党体制,如多党制、两党制、一党制等,不同的政党体制通常会对政府的稳定性产生影响,如多党制条件下,在党派之间势均力敌时,常常导致政府的频繁更迭。又由于不同的政党有着不同的哲学思想和奋斗纲领,这对政府的政策必然会产生不同的影响,如具有极端民族主义倾向的党派通常会采取排外的带有民族保护主义的政策,因而对国际投资产生不利的影响。

(三)政治的稳定性

政治的稳定性通常是指有关国家政局的稳定性以及社会的安定状况,在很大程度上取决于政治体制的健全和完善程度。政治稳定性首先取决于政权的稳定性和执政者管理国家的能力,而政权的稳定性又直接影响着该国政策的连续性。政权的稳定性是指国内政权是否稳定,会不会发生民族、宗教等冲突,以及由经济衰退、政府首脑的更换、军事政变、劳资矛盾纠纷、动乱、大规模和长时间罢工等引发的政治冲突。这些事件都会严重影响国内政治的稳定,从而极大地恶化该国的投资环境,严重损害和打击外国投资者进行长期投资的信心。政治的不稳定性往往会导致国际投资由于政治风险而遭受巨大的经济损失。

(四)政府政策的连续性

政府政策的连续性是指一国政权更迭时,该国的基本政策是否会发生较大改变。在一个健全的国家体制下拥有健全法律的国家,即使频繁更换首脑,仍可以保持政策和法律的连续性。一个政治法律制度不健全,政府管理经济能力较差的国家,即使政府首脑更迭并不频繁,但由于其决策机制和管理能力的影响也会导致决策失误以致政策大起大落,从而使该国投资

---

① 韩福荣.国际企业管理[M].北京:北京工业大学出版社,2006:148.

环境不断恶化。

政府政策的连续性也指一国政府在存续期间政策的连续性。一般来讲,一国政府的政策始终处于某种发展变化过程中,只是变化的程度有所不同。如果这种变化是渐进的,而且通常通过分析政府政策变化的机制可以预见,则有调整策略的余地,因此不能说政府政策不稳定或不连续。只有政府政策经常发生突发性、根本性的变化,才可称为不稳定不连续。政治的动荡不定、瞬息万变,必然会给国际投资造成一种不确定的、十分不利的影响。因此,一国政策的稳定性和连续性,是进行国际投资的前提。

政策的连续性与否受政权交替和当政者态度的影响。一般而言,政治的稳定性越高,政策的连续性就越强。有时即使政府是稳定的,但由于存在着压力集团如工会、行业公会、环境保护组织等民间团体,为了维护本团体所代表的利益,集团往往会对政府的政策施加影响、压力,以促使政府调整政策,有的还会直接对外资施加某种压力,引起政府政策的改变。

总之,一国政府政策连续性的程度将会影响国际投资所面临的风险。

(五)政府对外资的态度

政府对外资的态度通常反映在政府对外资的政策上,主要看政府对外资进入的鼓励与限制程度,对外资提供的便利条件和优惠措施,以及外资政策的连续性和稳定性等。如有些国家限制外资能够进入的投资领域,限制外资在一定投资领域的股权比例等。一般而言,政府的政策宽松、稳定,政府的干预和限制少,就会吸引外资的进入。

政府对外资的态度还表现为对国际经济活动的干预。政府对国际经济活动的干预是指政府采取各种措施,迫使外国企业改变经营方式、经营政策和策略的行为。政府干预形式主要有没收、征用、国有化、本国化、外汇管制、进口限制、税收管制、价格管制及对劳动力的限制等。

(六)政府机构的清廉与效率

东道国政府自身如果不能做到清廉和富有效率,这会严重影响国际投资的生产经营活动。腐败行为与官僚作风会扭曲经济活动和经济环境,降低政府和商业的效率,直接损害国际投资者利益,扰乱正常经济秩序,严重影响竞争的公平性。

(七)国际关系和国际地位

国际上国家与国家之间的经济合作,不仅取决于国家之间的经济关系,也取决于国家之间的政治关系。东道国的国际关系,一是指东道国与国际投资主体母国的关系;二是指东道国与其他国家的关系。这两点都会对国际投资活动产生影响。在目前的国际局势下,保持和发展良好的国际政治经济关系是东道国改善投资环境,吸引国际投资的重要方面。

五、法律环境因素

法律是由国家制定并以国家强制力保证实施的各种行为规则的总和。国际投资环境中的法律环境是指本国和东道国颁布的各种法规以及各国、各地区之间缔结的贸易条约、协定和法规等,还包括东道国国内法律体系的健全性和完善性,法律仲裁的执法状况和法制的稳定性,以及东道国政府对各种国际法的承认、尊重和执行情况。一个国家的法律体制之所以成为国际投资者关注的焦点,是因为国际投资总是在一定的法律框架里活动的,投资所在地的法律和法规是保障投资者投资权益的基础,同时对国际投资活动也起着制约的作用。健全的法律体制应体现为法律体系的完备性,各项法规的稳定性以及法律实施的严肃性[①]。

---

① 韩福荣.国际企业管理[M].北京:北京工业大学出版社,2006:150.

(一)法律制度的类型

世界各国和地区的法律制度各不相同,大致可将大多数国家和地区的现行法律制度,分为三种类型:习惯法系、成文法系和神权法制度。

习惯法系又称普通法系、英美法、不成文法,是指以英美两国为代表并包括受其法律传统影响的一些国家和地区的法律体系。英国、美国、澳大利亚、印度、埃及以及原英国殖民地国家和地区均采用普通法系。普通法系起源于英国的法律制度,该法的基础是以传统的、过去的惯例及过去判例的解释为法律先例。其特点是不以规范性文件形式表示,判案主要是以过去类似案件的判决结果为主要依据。倘若没有判例或法令,则由法官自行裁定。因此,在普通法系的国家和地区,从事国际经营的人员遇到法律纠纷时,研究先前相类似案例的法院判决是很重要的。

成文法系又称民法法系、大陆法系,是指欧洲大陆各国及受其影响的其他一些国家和地区的法律体系。该法系以法国、德国、西班牙等为代表,也包括受这些国家影响的一些拉美、非洲和亚洲国家。成文法系起源于古罗马,特征是强调法律条文而不是依赖判例。法律的实施虽以法律条文为依据,但由法官加以引证与解释(法官享有很大的对法律的解释权)。成文法系旨在制定出针对所有可能发生的法律问题的法律条文,以适应很多不同的事实和情况,因此这种法律条文必然是比较笼统或具有弹性的。

神权法制度是以宗教戒律为基础的一种法律制度。例如,穆斯林法。伊斯兰教在穆斯林国家里是控制人们生活各个方面的一种宗教。因此,以该教为基础的穆斯林法只是伊斯兰教教义中的一部分。在多数穆斯林国家里,其法律制度多是穆斯林法、习惯法和成文法的混合物。

(二)法律制度的内容

1.投资国法规

世界上各个国家出于对本国利益的考虑,对本国的资本输出都有相关的法律和政策上的规定,其中既有鼓励性的规定,也有限制性的规定。因此投资国的法规和政策对国际投资活动的影响是很大的。进行国际投资首先必须了解并遵守本国政府颁布的法规和政策。包括有关经营、贸易、投资等方面的法规。如本国对资本的输出是否有相应的政策保障和税收优惠措施;对本国企业的海外投资是否有保证制度;对外投资涉及的产品或技术是否会受到出口管制的限制;海外投资企业的产品返销回来是否会受到限制,等等。

2.东道国法规

国际投资者必须熟悉、精通并遵守东道国法规。各国法律可以对产品、定价、分销、促销等市场营销活动进行调节,这些法律在不同的国家有很大的差异,投资者必须了解各国法律及相互间差异,遵守东道国的法律规范。

(1)针对外资进入的法规与政策。东道国出于发展本国经济的需要,在维护国家主权和本国经济利益的前提下,对外资的进入通常制定相应的法规与政策,如外国投资法、外资企业法、合营企业法、涉外税法等。相关的法律和政策通常涉及对外资的定义、对外资的审批程序、对外资投向产业的鼓励或限制与禁止的指导政策、对外资股权比例或股权转让的相关规定、对外资的税收及税收优惠措施等。这些法规和政策对企业能否顺利进入东道国有着直接的影响。

(2)针对外资企业经营活动的法规与政策。如东道国的公司法、证券交易法、商标法、广告法、专利法、竞争法、反倾销法、商品检验法、劳工法、环境保护法、消费者利益保护条例、外汇与外贸管理法、出口国的出口管制政策等,将直接影响到企业在跨国经营过程中投资形式的选择、人事雇用政策、经营战略与策略的制定、企业税负等问题。

(三)法律环境的特征

1.法律体系的完备性

法律体系的完备性是指一国法律制度是否健全,是否形成全面而相互配套的法律法规体系。因为国际投资活动可能涉及东道国几乎所有法律,如果其法律制度不完善,就会使投资者面对的不确定因素增多,正当权益得不到保障;而法律不配套,就会在某些方面出现无法可依的局面,给国际投资者的生产经营活动带来极大的不便,甚至造成经济上的损失。当然对国际投资者影响最大最直接的是东道国有关引进外资和经济运行的法律法规[①]。

虽然世界各国政府无不以维护国家主权和国家利益为前提制定本国法律,但由于各国政治制度、经济体制、经济发展状况以及文化历史背景等不同,各国对外资的立法态度、立法形式、立法内容也不尽相同。总的来说,西方发达国家由于经济发展水平比较高,资本充裕,同时市场发达,企业的国际竞争力强,因此对外资一般实行国民待遇,鼓励性和限制性的法律均较少。发展中国家经济落后,资金相对缺乏,而且国内基础设施比较差,技术和管理水平低,企业竞争力弱,因此,一方面,政府为了更多地引进外资、技术和管理,颁布了许多鼓励性和优惠性的法律法规,以弥补投资环境总体水平较低的缺陷,给予外资超国民待遇;另一方面,由于本国企业国际竞争力低,出于维护本国经济,保护民族工业和新兴工业的目的,又制定了许多限制外资发展的法律法规。

例如,大多数西方发达国家通常只制定一部既适用于国内企业,也适用于外资企业的《公司法》。而发展中国家的《公司法》一般只针对国内企业,另外专门制定《外资法》、《合营企业法》、《海外税法》等一系列法律法规,对外资的投资范围、外资的审查和标准,外资股权比例,利润和资金的汇出,外资企业税收,外资企业技术转让以及解决投资争议的原则和程序等作出规定,以此来规范外资企业的投资和生产经营行为。除此以外,《外汇管理法》、《商标法》、《劳工法》、《土地管理法》、《反垄断法》等法律法规也会间接影响国际投资者的生产经营活动。

2.法律的稳定性

法律的稳定性,是指一国法律是否具有连续性和持久性。国际投资是一种长期性的经济活动,其收益要在投资以后的几年甚至几十年才能逐步实现。如果一国的法律经常朝令夕改,必然使投资者面临的不确定性增加,甚至让投资者无所适从,从而阻碍外资的进入。当然这里并不是说一国的法律一旦制定便不能更改,任何一个国家的法律建设都是一个渐进的过程,这种变化不应是其基本原则的改变,而应是对法律不完善之处的完善和健全。

3.法律的公正性

法律的公正性是指法律实践中能公正地、无歧视地以同一标准对待每一个诉讼主体。在国际投资活动中,国际投资者难免会与东道国政府机构、相关部门或企业甚至个体发生争议、纠纷。国际投资争议的仲裁既可以以东道国的法律为依据,也可以以投资国法律或国际法为依据。但在国际投资的法律实践中,投资争议一般是以东道国的法律作为仲裁依据。如果东道国的仲裁、执法不够公正,那么再完备、稳定的法律也是纸上谈兵,形同虚设。只有公平对待投资者的法律仲裁机制,才能维护和保障每一个投资者的合法权益,坚定其进行长期投资的信心。

---

① 闫定军,周德魁,刘良云.国际投资[M].北京:清华大学出版社,2005:65.

第三节　国际投资环境评估

一、国际投资环境评估的目的与原则

(一)国际投资环境评估的目的

国际投资环境评估是指运用科学的方法和手段,根据系统的评估体系,依据投资者的利益和目标取向,对评估的国家或地区的投资环境进行的分析、研究、预测及评价。在进行一项投资活动之前,科学地评价投资环境是十分重要的。评估的目的就是要通过对投资环境诸多因素和方面的评估,为投资者的投资决策提供科学依据,从而提高决策的准确性,以减少投资可能带来的损失,实现投资目标。

(二)国际投资环境评估的原则

为了科学地评价投资环境,必须遵循以下基本原则:

1.系统性原则

投资环境具有综合性和整体性特点,构成投资环境的要素既有宏观要素也有微观要素;既有自然环境、基础设施等硬件要素,也有法律法规、经济政策、社会文化等软件要素。因此,必须运用系统分析方法,对投资环境做全面、综合的评价,才能掌握其所有侧面和各种可变因素,避免主观性和片面性。

2.科学性原则

科学性原则体现在两个方面。一是评价标准的科学性;二是评价方法的科学性。评价标准应能真实而科学地反映社会经济投资环境的客观规律,既要抓住系统的主要矛盾,又要反映系统的全面性能特点;评价所用的方法要定量与定性相结合,要建立在可靠,准确的评价资料的基础上。评价信息的管理要集中化、系统化,并能够充分利用计算机信息技术和计算机网络技术。

3.客观性原则

评价要从实际出发,以事实为依据,既要看到区域投资环境现状,又要看到与此相关的一些问题,尽量避免由于评价者的个人倾向或偏见造成评价结果的主观随意性,既要注意评价标准的可测性,尽量采用定量化的标准,又要注意调查过程中样本的分布,避免出现以偏概全和以点代面的现象。

4.比较性原则

投资环境的优劣并没有一个绝对的和固定不变的标准,而且,即使是同样的投资环境对不同的投资项目产生的影响也是不同的。评价一个地区或国家的投资环境的优劣,总是以其他地区、国家的投资环境作为参照物进行比较,从而判断一个国家或地区的投资环境是相对较好、一般或较差。资本总是流向比较有利的投资环境,这本身就是一个筛选和对比的过程。同时要注意只有在相类似的条件或基础上才能进行相互间的比较,没有可比性的评价难以对投资环境做出准确科学的判断。

5.动态性原则

投资环境是具有时效性的复杂的动态系统,即构成投资环境的各个因素以及评价投资环境的标准都处于不断的发展变化之中。一定时期的有利因素,可能变成另一时期的不利因素。因此,在进行投资环境评价时,既要考虑到投资环境的现状,同时又要注意到投资环境各组成要素的未来变动趋势,使投资环境的评估结果能够在相当长的时期内具有参考价值。

6.目的性原则

各个国际投资主体的投资动机多种多样,对投资环境的要求也不完全相同。评价的目的不同,则投资环境中起决定性作用的关键因素也不同。评价投资环境时应针对评估目的,确定哪些因素是主要因素,哪些因素是次要因素,分别确定不同的权数。

二、国际投资环境评估的方法

由于国际投资环境因素涉及极其广泛的领域,错综复杂,如果仅仅分析国际投资环境的各个构成要素,只能反映一国投资环境的某个方面,还不能从总体上把握一国投资环境的全貌。因此,要了解和掌握一国投资环境的全貌,必须把该国的投资环境作为一个整体进行评价和分析,为投资者制定投资战略,选择投资国别、投资行业以及投资方式提供重要的参考依据。因而对一国或地区的投资环境做出整体评价是一项涉及面广、内容庞杂的工作。必须做到一般与特殊相结合,全面与重点相结合,定性与定量相结合,静态分析与动态分析相结合。

20 世纪 60 年代以来,随着国际直接投资在世界范围内的迅速发展,形成了多种评价国际投资环境的方法,下面介绍几种常用的国际投资环境整体评价方法。

(一)冷热比较法

冷热比较法是美国经济学家艾西亚·伊利特法克和彼得·班廷根据他们在 20 世纪 60 年代后半期对美国、加拿大等国投资者选择投资场所时所考虑的因素,以冷热表示环境的优劣,并归纳出了东道国投资环境“冷热”优劣的七大因素以对各国投资环境进行综合、统一尺度的比较分析的评价方法。其基本方法是:从投资者和投资国的立场出发,选定诸因素,据此对目标国逐一进行评估并将之由“热”至“冷”依次排列,热国表示投资环境优良,冷国表示投资环境欠佳。在冷热比较法中,把一国投资环境归结为以下七个方面的因素:

1.政治稳定性

它是指东道国是否有一个由社会各阶层代表所组成,为广大群众所拥护的政府,并能够鼓励和促进企业发展,创造出良好的适宜企业长期经营的环境。如果一国政治稳定性高,则这一因素为“热”因素;反之则为“冷”因素。

2.市场机会

它指东道国市场对外国投资者生产的产品或提供的服务的有效需求是否足够大。如果是,则表明东道国存在可实际进入的市场,表明市场机会大,为“热”因素。若市场规模小,有效需求不足,则为“冷”因素。

3.经济发展与成就

它指东道国经济发展的速度和经济运行的状况。如果经济发展速度快,运行状况良好,则为“热”因素。反之则为“冷”因素。

4.文化一体化

它指东道国国内民众的相互关系、处世哲学、价值观和宗教信仰是否融合为一种共同的一体化的文化。如果东道国存在一种占统治地位的共同的高度一体化的民族文化,为“热”因素。文化的一体化程度低,则为“冷”因素。

5.法令阻碍

它指东道国的法律体系对外资的经营是否造成限制和阻碍。如果是,则为“冷”因素。反之则为“热”因素。

6. 实质性阻碍

它指东道国的自然地理环境是否会对企业的有效经营产生阻碍。如果实质性阻碍大,则为"冷"因素。反之则为"热"因素。

7. 地理及文化差异

它是指东道国与投资国之间的空间距离是否遥远,语言文化、社会观念、风俗习惯等方面的差别的大小,是否妨碍人们之间的思想交流。如果是,则为"冷"因素。反之则为"热"因素。

表 2 - 1　10 国投资环境的冷热比较表

国别		政治稳定性	市场机会	经济发展与成就	文化一体化	法律障碍	实质障碍	地理文化差异
美国	热	✓			✓	✓		
	冷		✓	✓			✓	✓
日本	热	✓			✓	✓		
	冷		✓	✓			✓	✓
德国	热	✓			✓			
	冷		✓	✓			✓	
英国	热	✓		✓		✓		
	冷		✓		✓		✓	✓
法国	热	✓				✓		
	冷		✓		✓		✓	✓
中国	热	✓	✓	✓				
	冷				✓	✓		
西班牙	热	✓			✓	✓		
	冷		✓				✓	
意大利	热	✓			✓	✓		
	冷		✓		✓		✓	✓
印度	热	✓						
	冷					✓		✓
巴西	热	✓	✓	✓	✓		✓	
	冷					✓		✓

资料来源:间定军,周德魁,刘良云编.国际投资[M].北京:清华大学出版社,2005:69.

总体而言,冷热比较法侧重于宏观方面的客观因素的考察,缺乏对一些微观因素的评估与分析。

在应用投资冷热评估法作为投资程度决策依据时,要特别注意两个方面的问题。首先,是从投资国的立场和观点对另一国的投资环境进行评估。投资国不同,对同一个被评估国的投资环境,往往会做出差异很大的评估结果;其次,投资冷热的评估方法,在同一投资国也需要分不同的产业来进行。不同产业在同一国的冷热程度是不同的,从而政府对投资控制或干预程度也不相同。

一般认为,投资冷热评估法是最早的一种投资环境评估方法,虽然在因素(指标)的选择及其评判上有些笼统和粗糙,但它却为评估投资环境提供了可利用的框架,为后来的一些投资环境评估方法的形成和完善奠定了基础,是一种简便易行的分析方法,对一国投资环境的评估也带有相当强的综合性,其结论可以作为投资者制定投资战略的重要依据。

(二)等级评分法

等级评分法是目前国际上投资环境评价中最常用的一种方法。它是由美国经济学家罗伯特·斯托伯(R. B. Stobauch)在其1969年发表的一篇文章中提出来的。该文对投资环境的分析角度主要是从东道国政府对外国投资的限制和鼓励政策着眼,具体分析了影响投资环境的八个基本因素,即资本抽回限制、外商股权比例、对外商的歧视和管制程度、货币稳定性、政治稳定性、给予关税保护的意愿、当地资金可供程度、近五年通货膨胀率等。

表 2 - 2　投资环境等级评分表

投资环境因素分析	评分	投资环境因素分析	评分
一、资本抽回因素	0～12分	三、对外商的管制和歧视程度因素	0～12分
无限制	12	外商与本国企业一视同仁	12
有时间限制	8	对外商有限制但无管制	10
对资本有限制	6	对外商有少许管制	8
对资本和红利都有限制	4	对外商限制并管制	6
限制繁多	2	对外商有限制并严加管制	4
禁止资本抽回	0	对外商严格限制并严加管制	2
		外商禁止投资	0
二、外商股权比例因素	0～12分	四、货币稳定性因素	4～20分
准许并欢迎全部外资股权	12	完全自由兑换	20
准许全部外资股权但不欢迎	10	黑市与官价差距小于一成	18
准许外资占大部分股权	8	黑市与官价差距在一至四成	14
外资最多不得超过股权半数	6	黑市与官价差距在四成至一倍之间	8
只准外资占小部分股权	4	黑市与官价差距在一倍以上	4
外资不得超过股权的三成	2		
不许外资控制任何股权	0		
五、政治稳定性因素	0～12分	七、当地资金的可供程度因素	0～10分
长期稳定	12	成熟的资本市场,公开的证券交易	10
稳定但因人而治	10	少许当地资本,有投资性证券交易所	8
稳定但依赖邻国政策	8	当地资本有限,外来资本不多	6
内部分裂但政府掌权	6	短期资本极其有限	4
国内外有强大的反对力量	4	资本管制很严	2
有政变和动荡的可能	2	高度的资本外流	0
不稳定,政变和动荡极可能	0		
六、给予关税保护的意愿因素	2～8分	八、近五年的通货膨胀率因素	2～14分
给予充分保护	8	小于1%	14
给予相当保护但以新工业为主	6	1%～3%	12
给予少许保护但以新工业为主	4	3%～7%	10
很少或不予保护	2	7%～10%	8
		10%～15%	6
		15%～35%	4
		35%以上	2
总计	8～100分		

资料来源:[美]罗伯特·斯托伯.如何分析对外投资[J].哈佛商业评论,1969.

其具体做法是,将一国投资环境的八个因素按对投资者重要性的大小,确定不同的评分标准,再按八个因素各个子因素对投资者的利害程度,确定具体评分等级,然后将分数加总,得出该国投资环境的总体评价。分数越高,表明投资环境越好;反之,分数越低,则表明投资环境越差。当得分低到一定程度时,则表明在当地投资风险加大。

由于在等级评分法中,得分的高低可以反映一国投资环境的优劣程度,因而,可以用于进行各国间投资环境的综合比较,将各国得分的高低进行比较,便可知哪国投资环境更好。从投资环境等级评分表可以看出,罗伯特·斯托伯选取的因素都是对投资环境有直接影响的,并最为投资者所关心的因素。这些因素内容具体,所需资料易于得到,且便于比较。总之,等级评分法将定性分析与定量分析相结合,但又不需要高深的数学知识就可以运用,简便易行,一般投资者都可以采用。在确定各项因素的分值时,实行区别对待,考虑到了不同因素对投资环境作用的差异,反映了投资者对投资环境的共同看法。

在使用这种方法时应该注意以下几个问题:一是影响国际投资的八个因素对不同企业的投资影响程度是不同的。例如,有没有关税保护这一项,对以内销为主的企业至关重要,而对外销为主的企业则没有多大关系。二是各项因素的权重不能绝对照搬。例如,对许多投资者来说,一国的政治稳定性是至关重要的因素,但该项仅被赋予了 12 分的权重。三是所列评分标准只适合一般性的投资评估。如果投资产业对某种因素非常敏感,则需要参照其他标准进行评分。四是随着时间的推移,投资环境可能发生某些变化,因此过去的评分结果,不一定适用于现在和将来的投资环境分析。总之,在具体应用该方法中,应借鉴其基本做法,对具体的评分标准和应计分的因素加以调整。

(三)动态分析法

动态分析法是美国经济学家 S·T·施文蒂曼根据美国道氏化学公司的对外投资实践总结出来的一套投资环境评价方法。道氏公司认为投资环境不仅因国而异,而且同一国家不同时期的投资环境也会有所不同。投资者在评价投资环境时,不仅要看过去和现在,而且还要评估今后可能发生的变化,以便确定这些变化在一定时期对投资活动的影响。

道氏公司认为它在国外投资所面临的风险有两类:

第一,"正常企业风险"或称"竞争风险"。例如,自己的竞争对手也许会生产出一种性能更好或价格更低的产品,从而给本企业造成风险。这类风险存在于任何基本稳定的企业环境中,它们是商品经济运行的必然结果。

第二,"环境风险",即某些可以使企业环境本身发生变化的政治、经济及社会因素。这类因素往往会改变企业经营所必然遵守的规则和采取的方式,对投资者来说这些变化的影响往往是不确定的,它可能是有利的,也可能是不利的。

因此,道氏公司把影响投资环境的诸因素按其形成的原因及作用范围的不同分为两部分:一是企业从事生产经营的业务条件;二是有可能引起这些条件变化的主要压力。这两部分又分别包括 40 个因素。在对这两部分因素做出评价后,提出投资项目的预测方案的比较,选出具有良好投资环境的场所,进行投资就会获得较高的投资利润(见表 2-3)。

表中的第 1 栏是现有情况,第 2 栏是估价政治、经济、社会事件对今后投资环境可能产生的变化(有利的、不利的或中性的)。道氏公司的分析以 7 年为期,因为该公司预期项目决策后的第七年是赢利高峰年。这种动态分析最终要评估出将来 7 年中的环境变化,并由此制订出4 套预测方案以供决策参考:

第一套是根据未来 7 年中各关键因素"最可能"的变化而提出的预测方案,即"最可能"预测方案;

第二套是假设各关键因素的变化比预期的好而提出的"乐观"预测方案;

第三套是假设各关键因素的变化比预期的糟而提出的"悲观"预测方案;

第四套是假设各关键因素的变化最坏而导致公司遭难的"遭难"预测方案。

在各预测方案提出后,请专家对某一套方案可能出现的概率进行预测。

投资环境动态分析法(道氏评估法)虽然是道氏公司根据自己经历提出来的,但对跨国公司而言还是颇具代表性的。它为个别企业进行国际直接投资提供了一个实用性很强的评估东道国投资环境的方法。

表 2-3　道氏公司投资环境评估分析法

企业业务条件	引起变化的主要压力	有利因素和假设的汇总	预测方案
1.实际经济增长率	1.国际收支结构及趋势	对前两项进行评价后,从中挑出 8～10 个在某个国家的某个项目能获得成功的关键因素(这些关键因素将成为不断查核的指数或继续做国家评估的基础)	提出四套预测方案: 1.未来 7 年中关键因素造成的"最可能"方案 2.如果情况比预期的好,会好多少 3.如果情况比预期的差,会差到何种程度 4.会使公司遭难的方案
2.能否获得当地资产	2.被外界冲击时易受损害的程度		
3.价格控制	3.经济增长		
4.基础设施	4.舆论界领袖观点的变化		
5.利润汇出规定	5.领导层的稳定性		
6.再投资自由	6.与邻国的关系		
7.劳动力技术水平	7.恐怖主义骚乱		
8.劳动力稳定性	8.经济和社会进步的平衡		
9.投资刺激	9.人口构成和人口趋势		
10.对外国人的态度	10.对外国人和外国投资的态度		
……	……		
40	40		

资料来源:闻定军,周德魁,刘良云.国际投资[M].北京:清华大学出版社,2005:72.

(四)投资障碍分析法

投资障碍分析是依据潜在的阻碍国际投资运行因素的多少与程度来评价投资环境优劣的一种方法,是一种从反面评价投资环境,论证投资可行性的方法。国际投资者根据投资环境的内容结构,分别列出阻碍国际直接投资的主要因素,并在潜在的东道国之间进行比较,障碍少的国家被认为拥有较好的投资环境。这一方法中包含了以下十个方面的障碍因素:

1.政治障碍

该因素包括东道国政治制度与投资国不符、存在政局动荡、社会不安定等。在投资环境中,投资者首要关心的就是政治的稳定性,它是关系到投资本身安全性的关键因素,没有任何投资者愿意到政局不稳定,充满不安和动乱的地区去冒险。

2.经济障碍

该因素包括存在经济停滞或增长缓慢、国际收支赤字增加、外汇短缺、劳动力成本高、通货膨胀和货币贬值、基础设施不良、原材料等基础产业薄弱。良好的基础设施和稳定的经济增长是保证企业经营成功的基本条件,反之就形成了对投资的障碍因素,经济条件的恶劣从经营方面限制了外资的存在和发展。

3.资金融通障碍

一般来讲,国际直接投资者会携带足额资金进入东道国市场,但是,在经营过程中,还依然会发生资金短缺或融通的需要,若东道国资本数量有限、没有完善的资本市场,资金融通受到限制等,都会使投资者感到不便。

4.技术人才和技术工人短缺

从生产经营的角度出发,投资者都希望能从当地得到人力资源的供应,如果不具备这种条件,则意味着企业要在同等条件下承担更多的风险和更高的成本。

5.对外资企业实行国有化政策和没收政策

对外资企业的国有化和没收历来是投资者所关注的问题,无论在哪种情况下,投资者都将被迫终止经营,所以它是阻碍投资因素中不可缺少的一个因素。

6.对外资企业实行歧视性政策

该因素包括禁止外资进入某些行业;对当地的股权比例要求过高;要求有当地人参与企业管理;要求雇佣当地人员、限制外籍人员的数量等。

7.政府对企业生产经营活动干预过多

在外资企业的生产经营过程中,投资者需要有一个公平竞争的环境,通过正常的经营谋求发展,而对所有限制性因素和干预持有本能的排斥态度。因此,东道国政府对外投资限制、对当地资本参与的要求和对经营过程中的干预都被认为是阻碍外资进入的因素。

8.普遍实行进口限制

该因素包括限制工业制成品进口、限制生产资料进口。对于东道国实行的进口限制,则需要区别不同的情况,如果只是部分进口限制,则可能使某些投资收益受影响,若是实行普遍进口限制,则构成一般性的障碍因素。

9.实行外汇管制,限制利润汇回

该因素包括一般外汇管制、限制资本和利润汇回;限制提成费用的汇回、外汇管制和限制汇回,在任何情况下都会阻碍国际性的投资活动。限制利润汇回直接影响到国外投资经营成果的实现,如果是极端的限制,也就很难从事投资了。

10.法律与行政体制不完善

该因素包括外国投资法律不健全、国内法律不健全、没有完善的仲裁制度、行政效率低下、贪污受贿行为众多。有关外国投资的法规是管理和调整外国投资行为的准则,如果法律不健全则会增加投资者所面临的不确定性。所以,外国投资者对东道国有关法规都是非常重视的。此外,司法和仲裁的公允性也是外国投资者普遍关注的问题。

投资障碍分析法是一种宏观层次上的定性分析,它使投资者可以根据阻碍因素的存在与否对投资环境做出一般性评价。

障碍分析所评价的内容只是不利于投资的方面,没有考虑到有利的或优惠的因素。如果投资者较关注东道国所能提供的优惠条件,或者是权衡优惠条件对某些不利因素的缓解情况,可以在此基础上作些专门的分析。

(五)国家风险评级法

国家风险评级法是日本公司债研究所提出的评判东道国直接投资环境风险程度的方法,

它是一种由专家评判、采用10分5级制打分的评估方法。

表2-4　日本公司债研究所国家风险评级法

风险种类	风险评分等级
发生内乱和革命的可能性	A. 完全没有；B. 估计没有；C. 有隐约的兆头，但估计不会发生；D. 存在危险的兆头；E. 发生的可能性很大（含已经发生）
现政权的稳定性	A. 极其稳定；B. 稳定；C. 差不多；D. 存在不稳定方面或因素；E. 极其不稳定
因政权更迭而影响政策的稳定性	A. 根本不会影响；B. 大体上能保持连续性；C. 虽有摩擦，但变动不大；D. 可能改变某些政策；E. 会发生剧烈的政策变动
工业的成熟程度	A. 高度成熟；B. 比较成熟；C. 差不多；D. 有些不成熟；E. 不成熟
经济活动的扭曲性（通货膨胀、失业等）	A. 扭曲现象少；B. 扭曲比较少；C. 一般；D. 扭曲性大；E. 扭曲性极大
财政政策的有效性	A. 可以高度评价；B. 可给予一般评价；C. 差不多；D. 不充分；E. 极不充分
货币政策的有效性	A. 可以高度评价；B. 可给予一般评价；C. 差不多；D. 不充分；E. 极不充分
经济增长的潜力	A. 有极其优越的条件；B. 有优越的条件；C. 差不多；D. 稍显不足；E. 明显缺乏潜力
战争的危险	A. 根本不存在；B. 估计没有；C. 有隐约的兆头，但估计不会发生；D. 存在着危险的兆头；E. 处于一触即发状态（含战争已起）
国际交流中的可信赖度（遵守国际协议和国际合同的态度）	A. 姿态极高；B. 姿态高；C. 过得去；D. 缺乏可信赖的方面或因素；E. 完全不可信赖
国际收支结构	A. 极好，可以放心；B. 良好，大体上可放心；C. 尚可；D. 有些担心；E. 极其不好，很不放心
对外收支能力	A. 极好，可以放心；B. 良好，大体上可放心；C. 尚可；D. 有些担心；E. 极其不好，很不放心
外资政策	A. 极为妥善，可以放心；B. 妥善，大体上可放心；C. 有些问题但还可以；D. 存在一些问题，不放心；E. 排外政策随处可见，很不放心
外汇政策	A. 一贯是升势；B. 暂时疲软，趋向是升势；C. 币值能保持稳定；D. 存在着小幅度下跌的可能性；E. 存在着大幅度下跌的可能性
综合风险	A. 完全可以放心；B. 可以放心；C. 存在着令人担心的因素，但问题不大；D. 令人担心；E. 令人十分担心

资料来源：闫定军，周德魁，刘良云. 国际投资[M]. 北京：清华大学出版社，2005：75.

　　在对东道国投资环境进行评价时，一般由银行、商社、工业公司等组成14个专家集团来进行。每个专家集团分别以A—E五级打分方式，对一国投资环境中发生内乱和革命的可能性、现政权的稳定性、货币政策的有效性、经济增长的潜力、外资政策和外汇政策等14个单项风险与综合风险做出评价。其中 A 级为 10 分、B 级为 8 分、C 级为 6 分、D 级为 4 分、E 级为 2 分。然后,按简单算术平均法将 14 个集团的打分加以平均,作为一国单项风险的得分。综合风险的 5 个级别的标准如下:A 级为 9 分以上,B 级为 7 分至 8.9 分,C 级为 5 分至 6.9 分,D 级为 3 分至 4.9 分,E 级为 2.9 分以下。无论单项风险还是综合风险,分数越高,表示风险越小,分数越低,则表示风险越大。各单项风险独立地与综合风险同步打分,同时公布。

国家风险评级法是以国际投资风险为侧重点的国际投资环境评价法,可避免主观随意性,能比较真实地反映被评国的实际情况,既能让使用者对一个国家整体风险程度有所了解,又能了解主要风险之所在,易于满足一些投资者、融资者或贸易商的特殊需要。

本章小结

(1)国际投资环境是指在一定时间内,东道国或某一地区存在着的决定和影响国际投资活动和预期投资收益的各种因素及其相互依赖、相互制约所形成的有机统一体。它是进行国际投资活动的外部条件。国际投资环境具有综合性、系统性、动态性、客观性、复杂性的特点。国际投资环境由多种因素组成,虽然在不同的时期各个因素对单个或整体国际投资活动的影响程度各不相同,但是各种因素相互作用相互影响,共同构成了国际投资的外部环境。一般而言,国际投资环境主要由自然资源环境、经济环境、社会文化环境、政治环境、法律环境构成。

(2)自然资源环境包括东道国的自然资源状况、基于长远发展的自然资源保护状况和有关自然资源开发的技术发展状况。由于各个国家和地区的自然资源状况、人们的环保意识、政府的环保政策及自然资源的使用和开发的技术有着很大的差异,对国际投资活动会产生不同的影响。经济环境是指东道国的经济发展状况、宏观经济运行状况、经济体制和各种经济政策等经济因素。经济环境是影响国际投资的众多因素中最直接、最基本的因素。社会文化环境因素是一种潜移默化的力量,塑造着一个民族的价值观念和社会心态,使得各种文化都具有自己的特性,形成了文化差异。国际投资者必须根据当地的具体情况,随时调整自身以适应东道国的社会文化习惯,从而取得良好的投资收益。政治环境是与政府、政权等紧密联系在一起的,所在国的政治因素影响着国际投资活动,它直接关系到国际投资资本的安全,因而,一国的政治环境是国际投资环境中最敏感的因素。国际投资环境中的法律环境是指世界范围内的各种法规以及各国、各地区之间缔结的贸易条约、协定和法规等,以及东道国政府对各种国际法的承认、尊重和执行情况。国际投资者之所以关注法律环境的情况,是因为国际投资总是在一定的法律框架里活动的,法律和法规是保障投资者投资权益的基础,同时对国际投资活动也起着制约的作用。

(3)国际投资环境评价必须做到一般与特殊相结合,全面与重点相结合,定性与定量相结合,静态与动态相结合。评价的方法主要有冷热比较法、等级评价法、动态分析法、投资障碍分析法、国家风险评级法。

关键术语

国际投资环境　政治环境　经济环境　文化环境　法律环境　国际投资环境评价

思考练习题

1.简述国际投资环境的重要性及其内涵。

2.简述国际投资环境的特点。

3.简述国际投资环境的要素。

4.试述国际投资与国际投资环境分析的关系。

5.总结各种国际投资环境评估方法的共性。

第三章 国际投资风险

本章要点

1. 国际投资风险的概念和类型
2. 国际投资风险的识别
3. 国际投资风险的防范

第一节 国际投资风险的概念与基本类型

一、国际投资风险的概念

(一)国际投资风险的定义

国际投资的根本目的是为了获得比在国内投资更多的利润,但是众所周知,任何投资都会有风险,与国内投资相比,国际投资所面临的情况更为复杂,要承担的风险也就更为广泛和多样。

风险是指对投资者预期收益的背离,或者说是预期收益的不确定性。国际投资风险是指国际投资活动中,在特定环境和特定时期内,由于各种不确定性因素的存在,客观上可能导致投资项目的实际收益与其预期值之间的差异或国际投资的经济损失[①]。差异或损失越大,投资的风险就越大。由于国际投资是一种跨国界的投资,其环境与国内投资相比较更为复杂,所面临的风险也更大。

风险就是商机。风险越大,蕴藏的机会往往也越大。因而,并非风险越大的投资项目就没有投资价值,或者说风险就一定是坏事。例如,在许多发达国家,政治稳定,投资环境良好,国际投资的风险较小,但由于市场竞争充分,投资收益率也比较低。相反,在某些发展中国家,战争连年不断,投资环境极差,投资风险很大,但由于这些国家经济落后,投资机会反而很多,相应的投资收益也很高。同时也并非说国际投资的风险就一定大于国内投资的风险。由于国内投资项目大多数高度依赖于国内经济状况,形成互相制约关系,一旦国内经济形势恶化,这些投资项目都将受到影响。而国际投资由于项目分布在不同的国家,而不同国家的经济周期、经济发展状况各不相同,具有一定的互补性,可以做到"东方不亮,西方亮"。所以,在国际投资中,收益和风险是并存的,风险越大,投资机会越多,投资收益就可能越高,只有敢冒风险才可能获得高收益。

在国际投资中风险并不可怕,关键是投资者要有善于在投资前识别风险,在投资后防范风险和控制风险,将风险转化为收益的能力。

---

① 阎定军,周德魁,刘良云. 国际投资[M]. 北京:清华大学出版社,2005:80.

(二)国际投资风险的特征

1.客观性

国际投资风险的客观性首先表现在它的存在是不以人的意志为转移的。人们无论愿意接受与否,都无法消除它,而只能通过一定的技术、经济手段进行风险控制。因为无论是自然界的物质运动,还是社会发展规律,都是由事物的内部因素决定的,而决定风险的各种因素对风险主体是独立存在的,不管风险主体是否意识到风险的存在,它都客观存在,并在一定条件下有可能变为现实。人们只能在一定的时间和空间内改变风险存在和发生的条件,降低风险发生的频率和损失程度,而不能彻底消除风险。

2.偶然性

风险的偶然性是指对风险主体来说,虽然风险是客观存在的,但就某一具体风险而言,它的发生是偶然的,是一种随机现象,风险程度有多大,风险何时何地有可能变为现实都是不确定的。

3.相对性

风险的相对性是指对于不同的风险主体来说,在一定的时间、地点、条件下,即一定的风险环境中,风险的大小是不同的,风险的含义也不同。例如,汇率风险对于国际投资者来说可能是较大的风险,而对于国内投资者来说则算不上风险。同幅度的汇率变化,由于人们主观意识上存在差异,使各类投资主体面临的风险也不相同,随着时空条件的变化,风险的形式和内容也会发生变化。

4.可测性和可控性

虽然风险具有偶然性的特征,但并不意味着所有风险都完全不可测量。可测性是指可以根据过去的统计资料、情报,运用各种方法测算,来判断某种风险发生的频率与风险造成的经济损失的程度。

风险的可测性为风险的控制提供了依据。所谓风险可控性,是指主体通过风险识别、风险估计、风险处理等方法和手段对风险进行预测、防范和化解。

5.风险与效益共生

虽然很多人认为风险意味着损失,但实际上,风险的不确定性既有造成损失的方面,也有收益的方面。一般说来,风险越大,收益越高的可能性也越大。人们可以根据对风险的认识和把握,选择适当的手段,争取在控制风险的情况下实现效益更大。对高效益的追求是现代风险投资迅速发展的内在动力,风险投资利用各种技术和手段测控、利用风险,使其收益可能性有效地转换为现实。

(三)国际投资风险的影响因素

一般来说,国际投资风险的影响因素主要有以下几方面:

1.国际政治经济格局

作为跨国经济行为,国际投资无疑要受到国际经济格局的影响。20世纪80年代,贸易保护主义盛行,对外直接投资成为各国绕开贸易壁垒、扩大出口创汇的重要工具,因而国际直接投资得到了极大发展。2004年伊拉克战争期间,中东地区的国际投资明显缩减,大量跨国业务停止,许多跨国公司纷纷撤出是非之地。

2.东道国的投资环境

投资环境具有很高的不可控性,由此造成的后果也比较严重,因此是国际投资风险的主要影响因素。外国投资者的投资活动在东道国的界域内进行,因而,东道国投资环境如何,无疑是国际投资风险的重要影响因素。国际投资环境包括潜在东道国的自然环境、政治环境、经济环境以及社会文化环境等。一个国家政局不稳、政府变更或改组的频率越高、政策变动越大、爆发战争、经济状况恶化等都会加大外国投资者的风险。如东道国的政策与法律的连贯性、基础设施建设状况、经济状况、劳动者的数量与质量等因素,这些都是直接影响国际投资收益的重要因素。

3.国际投资项目

投资项目是一个小系统,既要内部各要素之间互相协同动作,实现优化组合,又要与外界进行物质、信息和能量的交流。投资项目的选择涉及对东道国一系列政策的研究,这是进行直接投资的重要一步。国际投资环境复杂多变,投资市场中还存在很多不确定的因素,进行国际投资前就要通过可行性分析和论证,来确定投资项目以及投资项目的寿命周期、投资项目的技术构成等。如果可行性研究较为严格,并且论证投资项目能够获得较高收益,投资项目的合理性较高,投资风险就减少。

4.国际投资者的目标

国际投资者到东道国进行投资的最终目标是实现利润最大化,而具体目标则具有多样性,如有资源利用型、市场占有型、降低成本型和扩大优势型等。如果国际投资者的目标定得过高,而且具体目标构成过于复杂,则投资运行的结果与预定目标之间发生差异的可能性就越大,所面临的风险也就越大。因而需要科学地确定投资目标,以提高风险防范能力。

5.国际投资者的经营管理水平

国际投资活动是一种自主的经济活动。在既定的投资环境下,其投资目标能否实现,在很大程度上取决于其自身的经营管理水平。与其他影响因素相比,这种影响因素可控性要大得多。甚至可以说国际投资者的经营管理水平在很大程度上决定着投资项目的成功与失败。一方面投资者在国际投资前能够通过缜密的研究和分析做出正确的判断,即向哪个国家投资,投资于哪些项目及投资额度等;另一方面投资者还能在具体的投资经营中,通过科学的管理使跨国投资活动获得最大的收益。这两方面都相当程度上取决于投资者的管理水平。

6.投资期限的确定

投资期限也是国际投资风险的重要影响因素。投资是一种长期经济行为。对外投资也是如此。在对外投资运行期间,影响投资活动的各种因素是不断变化的,这种变化加大了投资风险。一般来讲,投资期限越长,其所面临的风险就越大。

二、国际投资风险的类型

国际投资风险与国际投资形影不离,它伴随着国际投资的各个方面和全过程,在国际投资的每一个方面和每一个环节都潜伏着风险。所以国际投资所面临的风险是多种多样的,它们的成因和规律也各不相同。只有按照其自身规律对其进行分析,才能深入细致地认识并全面地把握国际投资风险。

(一)国际投资风险的分类

国际上关于国际投资风险的分类很多,不胜枚举。按照加拿大银行家纳吉的思想,有以下6种分类方法:

(1)按地理位置或国别划分,可以将国际投资风险分为墨西哥风险、英国风险、新西兰风险、印度风险等。这种划分以特定国家为国际投资风险命名,国际投资风险是一个地理概念。

(2)按筹资主体的性质不同,可把国际投资风险分为主权风险(政府或国家风险)、私营部门风险、企业风险、个人风险等。

(3)按触发风险的因素不同,可把国际投资风险分为政治风险、社会风险、经济风险等。

(4)按资金用途不同,可把国际投资风险分为贷款风险、出口融资风险、项目风险、国际收支风险、开发投资风险等。

(5)按国际投资风险发生的原因划分,国际投资风险包括拒付风险、否认债务风险、债务重议风险等。

(6)按国际投资风险严重程度划分,国际投资风险有高风险、低风险、一般风险等[①]。

另外,还有以国际投资风险发生的原因为基准的分类包括国家风险、汇率风险、经营风险和战略风险;以国际投资风险的重要程度将国际投资风险分为政治风险、金融风险、经营风险、组织风险和技术创新风险;按国际投资风险的影响范围可分为系统性风险(经济周期风险、利率风险、通货膨胀风险、外汇风险、国家风险、政治风险)和非系统性风险(行业风险、经营风险、财务风险、违约风险)。还有的按国际投资风险的性质、对象、承受能力和管理能力等进行划分。随着人们对国际投资风险认识的深化,对国际投资风险的分类也会越来越细致和完善。一般来讲国际投资的主要风险有三种:政治风险、金融风险(汇率风险和利率风险)和经营风险。

(二)政治风险

1.政治风险的概念

政治风险(political risk),是指在国际投资中,由于东道国政府在政权、政策法律等政治环境方面未能预期到的政治因素突然或逐渐变化而使国际投资活动处于不利地位或遭受经济损失的可能性。

政治风险对外国投资者既可能产生不利影响,也可能产生有利影响,但是现实中,不利的影响居多。政治风险是国际投资者面临的最具威胁性的风险,因为政治因素具有不确定性和不稳定性,它的发生一般都比较突然,且事前难以识别和预测,单个投资者更难以控制其发展。

一般而言,国际投资与东道国在利益上虽然存在互利的一面,但也存在着利益不一致甚至冲突的一面,东道国为了追求经济利益,就会采取相应的政治行为,经济行为政治化已成为一个普遍的趋势。

2.政治风险的分类

(1)按风险影响的广度不同,政治风险可以分为宏观政治风险和微观政治风险。宏观政治风险是指东道国所发生的政治事件和行为,对所在国所有企业(包括本国企业)都产生影响的,而且影响的方式、程度都相同。宏观风险可以是直接和相对持久的,也可以是间接的和间歇性的。微观政治风险是仅对某一行业的企业或项目产生影响的风险。容易遭到微观政治风险的国际投资的类型在各国有所不同,同一国家的不同时期也有所不同。遭受微观政治风险的程度,也随着产品或技术水平、所有权结构、服务种类、管理体制而变化。

(2)按风险影响的程度(深度)不同,政治风险可以分为政府干预、制裁和财富剥夺。政府干预是指东道国政府为了达到预定的经济增长目标,通常会采取各种干预措施以控制在本国的外国企业,按控制的程度及表现形式,政府干预又可以分为政府非区别性干预和政府区别性

---

① 阎定军,周德魁,刘良云.国际投资[M].北京:清华大学出版社,2005:81.

干预;制裁是指所在国政府对外国直接投资企业施加各种压力,最终使该企业不能盈利或破产,制裁的动机可能纯粹是政治或民族的,也可能是为本国企业提供更多的业务和盈利的机会;财富剥夺是政治风险的一个极端类型,其表现为没收和国有化外国企业。

(3)按领域的不同主要可以分为主权风险,没收、征用和国有化风险,战争风险和政策风险四类。主权风险,指东道国政府为了维护国家主权或保护国家利益,在不受任何外来法律约束的情况下,制定和调整对外国投资者的政策和法律,给外国投资者造成经济损失的可能性;没收,指东道国政府在没有任何补偿条件下强制剥夺国内外投资者财产的行为;征用,指东道国政府根据国家主权的需要对外国投资予以没收或接管;战争风险指东道国国内由于领导层变动或社会各阶层利益冲突、民族纠纷、宗教矛盾等引起局势动荡,甚至发生骚乱和内战,或东道国与别国在政治、经济、宗教、民族等问题上的矛盾激化而发生局部战争,从而给外国投资者造成经济损失;政策风险,指由于东道国制定或变更政策而可能给外国投资者造成经济损失。

(4)按对国际投资的影响可分为直接的政治风险和间接的政治风险。直接的政治风险,是指政府直接介入企业的经营活动而带来的风险。直接政治风险包括政府直接干预企业的生产决策、采购决策;原材料或产品的进出口限制;经营方式和地域的限制;通过征用、没收、国有化取得企业的所有权;外汇管制;等。间接的政治风险,是指通过对企业具体经营的影响,间接影响企业经营活动或效益。例如由于法规政策的变动影响了企业的外部环境,进而对企业活动产生影响,具体包括政府的金融货币政策,环境保护政策,投资法规、公平交易法和消费者保护法等的改变以及对股权结构、利润分配、公积金提取的规定性限制,等。

3. 政治风险的影响

20世纪80年代以后,政治因素导致的风险日益凸显,特别是随着地缘政治、政治全球化进程的加快,国际政治冲突日益加剧、各国国内政治的不稳定,政治风险在投资风险中的地位越来越重要,对国际投资的影响也越来越大。

政治风险对国际投资者的影响是经常性的和深远的,有些影响是直接的,有些影响是间接的。其既可能产生有利的影响,也可能产生不利的影响。从不利的方面看,主要表现在:通过征用或迫使撤回部分外国直接投资的方式影响资产的所有权;通过限制外国企业的经营活动而最终减少外国企业的收益。从有利的方面来看,政治风险并不必然对国际投资者产生负面影响,对于老练的国际投资者而言,政治风险,包括没收风险,不仅不是国际直接投资的障碍,而且有可能是将来获得利润的一个重要因素。不过,时间的尺度是极其重要的,国际投资者如果预测到将来某一个时候有没收风险,在没收风险到达之前的这段时间里,制定一个有利的计划是极其有效的。利用政治风险历来是石油工业的特点。一般而言,政治风险更多的是指产生不利影响的政治事件或政治行为。

(三)汇率风险

1. 汇率风险的概念

汇率风险(exchange rate risk),是由于货币之间兑换价格不可预测的波动导致用本国货币或结算货币计算的未来资产、负债、经营收入遭受损失的可能性。自1973年主要发达国家实行浮动汇率制以来,国际金融市场上的汇率变化频繁,给国际资本流动带来很大的不确定性。

2. 汇率风险的类型

汇率风险涉及的面相当广泛,但就国际投资过程中从事国际性经营业务而言,主要有三方面：交易风险、折算风险、经济风险。

（1）交易风险（transaction risk）。交易风险是未来现金交易价值受汇率波动的影响而使经济主体蒙受损失的可能性。或者说是经济主体运用外币进行计价收付的交易中从交易发生到交易完成这段时间里汇率发生变动，从而蒙受经济损失的可能性。根据交易风险的定义，以下经营活动可能会造成交易风险：依据商业信用购买或销售商品和服务，合同金额以外币计价；借入或贷出外币资金；还未交割的远期外汇合约的一方；其他获得外币资产或带来外币债务的交易活动。

交易风险进一步可分为外汇买卖风险和交易结算风险两类。外汇买卖风险，又称金融性风险，是本币与外币之间的反复兑换而带来损失的可能性。交易结算风险，又称商业性风险，是以外币计价进行交易活动时，由于计划中或进行中的交易在结算时所运用的汇率没有确定，因而产生风险的可能性。在国际贸易往来中，从达成贸易合同到最终结清债务，一般需要少则3个月多则1年的时间，由于在此期间结算货币的汇率发生变动，就会使交易方承担由此带来的结算风险。

交易风险的影响因素通常有以下三个方面：①经济主体拥有的远期外币头寸，即拥有远期外币应收应付业务的幅度。拥有的远期外币应收应付业务数量越大，则可能蒙受的交易风险越大。②该外币相对本币汇率的波动程度。若外币汇率波动程度越大，在未来一段时间上可能变化的幅度也会比较大，从而本币计价蒙受损失的可能性也就会较大。③经济主体拥有多种外币业务的情况下，几种外币相对本币汇率变化的综合变动趋势，也就是几种货币汇率变化之间的相关程度。如果几种外币汇率变化的相关程度较大，则这些外币形成的交易风险或者是叠加关系（当汇率关系正相关时），或者是相互抵消的关系（当汇率关系负相关时）就大。

当考察经济主体在特定时期和在特定国家开展业务的情况下的交易风险时，首先需要获得上述三个方面的信息和数据来分析因汇率变动形成的交易风险。一般来说，交易风险是由相关的某种外币远期应收或应付净头寸水平与外币汇率波动程度两者共同决定的，仅凭前者或仅凭后者都并不能确定外汇交易风险的大小。

（2）折算风险（translation risk），又称会计风险。折算风险是指由于汇率变化而引起海外资产和负债价值的变化，是经济主体在会计处理和外币债权、债务决算时，将必须转换成本币的各种外币计价项目加以折算时所产生的风险[①]。折算风险带来的收益和损失只是一种会计的账面概念，并不表示实际的或已经发生的收益和损失。

一般来说，经济主体在海外经营面临的折算风险比较复杂。一方面，海外分支机构在以东道国货币入账和编制资产负债表时，需要将所使用外币转换成东道国的货币。另一方面，它们在向总公司或母公司呈报资产负债表时，又要将东道国的货币折算为母公司所在国的货币。折算风险取决于3个因素：①经济主体经营活动的外向化程度；②子公司的地理位置；③所采用的会计方法。一般来说，经济主体海外子公司的经营规模在整个主体中所占比重越大，则特定的财务报表项目遭受折算风险的比例就越大。但对经济主体折算风险影响最大的常常是其所采用的会计制度和方法。

在实际操作中，一般应根据财务报表的分类，将折算风险分为损益表风险和资产负债表风险。企业的现金流量表是在以上两表的基础上编制而成，因而不需要单独考虑其折算风险。

（3）经济风险（economic risk）。经济风险指由于意料之外的汇率波动引起经济主体未来

---

① 綦建红.国际投资学教程[M].北京：清华大学出版社，2005：270.

一定期间的收益或现金流量变化的一种潜在风险[1]。其中收益指税后利润,现金流量指税后利润加折旧。由于汇率的变动会改变商品之间的比价,进而使国内外市场上的生产条件和需求结构发生变化,因而,经济风险存在于跨国经营的各个方面。

经济风险的影响因素通常包括:经济主体外国市场的销售额,特别是特定国家当地市场销售额;以当地货币计价的进口;以当地货币计价的出口;来自国外接受的投资收益数额等。

汇率波动的经济风险与经济主体的另外两种外汇风险(交易风险和折算风险)比较起来,有如下一些特点:①经济风险不能被准确识别和测量。经济风险在很大程度上取决于销售量、价格或成本的变动对汇率变动的反应程度。对跨国经营的经济主体来说,汇率变动引起的不仅是临时的价格变化,而且对一些环境变量(如利率、需求结构等)有长期的甚至永久性的影响,环境变量的变化,会引起产品价格、市场份额、生产成本等指标变化从而引起收益波动,带来经济风险。②经济风险在长期、中期和短期内都存在,而不像交易风险和折算风险那样是相对短期的、一次性的。③经济风险通过间接渠道产生,即汇率变化→经济环境变化→收益变化。

对于每一个国际投资者来讲,经济风险比折算风险和交易风险更为重要。因为折算风险只是一种账面损失,而对经营能力无实质性影响,交易风险只是着眼于某次具体的进出口贸易或资金借贷上的风险,是一次性的,而经济风险是汇率变动后对投资者经营产生的多方面影响,因而是长期的和广泛的。而且经济主体在受到汇率变动的直接影响的同时,还会受到由汇率变动而导致的东道国物价和利率变动的影响。

(四)利率风险

1.利率风险的概念

利率即利息率,是一定时期内利息与借款总额之比,通常以百分数表示。利率是金融凭证的价格,利率在一定程度上反映着金融市场与金融环境的变化。利率是最敏感的社会经济指标之一,也是影响股票市场价格走势的最敏感的因素,它不仅影响到整个国民经济的健康发展,利率的升降会直接影响到投资者经营成本的增减,因而直接影响到投资决策和收益。利率风险(interest rate risk),是指市场利率变动给有价证券的利息、股息收入或本金可能带来的损失。这种风险也称作证券市场价格变化风险。利率风险是在债券、股票等有价证券的个别利率和市场利率发生背离的情况下发生的。各种有价证券投资没能取得预期的收益,甚至到期没能收回本金,都可能产生利率风险[2]。

2.利率风险的类型

利率风险可以从不同的角度来进行考察,从风险的存在状态来划分,可将利率风险划分为静态风险和动态风险。静态风险是不可以防范的,它只会给投资者带来损失。而动态风险一般情况下是可以防范的,它既可能给投资者带来损失,但也可能给投资者带来收益。

从风险的来源划分,可以将利率风险划分为价格变动风险、购买力风险、流动性风险和违约风险。价格变动风险是指市场利率发生变动,使债券价格发生相对变动而造成的实际收益与预期收益的背离或损失。市场利率的变化会直接影响到金融凭证的市场流通价格的高低。当市场利率高于金融凭证上注明的利率时,其市场价格低于面值;相反,当市场利率低于金融凭证上注明的利率时,其市场价格高于面值。市场利率的波动,给金融凭证的借贷双方或投资

---

① 綦建红.国际投资学教程[M].北京:清华大学出版社,2005:271.

② 间定军,周德魁,刘良云.国际投资[M].北京:清华大学出版社,2005:99.

者都带来不稳定的风险。购买力风险是由于通货膨胀的影响使有价证券的利息收入和本金的购买力发生变化而产生的。当发生通货膨胀时,由于物价上涨,货币贬值,实际利率下降甚至为负数。流动性风险是有价证券流动性的变动给证券投资者带来损失的风险。流动性是影响有价证券价格或利率的重要因素之一。有价证券的流动性越好,对投资者就越有吸引力,其利率就越高,相应地风险就越小。相反,有价证券的流动性越差,对投资者越没有吸引力,其利率也就越低,相应地风险就越大。违约风险是指债券到期,发行人不能支付利息偿还本金,使债券购买者经济上遭受损失的风险。

(五)经营风险

1.经营风险的概念

经营风险(operating risk),是指跨国公司在经营的过程中,由于市场条件、生产和技术条件、管理和决策等因素的变化以及难以对环境变化及时做出调整,使得企业实际收益与预计收益相互背离的不确定性。对国际投资而言其所面临的经营风险比国内投资要大得多。国际投资的经营风险主要是指市场风险,其面临的市场包括宏观市场和微观市场两大类。宏观市场是各个要素市场、区域市场相互联系、相互制约的有机体。微观市场是指买卖双方构成的一个特定市场,它既包括市场的买卖双方,也包括商品交换的场所。因此,在国际投资的生产经营活动中要面临宏观市场和微观市场的双重风险。

造成经营风险的原因既有主观因素也有客观因素,既可能是由内部因素引起的,也可能是外部因素引起的。经营风险的大小一般可用盈利和盈利增长率的稳定性来衡量,如果盈利和盈利增长率较稳定,说明经营风险较小;反之,风险较大。

2.经营风险的类型

经营风险一般由以下风险构成:

(1)价格风险。价格风险是指由于国际市场上行情变动引起的价格波动,而使跨国公司蒙受损失的可能性。因为引起价格波动的因素很多,所以价格风险是经常和普遍的。

(2)销售风险。销售风险是指由于产品销售发生困难而给跨国公司带来损失的可能性。销售风险产生的原因主要有:市场预测失误,预测量与实际需求量差距过大;生产中的产品品种、式样、质量,不适应消费者需要;产品价格不合理或竞争对手低价倾销;广告宣传不好,影响购销双方的信息沟通;销售渠道不适应或不畅通,从而影响产品销售。

(3)财务风险。财务风险是指整个企业经营中遇到入不敷出、现金周转不灵、债台高筑而不能按期偿还的风险。

(4)人事风险。人事风险是指企业内部人员的行为偏离组织目标,或其行为违背客观规律等给企业造成的损失。人事风险属于人为的、内部的、主观的风险,是企业跨国经营经常面临的风险,如果能对其进行有效的管理和控制,则可以大大降低由人事风险所带来的损失。

(5)技术风险。技术风险是指开发新技术的高昂费用,新技术与企业原有技术的相容性及新技术的实用性等方面可能给企业带来的风险。

第二节 国际投资风险的识别与防范

一、政治风险的识别与防范

政治风险不仅仅发生在发展中国家或政治不稳定的国家,实际上,发达国家同样存在政治风险。因此,政治风险是广泛存在的而且是至关重要的,能否科学地通过预测来识别政治风险,并采取相应的手段和方法减少、分散政治风险,从而防范政治风险,直接关系到国际投资活动的成败。

(一)政治风险的评估方法

政治风险由于与国家主权行为密切相关,因此投资者需要对东道国内部的各种政治状况及相关情况进行调查、分析以得出对其政治风险的总体评价,为国际投资活动提供决策依据。目前,政治风险识别和评估主要有以下几种方法:

1. 国际投资风险指数法

国际投资风险指数是由国际上一些专门研究国际政治、经济、金融形势的机构定期发布的部分国家和地区风险状况的指数,是国际投资者进行国际投资之前评估东道国政治风险的重要参考依据。

(1)富兰德指数(FL)。富兰德指数是 20 世纪 60 年代末,美国的汉厄教授设计的一种考察政治风险的评价指数,该指数由美国商业环境风险情报所每年定期提供。富兰德指数是由定性、定量和环境评价体系三个指数构成的综合指标,三个评价体系在富兰德指数中所占比重分别为 50%,25% 和 25%。其中定性评价体系主要考察该国的经济管理能力、外债结构、外汇管制状况、政府贪污渎职程度以及政府应对外债困难的措施这五个方面;定量评价体系侧重于评估一国的外债偿付能力,从外汇收入、外债数量、外汇储备状况及政府融资能力四方面进行评分;环境评价体系包括三个指数系列:政府风险指数、商业环境指数及社会政治环境指数,前两个指数是通过邀请各方面专家通过咨询讨论后形成的,政治环境指数则是由汉厄教授编制的。富兰德指数以百分制表示,指数越大表示该国的投资风险越小,信誉越高。与指数相配合,美国商业情报研究所还定期发表富兰德报告,公布各国的基本统计数字和分析人员的评价。富兰德指数及报告基本包括了主要债务国和贸易国的环境风险的分析,因此是进行国际投资的重要参考依据之一。

(2)国家风险国际指南综合指数(ICRG)。该指数是由设在美国纽约的国际报告集团编制的风险分析指标体系,每月发表一次。国家风险国际指南分为政治因素(PF)、金融因素(FF)和经济因素(EF)三部分,其中政治因素占 50%,即 50 分,后两项各占 25%,共 50 分,该指标模型为:

$$CPFER = 0.5 \times PF + 0.25 \times (FF + EF)$$

上式中,CPFER 表示的是政治、金融和经济三个指标的综合指数,以百分制表示,数值越高,表示风险越小;反之,数值越低,表示风险越大。PF 表示全部政治指标,包括领导权、法律、社会秩序及官僚化程度等 13 个指标。FF 表示全部金融指标,包括停止偿付、融资条件、外汇管制的损害程度及政府毁约等 5 个指标。EF 表示全部经济指标,包括物价上涨、偿付外债比率及国家清偿能力等 6 个指标。

CPFER 是针对每个具体国家而言的,它考察各个国家不同时期综合风险指数及其变化情况,投资者将同一国家不同时期的 CPFER 进行纵向对比,可以看出该国风险状况的变化趋势,即这个国家的风险是越来越大,还是越来越小,这样有利于国际投资者掌握东道国国家风险的状态和变化趋势,比较不同国家的政治风险,确定投资流向。

(3)《欧洲货币》国家风险等级表。目前很多发达国家都有对政治风险进行评估的机构,其中以英国的国际金融界权威刊物《欧洲货币》杂志影响最大,它每年 9 或 10 月公布 100 多个国家和地区的国家风险等级表,侧重于反映一国在国家金融市场上的形象和定位。它主要考察的内容及各项内容所占的比重分别为:①进入国际金融市场的能力占20%,包括外国证券市场、国际债券市场、浮息债券市场、国际信贷市场以及票据市场上筹措资本的能力;②进行贸易融资的能力占10%,主要指通过无追索的大型贴现而融资的能力;③偿付债券和贷款本息的记录占15%;④债务重新安排的顺利程度占5%;⑤政治风险状态占20%;⑥金融二级市场上的交易能力及转让条件占30%。

(4)《机构投资家》国家风险等级表。该表是由著名国际金融界刊物《机构投资家》每两年在其9月号刊出的各国国家风险等级表。此表是该杂志向活跃在国际金融界的75~100个大型国际商业银行进行咨询调查的综合统计结果。每个被征询的银行要对所有国家的信誉地位,即风险状况进行评分,分数以百分制表示。分数越大,表示风险越小,若是0分则表示该国的信誉极差、风险大;100分则表明该国的信誉极好。该表主要考虑具有健全的国际风险分析体系的大银行及"风险暴露"最大的银行的意见,因而直接反映银行界对各国风险程度的评价。

由于以上几种国际投资风险指数系统是由具有一定权威性的机构定期发布的,为国际投资者提供了丰富而可贵的投资风险信息资料,因而,得到了世界大多数国家投资者的普遍接受和认可。同时,由于这些指标体系对国际投资的巨大影响力,各国都以此为标准,努力营造较好的投资环境,提高信誉,降低风险,尽量避免被列入高风险国家之列,以增强对外资的吸引力。

2.评分定级评估法

评分定级评估法是采用一组固定的评分标准将东道国各个风险因素进行量化,从而确定风险程度的方法。由于这种方法可以对不同国家的风险进行比较,因而在国际上得到广泛应用。一般地说,评分定级评估法的整个评分定级过程分为以下四个阶段:

第一阶段:确定考察的风险因素。如负债比率,战争次数,人均GDP等。

第二阶段:确定风险的评分标准。分数越高,风险越大,例如负债比率10%以下为1~2分,10%~15%为3分,15%~25%为4分,25%~50%为5分,50%~80%为6分,等。

第三阶段:将所有项目的分数汇总,确定该国的风险等级。

第四阶段:进行国家间的风险比较,得分越高的国家风险越大。

表3-1　国际风险等级序列表

风险等级	分值	意义
AAA	0~0.5	基本无风险
AA	0.5~1.5	可忽视的风险
A	1.5~3	风险很小
BBB	3~7	低于平均风险
BB	7~15	正常风险
B	15~30	值得重视的风险
C	30~55	高风险
D	55~100	不可接受的风险

资料来源:綦建红.国际投资学教程[M].北京:清华大学出版社,2005:293.

3.预先警报系统评估法

预先警报系统是 1975 年联邦德国经济研究所制定的一系列重要的国家经济指标。这种指标系统根据积累的历史资料,能在国家风险出现之前预先警报,提醒投资者注意,因而,也被称为早期预警系统。这个系统主要由以下指标组成:偿债比率、本金偿还比率、负债比率、负债对出口比率、负债对外汇储备比率、流动比率、偿息额对国民生产总值的比率等。在进行政治风险评估时,要有选择地运用其中一部分指标,其中较为常用的有:

(1)偿债比率。该比率表示一国偿付外债的能力,一般认为该比率在 10% 以下,表明该国具有较强的偿还能力,该比率高于 25% 时,则意味着债务困难,存在着不能到期偿还债务的可能。这一指标的计量公式是:

$$偿债比率 = \frac{外债当年还本付息额}{当年出口商品与劳务额} \times 100\%$$

(2)负债比率。该比率表示一国的经济规模和外债关系。一般认为该比率低于 15% 较好;高于 30% 时,则容易发生债务危机。这一指标的计量公式是:

$$负债比率 = \frac{外债总额}{当年国民生产总值} \times 100\%$$

(3)负债对出口比率。该比率用以衡量一国短期内偿还全部外债的能力。在当前发展中国家短期债务所占比重日益增加的情况下,该比率越低,说明该国越不易发生债务危机。一般认为,该比率的危险界限为 100%。这一指标的计量公式是:

$$负债对出口比率 = \frac{外债余额}{当年出口商品与劳务总额} \times 100\%$$

(4)流动比率。该比率表明一国外汇储备相当于进口额的月数。一般认为相当于 5 个月进口额的外汇储备是比较充分的,低于 1 个月进口额的外汇储备则是危险的。这一指标的计量公式是:

$$流动比率 = \frac{外汇储备余额}{月平均进口额} \times 100\%$$

4.国别评估报告

国别评估报告,是投资者对特定对象国的政治、社会、经济状况进行综合性评估的文件。它往往用于大型海外建设项目的投资或贷款之前,其性质与可行性研究报告相仿,但侧重于防止国家政治风险的发生。例如,全球著名的美国摩根保证信托公司的国别评估报告主要评估对象国以下四个方面的内容:

(1)政治评估。政治评估主要是评估对象国政府的经济营运能力和应变能力。其中经济营运能力包括政府首脑的决策能力、政府官员的政策设计能力和经济官员对政府决策人的影响能力。应变能力主要是指政府对环境变化的反应能力和及时采取应对措施的变通能力,即当世界经济周期或国际石油价格等国际经济环境变动时,政府迅速调整国际收支的能力。

(2)经济评估。经济评估主要是评估对象国的生产要素和发展意图,有自然资源、人力资源、资金来源和外贸出口 4 个方面的内容。其中自然资源包括对象国已有的自然资源状况、开发的可能性以及开发程度;人力资源包括劳动者的教育及受训情况和企业家的素质;资金来源包括国内资金在开发投资中的比重和国内促进储蓄增长的政策措施;外贸出口包括出口商品种类和数量及出口市场多样化程度。

(3)对外金融评估。对外金融评估主要是评估对象国的国际收支状况、对外借款状况和外汇储备状况等国际金融状况。其中国际收支状况包括国际收支现状、预测及未来的趋向。外债状况包括外债增长率、债务结构和未来的债务负担。对外借款状况主要是为调整国际收支从国际金融组织筹措的贷款额。外汇储备状况包括外汇储蓄水平、按进口规模和出口规模推算的外汇储蓄的合理水平。

（4）政局稳定性评估。政局稳定性评估主要是评估对象国和全球的政治状态。其中国内政局包括领导集团能否顺利交接、能否保持各项政策的连续性。在国际政局方面，包括区域的和全球的政治局势是否稳定。

（二）政治风险的防范

政治风险防范的目的是尽量避免和减少风险，使风险损失最小化。政治风险涉及的范围极其广泛，风险因素和情况错综复杂，而且千变万化，政治风险发生后会对国际投资者产生巨大而深远的影响，给国际投资者造成巨额损失，有时会血本无归甚至危及国际投资者的人身安全。对政治风险而言，即使国际投资者能够对其进行准确的识别和分析，但也不能阻止其发生。因此，国际投资者在完成对政治风险评估之后，还要对投资活动采取适当的保护措施以化解和降低政治风险，使政治风险造成的损失最小化。因而政治风险防范在投资前应做好充分的预防和规划与谋划工作，投资后应做好政治风险的控制工作以及风险发生后的善后处理工作与损失弥补，建立适当的应急处理机制[1]。

1. 投资前的政治风险防范

国际投资是一项长期的经济行为，在投资前就要着手进行政治风险的防范和规避工作。

（1）对特定东道国的政治风险实证分析。国际投资者通过政治风险评估方法选定东道国之后，应当对特定东道国的政治风险进行详细深入的实证分析。一般来讲，一国的经济越发达，其吸引外资和对外投资的规模也越大，对外资的优惠措施和限制措施也较少，因而外资被国有化的风险也较小；一些政局相对稳定的国家投资风险也较小。但是，这些国家由于经济发展程度高，市场进入较难，获得高额回报的机会较小。相反，一国的经济不发达，在大力吸引外资的同时必须保护本国民族工业的发展，因此除非在投资前该国或地区已发生战争暴乱、国有化等极端情况，否则不应一味回避政治风险高的国家，应采取有限度的回避和容忍态度，设法做好风险防范。

（2）办理海外保险。许多工业国家，如美国、英国、日本、德国、法国等，都设有专门的官方机构为私人的海外投资的政治风险提供保险，海外投资保险承保的保险有国有化风险、战争风险和政策风险三类。一般做法是：投资者向保险机构提出保险申请，保险机构经调查认可后接受申请并与之签订保险单；投资者有义务不断地报告其投资的变更状况、损失发生状况，且每年定期支付费用；当风险发生并给投资者造成经济损失后，保险机构按合同支付保险赔偿金。

（3）与东道国政府进行谈判。投资者在投资前可以设法与东道国政府谈判，并达成特许协议，获得某种法律保障，尽量减少政治风险发生的可能。特许协定的内容因投资项目和东道国的不同而有所不同，但是这类协议一般要明确：①子公司可以自由地将股息、红利、专利权费、管理费用和贷款本金利息汇回母公司；②划拨价格的定价方法，以免日后双方在价格问题上产生争议；③公司缴纳所得税和财产税参照的法律和法规；④发生争议时进行仲裁的法律和仲裁地点。

---

① 阎定军，周德魁，刘良云.国际投资[M].北京：清华大学出版社，2005：88.

总体来说,进入 20 世纪 90 年代以来,由于经济全球化和区域经济一体化趋势的不断加强和发展,特别是发展中国家实行和扩大对外开放政策和措施,日益融入经济全球化和区域经济一体化的大潮中来,加之世界贸易组织和其他国际经济组织长期以来卓有成效地推进经济全球化和区域经济一体化的工作,国际投资的政治风险是不断降低的。

2.投资后的政治风险防范

采取投资前的政治风险防范措施并不能完全消除全部政治风险,因为国际投资者不可能将影响东道国政治风险的所有因素考虑周全,同时东道国的投资环境又是一个动态的系统,随时可能发生事先预想不到的事情。因此,国际投资者在投资后的生产经营过程中也应随时采取一些相应的避险措施。

(1)制定灵活的生产和市场战略。这种战略是投资者通过生产和经营方面的安排,使东道国政府实施征用、国有化或没收政策后,无法维持原公司的正常运转,从而避免被征用的国家风险。

在生产战略上要控制两点:一是控制原材料及零配件的供应。进口原材料和零配件虽然运输成本较高,交货时间较长,但它可以保证投入品的来源和质量,免受东道国政府的控制。二是控制专利及技术诀窍。投资者将专利、技术诀窍控制在手中,一旦公司被征用,东道国没有专利和技术诀窍,就无法维持原有的正常经营。

在市场战略上,通过控制产品的出口市场、产品出口运输及分销机构,使得东道国政府接管该企业后,失去产品进入国际市场的渠道,生产的产品无法出口,这样做可以有效地减少被征用的风险。

(2)制定灵活的财务战略。这种策略是在融资、资本结构、产品定价等方面采取灵活措施,避免和降低政治风险。

在融资战略上,投资者可以从东道国的融资渠道、其他国政府、国际金融机构融资,而并不只是使用母公司的资金,或采取大量负债经营和少量股权的方式融资。这样虽然成本稍高,但却可以有效地防范国家风险。

在股权结构策略上,外国投资者可以在遵循东道国有关法律的前提下。逐步出售部分或全部股权给当地投资者,分阶段逐步地撤出对外投资的所有权。

在产品定价策略上,如果投资者能够控制原材料、技术或市场,还可以在出现被征用和国有化风险的情况下,采用高进低出的转移定价方式将子公司的利润迅速转移到国外。

(3)实行分散投资策略。国际投资的分散投资策略就是将不同项目或同一项目的不同产品或者同一产品的不同部件的投资分散投在不同的国家里。如将产品技术的研发和产品的生产分散投在不同的国家,或将产品组装与产品关键零部件的生产分散投在不同的国家。这样将国外经营项目与本公司的持续控制结合起来,保持该海外项目对本公司总体市场和产品的依赖,提高东道国政府征用资产的成本,由此减轻可能的政治风险。

(4)制定短期利润最大化战略。短期利润最大化是国际投资者在东道国投资时,认为东道国可能会有征用、国有化等倾向时而提前防范所常用的方法。跨国公司会在尽可能短的时间内,采取递延投资维持费用,将投资削减至仅够维持生产所需的最低水平,缩减营销开支,生产低质量商品,制定高价和取消员工培训计划等多项措施,从当地经营中最大限度地提取现金,从而使短期利润达到最大。这一策略只是一种消极的应对措施,这些短期行为显然不利于企业的长远发展,它几乎表明该公司在当地的投资经营将不会长久,因而,有时反而会加大被征用的可能。因此,跨国公司必须选择适当的时间长度,小心谨慎地实施这一策略,以减少风险。随着国际经济形势的变化,对外资被征用和国有化的情况已非常少见,但由于全球金融动荡的风险仍很大,一些国家发生金融危机的可能性依然存在,一旦东道国发生国际收支或国际储备方面的问题时,外资被冻结就很可能发生,因此,在目前情况下,预防资金冻结也是政治风险防范的一部分。一旦出现类似征兆,投资者应及早采取如转移定价、与母公司进行易货贸易、补偿贸易等措施以隐蔽的方式将资金转移到国外,或采取在当地再投资的方式把冻结的资金用于扩大企业规模、提前购置存货、收购其他企业或购置不动产等措施来降低政治风险。综上所述,不管一国的政治风险状况如何,在国际投资活动中都应按不同的风险情况采取相应管理措施,才可能实现投资收益的最大化。

二、汇率风险的识别与防范

在浮动汇率制下,世界主要货币的汇率受各国经济、政治等各种因素的影响,经常大幅波动,给国际投资者的资金管理带来了极大的不确定性,增大了国际投资的风险。因此,认真研究各国汇率变动的趋势,搞好汇率变化的预测,防范外汇风险已成为国际投资过程中的一个重要方面。

(一)汇率风险的预测内容与方法

通过汇率预测,可以从汇率变动的概率预先估计出各种可能的汇率变动将产生的外汇损失和收益,从而选择最优避险措施,同时对于从事国际投资的企业来说,其财务、销售、价格等方面策略的制定和调整也有赖于汇率的预测。

1. 汇率风险预测的内容

一般而言汇率风险集中表现在汇率的变动上,因而汇率预测的内容虽然很多,但是主要包括汇率变化的方向、幅度、时间及其发生的概率,并测算出一定风险程度下的可能损益量等[①]。

(1)汇率变动的方向,即货币是升值还是贬值,这决定跨国投资是获得收益还是遭受损失。

(2)汇率变动的幅度,即汇率上下波动范围的大小,这决定着跨国公司获得收益或者遭受损失的程度大小。

(3)汇率变动的时间,这决定着跨国公司得到收益或者遭受损失的时间。

2. 影响汇率的因素

(1)相对通货膨胀率。自从在全世界范围流通纸币后,通货膨胀几乎不同程度地在各个国家发生过,如果一国通货膨胀率高于其他国家,意味着其货币的内在价值降低,则其对外价值的表现形式——汇率——也将随之下降;反之则会趋于升值。因此,考察通货膨胀率对汇率的影响时,要考察相对通货膨胀率。

(2)国际收支。国际收支是指一国在一定时期内全部对外经济交往的收支记录。国际收支对外汇市场的影响非常直接、迅速。一国国际收支出现顺差时,表现在外汇市场上外汇的供给大于需求,则该国货币对外币的比价就比较稳定并趋于升值;反之,一国国际收支出现逆差时,外汇的供给小于需求,该国货币就会贬值。国际收支反映了汇率的大致变动。

(3)利率差异。一国利率相对较高时,使用本国货币的资金成本提高,外汇市场对本国货币的供应相对减少,同时相对较高的利率能够吸引更多的国外资金流入,而本国资金流出相对

---

　　① 韩福荣.国际企业管理[M].北京:北京工业大学出版社,2006:469.

减少,国内的资本收支情况得到改善,推动着本国货币汇率的上扬。反之,如果一国的利率水平相对较低,资金的流出增加,则会使本国汇率下降。

(4)宏观经济政策。为了从宏观上调控经济,一国政府采取的货币政策和财政政策,将会对该国货币汇率产生影响。如果实行扩张性货币政策,货币供应量增加,国内利率下调,大量资本外流,导致本国货币汇率下降。实行扩张性财政政策将直接导致需求膨胀,进口增加,外汇市场对外国货币的需求增加,导致本国货币汇率下降。

(5)市场预期。市场预期因素是短期内影响汇率变动的最主要因素。目前国际金融市场上存在着数额庞大的游资,只要预期某国货币汇率会下降,该国货币就会立即被抛售,造成该国汇率迅速下降,给外汇市场带来巨大的冲击,这成为各国货币汇率频繁波动起伏的重要原因。

3. 汇率风险的预测方法

汇率预测的方法很多,总的说来可以分为两大类:一是定性预测法,二是定量预测法。定性预测法是对汇率上升或下降所做的趋势性预测,它突出分析影响汇率的各种因素,并依据各种因素发生作用的强度和方向来估计汇率的走势,所以它是一种方向性预测。定量预测法是对汇率上升或下降幅度大小进行量上的预测,它以定性分析为基础,通过大量的统计资料,得出各种经济变量对汇率变动量的影响实况,以数字公式或图表的形式表达出来,以对未来的汇率变动做出比较准确的量上的判断。具体来讲,汇率风险预测可分为以下四种方法①:

(1)基本预测法。这种方法是根据经济变量同汇率间的基本关系进行预测。这些经济变量包括利率、经济增长率、国际收支、货币供应量、通货膨胀率、资本利用率、市场预期、中央银行干预、工业产量以及投资因素等,它们都是影响汇率长期和短期变动的因素。

(2)市场预测法。这种方法是一种建立在即期、远期汇率和利率间存在一系列平价关系的假设基础上的汇率预测方法。市场预测法认同有效性假说,即在一个强势有效的市场上,所有公开和非公开的信息都可以反映在当天的汇率当中。市场预测法包括两种:即期汇率预测法和远期汇率预测法。

(3)技术预测法。这种方法是用历史的汇率数据来预测未来的汇率。因为历史会重演,人们可以将过去所获得的经验和认识用于指导、了解未来。技术预测法首先是需要收集研究对象的历史资料,其次要分析这些历史资料,最后判断研究对象未来的发展趋势。使用技术分析来预测汇率的方法有很多,但主要以价格分析为主,大体上可将其归为两类:图表技术分析法和计量经济学分析。

(4)混合预测法。混合预测法是综合运用以上各种汇率预测法的方法。预测时先运用不同预测方法得出某一种外币的不同预测值,然后给不同方法分配权重,总权重为100%,更可靠的方法给予较高的权重,这样一来,实际预测值便成了各种预测值的加权平均值。

(二)汇率风险的防范

国际投资的汇率风险防范是指国际投资者对外汇市场可能出现的变化做出相应的决策,以避免汇率变动可能造成的损失。对于不同类型的外汇风险,由于引起的原因和影响的因素不尽相同,所以应根据其状况采取不同的方法。

---

① 綦建红.国际投资学教程[M].北京:清华大学出版社,2005:272.

1. 交易风险的防范

(1)远期外汇交易避险。交易风险是由于投资者在进行外汇交易时,交易日与付款日或收款日汇率的变化引起的。通过在远期外汇市场签订远期外汇合约将未来付款日或收款日的汇率确定下来,从而减少交易风险带来的损失[①]。交易双方通过签订外汇交易合同,事先约定未来的交割币种、数量和汇率,到期按预定条件进行实际交割。使用远期合约时首先要确认交易风险暴露,在此基础上签订适当的外汇远期合约。如果公司的外汇风险暴露是多头,则应出售远期外汇;反之,则应购买远期外汇。

外汇远期合约是依照市场对特定货币的汇率报价做出的。通常,公司具有外币远期应收款时,应出售远期外币,开展所谓空头套期保值;当公司具有外币远期应付款时,应购买远期外币,开展所谓多头套期保值。到期时,不论即期汇率如何变化,套期保值者都将具有确定的本币收入或本币支出,即所谓锁定远期收益或成本。一般具有如下步骤:①签订供货/购货协议;②出售/购买远期外汇合约;③到期日收到/支付确定本币数量。由此可见,通过外汇远期合约交易,保证在未来到期日以确定的汇率得到或支出确定数量的本国货币,从而有效地避免汇率波动的风险。

(2)货币市场避险。货币市场避险是企业或个人可以在货币市场进行套期保值为将来应收或应付的外币避险的方法。当企业存在外币的应付款项时,如果企业有多余的本国货币,可以用一定数额的本币兑换成外币,投资于货币市场,用到期的外币本息偿还应付款。如果企业没有多余的本国货币,企业可以借取一定金额本币兑换成外币投资于货币市场,用到期的外币本息偿还应付款,同时归还借入本币的本金和利息。当企业存在外币的应收款项时,企业可以借入其应收款项数额的外币,兑换成本币,投资于货币市场到期后用收回的应收款归还借入的外币。

企业运用货币市场避险时,可以与远期外汇交易避险方法相比较,选择交易成本最小或者收益最大的避险方法。若两国货币市场和外汇市场上存在利率平价关系时,则企业无论是采用远期外汇市场避险还是货币市场避险,避险效果是相同的,但是,由于交易成本、外汇管制等因素的存在,利率平价与远期汇率往往有一定的差异。

(3)期货交易避险。期货交易避险方法是在货币期货市场上交易双方签订期货合同约定在未来某一时期按约定的价格买入或卖出一定金额的外币来规避风险。货币期货合同具有一定的特征。首先,期货合同规定了一份合约交易的金额和时间,是一种标准化的合约。例如,3个月合约、6个月合约,而每份合约的金额也是确定的。其次,进行期货交易的客户需缴纳一定的保证金和佣金,对进行期货交易的客户产生一定的交易成本。再次,进行期货交易的客户可以选择合约对冲或是实物交割的方式了结交易。所谓合约对冲是指原先买入(或卖出)期货合约的一方在合约到期前卖出(或买入)期货合约进行对冲。实物交割是指期货交易的一方到期时按照合约的规定买入或卖出外币。另外,由于期货合约是标准化合约,每份合约的金额是固定的,因此,对于有外币应收或应付款项的企业不能完全避险。期货交易避险与远期交易避险很相似,通常认为,远期合约适合大额外币避险,而期货交易适合小额外币避险。

企业采用期货合约避险时,对于应付款项可以买入外汇期货合约,对于应收款项应卖出外汇期货合约。

---

①　杨蓉.国际财务管理[M].上海:立信会计出版社,2007:98.

　　企业在采用外汇期货交易时,不论汇率变动的方向是否与企业预测的方向一致,通过现汇市场和期货市场相反的交易方向,可以达到损益互补。而在外汇远期交易情况下,如果汇率变动的方向与企业预测的方向不一致,由于远期合约必须履行,企业将遭受损失。

　　(4)期权交易避险。期权交易避险是一种在外汇期权市场上,买方与卖方签订协议在一定期限内,买方有权按规定的价格买入或卖出一定金额的外币①。这种期权交易与远期外汇交易不同,买卖双方在协议中规定买方需要向卖方缴纳一定金额的期权费,合约到期后,买方可以选择执行买入或卖出外汇的权利,也可以不执行,期权费就是其付给卖方对承担风险的补偿。

　　期权交易分为看涨期权和看跌期权。看涨期权又称买方期权,是指期权买方为了规避将来支付的外汇汇率上涨引起的交易风险与卖方签订在未来某一时点买入一定金额外币的权利。看跌期权又称卖方期权,是指期权的卖方为了规避将来收入的外汇因汇率下跌引起的交易风险而与买方签订在未来某一时点卖出一定金额外币的权利。因此,有外币应付款项的企业可以选择看涨期权,而有外币应收款项的企业可以选择看跌期权来规避交易风险。

　　企业用期权交易来避险时,同样也需要与其他几种方式相比较。因为在期权交易避险方式下,期权费是企业必须要支付的一笔成本。如果这项成本大于在其他避险方式下的成本则应选择其他避险方式。

　　(5)其他避险方法。有外汇应收或应付款项的进出口企业或跨国公司除了可以在企业外部选择运用金融工具来规避交易风险以外,也可以通过运用企业内部操作方法来规避风险。①选择合适的计价货币。企业在与供应商或销售商签订合同时,往往对合同的计价货币作约定,可以是本币也可以是外币。通常来说,本国企业应选择本国货币计价。因为汇率的变动不会给企业带来交易风险,而由贸易的另一方承担了交易风险。但是,这一方法只适用于货币可以自由兑换的国家。一般情况下,出口商或债权人选择硬币(即预期会升值的货币)计价,在收到货款时可以因货币升值而获利;进口商或债务人选择软币(即预期会贬值的货币)计价,在付出货款时可以支付较少的货币。这需要企业对汇率的变动方向作出预测。②提前或延后结汇。在企业能够准确预测汇率变动的方向或趋势的情况下,企业对于应收或应付款项应区别对待。当企业预测将来付出的外币将要发生升值时,应尽量提前支付外币;而外币将贬值时,应尽量拖延付款时间;反之,当企业将来有一笔应收的外币时,预测外币升值时,应拖延收款;而预测外币将贬值时,应尽量提前收回外币,从而避免汇率的变动给企业带来损失或成本上升。但是,提前或延后结汇要建立在企业能够对汇率的变动有准确的估计之上,否则,一旦企业估计错误,提前或延后结汇反而会给企业带来损失。提前或延后结汇也常见于跨国公司内部。跨国公司往往在几个国家拥有子公司。母公司与子公司、子公司与子公司之间有经济往来,同样也会涉及外汇交易风险的问题。而各子公司与母公司的利益是一致的,通过内部协调应收应付款项的提前或延后支付可以使跨国公司承担较小的交易风险。③平衡收付货币。企业发生一笔外汇业务时,为了避免汇率的变动,可以同时做一笔与先前业务收付的货币相反性质的外汇业务。交易金额与原先相同。例如,企业购买原材料,1个月后需要支付10万美元货款,这时企业可以卖出10万美元商品,用收到的10万美元支付第一笔交易的外汇。但实际上企业难以控制交易的发生,这种避险方法实际运用较为困难。

---

　　①　杨蓉.国际财务管理[M].上海:立信会计出版社,2007:101.

2.折算风险防范

由于在报表折算过程中,折算损失在资产负债表或利润表中体现,从而影响当期净利润。企业提供贷款的银行和企业潜在投资者在考虑向企业提供贷款或进行投资时大多以企业资产负债表和利润表作为分析依据①。因此,折算损失可能对企业筹措资金造成不利影响。国际上,大多数跨国公司对于折算风险非常重视,采取积极措施来规避折算风险。

(1)资产负债表避险法。资产负债表避险法的核心思想是,如果企业的风险资产与风险负债相等即风险净资产为零,那么企业的折算风险为零。资产负债表避险可以通过资产承担的汇率风险与负债承担的汇率风险相抵消,从而达到折算风险最低的目的。这时,不管汇率如何变动,企业都不承担折算风险。

(2)远期外汇市场避险法。运用远期外汇市场,企业可以签订一定期限后卖出一定数额外币的合约,到期时在即期市场上买回同样数量的外币,同时履行远期合约。

通过远期外汇市场避险法,企业可以通过换回本币后的获利从而抵消财务报表折算时产生的折算风险。但是如果企业不能准确地预测汇率变动的方向及程度,这时企业通过远期外汇市场获得的利得就不能完全抵补折算产生的风险。

(3)货币市场避险法。货币市场避险法与远期外汇市场避险法的原理相同。通过借入风险货币换回本币存入银行得到的本利和与还款时所需本币的差额即利得来抵消折算风险。

货币市场避险法也具有一定的局限性。企业对汇率的预测或折算损失如果不能准确预测,可能产生的利得不能完全抵冲折算损失,甚至利用货币市场借款不仅不产生利得,还会有产生损失的可能性。

(4)其他避险方法。以上几种避险方法是企业规避折算风险采用的具体避险措施。从企业长远考虑,对于折算风险,硬货币的资产项目要增加,负债项目要较少;而软货币的资产项目要减少,负债项目要增加。这是规避折算风险的原则。企业可以延迟支付软货币的应付账款,加速收取软货币的应收账款;延迟收取硬货币的应收账款,加速支付硬货币的应付账款。企业还可以投资于以硬货币计值的证券,增加软货币的贷款等。

3.经济风险的防范

经济风险防范的目的是为了减少汇率意外的变动给企业的业务现金流造成的损失。防范经济风险的根本原则是通过调整销售收入和生产要素的币种组合,使得未来销售收入的变化与生产要素成本变化相互抵消②。具体地说,防范经济风险主要可以采取以下措施:

(1)经营决策科学化。国际投资者要在世界范围内进行生产经营活动,将会不可避免地遇到经济汇率风险,因此在进行跨国投资时,应有专门的机构和人员从事经济汇率风险分析和研究工作,制定科学的经济风险分析程序和方法,全面分析、预测东道国经济风险发生的可能性及趋势,制定相应的防范措施,以此作为其制定对外发展战略的重要依据。

(2)投融资多元化。融资多元化表现在两个方面:融资渠道多元化和融资方式多元化。融资渠道多元化是指国际投资者可扩展融资渠道从多个金融市场融资,如可以利用投资国和东道国的商业银行的信贷,也可以利用国际性和地区性金融机构的贷款,还可以通过发行证券或债券直接使用个人资金。融资方式多元化是指国际投资者可以用多种方式筹措资金,如既可

① 杨蓉.国际财务管理[M].上海:立信会计出版社,2007:120.
② 闫定军,周德魁,刘良云.国际投资[M].北京:清华大学出版社,2005:98.

以从银行等金融机构获取贷款,也可以通过在投资国、东道国或国际资本市场上发行股票或债券;既要筹集固定利率资金,也要筹集浮动利率资金。这样筹得多种货币,使跨国公司投资者在投资东道国汇率变动时可以寻找到降低资本成本的有利机会。

在投资多元化方面,国际投资者拓展在多个国家的投资,则可以创造多种外汇收入,以使大部分的外汇风险相互抵消。同时,通过资金来源和去向的多元化,既可以形成货币资金,产生最优组合,又可以具备更好的条件在各种外币的资产与负债之间进行对抵配合。

(3)营销管理策略。①市场选择。涉外企业首先要决定在哪些市场销售自己的产品以及在不同的市场上各自花费多少成本进行市场营销。如果本币对外升值,通常国内产品在国际市场上将处于不利的竞争地位,应当更加注重国内市场;如果本币对外贬值,国内企业不仅在国外市场上占有优势,在国内市场上也拥有优势,企业应同时大力拓展货币升值国市场和本国市场。②定价策略。企业在面对汇率风险进行产品定价时要考虑两个关键性的问题:一是保持市场份额还是保持利润率的两难选择;二是价格调整以怎样的频率进行较为合适。频繁的价格调整不仅增加企业自身的交易成本,更会使上游的供应商和下游的经销商感到无所适从,所以企业宁可承担一定的损失,也要保持价格相对的稳定性,来维护企业的声誉。③促销策略。当子公司所在东道国货币相对贬值时,公司可以通过增加广告和销售培训等促销支出,以低价策略迅速占领第三国市场;相反,如果子公司所在东道国货币相对升值,出口产品缺乏价格优势,企业应对产品策略进行调整,相应削减营销预算支出,把营销资源转移到更有利于公司展开价格竞争的国家市场。④产品策略。在产品策略方面应对汇率波动的方法:一是选择新产品推出的时机,例如,当本币升值时,跨国公司可以扩展海外产出;二是要更新生产线,如果本币贬值,则公司应尽量扩大国内生产线,以适应海外市场需求的增加。

(4)生产管理策略。①要素组合策略。即通过变更生产要素投入品的来源达到减小经济风险的目的。当子公司所在地货币贬值时,母公司应安排子公司用国内投入品替代成本上涨的进口投入品,从而维持其生产成本的原有水平;反之,当子公司所在地货币升值或外国货币贬值时,子公司则应尽可能提高进口投入品的比例,以降低生产成本,获得较高收益。②海外建厂策略。从长远看,如果公司的销售预计有大幅度的增长,可以考虑在海外直接建立工厂,因为低廉的劳动力对于成本的节省是十分关键的。跨国公司承担的汇率风险往往比国内的出口商要小,因为跨国公司可以根据汇率走势在全球调整生产以及销售活动,也就是说,将更多的生产转移到货币贬值的国家。③提高生产效率。这是降低成本、提高企业的持续盈利能力和市场竞争力的根本途径。跨国公司要想提高自身竞争力,需要提高自动化生产程度,严格管理产品质量,对员工采取有效的激励机制,关闭效率低下的工厂等,这些都对提高公司的整体生产效率有重要的作用。④增强应变能力。规避经济风险不仅仅是在汇率波动已经发生或形势已经十分明朗的时候才采取行动。前面所说的诸如要素组合、海外建厂策略,不是等到汇率变化之后才去寻找合适的供应商和地点,而应该是早有准备。即使有些投入当时看来是不经济的,但在未来却会真正体现出它的作用,所以它符合公司财富最大化的原则。

(5)财务管理策略。要做到:①资产债务匹配。企业将融资的来源与未来将要获得的收益进行搭配,来消除因为汇率变动可能造成的损失。②业务分散化。企业在全球范围内分散生产基地和销售市场,是防范经济风险的有效策略。③融资分散化。各种债务计价货币汇率的变动可以通过分散化相互抵消,减少债务成本的不确定性。④转移定价。跨国公司可以通过转移定价在母公司和子公司之间、子公司和子公司之间转移资金与利润,当预期某个子公司所在国货币将发生贬值时,应当通过转移定价及早将子公司以当地货币表示的利润转到母公司所在国或者其他子公司;相反,当某子公司所在国货币发生升值时,应当通过转移定价及早将母公司或者其他子公司的利润转移到该子公司。

三、利率风险的识别和防范

(一)利率风险的识别

要有效地管理利率风险,需将利率风险予以量化,以制定出利率风险管理的目标,并衡量利率风险。利率风险度量方法主要有缺口分析(gap analysis)、持续期分析(duration analysis)、动态收入模拟模型、风险价值分析(value at risk,VAR)方法等。

1. 缺口分析

缺口分析又称资产负债缺口分析模型。这里的缺口指的是利率敏感性缺口,指利率敏感性资产与利率敏感性负债的差额。利率敏感性资金,即浮动利率或可变利率资金,指在一定期间(计划期)内根据协议按市场利率定期重新定价的资产或负债。利率敏感性资金包括利率敏感性资产和利率敏感性负债,其定价基础是可供选择的货币市场基准利率,主要有优惠利率、同业拆借利率、国库券利率等。当利率变动时,资产和负债对利率变动的敏感性是不同的,这就使得资产和负债的市场价值发生不同的变化。为了企业权益不发生变动,这就需要资产和负债的变动相等,而要使其变化相等,就要使资产和负债的利率敏感性相同。但由于资产和负债是由具有不同收益率、面值和到期的存贷款或各种证券组成的,对利率的敏感性不可能相等,必然存在一定的差距,这就是资产负债缺口。缺口大表明资产负债在利率变动时变动也大,带来的风险较大;反之缺口小带来的风险就小。利用缺口对利率风险进行度量就是所谓的资产负债缺口分析。利用资产负债缺口分析对利率风险进行管理关键是要确定各项资产和负债对利率的敏感性。利率敏感性缺口公式为:

$$Gap = RSA - RSL$$

其中,Gap 表示缺口,RSA 表示敏感性资产,RSL 表示敏感性负债。

2. 持续期分析

持续期也称持久期,最初由美国经济学家 F·R·麦克莱(Frederick R. Macaulay)于 1936 年提出这个概念。持续期是指固定收入金融工具的所有预期现金流量的加权平均时间,也可以理解为固定收益金融工具各期现金流量抵补最初投入的平均时间[①]。

金融工具支付利息或支付本金的次数越频繁,其持续期越短;金融工具的到期日越短,到期日和持续期越接近。持续期是金融工具各期现金流抵补最初投入的平均时间。持续期可以用来度量利率风险。

利用持续期衡量利率风险的准确性受到利率变化幅度的影响,只有在利率变化较小时才能比较准确地反映利率变化对债券价格的影响,而且利率变化越大,持续期对债券利率风险的反映越不准确。在利率变化较大时,持续期明显在利率上升时高估了债券价格变化值。造成这一现象的主要原因在于利率与债券价格的关系不是线性的,而是一条曲线,是凸性的。

凸性一般被定义为,给定利率水平下,持续期估计的债券价格变动与实际价格变动之间的误差。持续期和凸性在一起能很好地解释债券的利率风险。凸性弥补了持续期假设的债券价

---

① 谷秀娟.金融风险管理[M].上海:立信会计出版社,2006:134.

格的变化与利率变化成线性比例关系的不合理性,反映了债券的利率弹性也会随利率变化而变化的事实,它与持续期的结合使用更能准确地反映利率风险状况,尤其是在利率变化较大时债券价格的变化。

3. 动态收入模拟模型

动态收入模拟,是结合现有的数据和假设,计算现有资产负债表和预测的业务情景的利率风险,并分析利率变动对盈利水平的影响①。动态收入模型是运用计算机进行的一种动态前瞻的风险度量方式,往往作为软件包在市场上出售。一次完整的仿真过程经常需要几次仿真程序的运行才能完成。

动态收入模型可以根据不同的定价和到期日的假设来确定和隔离风险来源,并且可以对新的战略和业务的风险进行因素分析。在模型中,需要输入的数据包括:现有的输入资料即业务量(资产和负债)、利率、到期日、现金流、利率上限和利率下限;预期未来情景即利率变动、收益曲线和存贷利差大小;以及预期计划即新业务量、新业务利差定价、新业务到期日。然后根据利率的变化,预测未来的盈利水平。利率的变化可分为瞬间变化、逐渐变化、周期变化和预测。而且仿真的数据量的输入很大,这些假设与精确的现有资料数据输入处于同等重要地位。

运用动态收入模拟模型的优点:具有动态性和前瞻性的特点,有利于对未来事件的预测与反应;如果将战略计划或利润指标与利率风险控制联系起来,运用动态收入模拟模型分析,可以增加前者的实际意义与价值;测量现有资产负债静态风险较现金缺口模型精确,这是由于仿真模型详细考察了现金流量的变化,所以能够准确反映现金流量时序的影响;最终结果容易理解和掌握。

动态收入模拟模型的缺陷:可靠性依赖于数据的准确、假设的简洁一致以及操作者对银行情况全面深入细致的了解;如果过度依赖经济计量分析,一旦金融市场结构变化或发生极端事件,方程式中所运用的估计参数失效,可能导致模型的彻底失败;成本较高,需要计算机专业技术人员和银行业务人员共同的配合。

4. 风险价值分析方法

风险价值(VAR)是一种应用广泛的市场定量工具,是用来评价包括利率风险在内的各种市场中风险的概念。风险价值按字面意思解释就是"按风险估价",指的就是在市场条件变化时证券组合交易账户、财产交易头寸以及衍生金融工具头寸等价值的变化。其具体度量值定义为在足够长的一个计划期内,在一种可能的市场条件变化之下市场价值变动的最大可能性。它是在市场正常波动情形下对资产组合可能损失的一种统计测度。

风险价值分析方法的优点:风险价值分析方法可以测量不同市场、不同金融工具构成的复杂的证券组合和不同业务部门的总体市场风险;风险价值分析方法提供了统一的方法来测量风险,因此可以比较不同业务部门风险大小,进行绩效评估,设定风险限额。风险价值概念简单,容易理解,适宜与股东沟通其风险状况。

风险价值分析方法的缺陷:风险价值分析方法是基于历史数据,并假定情景并不会发生变化,显然,这是不符合实际的;风险价值分析方法是在特定的条件下进行的,这些假设条件有些与现实不符合;风险价值分析的概念虽然简单,但它的计算有时候非常复杂。

---

① 李志辉.商业银行管理学[M].北京:中国金融出版社,2006:306.

（二）利率风险的防范

利率风险防范就是通过对利率风险的控制，用最经济的方法处置利率风险，从而最大限度地保障投资的收益和安全[1]。防范和化解利率风险的方法很多，主要有以下4种。

（1）实行投资多样化和进行组合投资策略。实行投资多样化就是按一定比例将资金分散地投在许多公司、行业、证券或其他形式的投资上。投资多样化可以是投资工具类型选择的多样化，如可以将资金按一定比例分散投在股票、债券和基金、期权、期货等投资工具上。可以是投资区域的多样化，即在国内不同地区进行投资，在全球范围内的不同国家进行投资，还有在不同行业和同一行业的不同企业间进行投资，在不同证券偿还时间和不同期限的证券间进行投资等。这样做的结果是使不同证券收益的变动可以相互抵消，从而减少或规避证券投资的损失。但是需要注意的是多样化并不意味着要投资于许许多多的行业或证券。过度分散化将大大提高交易成本和各种管理及信息费用，这种费用有时甚至会高得负担不起。而且通过投资多样化只能规避非系统风险，并使之降低到一定程度，对系统风险却无能为力。

（2）利率互换与远期利率协议。互换交易是降低筹资成本和防范利率风险的最有效的工具之一，是交易双方根据市场行情事先约定的条件，在一定时期内相互交换货币或不同利率的债务的一种新的金融交易业务，从而实现用通常的筹资方法难以得到的货币或较低的利息。

利率互换是指双方在债务或资产币种相同的情况下，相互交换不同形式利率的一种预约业务。最常见的利率互换形态是固定利率对浮动利率的互换、不同期限浮动利率之间的互换和不同基准利率之间的互换。

远期利率协议是管理远期利率风险和调整匹配利率的最新金融工具之一，是对利率风险进行套期保值的最新业务表外的业务工具，是一种事先由双方协定某种利率，在将来特定时候，即清算日按特定的期限支付某一存款利息的合约。合约的买方出于把在将来某个时候收到的存款在今天就确定其利率的目的而选择远期利率协议；合约的卖方则是出于防止在将来某一时间利率下降的风险的目的而选择远期利率协议。卖方出售一笔远期利率协议就等于发放一笔远期支付的贷款，交易双方只需在结算日根据当时的市场利率（通常是在结算日前两个营业日使用伦敦同业拆放利率来决定结算日的利率）与约定的利率结算利差。用这一利差乘以商定的本金额和存款期，即可得出应付的款项。如果清算日的市场利率低于商定利率，则"卖方"得到差额的付款；相反，如果清算日的市场利率高于商定利率，远期利率协议的买方从卖方处得到差额的付款。

远期利率协议是一种在场外交易的市场交易，而不在交易所内进行交易的远期利率合同。它通常被用来对现存的远期利率头寸进行套期保值。相对于利率期货而言，远期利率协议简便、灵活、无需缴纳保证金、没有固定的交割月份和标准的金融工具，且不需要在交易所内进行交易，只需交易双方就合约的有关具体事项进行协商并达成协议即可成交。

远期利率协议的报价方式如下：

3×6,6%——表示3个月期，6个月后起息，协议利率为6%。

3×6,8%——表示3个月期，6个月后起息，协议利率为8%。

远期利率协议的参照利率是伦敦同业拆放利率（LIBOR）。

远期利率协议中交付金额的计算公式为：

① 闫定军,周德魁.刘良云.国际投资[M].北京:清华大学出版社,2005:100.

$$A=(L-F)DP/B\times100+LD$$

式中，A 为交付金额，L 为远期利率协议中的参照利率（LIBOR），F 为远期利率协议中的协议利率，D 为远期利率协议中的期限天数，P 为远期利率协议中的本金，B 为一年的天数（360 天）。

在远期利率协议中无论交付金额为正为负，交易双方任何一方支付给另一方，利差数均按贴现方式支付。

如 LIBOR 低于 F，A 为负数，买方将向卖方支付差额；反之，如果 LIBOR 高于 F，A 为正数，则由卖方向买方支付差额。

（3）利率期货。利率期货交易是买卖双方在有组织的交易所内，通过公开竞价达成的，在未来某一时期内按成交价格交收标准数量的特定金融凭证的协议或契约。利率期货买卖契约不仅规定了买卖金融商品的数量、质量、价格上下波动的幅度，而且规定了交割月份和交易时间。

与别的交易不同的是，利率期货交易规定了每份合约的标准数量，即每份合约的数量是相同的也是一定的。在这种情况下，买卖双方在进行交易时，只需商定成交价格和确定买卖契约的份数，从而使交易效率大为提高。

利率期货的套期保值，就是金融市场上借贷者采取与其现货市场合约地位相对立的地位买卖利率期货，以确保现在拥有或将要拥有或买卖的金融凭证的价格（即利率或收益率），避免因利率波动而造成的损失。

利率期货套期保值都是根据市场利率上涨时各种金融凭证的价格将下跌、利率下跌时各种金融凭证的价格将会上升的原理来进行套期保值操作的。在这种情况下，凡是借款者、债务人或金融凭证的出售者应在利率将要上升时进行空头利率套期保值，即卖出有关利率期货；凡是贷款者、债权人或金融凭证购买者则应该在利率将要或估计要下跌时进行多头利率套期保值。

利率期货的套期保值，实际上是将远期利率固定下来，并由此而抵补了利率上涨或下跌的风险，得到了无风险利率保值产品。这样一来，金融机构就承担了与利率期货有关的差价风险。而与此同时，利率期货出售者或购买者由于利率上涨或下跌而获得收益的可能性也受到了限制。

（4）利率期权交易。利率期权交易由于其可靠的保值效果和可观的赢利机会受到人们的广泛欢迎，因而获得了快速的发展。期权又称选择权，是一种买卖合约，它赋予期权买主要求期权卖主依据合约规定的条款和协议价格购买或出售一定数量金融资产的权利。

利率期权也是一种选择权，给其持有者以确定利率借款或贷款的权利，但也可以放弃这种权利。利率期权是利率风险管理的重要工具，常用的工具主要有利率保证、利率上限期权、利率下限期权和利率双限期权。

利率保证，就是以远期利率协议为标的物的期权。这种期权的持有者有权在一个约定的特定利率和到期时的市场利率之间进行选择。为了保证到期能以较为理想的利率贷款或取得有保证的投资回报的贷款者或投资者，可以考虑使用远期利率协议的卖权。当市场利率上升时，可以不执行期权，让期权失效，却可以按上升了的市场利率贷出款项，取得较高的投资回报。而当到期时市场利率下跌时，则可执行卖权，按约定利率贷出款项。而对一个准备借款者来说，则可以选择买入一份远期利率协议的买权，并选择一个特定的约定利率。当市场利率在到期时比约定利率低时,借款者可以不执行期权,而让期权失效,并且按当时的市场利率借款。而当到期时市场利率高于约定利率时,借款者可以行使期权,并且使用期权项下的远期利率协议锁定远期利率,控制借款成本上限。这样有了利率保证,如果利率下跌,也可以按较低利率借款;反之,如果利率上涨,可以按约定利率借款,以起到控制借款成本的作用。

利率上限期权简称上限期权,是对基准利率的看涨期权,它是一种用来控制利率上涨风险的金融衍生工具,被广泛应用于控制银行负债、商业票据和浮动利率票据等浮动利率融资工具的利息费用。这种期权由买方支付上限期权的期权费,当基准利率超过上限期权的执行价格时,卖方将偿付因此而产生的需多付出的利息费用,期权买方实际支付的是执行价格计算的利息费用。

利率下限期权,与利率上限期权正相反,它是一种用来控制利率下跌风险的金融衍生工具,是对基准利率的看跌期权。在通常情况下,投资者或贷款者往往采用利率下限来保障资产或资产组合的收益。

利率双限期权就是同时买进利率上限期权和卖出利率下限期权。由于企业或公司利用利率上限期权和利率下限期权来控制浮动利率风险,需按票据面值支付一定比例(有时是名义面值的 2.5‰)的费用,特别是对巨额贷款交易来说,是一笔极为可观的费用。正是为了降低利率上限期权和利率下限期权的费用,利率双限期权应运而生。而实际上,利率双限期权就是利用卖出利率下限期权的收入来买入利率上限期权。一般情况下,人们将利率下限期权的执行价格定为不可能发生的水平,而将利率上限期权的执行价格定为所能容忍的最高利率。如果认为 1 个月期伦敦银行同业拆放利率在下一年不会跌破 3.5%,但同时又担心利率超过 7%,于是,3.5%～7%的利率双限期权,可以提供 7%利率上限期权的保障,同时又通过出售 3.5%的利率下限期权,从而使这一保障的成本下降。

四、经营风险的识别和防范

(一)经营风险的识别

准确的风险识别是有效地防范风险的前提。风险识别的内容是:第一,有哪些风险应当考虑;第二,引起这些风险的主要因素是什么,以及这些风险造成的危害程度如何。风险识别的方法主要有三种,即德尔菲法,头脑风暴法和幕景识别法。

1. 德尔菲法

德尔菲法(Delphi)是在 20 世纪 40 年代由赫尔姆和达尔克首创,经过戈尔登和兰德公司进一步发展而成的。1946 年,兰德公司首次用这种方法进行预测,后来该方法被迅速广泛采用。德尔菲法依据系统的程序,采用匿名发表意见的方式,即专家之间不得互相讨论,不发生横向联系,只能与调查人员发生关系,通过多轮次调查专家对问卷所提问题的看法,经过反复征询、归纳、修改,最后汇总成专家基本一致的看法,作为预测的结果。这种方法具有广泛的代表性,较为可靠。德尔菲法的具体实施步骤如下:

(1)组成专家小组。按照课题所需要的知识范围确定专家。专家人数的多少,可根据预测课题的大小和涉及面的宽窄而定,一般不超过 20 人。

(2)向所有专家提出所要预测的问题及有关要求,并附上有关这个问题的所有背景材料,同时请专家提出还需要什么材料。然后,由专家做书面答复。

(3)各个专家根据他们所收到的材料,提出自己的预测意见,并说明自己是怎样利用这些材料并提出预测值的。

　　(4)将各位专家第一次判断意见汇总,列成图表,进行对比,再分发给各位专家,让专家比较自己同他人的不同意见,修改自己的意见和判断。也可以把各位专家的意见加以整理,或请身份更高的其他专家加以评论,然后把这些意见再分送给各位专家,以便他们参考后修改自己的意见。

　　(5)将所有专家的修改意见收集起来,汇总,再次分发给各位专家,以便做第二次修改。逐轮收集意见并为专家反馈信息是德尔菲法的主要环节。收集意见和信息反馈一般要经过三四轮。在向专家进行反馈的时候,只给出各种意见,并不说明发表各种意见的专家的具体姓名。这一过程重复进行,直到每一个专家不再改变自己的意见为止。

　　(6)对专家的意见进行综合处理。德尔菲法作为一种主观、定性的方法,不仅可以用于预测领域,而且还可以广泛应用于各种评价指标体系的建立和具体指标的确定过程。一般地讲,专家组越多,预测所需的时间越长,风险识别的可信度就越高。

　　2.头脑风暴法

　　头脑风暴法(brain storm),也称集体思考法,是以专家的创造性思维来索取未来信息的一种直观预测和识别方法。此方法是由美国人奥斯本于1939年首创的,首先用于设计广告的新花样,随后逐渐推广运用到其他领域。这个方法可以在一个小组内进行,也可以由多名个人完成,然后将他们的意见汇集起来。头脑风暴法用于国际风险识别时,一般要提出这样一些关键性问题:进行国际投资活动会遇到哪些风险? 这些风险的危害程度如何? 组织者为避免重复,提高效率,应当首先将已经取得的分析结果作会议说明,使与会者不必在重复性问题上再花时间,从而促使他们打开思路再去寻找新的风险形态及其危害。

　　头脑风暴法在实施中要遵循如下规则:

　　(1)禁止对他人所发表的意见提出任何非难,避免言词上的武断或上纲上线;

　　(2)尽可能要求提出新思路,新思路数量越多,出现有价值设想的概率就越大;

　　(3)要重视那些不寻常的、有远见的、貌似不太切合实际的思想,思路要越宽越好;

　　(4)将大家的思路或思想进行组合和分类。

　　头脑风暴专家小组一般应由技术人员组成:风险分析或预测专家、国际投资领域中的技术或财务专家、了解或把握国际投资运动规律知识的高级专家、具有高级逻辑思维能力的专家。组织者对头脑风暴法的结果要进行详细地分析,既不能轻视,也不可盲目接受。

　　3.幕景识别法

　　由于影响国际投资经营风险的因素很多,实践中需要有一种能够识别关键因素及其影响的方法。幕景分析法就是为适应这种需要而产生出来的以识别风险关键因素及影响程度为特征的方法。一个幕景就是一项国际投资活动未来某种状态的描绘或者按年代的概况进行描绘。这种描绘可以在计算机上进行计算和显示,也可用图表、曲线等进行描述。

　　幕景分析法的重点是,当某种因素变化时,整个情况会是怎样的,会有什么风险,对投资者的资产价值会带来何种程度的损失。幕景分析的结果是以易懂的方式表示出来的。一种方式是对未来某种状态的描述;另一种方式是描述一个发展过程,即未来若干年某种情况的变化链。

　　幕景分析要经过一个筛选、检测和评判的过程。即先要用某种程序将具有潜在风险的对象进行分类选择,再对某种风险情况及其后果进行观测、记录和分析,最后要根据症状或其后果与可能起因的关系进行评价和判断,找出可疑的风险因素并进行仔细的检查。

但是,幕景分析也有局限性。因为所有的幕景分析都是围绕着分析者目前的考虑、价值观和信息水平进行的,很可能产生偏差。因此,在进行风险识别时,需与其他方法结合使用。

4. SWOT 分析

SWOT 分析法即态势分析法,20 世纪 80 年代初由美国旧金山大学的管理学教授韦里克提出,SWOT 分析主要分析企业优势(strength)、劣势(weakness)、机会(opportunity)和威胁(threats)。因此,SWOT 分析实际上是将对企业内外部条件各方面内容进行综合和概括,进而分析组织的优劣势、面临的机会和威胁的一种方法。企业在进行一项投资决策时,运用 SWOT 矩阵可以分析投资是否会充分发挥自己的长处而避免自己的短处,以趋利避害,化劣势为优势,化挑战为机遇。

SWOT 分析基本步骤为:分析企业的内部优势、弱点;分析企业面临的外部机会与威胁;将外部机会和威胁与企业内部优势和弱点进行匹配,形成可行的备选战略。优劣势分析主要是着眼于企业自身的实力及其与竞争对手的比较,而机会和威胁分析将注意力放在外部环境的变化及对企业的可能影响上,机会和威胁可能来自于与竞争无关的外部环境因素的变化,也可能来自于竞争对手力量与因素的变化,或二者兼有,但关键性的外部机会与威胁应予以确认。在分析时,应把所有的内部因素(即优劣势)集中在一起,然后用外部的力量来对这些因素进行评估。

SWOT 分析有四种不同类型的组合:优势—机会(SO)组合、弱点—机会(WO)组合、优势—威胁(ST)组合和弱点—威胁(WT)组合。

优势—机会(SO)组合是一种发展企业内部优势与利用外部机会的战略,是一种理想的战略模式。当企业具有特定方面的优势,而外部环境又为发挥这种优势提供有利机会时,可以采取该战略。

弱点—机会(WO)组合是利用外部机会来弥补内部弱点,使企业改变劣势而获取优势的战略。存在外部机会,但由于企业存在一些内部弱点而妨碍其利用机会时,可采取措施先克服这些弱点。

优势—威胁(ST)组合是指企业利用自身优势,回避或减轻外部威胁所造成的影响。

弱点—威胁(WT)组合是一种旨在减少内部弱点,回避外部环境威胁的防御性技术。

优势与劣势分析考虑的要点:

(1)市场营销:产品质量、产品系列数、产品差异、市场份额、定价策略、分销渠道、促销计划、顾客服务、市场研究、广告、推销人员。

(2)研究开发:产品研发能力、工艺研发能力、小规模试产能力。

(3)管理信息系统:速度和响应、当前信息的质量、扩展性、用户定位系统。

(4)管理队伍:价值观统一性、团队精神、经验、工作协调。

(5)经营:原材料的控制、生产能力、生产成本结构、设施和设备、存货控制、质量控制、能源使用效率。

(6)财务:金融杠杆、经营杠杆、资产负债比率、股东关系、纳税。

(7)人力资源:雇员能力、人事体制、雇员流动率、雇员道德水准、雇员发展状况。

环境变化因素包括:

(1)社会的变化因素:顾客喜好的改变——影响产品需求和设计;人口状况变化趋势——

收入分配、产品需求和设计。

(2)政府的变化因素:新的立法——影响产品成本;新的实施优先权——影响投资、产品、需求。

(3)经济变化因素:利率变化——影响扩张成本和债务成本;汇率变化——影响国内外的需求、利润;实际个人收入变化——影响需求。

(4)竞争特点的变化:新技术的采用——影响成本定位、产品质量;新的竞争对手——影响价格、市场份额、边际利润;价格变化——影响市场份额、边际利润;新产品——影响需求、广告支出。

(5)供应商的变化:投入成本的变化——影响价格、需求、边际利润;供应状况的变化——影响生产过程、投资需求;供应商数量的变化——影响成本、供货期。

(6)市场的变化:产品的新用途——影响需求、产能;新市场——影响分销渠道、需求、产能;产品陈旧——影响价格、需求、产能。

(二)经营风险的防范

1.风险规避

风险规避是指在国际投资活动中,事先预料风险产生的可能性程度,判断导致其产生的条件和因素以及对其进行控制的可能性,尽可能地避免它或设法以其他因素抵消造成的损失,必要时改变投资的流向。采取有效的风险规避措施可以完全消除某一特定风险,其他控制风险的措施则只能通过减少风险概率和损失程度,来削减风险的潜在影响力。因而,风险规避是控制风险最彻底的方法。采用风险规避措施来控制风险不是无限的,也有其局限性。因为风险规避牵涉到放弃某种投资机会,失去相应的投资利益。

常见的规避风险措施如下:

(1)放弃高风险项目的投资。

(2)闭关自守。坚持生产经营自成体系,使之不受任何国家政治、经济因素的干扰。

(3)改变生产经营地点。将企业由一国内某一地区转移到另一地区,或由一国转移到另一国,以规避地理位置缺陷所造成的风险。

(4)改变生产流程或产品。如开发某项新产品,若花费的成本很高且成功的把握较小,则可通过放弃新产品的研制或购买该产品技术专利来规避风险。

2.风险抑制

风险抑制是指采取各种措施,在损失发生前设法消除风险因素或减少损失发生的概率,而在损失发生后设法减少损失的程度。风险抑制不同于风险规避。风险规避虽可以消除风险,但企业要终止拟定的投资活动,放弃可能获得的潜在高收益。风险抑制则是国际投资者在分析风险的基础上,力图维持原有决策,减少风险所造成的损失而采取的积极措施。

为了全面、系统地探寻引致风险的原因,以便采取措施从根本上消除和减少损失,就需要进行查询活动。查询活动主要是查询风险的原因,然后做好损失防范和损失发生后的补救工作。查询风险因素的范围主要包括管理因素、人为因素、环境因素等。

在查询风险因素的基础上,有针对性地采取各种措施来预防和抑制风险事件的发生。风险抑制的措施主要有:

(1)搞好安全教育,执行操作规程和提供各种设施,以减少安全事故。

(2)建立健全各种设备预防检修制度,减少设备事故所造成的生产中断。

（3）在进行投资决策时，做好灵敏度分析。

（4）开发新产品系列前，做好充分的市场调查和预测。

3.风险分散

风险分散，是指通过投资投向的多样化，来降低投资的风险。由于各项投资的影响因素不同，所面临的风险也会不同。将不同投向的投资组合在一起后，它们各自的收益增减可以相互影响、相互抵消，从而使总的收益趋于稳定①。投资者可以通过两种方式来分散投资风险：一是投资分散化，就是不把全部投资集中于某一特定国家、地区或某一个特定部门、产品上，而是采取跨国、跨地区、跨产品的多元化投资策略；一是进行联合投资，共担风险，如与项目所在地政府或其他公司合资经营等。

4.风险自留

风险自留，是指投资者对一些无法避免和转移的风险采取现实的态度，在不影响投资根本利益的前提下自行承担下来。风险自留有主动自留和被动自留两种。主动自留，又称计划性风险承担，是指通过风险识别和衡量，在明确风险的性质及后果的基础上，投资者主动做相应的财务准备，以作为应付将来全部或部分风险损失的基金。被动自留，又称为非计划性风险承担，是指在未能识别和衡量风险及其后果的情况下，当风险损失发生后被迫采取由自身承担风险损失后果的风险处理方法。

在风险自留措施下，投资者要承担风险损失，必须事先做好各种准备工作，并对自己的行为方式进行修正，努力将风险损失降到最低程度。由于收益与风险是相伴而生的，投资者在承受风险损失的同时，可设法获得其他的额外补偿，因为风险往往是与高收益相伴的。在国际经济活动中，所有的企业和国家事实上都承受着不同程度的风险，为了增强自身的安全性，必须有意识地对风险加以控制。投资者自身风险承受能力的大小是由其经济实力决定的。经济实力越强，风险承受能力越大；反之，则越小。

常见的风险自留措施是：

（1）国际银行对某风险大的国家贷款时，适当提高呆账准备金率；

（2）为迅速占领目标市场，投资者对政治经济尚未稳定的国家投资；

（3）当某一大型跨国公司的某一子公司面临国有化威胁时，仍然继续正常生产和经营。

5.风险转移

风险转移是指投资者通过各种经济技术手段，把风险转移给他人承担。一般有保险转移与非保险转移两类。

保险转移，是向专业保险公司投保，通过缴纳保险费把风险转移给保险公司承担。而风险一旦发生，损失即由保险公司补偿。非保险转移，是指不通过保险公司而以其他途径实施风险转移。例如，某承包者担心，如果承包工程中基建项目所需的劳动力和原材料成本可能提高，他可以通过招标分包商承包基建项目，以转移这部分的风险。又如，在风险较大的国家投资时，投资者应要求当地信誉较高的银行、公司或政府为之担保，一旦发生损失后，可以从担保者那里获得一定的补偿。

例如，国外有一家公司，其经营规模并不庞大，但却在拉丁美洲不少国家中形象很好，因此能在一次次民族主义浪潮中生存下来。该公司十分重视结合企业自身经营特色来规避经营风

---

①　李焕林，刘茂盛.投资学概论［M］.大连：东北财经大学出版社，2005：32.

险,其中包括一项颇为成功地让当地雇员分享利润的计划,使当地雇员及家属都成了公司的特殊"辩护人"。该公司还规定其销售的产品至少应有20%是购于当地制造厂商,有的甚至达到了80%,结果当地有1 000多家供应商的生存依赖于该公司。这样,虽然东道国多次发生民族冲突、政治动荡,但这家公司却总能幸免于难。该公司结合企业经营特色来积极规避风险,所运用的就是一种典型的风险转移策略①。

本章小结

(1)国际投资风险,是指国际投资活动中,在特定环境和特定时期内,由于各种不确定性因素的存在,客观上可能导致投资项目的实际收益与其预期值之间的差异或国际投资的经济损失。由于国际投资是一种跨国界的投资,其环境与国内投资相比较为复杂,所面临的风险也更大。这种风险要受到投资环境、国际投资项目、国际投资者的目标及其经营管理水平的影响。国际投资风险主要包括政治风险、金融风险、经营风险。

(2)政治风险,是由于东道国的政治因素发生变化而使国际投资活动处于不利地位或遭受经济损失的可能性。政治风险是国际投资者面临的最具威胁性的风险,特别是随着地缘政治、政治全球化进程,政治风险在投资风险中的地位越来越重要。因而能否对广泛存在的政治风险通过科学地预测来识别,从而防范政治风险,直接关系到国际投资活动的成败。在对国家风险进行评估之后,还要进行投资前和投资后的政治风险防范,从而有效地采取措施防范和规避国家风险,最大限度地降低损失。

(3)汇率风险,是不同国家货币之间的兑换价格出现不可预测的波动导致用本国货币或结算货币计算的未来资产、负债、经营收入遭受到损失的可能性。汇率风险主要包括交易风险、折算风险、经济风险。在浮动汇率制下,汇率的波动,增大了国际投资的风险。因此,需要搞好汇率变化的预测,防范外汇风险。汇率预测的方法分为定性预测法和定量预测法。防范经济风险的根本原则是通过调整销售收入和生产要素的币种组合,使得未来销售收入的变化与生产要素成本变化相互抵消。

(4)利率风险,是指市场利率变动给有价证券的利息、股息收入或本金可能带来的损失。从风险的存在状态来划分有静态风险和动态风险。从风险的来源划分有价格变动风险、购买力风险、流动性风险和违约风险。利率风险度量方法主要有缺口分析、净持续期分析、动态收入模拟模型、风险价值分析等方法。利率风险防范就是通过对利率风险的控制,用最经济的方法处置利率风险,从而最大限度地保障投资的收益和安全。

(5)经营风险,是指国际投资在经营的过程中,由于市场条件、生产和技术条件、管理和决策等因素的变化以及难以对环境变化及时做出调整等,使得实际收益与预计收益相互背离的不确定性。对国际投资而言其所面临的经营风险比国内投资要大得多。造成经营风险的原因既有主观因素也有客观因素,既可能是内部因素,也可能是外部因素。经营风险识别的方法主要有德尔菲法、头脑风暴法和幕景识别法。经营风险的防范措施有风险规避、风险抑制、风险自留和风险转移。

---

① 綦建红.国际投资学教程[M].北京:清华大学出版社,2005:286.

关键术语

国际投资风险　政治风险　汇率风险　利率风险　经营风险　风险识别　风险防范

思考练习题

1. 简述国际投资风险的概念及影响因素。
2. 简述国际投资风险的分类及内容。
3. 简述政治风险的评估方法。
4. 简述国际投资如何防范政治风险？
5. 简述国际投资怎样规避和减少金融风险？
6. 简述国际投资如何应对经营风险？

第四章　国际间接投资理论

本章要点

1. 马克维茨的证券组合理论
2. 资本资产定价理论

第一节　传统的国际资本流动理论

早在自由资本主义时期，国际间接投资就已经出现了。19世纪末至20世纪初，随着垄断的加强，少数先进的资本主义国家出现大量的"过剩资本"，为了获得高额利润、争夺销售市场，它们需要把过剩资本输出到国外。此时的资本输出主要是以间接投资形式进行的，即以提供贷款、购买股票和债券的形式对外投资。

与历史发展的进程相适应，早期的国际投资理论实质上是关于国际间接投资的理论，其产生于第二次世界大战后国际直接投资大规模发展之前，以证券投资为主要研究对象。该理论的前提是：世界各国的商品和生产要素市场是完全竞争市场，资本能够在各国之间自由流动，没有任何障碍。

一、现金移动理论

现金移动理论是由英国经济学家、资产阶级古典政治经济学的完成者大卫·李嘉图（D. Richard）于1809年在《金块的高价》一书中首先提出的一种国际投资理论。李嘉图于1817年在其名著《政治经济学及赋税原理》中对该理论作了进一步的发展。该理论假定，如货币的价值不随货币数量的增减而变动，则贵金属就不会在国际间移动，因而货币数量就不会得到自动调节。

李嘉图在《金块的高价》一书中认为，在典型的金本位制下，只有当输出黄金偿付进口货物的货款比输出其他货物更便宜时，才会输出黄金。

在此之后，李嘉图在其《政治经济学及赋税原理》一书中进一步指出，当出口商品的价值量不足以抵付进口商品的价值量时，就必须输出黄金。随着现金在各国间的移动，现金输出国的货币减少，物价下跌，有利于促进其发展出口，现金输入国的货币增加，物价上涨，有利于促进其进口。黄金是一般等价物，充当商品交易的媒介。在一般情况下，商品交易所需的贵金属以一定的比例，按各国的财富和商业的状态，也就是各国所必需支付的数额和频率分配于各国。贵金属无论在哪个国家，都有同一的价值。各国之间进出口商品的价值不同，必然引起现金在各国间的移动。现金在各国间的移动又必然会调节商品进出口。现金在各国间移动的数量正好是调节进出口贸易所必需的数量。在静态条件下,通过现金在各国间的移动,使各国的进出口贸易维持原有水平,黄金在各国间的分配比例保持不变。在动态条件下则不然。当一国由于技术进步等原因而使其财富的增长速度高于其他各国时,可对商品价格和进出口贸易量产生影响,从而改变贵金属在各国间的分布和移动状况。

从一定意义上讲,李嘉图现金移动理论是其比较利益论的派生学说,其目的在于说明国际间现金移动服从于国际贸易的需要。同时,该理论也是最早的货币数量学说。

现金移动理论较为科学地解释了一国动用现金来弥补国际收支逆差、调节国际收支状况的情形,但由于历史的局限性,该理论未涉及国际资本运动的本质。

二、费雪的国际资本流动理论

20世纪初,美国经济学家欧文·费雪(Irving Fisher)以李嘉图的比较利益论为理论基础,提出了费雪国际资本流动理论。该理论的重要假定前提条件是:国际资本市场是完全竞争的,资本的流入国、流出国都是资本价格(即利率)的接受者,而没有决定利率水平的能力,资本从拥有生产现时商品优势的国家流向拥有生产未来商品优势的国家。

(一)相对价格与资本流动

费雪首先从分析商品生产开始。他认为,一国的资本存量是既定的,既可以生产现时商品,也可以生产未来商品。在一个封闭的经济条件下,一国必须按照一定的比例分配资本,分别生产现时商品和未来商品,以满足当前消费需要和未来消费需要。假设有 A、B 两个国家,其现时商品和未来商品生产状况见图 4-1。

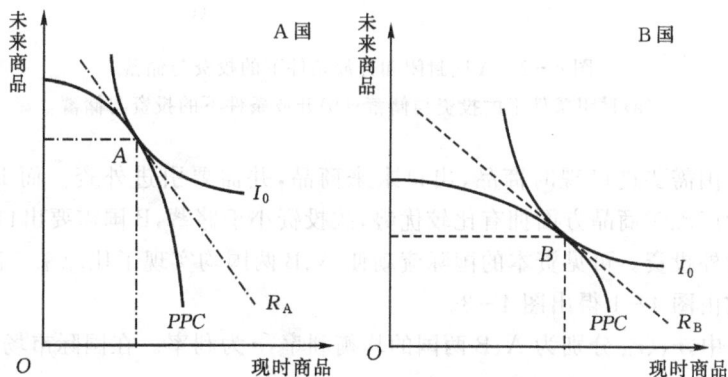

图 4-1　A、B 两国生产示意图

图中,PPC 分别为两国的社会生产可能性曲线,反映了两国资本的生产特点;I_0 为两国的社会消费无差异曲线,反映了两国的社会消费嗜好;A 点和 B 点分别为两国社会生产可能性曲线与社会消费无差异曲线的切点,该切点表示全社会的最大效用和福利;R_A、R_B 分别为切点 A、B 的斜率,分别反映了两国现在商品与未来商品的交换比率,即用一定量的现时商品可以交换到的未来商品。

在没有国际资本流动的条件下,为了实现全社会的最大效用和福利,A、B 两国分别生产一定量的现时商品与未来商品(即切点 A,B 处的数量)。假设 R 为未来商品价值/现在价值,r 为实际利率,则 $R=1+r$,亦即 $r=R-1$。实际上,两国的资源禀赋、资本生产特点和社会消费嗜好等一般是不同的,所以 R_A、R_B 一般不会相等。在图 4-1 中,A 国的利率高,在生产未来商品方面拥有比较优势;B 国利率低,在生产现时商品方面有比较优势。可见,两国之间存在商品交换的内在动力,即 A 国要出口未来商品,B 国要出口现时商品。

下面具体分析不同条件下 A 国的投资与储蓄。

在谈判中,假设 A 国现时收入为 Y_0,未来收入为 Y_1。国际市场利率低于 A 国的均衡利率。从图 4-2 中可以看出,在封闭条件下,A 国为了实现效用的最大化,当前消费 OC_0,储蓄 (Y_0-C_0) 用于投资,使未来收入 OY_1 增加至 OC_1,亦即储蓄与投资均为 (Y_0-C_0);在开放条件下,为了充分发挥其生产未来商品的比较优势,实现效用的最大化,A 国将未来商品的生产增加至 OQ_1,使现时生产减少至 OQ_0,亦即 A 国的投资总量增加到 Q_0Y_0,而当前的收入与消费分别为 OY_0、OC_0,储蓄为 C_0Y_0,即 A 国投资大于储蓄。

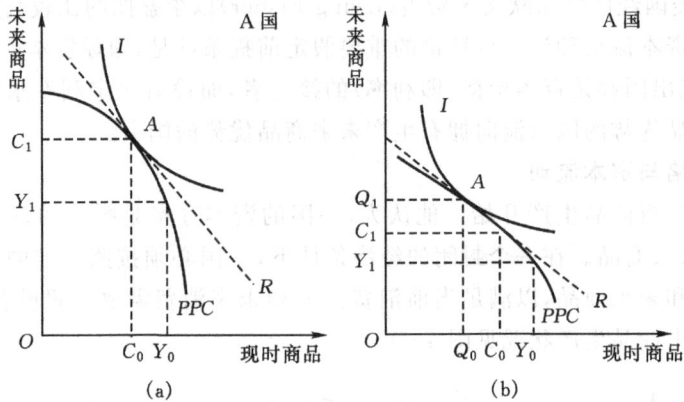

图 4-2　A 国封闭和开放条件下的投资与储蓄
(a)封闭条件下的投资与储蓄;(b)开放条件下的投资与储蓄

基于此,A 国需要进口现时商品,出口未来商品,并需要引进外资。而 B 国的情况正相反,由于其在生产现时商品方面拥有比较优势,故投资小于储蓄,B 国需要出口现时商品,进口未来商品,并对外投资。可见资本的国际流动使 A、B 两国均实现了比原来更高的社会效用。

从而,费雪由图 4-1 得出图 4-3。

在图 4-3 中,r_A、r_B 分别为 A、B 两国的均衡利率,r 为利率。在国际市场利率低于 r_A 时,

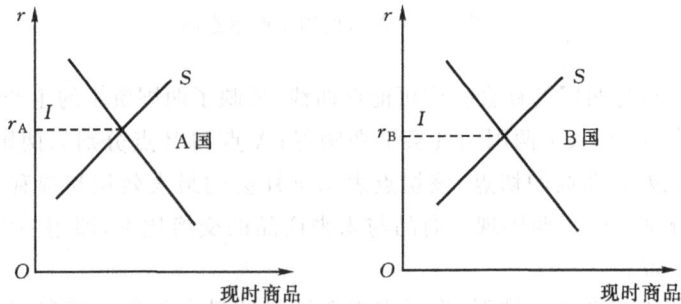

图 4-3　A、B 两国利率示意图

A 国必然投资大于储蓄,需要引进外资;在国际市场利率高于 r_B 时,B 国必然投资小于储蓄,需要对外进行投资。换言之,在国际市场利率介于 r_A 与 r_B 之间时,A 国必然增加未来商品生产,减少现时商品生产,B 国则必然增加现时商品生产,减少未来商品生产,然后两国进行交换,使两国的社会财富总量都得到增加。

(二)利率差异与国际资本流动

在上述分析的基础上,费雪以当前货币与未来货币来代表当前商品与未来商品,将投资解释为对货币资本的需求和金融资产的供给,将储蓄解释为对金融资产的需求和对货币资本的供给。将图 4-3 整理得图 4-4。

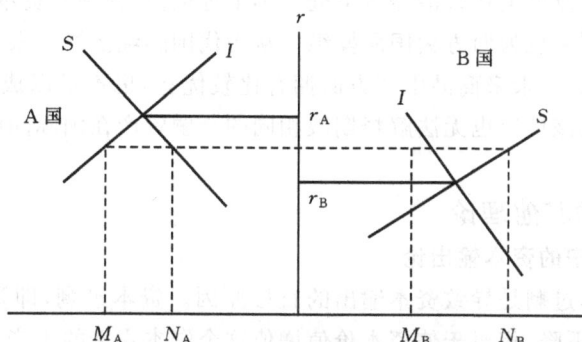

图 4-4　A、B 两国利率示意图

当利率低于 r_A 时,A 国投资线与储蓄线交叉点的水平距离代表 A 国对货币资本的过度需求和对金融资产的过度供给;当利率高于 r_B 时,B 国投资线与储蓄线交叉点的水平距离代表 B 国对货币资本的过度供给和对金融资产的过度需求。从图 4-4 中可以更为直观地看出,如果没有国际资本流动,A、B 两国存在着利率的差异。在国际资本市场资本供求均衡(即均衡利率=r)的条件下,A 国的资本流出量为 $M_A N_A$,B 国的资本流入量为 $M_B N_B$。国际资本流动的结果是,A 国利率下降了,B 国的利率上升了,直到两国的利率完全相等时,资本才不再流动。因此费雪认为,利率的差异是国际资本流动的基本动因,因而国际资本流动的结果是消除了各国之间的利率差异。

费雪还分析了各国名义利率与实际利率之间的差异,利率结构对国际资本流动的影响。费雪国际资本流动理论中所讲的利率是指实际利率。在无其他因素影响的条件下,国际资本的流动可以使各国的实际利率平均化。在现实生活中,人们观察到的一般是名义利率。名义利率等于实际利率与通货膨胀率之和。在资本自由流动的情况下,各国的实际利率相当,各国的名义利率差异是由通货膨胀率的差异引起的。假定 A 国的名义利率高,但其通货膨胀率也高,其实际利率低于 B 国,则资本仍会由 A 国流向 B 国。

此外,费雪理论还分析了利率的期限结构也会影响国际资本的流动。例如,假定 A、B 两国的利率的期限结构如图 4-5。

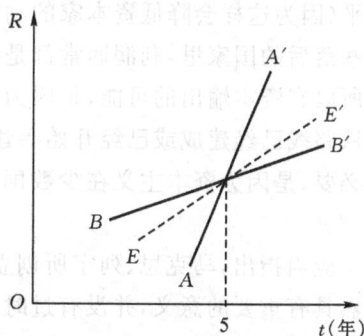

图 4-5　A、B 两国利率差异示意图

在图4-5中,R为利率,t为时间,AA'为未发生国际资本流动时A国的利率线,BB'为未发生国际资本流动时B国的利率线。从图4-5中可以看出,5年期内资本的利率在B国比A国高,但5年期外则相反。两国资本充分流动之后形成的利率线则为EE'。

费雪国际资本流动理论对于分析早期国际资本运动,具有一定的积极作用,但也有很大的局限性。西方一些学者对此也提出过批评。美国新兴的理性预期学派认为,费雪国际资本流动理论没有考虑国际投资风险对国际资本运动的影响。同时,学者也认为,其理论的假定前提条件是国际资本市场完全竞争,而这一假定条件与当时及现代的国际资本流动实践差异较大。在本世纪初,国际资本流动大都表现为资本主义宗主国的金融资本流向殖民地或半殖民地国家,资本流入国与资本流出国在政治经济上处于不平等地位,在国际资本运动过程中的地位也不平等,国际资本的利率也为西方大国所操纵。从当代国际经济格局来看,完全竞争的国际资本市场也是不存在的。在未来商品生产方面拥有比较优势,也不足以成为资本流入国吸引外资的决定因素。此外,该理论也无法解释期限相同的金融资产在国际间的流动。

三、国际资本流动的其他理论

(一)马克思和列宁的资本输出论

马克思认为,资本过剩是导致资本输出的直接原因。资本过剩,即资本的生产过剩,是指由于一般利润率趋于下降,相对于使资本价值增值这个资本主义的生产目的而言,一部分资本成为了多余的资本这样一种经济现象。资本主义积累规律的充分展开不可避免地引起利润率趋于下降,导致一些资本接受较低的盈利率继续运营,或者丧失独立的行动能力而以信用的形式交由别人支配,这类资本即资本主义社会中的过剩资本。在资本主义生产方式下,过剩资本的存在是必然的。从资本主义发展的历史进程来考察,资本积累与集中伴随着资本有机构成的提高,造成社会不变资本(即生产资料)的增加量大大超过可变资本的增加量。因此,在资本过剩的同时,还出现了人口的过剩。资本过剩与人口过剩并存导致了资本主义各种矛盾的激化。资本过剩的危机无法在一国范围内解决,资本就会越出国界,投放到国外去。"如果资本输出到国外,那么,这种情况之所以发生,并不是因为它在国内已经绝对不能使用。这种情况之所以发生,是因为它在国外能够按更高的利润率来使用。"[①]

列宁认为,经济发展的不平衡与民众的半饥半饱的生活是资本主义生产方式的根本的、必然的条件和前提。"只要资本主义还是资本主义,过剩的资本就不会用来提高本国民众的生活水平(因为这样会降低资本家的利润),而会输出国外,输出到落后的国家去,以提高利润。在这些落后的国家里,利润通常都是很高的,因为那里资本少,地价比较贱,工资低,原料也便宜。其所以有资本输出的可能,是因为许多落后的国家已经卷入了世界资本主义的流通范围,主要的铁路线已经建成或已经开始兴建,发展工业的起码条件已有保障等等。其所以有输出资本的必要,是因为资本主义在少数国家中已经'成熟过度了','有利可图的'投资场所已经不够了。"[②]

应当指出,马克思、列宁所创立的资本输出论,对于理解当代西方发达国家对外投资活动仍然具有重要的意义,并没有过时。但同时也应当看到,当代对外投资的发展是一种必然的趋

---

① 资本论[M].第3卷.北京:人民出版社,1975:285.

② 列宁选集[M].第2卷.北京:人民出版社,1960:783.

势,具有世界普遍性。

(二)古典国际间接投资理论

从国际证券投资的角度看,古典学者认为,国际证券投资的起因是各国之间存在的利率差异。如果一国的利率低于另一国的利率,那么资本就会从利率低的国家流向利率高的国家,直到两国的利率相等为止。进一步说,在国际资本能够自由流动的条件下,如果两国的利率存在差别,两国的能够带来同等收益的有价证券的价值也会产生差别,即高利率国家有价证券的价格低,低利率国家就会向高利率国家投资购买有价证券。有价证券的收益、价格和市场利率的关系可用下式表示:

$$C = I/r$$

公式中 C 为有价证券的价格,I 为有价证券的常年收益,r 为资本的市场利率。假设在 A、B 两国市场上发行面值为 10 000 美元、附有 5% 息票的债券,A 国市场上的利率为 4%,B 国市场上的利率为 4.2%。根据上式计算,每一张债券在 A 国的售价为 12 500 美元,在 B 国的售价为 11 904.76 美元。由于 A 国的市场的利率比 B 国市场利率低,同一张债券的售价在 A 国比在 B 国要高。因此,A 国的资金就会流向 B 国购买有价证券,以获得较多的收益,直至两国市场的利率相等为止。

(三)麦克杜格尔的国际资本运动理论

麦克杜格尔的国际资本运动理论用于描述在完全竞争条件下资本国际流动的机制。在完全竞争条件下,资本国际流动的主要原因是资本收益率的国际差异,资本总是从收益率低的地方流向收益率高的地方。

如图 4-6 所示,我们假定世界上只有 A、B 两个国家,且 A 国是个资本要素较为丰裕的国家,资本报酬较低,而 B 国则是资本较为稀缺的国家,资本报酬较高。在图 4-6 中,我们以横轴表示世界资本的总量,其中 OA 为 A 国拥有的资本量,$O'A$ 为 B 国拥有的资本量;两纵轴分别代表 A 国和 B 国资本的边际产量或边际产出。在竞争条件下,资本的边际产值代表资本的报酬或收益,并假定资本的边际产出率递减。曲线 FA' 为 A 国的边际产量曲线或边际生产力曲线,曲线 KB' 为 B 国的边际产量曲线或边际生产力曲线。当两国的国民经济处于封闭状态时,两国各自拥有的资本将全部用于各自的国内投资。当资本边际收益为 OC 时,A 国资本 OA 的总收益为 $OCGA$,其他生产要素如劳动、土地等的收益为 CFG,A 国的总产出或总收入为全部生产要素收益之和,即 $OFGA$;当资本边际收益为 $O'J$ 时,B 国资本 $O'A$ 的总收益为

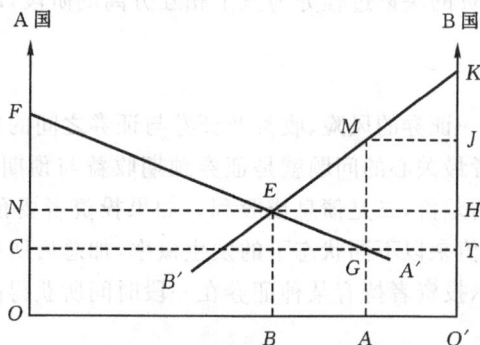

图 4-6 A、B 两国资本的边际产出

$O'JMA$，其他生产要素如劳动、土地等的收益为 KJM，B 国的总产出或总收入为 $O'KMA$。

上述情况表明，B 国资本的边际收益高于 A 国资本的边际收益。假定资本在国际间可以自由流动，在开放经济条件下，资本将从比较丰裕的 A 国流向比较稀缺的 B 国，也就是从资本收益较低的 A 国流向资本收益较高的 B 国。随着资本的流动，A 国的资本存量逐步减少，而资本的边际收益会沿边际产量曲线 FA' 逐渐提高；B 国的情况则相反，随着资本的流入，B 国的资本存量将逐步增加，其资本的边际收益会沿边际产量曲线 KB' 逐渐下降。只要两国的资本边际收益还有差异，资本就会继续在两国之间流动；只有当 A 国资本的减少使其边际产量上升至 E 点、而 B 国资本的增加使其边际产量下降至 E 点时，也就是只有当从 A 国流向 B 国的资本数量达到 AB 时，两国的资本收益才会相等，资本的国际流动才会停止。

第二节　现代的国际间接投资理论

现代国际间接投资理论是在 20 世纪 80 年代以来随着国际证券投资活动的迅猛扩张而产生和发展起来的，其理论源于现代西方证券投资理论，是现代西方证券投资理论在国际投资领域的延伸与扩展。

一、马克维茨的证券组合理论

投资者在进行投资时，往往寻找同时具有最大收益和最小风险的投资组合，但收益最大化和风险最小化是两个矛盾的目标。因此投资者通常是在预期收益率和风险两者间权衡决策，要么在一定风险的条件下，去寻求具有最大预期收益的组合；要么在保证一定收益率的条件下，去寻找风险最小的投资组合。

这就需要投资者根据自身的需要和对未来的预测来安排现有的投资。马克维茨的证券组合理论就是用来研究投资者如何在各种金融资产中进行选择的理论。在当今的国际资本市场中，投资的风险与日俱增，这就更需要投资者对证券的收益和风险进行综合分析，做出谨慎的选择。对此，马克维茨提出，投资者可同时持有若干种不同的证券，并根据市场的变化而不断调整持有的证券组合。这就形成了若干种有效的证券组合，投资者可以选择其中的一组。

马克维茨的证券组合理论主要解释了投资者如何衡量不同的证券投资风险，证券投资组合的风险与收益存在什么关系，怎样使风险分散化，重点解决投资风险存在条件下的投资决策问题。马克维茨将证券投资的决策过程分为三个相互分离的阶段，即证券分析、证券组合分析和证券组合选择。

(一)证券分析

证券分析主要是对单一证券的风险、收益及证券与证券之间的相关性进行分析。

一般而言，证券投资者最关心的问题就是证券预期收益与预期风险的关系。证券收益包括两部分：一是证券买卖的差价，二是债息或股利。如果投资者要预测某种证券的未来收益，只需将该种证券的收益估值乘以不同状态下的发生概率，加总后所得出的结果便是预期收益。因此，预期收益实际是表示投资者持有某种证券在一段时间所获得的平均收益，即收益的期望值，用公式可表示为：

$$EX = \sum_{i=1}^{n} X_i \cdot P_i \qquad (4-1)$$

式中:EX——预期收益;

　　X_i——第 i 种可能状态下的收益;

　　P_i——第 i 种可能状态发生的概率。

　　例如,投资者预计 A 证券在不同市场情况下的收益率如表 4-1 所示。

表 4-1　一个假设的证券收益与概率表

市场情况	概率(P_i)	收益率(X_i)
行情上涨	0.30	15%
行情基本不变	0.50	8%
行情下跌	0.20	−5%

　　则预期收益率 $EX = 15\% \times 0.3 + 8\% \times 0.5 - 5\% \times 0.2 = 7.5\%$

　　对预期收益加以解释和定量化较为容易,而要精确衡量持有证券的风险,即证券收益的不确定性则甚为困难。马克维茨运用统计学的方法,将不确定的收益率看作随机变量,用它们的集中趋势——期望来表示证券预期收益(如上所述),而用它们的离散趋势——标准差来度量证券风险的大小,用公式可表示为:

$$\sigma = \sqrt{\sum_{i=1}^{n}(X_i - EX)^2 \cdot P_i} \qquad (4-2)$$

式中:σ——标准差。

　　在上例中,

$$\sigma = \sqrt{(15\% - 7.5\%)^2 \times 0.3 + (8\% - 7.5\%)^2 \times 0.5 + (-5\% - 7.5\%)^2 \times 0.2}$$
$$= 6.75\%$$

　　单个证券的投资预期收益和投资风险可直接从概率分布中得出,而证券投资组合的预期收益和风险则必须把各种证券之间的相关关系考虑在内。证券预期收益之间的相关程度是用相关系数来表示的(见公式 4-3)。

$$p_{ij} = \frac{COV_{ij}}{\sigma_i \cdot \sigma_j} \qquad (4-3)$$

式中:p_{ij}——i 证券与 j 证券的相关系数;

　　COV_{ij}——证券与证券预期收益的协方差;

　　σ_i,σ_j——i 证券和 j 证券各自的标准差。

　　相关系数取值总在−1 到+1 之间,即$-1 \leqslant p_{ij} \leqslant 1$。若 $p_{ij}=1$,则称这两种证券完全正相关;若 $p_{ij}=-1$,则称这两种证券完全负相关;若 $p_{ij}=0$,则这两种证券之间毫不相关。这种关系可用图 4-7 来表示。

(二)证券组合分析

　　投资者一旦确定了各种证券的预期收益和标准差以及各种证券收益之间的相关性,就可以进一步计算出每一个证券组合的预期收益和标准差。每一个证券组合的预期收益可以通过对其包含的每一种证券的预期收益的加权平均求得,其计算公式如下:

$$\bar{r_p} = \sum_{i=1}^{n} x_i \bar{r_i} = x_1 \bar{r_1} + x_2 \bar{r_2} + \cdots + x_n \bar{r_n} \qquad (4-4)$$

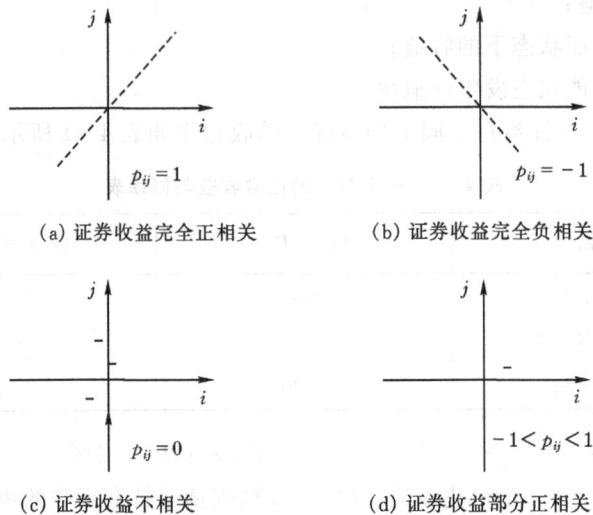

(a) 证券收益完全正相关   (b) 证券收益完全负相关

(c) 证券收益不相关   (d) 证券收益部分正相关

图 4-7 证券预期收益的相关性

式中：$\bar{r_p}$——证券组合的预期收益；

x_i——证券 i 在该证券组合总值中所占比重（权数）；

$\bar{r_i}$——证券 i 的预期收益；

n——证券组合中证券种类数。

一个证券组合的标准差的计算相对要复杂得多，它不是个别证券标准差的简单加权平均，必须通过下面的公式求得：

$$\sigma_p^2 = \sum_{i=1}^{n} \sum_{j=1}^{n} COV_{ij} x_i x_j \tag{4-5}$$

式中：σ_p^2——证券组合的方差（平方根即为标准差）；

COV_{ij}——证券 i 和证券 j 收益之间的协方差；

x_i, x_j——证券 i 和证券 j 的权数。

公式 4-5 可整理为：

$$\sigma_p^2 = \sum_{i=1}^{n} \sigma_i^2 x_i^2 + 2 \sum COV_{ij} x_i x_j \tag{4-6}$$

公式 4-6 的前半部 $\sum_{i=1}^{n} \sigma_i^2 x_i^2$ 是指每种证券的方差乘上权数的平方加总，后半部中的 $\sum COV_{ij} x_i x_j$ 则是指所有单独协方差乘上各自的权数后加总。若该投资组合中有 n 种证券，则所有单独协方差的数目可由公式 $\dfrac{n^2 - n}{2}$ 求得。公式中的 COV_{ij} 又可表示为 $p_{ij} \sigma_i \sigma_j$。

由此我们可以看出，证券组合的预期收益和风险主要取决于各种证券的相对比例，每种证券收益的方差以及证券与证券之间的相关程度。在各种证券的相关程度、收益及方差确定的条件下，投资者可以通过调整各种证券的购买比例来降低风险。

（三）证券组合选择

通过上述的证券组合分析，我们可以在一个可能的收益和风险范围内，对若干种已确认可以投资的证券,通过调整各种证券的购买比例来建立不同的证券组合。这些组合就构成了一个可行集,可行集的形状如图 4-8 所示。可行集的形状一般呈伞形,其边界上 F、E、G、A 等点以及边界内 B、C 等各点代表了所有可行的证券组合点。

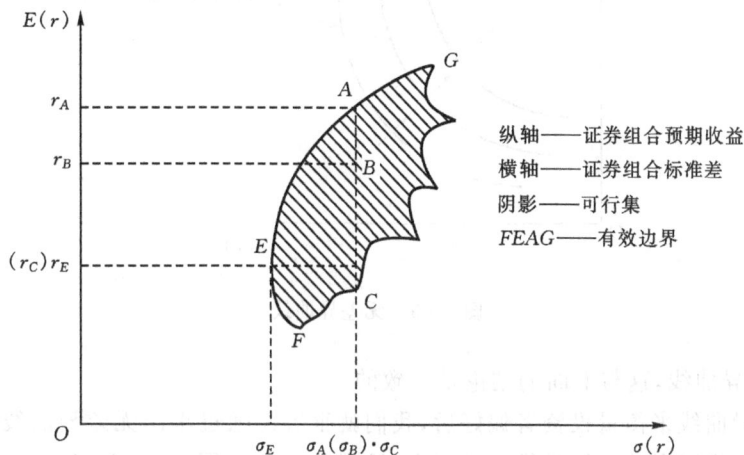

图 4-8　可行集与有效边界

在可行集提供的证券组合的所有可能方案中,投资者通过有效集定理可以找到有效集。有效集定理可以表述为:一个投资者能够从下面一组证券组合中选择到他所期望的最佳证券组合:①在各种风险水平条件下,提供最大预期收益率;②在各种预期收益水平下,承担最小风险。同时满足这两个条件的一组证券组合,我们称之为有效集或有效组合。在马克维茨的模型图中(图 4-8),这套有效组合的位置处于左上方的曲线上,即曲线 $FEAG$,又称为有效边界。我们用有效边界 $FEAG$ 上的点与其他证券组合点相比,可以发现此边界上的点比其他所有点在同样风险水平下收益都高,如 A、B 两点相比,二者有同样的标准差,即 $\sigma_A = \sigma_B$,但 A 点收益 r_A 明显高于 B 点收益 r_B。同样道理,有效边界上的点的收益比其他所有点在同样收益水平下风险都低,如 E、C 两点相比,二者具有相同预期收益,$r_E = r_C$,但明显 $\sigma_E < \sigma_C$,即 E 点风险要小于 C 点。总之,除有效边界 $FEAG$ 上的点以外,可行集中的其他组合点,相比之下不是收益太低就是风险太高,所以都不足取。投资者在证券组合选择时,都倾向于选择有效边界的 $FEAG$ 上的点。有效边界以外的点我们均称之为"无效证券组合"。

对于具体投资者而言,并不是有效集中的任何一个证券组合都是他认为的最优组合,这里还存在着一个投资者偏好的问题。对投资者偏好的分析需要引入经济学上的概念——无差异曲线来进行比较研究。投资者对同一无差异曲线上的不同证券组合具有相同的偏好,但不同的无差异曲线代表了不同的偏好水平(容易证明不同的无差异曲线不会相交)。由于在风险增加的情况下,投资者为保持相同的偏好水平必然要求更高的收益,因此无差异曲线具有正的斜率;又由于投资者大多是风险的厌恶者,投资者总是希望以最小的风险获取最高的收益,因此偏好增加的方向是由右下指向左上(见图 4-9)。

图 4-9 中曲线 I_1、I_2、I_3 代表了三条不同的无差异曲线。它们所代表的投资者偏好是不同的,从图中我们可明显看出在相同收益情况下,风险状况依次是 $I_1 > I_2 > I_3$;而在相同风险状况下,收益情况依次是 $I_1 < I_2 < I_3$。因此,投资者偏好依次是 $I_1 < I_2 < I_3$,即投资者更偏好

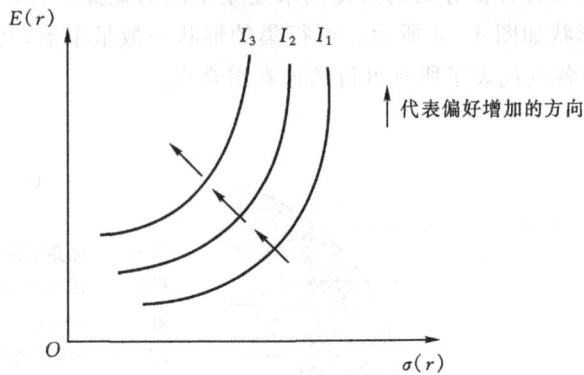

图 4 - 9　无差异曲线

于 I_3 这条无差异曲线,这与上面的结论是一致的。

　　引入无差异曲线来衡量投资者偏好后,我们就很容易通过求出无差异曲线与有效边界的切点来取得适合投资者偏好的最优证券组合(见图 4 - 10)。图中 I_1、I_2、I_3 是某投资者的无差异曲线,阴影代表可行集,边界 AO_2OO_1 是有效集,图中 I_2 与 AO_2OO_1 切于 O 点。我们知道投资者偏好 I_3 甚于 I_2 和 I_1,但 I_3 与有效边界没有交点,即在 I_3 上无法找到有效的证券组合满足投资者偏好。投资者转而求其次,找到了 I_2 与有效边界的切点 O,在这一点上可得到有效可行的最优证券组合。投资者不会选择 O_1、O_2 点的证券组合。这两点虽然都是有效可行的证券组合点,但满足的偏好水平是相当于 I_1 代表的水平,投资者不满意。由此可见,可行集大部分是不重要的,重要的是有效边界,每一个理性投资者是在有效边界上而非内部选择最优组合,因为投资者在此可以确保每一单位风险下获得最大的预期收益。

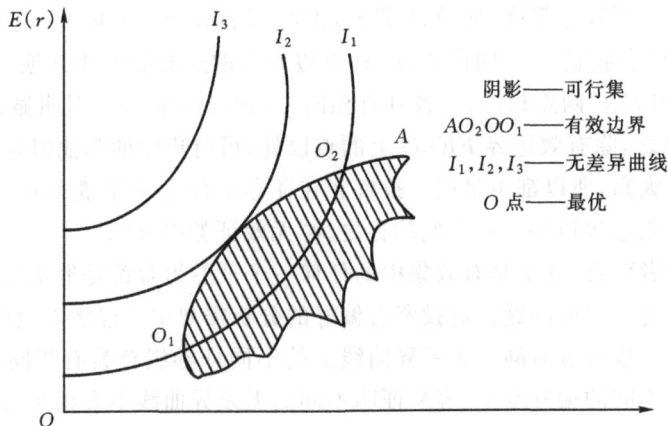

图 4 - 10　最优证券组合

　　总之,马克维茨的证券组合理论所创建的基本分析方法为国际间接投资理论设立了基本框架,但其计算的繁冗又为理论的发展留下了难题。

二、资本资产定价理论

资本资产定价模型是由威廉·夏普等人在马克维茨的组合理论基础上提出的一种资本市场理论。这个模型或理论,在西方证券投资领域相当著名,威廉·夏普本人也因此而获得当年诺贝尔经济学奖的殊荣。作为一个市场一般均衡模型,资本资产定价模型对证券价格行为、风险——报酬关系和证券风险的合适衡量等提供了强有力的说明。因此,资本资产定价模型对证券估价、风险分析和业绩评价等证券投资专业领域具有广泛而深刻的影响。

(一)模型的假设条件

与任何其他经济理论一样,资本资产定价模型做出了若干假定,这样既减少了不必要的论证上的复杂性但又不失其要旨。模型的假设条件如下:

(1)所有投资者都拥有一个相同的且是单一的持有期。

(2)所有投资者都是风险厌恶者和追求最大财富者。他们都根据投资组合报酬的期望值和标准差评价组合的优劣。

(3)所有投资者都能不受限制地以一个无风险利率借入或借出无风险资产,且资产的卖空不受限制。在实际生活中,最接近无风险的资产也许是短期政府公债,至少在名义报酬上。因此,可把短期政府公债作为无风险资产。

(4)所有投资者对每种证券前景之预期是一致的,也就是说,他们对每种证券的期望报酬及其标准差和证券间的协方差等的主观估计都是相同的。

(5)不存在税收、交易费;所有资产都是完全可分割和流动的;所有资产的数量是已知的和有限的;所有投资者都是价格接受者,他们的证券买卖活动不能影响市场价格。这些假定使得证券价格是一种均衡价格。

上述假定中,前几条是与马克维茨组合理论中的假定相一致的。这再次说明,资本资产定价模型是以马克维茨的组合理论为基础的,但是,资本资产定价模型要精细得多,比马氏模型要进步得多。尽管上述假定看起来会对资本资产定价模型的应用设置许多限制,但是,在实践中,当把其中许多假定撤去时,根据验证结果说明,资本资产定价模型的结论是值得信赖的。

(二)借入和借出

资本资产定价模型的假定之一,就是投资者能够不受限制地以一个无风险利率借入和(或)借出无风险资产,这就使得投资者能够把无风险资产和只包含有风险资产的投资组合 M 结合起来,形成一个新的投资组合,从而获得其所需要或期望的风险—报酬配合,R_f 表示无风险利率,W_f 表示投资于无风险资产的比例,则投资于风险资产的比例为$(1-W_f)$,新投资组合的期望报酬率为:

$$E(r_p) = R_f W_f + E(r_m)(1-W_f)$$

报酬率的方差为:

$$\sigma_P^2 = \sigma_f^2 W_f^2 + 2COV_{f,m}(1-W_f) + \sigma_m^2(1-W_f)^2$$

上面两个式子中,$E(r_p)$、σ_P^2 分别是新投资组合的期望报酬率和方差;$E(r_m)$、σ_m^2 分别为风险资产组合的收益率和方差;σ_f^2 为无风险资产的方差;$COV_{f,m}$ 为无风险资产与风险资产组合收益间的协方差。根据风险的定义,即证券投资风险是指证券投资报酬的变动,以证券投资报酬的标准差来衡量,显然无风险资产报酬之方差为 0,因此有,$\sigma_P^2 = \sigma_m^2(1-W_f)^2$, $\sigma_P = \sigma_m(1-W_f)$。这说明,新投资组合的方差完全取决于投资于风险资产的比例,或者说取决于投资于无风险资产之比例。

一般说来,借入即借入无风险资产投资于风险资产(这实际上就是负债经营)能提高期望报酬率,而借出即投资者把其资金一部分用于购买无风险资产则会降低期望报酬率。但是,从风险角度来看借出的风险较小,这是由于投资者同时投资于无风险和风险资产,从而使新投资组合的总风险要小于仅包含风险资产的投资组合的风险。借入的风险较大,这是由于投资者借入无风险资产以购买额外的风险资产,从而使新投资组合的总风险要大于仅包含风险资产的投资组合的风险。因此借入与借出报酬的高低是同其风险的大小相应的,投资者是喜欢具有较高报酬但风险较大的借入,还是喜欢具有较低报酬但风险较小的借出,这要取决于投资者的偏好,即由投资者在风险—报酬间作出权衡。

(三)资本市场线(capital market line,CML)

由于在资本资产定价模型中,投资者可以不受限制地借入和借出,这就使得马克维茨的效率边界变成了如图 4-11 中的一条直线 $R_f MB$,即资本市场线。

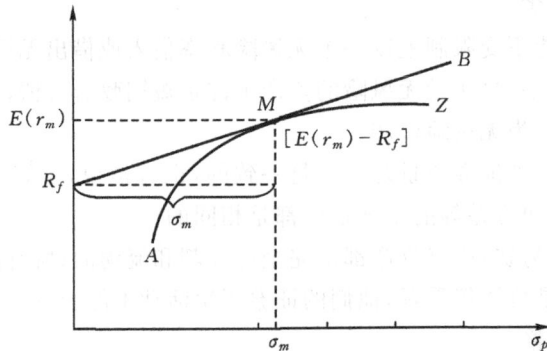

图 4-11

它与纵轴相交于 R_f 点,从此点开始上升,与马氏理论中的效率边界相切于 M 点。直线上的任意一点都表示把风险资产组合 M 和无风险资产的借入和借出相结合从而得到的一定的风险和报酬的配合。$R_f M$ 段上的点表示风险证券和无风险证券(如短期国库券)相结合而形成的"借出型"投资组合;MB 段上的点表示风险证券和借入无风险证券相结合而形成的"借入型"投资组合,又称"杠杆投资组合"。

根据资本资产定价模型的另一条假定,即所有投资者都具有同样的未来预期,这就使所有投资者都会拥有一个相同的风险投资组合。它应该包括市场上所存在的各种风险资产,且在组合中每种风险资产的价值比例是与其市场价值比例相应的。这个由所有风险资产组成的投资组合,被称为市场投资组合(market portfolio)。市场投资组合是构成资本资产定价模型的一个关键概念。它的作用是:在资本资产定价模型的各种假定条件下,每个投资者都只愿意建立一个包含无风险资产和市场投资组合 M 的新投资组合,而不愿意把无风险资产同除市场投资组合外的其他马氏理论中的效率投资组合相结合。从图 4-11 中可以看出,$R_f MB$ 线上的各个投资组合要优于 AMZ 上的各个纯粹由风险资产组成的投资组合(M 除外),因为前者在同样的风险水平上能比后者提供更高的报酬,或者在相同的报酬水平上却具有较小的风险。如果把无风险资产同 AMZ 上除 M 外的其他任意一点相结合,则所得到的新投资组合有时并非是最优的。这样,以无风险利率 R_f 不受限制地借入和借出的作用使马氏效率边界 AMZ 变成了夏普的效率边界即资本市场线 $R_f MB$。这也说明了资本资产定价模型较之于马氏模型的进步之处。

资本市场线上各投资组合的期望报酬可以用无风险利率 R_f 和市场投资组合的报酬来衡量。根据前面公式：

$$E(r_p) = R_f W_f + E(r_m)(1 - W_f) \text{ 和 } \sigma_p = (1 - W_f)\sigma_m,$$

$$\text{有 } E(r_p) - R_f = \frac{E(r_m) - R_f}{\sigma_m}\sigma_p$$

它说明，通过资本市场线，可以把资本市场均衡的特征用下述两个关键数字来描述：①无风险利率 R_f，它是时间的价格；②$R_f MB$ 线的斜率，它等于市场投资组合的期望报酬与无风险利率之差被市场投资组合的风险所除之商，它表示单位风险所产生的报酬，即风险的价格。

资本市场线对效率投资组合的风险—报酬关系进行了衡量。但是并没有说明其他低效率投资组合和单个证券的风险—报酬关系。这是因为这些低效率投资组合和单个证券位于 $R_f MB$ 线之下，相应的，其报酬的标准差就不能合适地衡量它们的风险。因为在以标准差衡量的总风险中，有一部分可以通过多样化来消除从而无须给以相应的市场报酬。为了确定哪部分是需要由市场补偿的风险和考察各种效率或低效率证券与投资组合的风险—报酬关系，夏普发展了 β 值和证券市场线。

（四）β 值和证券市场线（security market line，SML）

根据夏普的定义，某个证券与市场投资组合间的协方差和市场投资组合之方差所除之商，即为该证券相对于市场投资组合的 β 值，或简称 β 值。公式如下：

$$\beta_{im} = \frac{COV_{i,m}}{\sigma_m^2}$$

式中：β_{im}——证券 i 相对于市场投资组合的 β 值；

　　　$COV_{i,m}$——证券 i 之报酬和市场投资组合 M 之报酬间的协方差；

　　　σ_m^2——市场投资组合的方差。

根据协方差的性质有：

$$\beta_{qm} = \sum_{i=1}^{n} W_{iq}\beta_{im}$$

式中：β_{qm}——投资组合 q 相对于市场投资组合 M 的 β 值；

　　　W_{iq}——投资组合 q 中投资于证券 i 的比例；

　　　β_{im} 同前。

上式说明，某个投资组合的 β 值是其中诸证券的 β 值的加权平均数，权重为投资于各证券的比例。

由于市场投资组合 M 的报酬与其本身的协方差就是 σ_m^2，因此，$\beta_{mm} = 1.0$。又由于某种无风险证券与市场投资组合的协方差为 0，因而 $\beta_{jm} = 0$，假定证券 j 是无风险的。

由于(1)某个投资组合的 β 值是其中诸证券 β 值的加权平均数，和(2)某个投资组合的期望报酬是其中诸证券期望报酬的加权平均数，且两者都以投资组合中投资于各证券的相应比例为权重，因而，每个证券和投资组合都必定位于以期望报酬为纵轴，β 为横轴的图中的一条向右上倾斜的直线上。这条直线即为证券市场线，如图 4-12 所示。

如前所述，市场投资组合是有效率的，因而证券市场线必定经过此点，其 β 值为 1.0，期望报酬率为 $E(r_m)$。另外，在资本资产定价模型中，假定投资者能够以无风险利率 R_f 不受限制

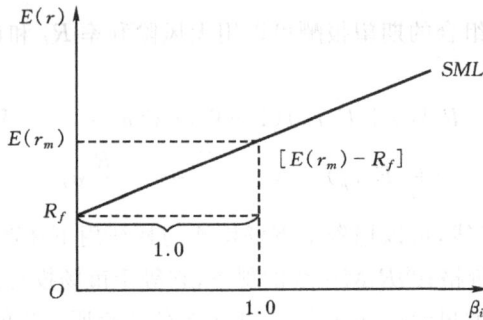

图 4 - 12

地借入和借出,且无风险证券的 β 值为 0,则证券市场线也必定经过纵轴上的期望报酬为 R_f 的点。

证券市场线说明了所有证券和投资组合在不同的 β 值时有着相应的合适的预期报酬这样一种均衡关系。问题是这种均衡关系从何而来? 它是投资者调整证券的持有量及其对证券价格的压力所产生的组合效果。给定一系列证券价格,投资者就可以计算预期报酬和证券报酬间的协方差。然后决定所需要的(最优的)投资组合。如果某种共同需要的证券数量与所可能有的量不同,那就会对其价格产生向上或向下的压力。给定一系列新的价格,投资者重新计算他们对各种证券的需要,这个过程将持续到投资者的数量调整不再需要进一步的市场范围的价格调整才停止。

对于单个投资者来说,证券价格和前景是固定的,而其持有量是可变的;但对整个市场来说,数量是固定的(至少在短期内),而价格是可变的。因此,就像在任何竞争市场上一样,均衡需要价格的调整,这种调整将持续到所需要的量和所可能持有的量一致时为止。

证券市场线描述了证券预期报酬其其多样化风险水平即 β 值间的均衡关系。以数学函数形式可表示为:$E_i^e = f(\beta_i)$ E_i^e 表示的证券 i 预期均衡报酬。证券市场线表明这个函数关系是线性的,因而 $E_i^e = a + b\beta_i$。又由于证券市场线经过无风险资产利率 R_f 点和市场投资组合 M 点,因而 $a = R_f, b = \dfrac{E(r_m) - R_f}{1.0} = E(r_m) - R_f$。于是,有 $E_i^e = R_f + [E(r_m) - R_f]\beta_i$

证券市场线与资本市场线的主要区别就是用协方差而不是标准差来作为证券风险的合适衡量。它说明,某种证券的不可多样化风险或市场风险应该用该证券对其所在的投资组合总风险的贡献部分来衡量。在数学上,就是计算 β 而非标准差 σ。又由于 β 值与 σ 值不同,因而证券市场线和资本市场线的位置是不同的。

(五)a 值

根据资本资产定价模型,每种证券的价格应该调整到使这些证券都位于证券市场线之上为止。也就是说,证券的预期报酬应该由 $E_i^e = [E(r_m) - R_f]\beta_i$ 这个式子给出。如果任何证券或投资组合位于证券市场线之外,那么这种状态就是非均衡的。在实践中,许多投资管理专家都假定大多数证券能够被正确定价,从而具有均衡期望报酬。但也有一些证券定价过高或过低,这时就用 a 值来衡量它们被错误定价的程度。

一个证券的 a 值是其期望报酬和合适的(均衡)期望报酬之差。其计算公式如下:

$$a_i = E(r_i) - E_i^e$$

图 4-13 说明了 a 值的计算。

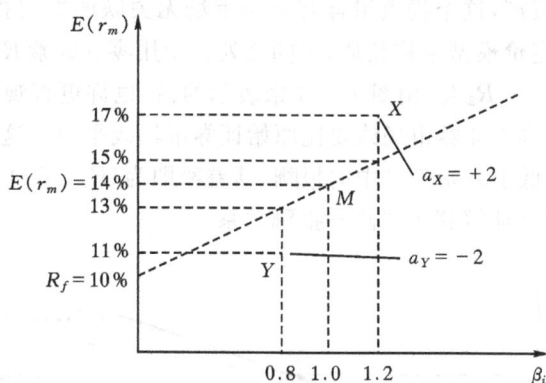

图 4-13

假定无风险利率 R_f 为 10%，市场投资组合 M 的期望报酬率 $E(r_m)$ 为 14%。这样，证券市场线便得以确立。现有两种证券 X 和 Y，证券 X 的 β 值为 1.2，期望报酬率为 17%，证券 Y 的 β 值为 0.8，期望报酬率为 11%。但是，证券市场线却表明，正确定价的 β 值为 1.2 的证券期望报酬应为 15%，这样，证券 X 所能提供的期望报酬比其应该有的期望报酬多 2%，即 $a_X=+2\%$。正确定价的 β 值为 0.8 的证券应该具有的期望报酬为 13%，这样，证券 Y 所能提供的期望报酬比其应该具有期望的报酬低 2%，即 $a_Y=-2\%$。如图 4-13 所示。在资本资产定价模型中，证券之 a 值是由证券与证券市场线之垂直距离来衡量的。如果某种证券具有正的 a 值，则其定价太低；如果 a 值为负数，则其定价太高；如 a 值恰好等于 0，则其被正确定价。在均衡状态，各种证券都应得到正确定价，因而所有的 a 值都等于 0。

由于某个投资组合的期望报酬是其各证券期望报酬的加权平均数，因而，某个投资组合的 a 值也是其各证券之 a 值的加权平均数，即 $a_P = \sum_{i=1}^{n} W_{ip} a_i$。式中，$a_P$ 表示投资组合 P 的 a 值；W_{ip} 表示投资组合 P 中投资于证券 i 的比例；a_i 表示证券 i 的 a 值。

（六）扩展的资本资产定价模型

上面所论述的资本资产定价模型由于过分的假定而无论在理论上和实践中都遭到了怀疑，从而被称作原始资本资产定价模型（original capital asset model）。随着时间的推移，人们建立了更为复杂的从投资者偏好假定出发的模型，被称为扩展的资本资产定价模型（extended capital asset pricing model），其中主要的是零 β 资本资产定价模型（zero-beta CAPM）。

在原始资本资产定价模型中，假定存在着一种无风险资产，并且投资者可以不受限制地以无风险利率进行借入和（或）借出。然而，在市场中并不存在这种情况。事实上，投资者通常不能以相同的利率借入和（或）借出。金融机构的贷款利率要高于其借款利率，两者之差体现了一种利润幅度和补偿贷款风险的溢价。因此，投资者对借入资金支付的利率要高于其借出资金所能得到的利率。

另外，通货膨胀因素的存在，使得没有一种投资是无风险的。就拿短期国库券来说，尽管它没有信贷风险和利率风险，从而在名义报酬上是没有风险的，但是当通货膨胀存在，特别当通货膨胀较为剧烈时,其实际报酬要受到购买力风险的强烈影响。

费思切尔·布莱克(Fisher Black)认识到了上述问题,提出了用一种他所称为零β资产或投资组合来代替无风险资产,这个投资组合有个与市场无关联的指定报酬。零β资本资产定价模型与原始资本资产定价模型结构相似,不同之处在于用零β因素R_z替代无风险利率R_f。于是有$E_i^c = R_z + \beta_i[E(r_m) - R_z]$。用图4-14来表示的话,也许更直观些。

从图4-14中看出,零β证券市场线要比原始证券市场线平坦。这说明,给定一个风险水平,零β模型中的报酬要低于原始模型中的报酬,其差额即为$(R_z - R_f)$。零β模型较之原始模型更切合实际一些,也更好地解释了风险—报酬关系。

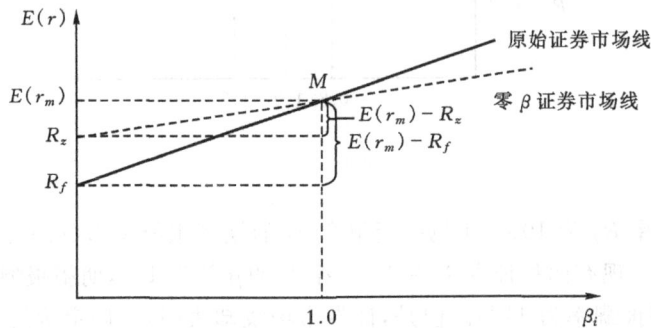

图 4-14

三、资产套价理论

马克维茨的证券组合理论和夏普的资产定价理论集中解决了一定收益水平下使风险最小化的问题。史提夫·罗斯在1976年又进一步提出了套利定价理论(APT理论)。与上述两种理论相比,套利定价理论不需要那样严格的假定条件就能分析多因素影响的证券均衡价格问题,因此,这种理论更具一般性。

APT理论建立在一物一价法则的基础上,在一个竞争充分的市场上,相同的产品一定会以相同的价格出售。这种法则同样适用于更加复杂的资本市场。一切相同的证券都应提供相同的收益率。如果同样的证券价格不同,那么套期者就会买进价格低的证券,卖出价格高的证券,迫使价格过高的证券下跌,套期者将不断进行这种活动,直到同样的证券提供同样的收益率为止。

(一)证券价格形成受多种因素影响

如果说资产定价模型着重解决的是个别证券的市场均衡问题,那么,罗斯的套利定价模型则要回答在更一般和更复杂的市场条件下证券价格的形成过程。罗斯认为,证券收益要受各种宏观经济因素,如国民生产总值增长率、通货膨胀率、利率等的影响,因此,证券分析的目的在于识别经济中的这些因素,以及证券收益对这些因素变动的不同敏感性。敏感性仍用贝塔系数来说明。由此,他提出了"证券收益因素模型",简称因素模型。

APT理论的基本假定是:不同证券收益的相关性可归因于证券或多或少地对一种或多种因素的变动而产生的效应。若我们假定证券收益率和其他多种因素之间的关系是线性的,则在任一给定时期t,证券i的收益率可用公式表示为:

$$R_{it} = a_i + \beta_{i1}F_{1t} + \beta_{i2}F_{2t} + \cdots + \beta_{ij}F_{jt} + e_{it} \tag{4-7}$$

式中:R_{it}——证券 i 在 t 时期中的收益率;

　　a_i——无风险收益率;

　　F_{jt}——t 时期内影响证券收益的风险因素;

　　β_{ij}——敏感系数,衡量证券 i 的收益对风险因素 F_{jt} 的敏感程度;

　　e_{it}——证券 i 在 t 时期中的特有风险。

若我们构建一个包括几种证券的市场证券组合,则其收益率可表示为:

$$R_{pt} = \sum_{i=1}^{n} x_i a_i + \left(\sum_{i=1}^{n} x_i \beta_i\right)F + \sum_{i=1}^{n} x_i l_i = a_p + \beta_p F + L_p \tag{4-8}$$

式中:R_{pt}——t 时期证券组合 p 的收益率;

　　x_i——组合中各证券所占投资比重;

　　a_p——各证券预期收益率的加权平均数;

　　β_p——加权平均贝塔系数;

　　L_p——加权平均个别证券风险。

从公式 4-8 中可以看到,由于各种因素产生的风险平均化,对各种证券的特有风险而言,该因素对每个企业并不相同,一般低于个别证券平均的标准差,再加上证券的个别收益率互不相关,市场证券组合具有良好的分散风险的功能,当 n 很大时,特有风险将大大减小,甚至为零,即 $L_p \approx 0$。

(二)套期定价模型

罗斯套期定价模型的假设条件为:①市场上存在无穷多种证券;②影响证券收益率的市场因素 F 的数量是有限的,证券组合高度多样化;③市场抛空交易不受限制;④投资者为风险厌恶型,预期收益率不一定均匀。

在完善市场上,如果证券 i 的预期收益率低于投资组合 p 的预期收益率,一个精明的套利者就会卖空证券,从抛空中取得收益,再来购买投资组合 p 的多头,以获得收益;反之亦然。投资组合较高的收益率吸引众多投资者的纷涌而来,从而使证券组合的均衡价格发生变动。APT 理论的核心是,如果系数 β 和预期收益率 $E(r)$ 之间的关系近似线性,那么就可以通过无穷的套利机会来增加财富。

概括地说,套价理论对证券组合风险与收益关系的说明最终可用公式 4-9 来表示:

$$E(r_p) = r_f + \beta_{p1}[E(r)_1 - r_f] + \beta_{p2}[E(r)_2 - r_f] + \cdots \tag{4-9}$$

式中:$E(r_p)$——证券组合 p 的预期收益;

　　r_f——无风险收益率;

　　β_{p1}——组合 p 对因素 1 的敏感性;

　　β_{p2}——组合 p 对因素 2 的敏感性;

　　$E(r)_1 - r_f$——因素 1 的风险代价;

　　$E(r)_2 - r_f$——因素 2 的风险代价。

公式 4-9 概括起来,可以变为下列公式 4-10:

$$R(r_p) = r_f + \beta_{p1}\lambda_1 + \beta_{p2}\lambda_2 + \cdots \beta_{pi}\lambda_i + \cdots \tag{4-10}$$

公式中:λ_i 即 $E(r)_i - r_f$——因素 i 的风险代价。

套利定价模型同资本资产定价模型一样,是一个证券价格均衡模型。因素模型的假设基础是证券之间的关联性,证券之间的关联性则是指一种或多种因素的变动对不同证券所产生的影响的间接反映。因素模型用一种线性结构来反映影响证券价格的因素对每种证券收益率的量化影响。

套利定价理论应用的主要是寻找那些价格被误定的证券。这种应用,更具体地表现为寻找套利机会并通过建立套利组合来实现超额收益。为此,首先要识别出哪些因素对市场产生广泛的影响,并估计出每种证券对各个因素的敏感性。在此基础上,利用套利理论判别市场是否存在套利机会,并解出一种可能的套利组合,从而获得高于正常的收益。

套利定价理论虽然建立了"因素模型",但其本身并没有指明影响证券收益的是些什么因素,有哪些主要的因素及数目的多寡。一般认为,诸如国民生产总值增长率、通货膨胀率、利率、公司资信、股息发放比例等因素对决定证券价格变化起重要作用,但估计总数不大可能超过 10 个。然而,这一问题至今还没有人做出肯定的解释,尚待理论界和实务界进一步深入研究。

四、期权定价理论

自从 1973 年 Black-Scholes 期权定价模型的出现,期权定价模型在金融理论和金融实际中广泛地应用,有效地扩展了投资机会,在诸如风险分担、降低交易成本、减少信息及代理成本等方面发挥着重要作用。期权定价理论在金融实践中的影响不是局限于市场上交易的金融期权或更一般的衍生证券,这种定价公式常常更广泛地应用在财务或非财务方面制定价格和估算风险。期权定价技术在当今全球的新金融产品(financial products)、新市场创新以及新金融体系的设计、管理决策和公共政策(public policy)构建中扮演着重要的角色。

期权定价模型的一个最早的直接应用主要集中在金融担保(financial guarantees)的评价和风险暴露(risk exposure)测量。几十年来,伴随着布雷顿森林体系(Bretton Woods)和 20 世纪 80 年代美国出现的储蓄借贷(savings and loans)崩溃,以及亚洲一些新兴市场金融风暴,期权定价模型的应用和发展带动了金融市场和制度的巨大变革,在防范和化解金融风险方面起了重要的作用。正因为如此,期权定价引起各国(包括我国)政府和学术界的高度关注,我国把金融工程(financial engineering)列入"九五"重大项目。

(一)期权定价理论产生的背景

Black-Scholes 期权定价模型将股票期权价格的主要影响因素分为:预期股票价格、交割成本、股票价格波动幅度和时间。其成功之处在于:第一,提出了风险中性(即无风险偏好)概念,且在该模型中剔除了风险偏好的相关参数,大大简化了对金融衍生工具价格的分析;第二,该模型创新地提出了可以在限定风险情况下追求更高收益的可能,创立了新的金融衍生工具——标准期权。布莱克和斯科尔斯 1971 年提出期权定价模型,1973 年在《政治经济学报》上得以发表他们的研究成果。一个月后,在美国芝加哥出现第一个期权交易市场。期权交易诞生后,许多大证券机构和投资银行都运用 Black-Scholes 期权定价模型进行交易操作,该模型在相当大的程度上影响了期权市场的发展。控制风险是 Black-Scholes 期权定价模型的重要意义之一。20 世纪 70 年代以后,随着世界经济的不断发展和一体化进程的加快,汇率和利率的波动更加频繁,变动幅度也不断加大,风险增加。控制和减小风险成为所有投资者孜孜以求的目标。Black-Scholes 定价模型提出了能够控制风险的期权,同时也为将数学应用于经济领域,创立更多的控制风险和减小风险的工具开辟了道路。Black-Scholes 定价模型指出,在一定条件下的集合行为满足一定数学规律。这种论断打破了传统的"人的行为无法定量描述"的旧观念。通过数学的定量分析，不仅投资者可更好地控制自身交易的风险，更为管理层进行风险管理、减小整个市场的风险提供了可能。由于布莱克的专业是应用数学和物理，最早从事火箭方面的研究，因此布莱克也被称为是"火箭科学向金融转移的先锋"。斯科尔斯和默顿把经济学原理应用于直接经营操作，堪为"理论联系实际"的典范。他们设计的定价公式为衍生金融商品交易市场的迅猛发展铺平了道路，也在一定程度上使衍生金融工具成为投资者良好的融资和风险防范手段，这对整个经济发展显然是有益的。

(二)期权定价模型及研究方法

期权定价模型的建立，首先是利用套利原理，即采用"无套利"分析技术。最早采用套利原理的是 Modigliani 和 Miller，他们在 1958 年发表的论文《资本成本、公司财务和投资的理论》中考虑公司的市场价值时首次利用了套利原理。其结果是企业价值相对于它的资本结构是不变的。如果这一命题不成立，则投资者在买卖股票和债券时，可以将一个收入流与另一个相互交换。尽管它们各方面都相同，但都可以用更低的价格售出。显然这种交换对风险中性的投资者是有利的，利用套利机会，过高价格的股票就会下跌，而过低价格的股票则会上涨，因此，这就消除了公司之间市场价值的不平等。

随后 1973 年 Black 和 Scholes 两人利用无套利技术，建立了基于不付红利的股票的任何一种衍生证券价格 f 必须满足的著名的 Black-Scholes 微分方程：

$$\frac{\partial f}{\partial t} + rS \frac{\partial f}{\partial S} + \frac{1}{2}\sigma^2 S^2 \frac{\partial^2 f}{\partial S^2} = rf$$

在 Black-Scholes 分析中，建立的证券组合仅在很短的时期内保持无风险状态，而且如果无套利机会，这一段短期的收益必定为无风险利率 r。

Black-Scholes 微分方程的推导中，还假设股票价格 S 遵循随机过程：$dS = \mu S dt + \sigma S dZ$，这里 μ 是股票价格的预期收益率，σ 是股票价格的波动率，Z 是布朗运动。这一假设与实际较为吻合，而且也是期权精确定价必不可少的。进行动态的描述，就需要用随机过程，因此利用概率论(包括随机过程、最优理论)来建立期权定价模型就成为必不可少的工具。

Black 和 Scholes 利用他们所推导的 Black-Schole 微分方程得到基于不付红利股票的欧式看涨期权的定价公式：

$$f = SN(d_1) - Xe^{-r(T-t)} N(d_2)$$

这里　　$d_1 = \dfrac{\ln(s/x) + (r + \sigma^2/2)(T-t)}{\sigma \sqrt{T-t}}$

$d_2 = d_1 - \sigma \sqrt{T-y}$

这一公式推导出一个风险折现因子。这一"风险折现"概念与传统的分析方法有本质的区别。传统的分析方法是在收益确定条件下进行的，对于市场环境的不确定性，采用的方法必须要在不确定分析的结果上加上"风险折现"，将其从预期收入中减去，这种投资决策才被认为是建立在收益与市场利率相比较的基础之上的。特别是对公司债券的定价，由于拖欠概率，因此要用到折现，而 $B-S$ 定价公式提出了这一折现的具体形式。

经济学中金融的一个特别领域是研究在一个不确定的环境下，隐含空间与跨时间性的经济资源的分配(allocation)和部署(deployment)，解决这些复杂的问题就需要现代数学和计算工具。事实上，近代金融的数学模型包括了概率论和最优理论中一些最好的应用。如 20 世纪五六十年代的 Markowitz，Modigliani，Miller，Sharpe，Lintner，Fama 和 Sammuelson 模型，以及 70 年代左右出现的动态组合理论（dynamic portfolio theory）、资本资产定价（capital asset pricing）和衍生证券定价（derivative-security pricing）已经用到随机微分和积分方程，随机动态规划和偏微分方程，这是一种有效的工具，至今还一直被广泛地用来建立金融中的数学模型。

五、投资行为金融理论

行为金融理论将心理学尤其是行为科学理论融入到金融学之中，从微观个体行为以及产生这种行为的心理、社会动因来解释、研究和预测证券市场的现象和问题，逐步形成了自己的理论框架，建立了行为投资决策模型。在对证券市场的大量统计研究基础之上，行为金融理论家们已获得了关于投资者投资行为的大量实证研究结论，从而为投资者提供了良好的证券投资策略。

(一)主要理论基础

1.期望理论

期望理论是行为金融理论的重要基础。Kahneman 和 Tversky(1979)通过实验对比发现，大多数投资者并非是标准金融投资者而是行为投资者，他们的行为不总是理性的，也并不总是风险回避的。期望理论认为投资者对收益的效用函数是凹函数，而对损失的效用函数是凸函数，表现为投资者在投资账面值损失时更加厌恶风险，而在投资账面值盈利时，随着收益的增加，其满足程度速度减缓。期望理论成为行为金融研究中的代表学说，利用期望理论解释了不少金融市场中的异常现象：如阿莱悖论、股价溢价之谜（equity premiumpuzzle）以及期权微笑（option smile）等，然而由于 Kahneman 和 Tversky 在期望理论中并没有给出如何确定价值函数的关键——参考点——以及价值函数的具体形式，在理论上存在缺陷，从而极大阻碍了期望理论的进一步发展。

2.行为组合理论（behavioral portfolio theory，BPT）和行为资产定价模型（behavioral asset pricing model，BAPM）

一些行为金融理论研究者认为将行为金融理论与现代金融理论完全对立起来并不恰当。将二者结合起来，对现代金融理论进行完善，正成为这些研究者的研究方向。在这方面，Statman 和 Shefrin 提出的 BPT 和 BAPM 引起金融界的注意。BPT 是在现代资产组合理论（MAPT）的基础上发展起来的。MAPT 认为投资者应该把注意力集中在整个组合，最优的组合配置处在均值方差有效前沿上。BPT 认为现实中的投资者无法做到这一点，他们实际构建的资产组合是基于对不同资产的风险程度的认识以及投资目的所形成的一种金字塔式的行为资产组合，位于金字塔各层的资产都与特定的目标和风险态度相联系，而各层之间的相关性被忽略了。BAPM 是对现代资本资产定价模型（CAPM）的扩展。与 CAPM 不同，BAPM 中的投资者被分为两类：信息交易者和噪声交易者。信息交易者是严格按 CAPM 行事的理性交易者，不会出现系统偏差；噪声交易者则不按 CAPM 行事，会犯各种认知偏差错误。两类交易者互相影响共同决定资产价格。事实上，在 BAPM 中，资本市场组合的问题仍然存在，因为均值方差有效组合会随时间而改变。

(二)投资行为模型

1. BSV 模型（Barberis，Shleffer，and Vishny，1998）

BSV 模型认为，人们进行投资决策时存在两种错误范式：其一是选择性偏差（representative bias),如投资者过分重视近期数据的变化模式,而对产生这些数据的总体特征重视不够。另一种是保守性偏差(conservation),投资者不能及时根据变化了的情况修正增加的预测模型。这两种偏差常常导致投资者产生两种错误决策:反应不足(under-reaction)和反应过度(over-reaction)。BSV 模型是从这两种偏差出发,解释投资者决策模型如何导致市场价格变化偏离效率市场假说的。反应过度和反应不足是投资者对市场信息反应的两种情况。投资者在投资决策过程中,涉及与统计有关的投资行为时,人的心理会出现扭曲推理的过程。事件的典型性将导致反应过度,而"锚定"将引起反应不足。事件的典型性是指人们通常将事情快速地分类处理。人的大脑通常将某些表面上具有相同特征而实质内容不同的东西归为一类。当事件的典型性帮助人组织和处理大量的数据、资料的时候,就会引起投资者对某些旧的信息的过度反应。

比如说在大连大豆的期货市场上,从历史数据中分析季节性因素,大豆有所谓多头合约和空头合约之分。再根据"老合约运行终止,最后往往都是跌"的经验(如 S211 和 S301),得出"期价最终应是跌"的结论。但当基本面有较大变化的时候,人们往往会由于对上述概念反应过度而忽略基本面的新变化,从而产生价格的失真(如对 S211 和 S301 价格的长期压制上)。但是,并不是说投资者不会改变他们的观点,随着时间的推移,基本面的这种变化持续下去,投资者将最终改变错误的观点。

"锚定"就是指人的大脑在解决复杂问题时往往选择一个初始参考点,然后根据获得的附加信息逐步修正答案的特性。"锚定"往往导致投资者对新的、正面的信息反应不足。比如一个训练有素的推销员同买家的谈判总是从最高价开始的,然后把价格慢慢地逐步降低。推销员的目标是把买家"锚定"在较高的价位上。

在期货市场中"锚定"经常导致期货价格的暂时性失真。例如,期货市场上突然基本面有实质性的变化(如 2002 年年初的转基因政策的宣布),但是价格并没有很快上涨到该利多因素所应该带来的幅度。投资者误认为这种利多是暂时的、局部的,并不能起实质的影响。实际上,投资者把价格"锚定"在较低的水平,投资者对利好消息对期货价格的影响"抛锚"了。当然,投资者的观点也跟事件的典型性一样,会随着时间的延长而修正。

2. DHS 模型(Daniel,Hirsheifer and Subramanyam,1998)

该模型将投资者分为有信息和无信息两类。无信息的投资者不存在判断偏差,有信息的投资者存在着过度自信和对自己所掌握的信息过分偏爱(serf-contribution)两种判断偏差。然而价格由有信息的投资者决定。过度自信导致投资者夸大自己对商品价格判断的准确性,低估市场风险,进行过度交易;而对自己所掌握的信息过分偏爱则使投资者过分偏爱自己所占有的私人信息,低估关于商品价格的公开信息。对个人信息的反应过度和对公共信息的反应不足,就会导致商品价格短期的反应过度和长期的连续回调。

当人们面对不确定时,无法做出适当的权衡,更容易出现行为认知偏差。人们往往认为近期发生的事件和最新的经验以及熟悉的东西更有把握,而选择它们,对不熟悉的行业、品种则敬而远之。如投资者总是对最近发生的事记忆犹新,人们总是对经常看的品种进行投资,并认为这些品种风险较小。人们还有"回避损失"的表现:当面对同样数量的收益和损失时,感到损失的数量更加令他们难以接受。这就是投资者在获得收益时会马上平仓,而在损失时会继续持仓的解释。人并不是一成不变的风险厌恶者或者风险追求者,面对不同的情形,人们对风险的态度也有所不同。当涉及的是收益的时候,人们表现的是风险厌恶者;而当涉及的是损失的时候,人们则表现为风险追求者。当然,过度自信并不单单影响普通投资者,对市场的专业人士也构成影响。

所以 Fama(1998)认为 DHS 模型和 BSV 模型虽然建立在不同的行为前提基础上,但二者的结论是相似的。

3. HS 模型(Hong and Stein,1999),又称统一理论模型(unified theory model)

统一理论模型区别于 BSV 和 DHS 模型之处在于:它把研究重点放在不同作用者的作用机制上,而不是作用者的认知偏差方面。该模型把作用者分为"观察消息者"和"动量交易者"两类。观察消息者根据获得的关于未来价值的信息进行预测,其局限是完全不依赖于当前或过去的价格;"动量交易者"则完全依赖于过去的价格变化,其局限是他们的预测必须是过去价格历史的简单函数。在上述假设下,该模型将反应不足和过度反应统一归结为关于基本价值信息的逐渐扩散,而不包括其他的对投资者情感刺激和流动性交易的需要。该模型认为最初由于"观察消息者"对私人信息反应不足的倾向,使得"动量交易者"力图通过套期策略来利用这一点,而这样做的结果恰好走向了另一个极端——反应过度。

4. 羊群行为模型(herd behavioral model)

该模型认为投资者羊群行为是符合最大效用准则的,是"群体压力"等情绪下贯彻的非理性行为,分为有序列型和非序列型两种模型。人类由于其社会性而存在一个非常普遍的现象:经常在一起交流的人由于互相影响,他们往往具有类似或者相近的思想。所谓羊群行为是指:由于受其他投资者采取某种投资策略的影响而采取相同的投资策略。投资者采取相同的投资策略并不一定是羊群行为,羊群行为强调对其他投资者投资决策的影响,并对他的投资结果造成影响。比如说在社会中普遍存在着信息不对称的现象,即使在信息传播高度发达的社会上,信息也是不充分的。在信息不充分的情况下,期货投资者的决策往往不完全是依据已有的信息,而是依据对其他投资者行为的模仿来进行决策,这就形成了羊群行为。

在我国期货市场中,存在着大量的打听主力动向,跟风投资的行为,或者在同一个期货公司开户的投资者往往持有相同方向的期货合约。由于羊群行为在期货市场中的广泛存在,期货价格的过度反应将是不可避免的,以致出现"涨过了头"或者"跌过了头"。这样,投资管理者可以采取相反投资策略进行短线交易,以获取过度反应向正常反应的价值回归过程的利润。另外,期货交易是一个"零和游戏"。如果除去手续费等费用,期货交易严格说来是一个"负和游戏",在这样的一个市场中,真理往往掌握在少数人手中。当市场上的大多数人认为价格应该上涨的时候,价格往往会出现转机。所以作为一个成功的期货交易者,就应该敢于做市场中的"少数人",依据自己的理性判断和客观分析,做出正确的投资决策。

(三)行为金融理论的应用

行为金融理论认为,投资者由于受信息处理能力、信息不完全、时间不足以及心理偏差的限制,将不可能立即对全部公开信息做出反应。投资者常常对"非相关信息"做出反应,其交易不是根据信息而是根据"噪音"做出的。在这种情况下,市场也就不可能是有效的。此外,行为金融理论从投资者行为入手对许多市场异常现象做出了解释,认为异常现象是一个普遍现象。这从另一方面说明市场是无效的。

投资管理者如何将行为金融理论应用于投资管理实践呢? 一方面是要了解和认识自己的认知偏差,避免决策错误;另一方面要利用其他投资者的认知偏差和判断错误,在大多数投资者意识到自己的错误之前,投资那些价格有偏差的品种,并在价格定位合理后,平仓获利。由于人类的心理和行为基本上是稳定的,因此投资管理者可以利用人们的行为偏差而长期获利。具体而言,有两种应用思路,即把行为金融理论作为投资技术或者作为投资理念,实际上不少投资者是既将其作为投资技术也将其作为投资理念混合运用的。

有些公募基金(如共同基金)直接标榜为行为金融基金,他们利用投资者的各种认知偏差和市场表现出来的价格波动异常现象,在行为金融理论指导下,利用数学工具和电脑程序来选股和操作。如美国著名的行为金融学家 Richard Thaler 和 Russell Fuller 管理着一个行为金融共同基金,其投资方法是利用投资者对信息的错误加工导致的市场非有效性来获取投资回报,采用自下而上、结合带有行为金融观念的基本分析来投资。

在过去的一年中,中国的证券投资基金,利用市场长期"炒小"、"炒新"、"炒绩差"的风气形成的定价偏差,高举"价值投资"的大旗,集中持有"中石化"、"中联通"等大盘绩优股,取得实效。

在期货市场中,各种投资失误将使投资者产生后悔的心理,对未来可能的后悔将会影响到投资者目前的决策。因此投资者总是存在推卸责任、减少后悔的倾向,"随大流"、"追涨杀跌"、"节前平仓"等从众投资行为都是力图避免后悔心态的典型决策方式。投资者必须学会客观地看待期货价格的涨跌,并严格设置好止损点。虽然投资者不可能每次都赢利,但只要赢利大于亏损,便是这个市场中的赢家。尽量使赢利扩大,而使亏损减小,才是最终的策略和目标。

另一些私募基金(如对冲基金、捐赠基金、养老基金),则是将行为金融理论作为一种投资理念,他们不像公募基金那样张扬,但是在这个应用队伍中,更不乏世界顶级的投资管理人,像 Warren Buffett,George Soros,David Swensen 等等,Buffett 的简单企业原则、Soros 的反射理论、Swensen 的资产类别原则等就是他们的投资理念的典型代表。

进入 20 世纪 80 年代以来,与现代金融理论相矛盾的实证研究不断涌现,主要体现在投资策略的改变上。如成本平均策略和时间分散化策略。成本平均策略指投资者根据不同的价格分批购买股票,以防止"不测"时摊低成本的策略;而时间分散化策略是指根据股票的风险将随着投资期限的延长而降低的理念,随着投资者年龄的增长而将股票的比例逐步减少的策略。这两个策略被认为与现代金融理论的预期效用最大化法则明显相悖。Statman(1995),Fisher,Statman(1999)利用行为金融中的期望理论、认知错误倾向、厌恶悔恨等观点对两个策略进行了解释,指出了加强自我控制的改进建议。

本章小结

本章主要对具有代表性的国际间接投资理论进行了较详细的介绍,其中包括传统的国际资本流动理论和现代国际间接投资理论。

(1)现金移动理论及费雪的国际资本流动理论是传统国际资本流动理论里两个重要的理论,是理解现代国际间接投资理论的基础。现金移动理论认为:各国之间进出口商品的价值不同,必然引起现金在各国间的移动。现金在各国间的移动又必然会调节商品进出口。现金在各国间移动的数量正好是调节进出口贸易所必需的数量。费雪的国际资本流动理论认为,在一定的假定前提下,资本从拥有生产现时商品优势的国家流向拥有生产未来商品优势的国家会使参与两国均实现比原来更高的社会效用。

(2)现代国际间接投资理论主要包括马克维茨的证券组合理论、资本资产定价理论等。马克维茨的证券组合理论解释了投资者如何衡量不同的证券投资风险;资本资产定价模型对证券价格行为、风险—报酬关系和证券风险的合适衡量等提供了强有力的说明;资产套利定价理论用于在不太严格的假定条件下分析多因素影响的证券均衡价格问题;此外还有期权定价理论及投资行为金融理论,各自在一定的市场环境里发挥重要的作用。

关键术语

现金移动理论　费雪国际资本流动理论　资本输出论　国际间接投资理论　证券组合理论　资本资产定价理论　资产套价理论　期权定价理论　投资行为金融理论

思考练习题

1. 简述现金移动理论的基本要点。
2. 费雪的国际资本流动理论的局限性何在?
3. 简述马克维茨资产选择理论关于证券投资的三个决策过程。
4. 简述资本资产定价理论的分析过程。
5. 应用期权定价理论及技术可以解决哪些方面的问题?
6. 试述行为金融理论的应用。

第五章　国际间接投资及其决定因素

本章要点

1. 国际信贷的特点与主要类型
2. 国际证券的主要类型
3. 影响国际间接投资的主要因素

第一节　国际间接投资的特点与基本类型

一、国际间接投资的含义

国际间接投资是在金融领域进行的，以实现货币增值为目标的投资活动，因此也称为金融性投资。国际间接投资主要是指在国际资本市场上，银行通过中长期贷款，个人或机构通过购买外国发行的股票、债券和证券基金等，只谋求取得股息、利息或买卖该证券的差价收益，而不取得对筹资者经营活动控制权的有价证券投资以及商业银行的国际信贷投资。

从资金提供者获得利息收入这一点来看，国际信贷和国际证券投资既有相同之处，也有很大的差别。首先，从资金融通的方式来看，国际证券投资的资金提供者和资金筹集者是双方直接发生联系，对筹资者来说，是一种直接融资；而国际信贷往往是以存款等方式将资金交给银行等金融机构，再由后者以贷款方式借给资金筹集者，对筹资者来说，是一种间接融资方式。其次，国际证券投资有活跃的二级市场，投资者之间可以自由地在市场上转让所持的证券；而国际信贷的债权人则很难甚至不可能将债权转让出去。

二、国际信贷投资

(一)国际信贷投资的内涵与特点

国际信贷(international credit)，是指国际间资金的借贷活动，是一国的银行、其他金融机构、政府、公司企业以及国际金融机构，在国际金融市场上向另一国的银行、其他金融机构、政府、公司企业以及国际机构提供的贷款。

国际信贷是随着借贷资本的国际化而产生的，是全世界范围内进行的借贷资本的活动，反映了国家之间借贷资本的流动情况。它产生于自由资本主义时期，在第一次世界大战前，资本输出主要表现为借贷资本的输出。20世纪30年代的世界性经济危机导致国际信贷关系混乱，新的国际投资终止。第二次世界大战后，随着欧洲货币市场的形成，大大推动了国际信贷的发展。目前，国际信贷已是国际间接投资的组成部分之一，成为推动世界经济发展的重要动力，成为各国促进经济发展行之有效的方法。

当今的国际信贷,其主要特点可以概括为:

1. 规模大,分布广

从欧洲货币市场的增长速度,可以间接看到国际信贷规模的增长速度。从地域分布看,国际信贷活动遍布世界各地,但大致可以分为五个区域:西欧地区、加勒比海和中美洲地区、中东地区、东亚地区以及美国。

2. 资金流动的多向性

当代国际信贷的另一个特点是资金流动多方向化,原来信贷资金一般由发达国家流向发展中国家,而当前资金流动已是全球性的。发达国家之间的信贷往来频繁,发展中国家之间也在相互融通资金,从而使资金流动互相交叉,错综复杂。

3. 货币种类增加

目前世界上150多种货币(纸币)中,有40多个国家的货币可以自由兑换。因而,国际信贷可以借助于这40多个国家的纸币来进行,其中经常使用的有十余种。此外,还出现了执行货币职能的特殊符号:即所谓复合货币(compound currency),如特别提款权(SDRs)和欧洲货币单位(ECU,又称埃居),复合货币有时也被用于借贷业务中。

4. 借贷的形式多样化

二战后,国际信贷形式呈现多样化的态势,其中,国际金融组织、银团,以及各国政府的对外援助性贷款的形式发展尤为迅速。

(二)国际信贷投资的主要类型

国际信贷投资的分类方法较多,一般而言,主要有以下几种:

1. 按国际信贷的资金来源与性质划分

按资金的来源与性质划分,国际信贷可分为政府贷款、国际金融组织贷款、国际银行贷款,以及联合贷款、混合贷款等。这是最通常的分类方法。政府贷款,指两国政府间签订的优惠性财政资金贷款,多数为建设项目贷款;国际金融组织贷款,指从事国际金融业务的机构向贷款国(一般是成员国)提供的贷款(co-financing);国际银行贷款是指商业银行与世界性、区域性国际金融组织,以及各国设立的发展基金、对外经济援助机构共同联合起来向某一国家提供资金的一种形式;混合贷款,通常是指把出口信贷和政府援助、捐赠、贷款结合起来的一种贷款,使用这种贷款的目的是在增进双方合作的同时,推动本国商品或劳务的出口。

2. 按国际信贷的利率划分

按利率的有无划分,国际信贷可分为计息贷款和无息贷款。计息贷款中又包括高息贷款、中息贷款和低息贷款。一般商业银行的利息较高,而政府的赠款、贷款则是无息或低息的优惠性贷款。

3. 按国际信贷的借款和还款方式划分

按借款和还款的方式划分,国际信贷包括自借自还贷款、统借统还贷款、统借自还贷款。自借自还贷款,是指资金使用者自己借款、自己到期还本付息的贷款;统借统还贷款,是指由一国政府统一对外借款,国家集中或分散至企业等用款单位使用,到期由政府负责偿还的贷款;统借自还贷款,指由政府统一办理借款,然后将资金分拨到各企业用款单位使用,偿还本息时,由具体使用贷款者负责。

4. 按国际信贷资金的特定用途划分

按信贷资金的特定用途划分,国际信贷资金可分为项目贷款(project financing)、出口信贷(export credit)、福费廷(forfeiting)和承购应收账款(factoring)等。其中,后三种形式的贷款是适应对外贸易的发展而出现的。项目贷款是用于某一特定工程项目的贷款,一般在偿还本息时使用由该工程项目所取得的收益,其资金来源有国际金融市场、国际金融机构、各国政府等;出口信贷是指一国政府为鼓励本国商品的出口,以对贷款利息进行某种方式的补贴的办法降低对本国的出口商或他国进口商的贷款利率的一种优惠性融资方式,它主要有两种形式:由出口方银行向出口商提供的卖方信贷(supplier's credit)和由出口方银行向进口商或进口方银行提供的买方信贷(buyer's credit);"福费廷"又称"买断",是指一个票据持有者将其未来应收债券转让给第三方(福费廷融资商)以换取资金,在转让完成后,若此票据期满不能兑现,福费廷融资商无权向出口商追索。

5.按国际信贷的期限划分

按信贷期限的长短划分,国际信贷通常划分为短期、中期和长期三种。短期贷款的期限一般不超过一年,主要用于原料、半成品、消费品、农产品的国际贸易;中期贷款的期限为1年以上,多为2~5年;长期贷款多长达10~20年,有时甚至达40~50年。中期、长期信贷一般适用于重型设备、建筑工程等的国际贸易。

三、国际证券投资

(一)国际证券投资的含义

证券,是有价证券的简称,是用来证明证券持有人可以按照证券所规定的内容,取得相应权益的一种金融资产和法律凭证。广义的有价证券主要包括商品证券、货币证券和资本证券三类。商品证券是证明持有人有商品所有权或使用权的凭证,取得这种证券就等于取得这种商品的所有权或使用权,而持有人对证券所代表的商品的相应权利受法律保护,提货单、运货单、仓库栈单等都属于这种类别的证券;货币证券是指本身能使持有人或第三者取得货币索取权的有价证券,它主要包括商业证券(商业汇票和商业本票)和银行证券(银行汇票、银行本票和支票)两大类;资本证券是指由金融投资或与金融投资有直接联系的活动而产生的证券,持有人有一定的收入请求权,它包括股票、债券、基金证券及其衍生品种如金融期货、可转换证券等,这是证券的主要形式。狭义的有价证券即指资本证券,在日常生活中人们通常把狭义的证券——资本证券——直接称为证券。

有价证券具有五个基本属性:

1.收益性

有价证券的收益性是指持有证券本身可以获得一定数额的收益,这是投资者转让资本使用权的回报。证券代表的是对一定数额的某种特定资产的所有权,而资产是一种特殊的价值,它要在社会经济运行中不断运动、不断增值,最终形成高于原始投入价值的价值。由于这种资产的所有权属于证券投资者,投资者持有证券也就同时拥有取得这部分资产增值收益的权利,因此,证券本身具有收益性。有价证券的收益表现为利息收入、红利收入和买卖证券的差价。收益的多少通常则取决于该资产增值数额的多少和证券市场的供求状况。

2.风险性

证券的风险性是指证券持有者面临着预期投资收益不能实现,甚至使本金也受到损失的可能。这是由未来经济状况的不确定性所导致的。在现有的社会生产条件下,未来经济的发展变化有些是投资者可以预测的,而有些则无法预测,因此,投资者难以确定他所持有的证券将来能否取得收益和能获得多少收益,从而就使持有证券具有风险。

3. 产权性

证券的产权性是指有价证券代表着证券持有人一定的财产所有权,拥有证券就意味着享有财产的占有、使用、收益和处置的权利。在现代经济社会里,财产权利和证券已密不可分,证券已成为财产权利的一般形式,虽然证券持有人并不实际占有财产,但可以通过持有证券,拥有有关财产的所有权或债权。

4. 变现性

变现性是指证券持有人可按自己的需要灵活地转让证券以换取现金。变现性是证券的生命力所在,它不但可以使证券持有人随时把证券转变为现金,而且还可使持有人根据自己的偏好来选择持有证券的种类。同时,证券的变现性本身也是构成证券价值的一部分,代表对同一资产的相同权利的两种变现性不同的有价证券,其市场价值之间必然存在一定的差距,如在我国证券市场上,流通股价值要远大于对应的非流通股价值,其本质区别就在于两者的变现性不同。

所谓国际证券,是相对于国内证券而言的。国内证券的发行和流通仅限于一国的国内市场,证券的发行者和投资者大都属于同一个国家。而国际证券则是指所有以某种国际通货为面额货币,在发行者所在国以外的市场发行和交易的证券。二者在发行和流通方式上存在一些差异,但从证券本身的性质和基本类别来看,国际证券与国内证券之间并没有根本的差别。

国际证券投资的类型具体包括:国际股票投资、国际债券投资、证券投资基金投资以及衍生证券的投资。

(二)国际股票投资

1. 国际股票的含义

股票是股份公司发行的、用以证明股东所有权益的有价证券,它既是持有者拥有公司相应所有权的凭证,也是持有者拥有剩余分配权的凭证。股票的产生原本是一国企业为扩大再生产而向社会募集资金的产物,但当企业的社会化大生产向国际范围扩展时,股票的发行与流通也就超越了地理的限制,国际股票由此产生。

国际股票,是指世界各国大企业按照有关规定在国际证券市场上发行和交易的股票。这些公司往往是信誉卓著、实力雄厚的跨国公司。

发行国际股票的动机大致有四点:第一,国际股票可以在更具深度和广度的国际资本市场上筹集资金。随着国际股票市场的发展和完善,各国企业可以在全球范围内实现募集股本资金多样化,降低筹资成本。第二,发行国际股票能够扩大投资者的分布范围,分散股权。这不仅可以提高公司股票的流动性,有利于股价的稳定和提高,而且还可以减弱国内机构投资者的控制。第三,发行国际股票可在世界范围内提高公司的知名度,从而有利于企业未来的发展。第四,满足跨国购并发展的需要。

需要指出的是,国际股票并不像国际债券一样专门在国际上发行,其国际性是因某国公司股票由外国投资者购买而得名。某国公司的股票被称为国际股票有两种情况:①该公司股票在另一国或另外几个国家的证券市场上挂牌上市,由外国投资者购买;②该公司股票只在其国内上市,但是其中部分或全部由该国的非居民购买,例如中国的B股。

随着世界经济的发展,越来越多的公司开始在国际股票市场上通过发行股票筹集资金,尤其是一些发展中国家公司的国际股票开始崭露头角,并吸引了众多的国际投资者。

2. 国际股票的性质

国际股票与国内股票相似,其一般也具有以下性质:

(1)股票不是设权证券。所谓设权证券是指某种证券所代表的权利本身并不存在,而是随证券的出现而产生的,权利的发生是以证券的制作与出现为前提的。股票只是一种表明已发生股权的证券,股票的发行以股份的存在为前提条件,是一种主权证券,其作用不过是证明股东的权利,而不是创造股东的权利,所以股票不像一般的票据,不是设权证券。

(2)股票是要式证券。股票应记载一定的事项,须由三个以上的董事签名盖章并经由主管机关或其核定发行登记机构批准后才发行,如缺少这些要件,股票即告失效。

(3)股票是有价证券。股票与其代表的股东权利有不可分离的关系,股东权利的转让应与股票的占有转移同时进行,二者缺一不可。

(4)股票不是物权及债权证券。股东虽然是企业部分财产的所有人,享有企业的种种权利,但对于公司的财产不能直接支配处理。当投资者购买股票时,他即刻变成公司部分财产的所有人,是公司内部的构成分子,而不是与公司对立的债权人。因此,股票不是债权证券,其持有人不具有对公司财产直接支配处理的物权证券特征。

3. 国际股票的基本特征

国际股票不仅与国内股票的性质相似,其特征也大致相同:

(1)责权性。股票持有者具有参与股份公司赢利分配和承担有限责任的权利和义务。根据公司法的规定,股票的持有者就是股份有限公司的股东,他有权或通过其代理人出席股东大会、选举董事会并参与公司的经营决策。股东权力的大小,取决于占有股票的多少。持有股票的股东一般有参加公司股东大会的权利,具有投票权,这在一定意义上亦可看作具有经营权;股东亦有参与公司赢利分配的权力,称之为利益分配权;股东具有向公司领取股息的索偿权。股东的责任权表现在当公司解散或破产时,股东需向公司承担有限责任,即按其所持有的股份比例对债权人承担清偿债务的有限责任。

(2)不可返还性。股票是一种永久证券,一经购买,投资者不能中途将股金抽回,股东要想收回投资,只能在流通市场上将股票转卖给他人。股票的这一特性,为企业资产的完整和稳健经营提供了有力保障。

(3)风险性。任何一种投资都是有风险的,股票投资也不例外。股票投资的风险性,主要表现为不能获取预期回报或者造成无法预料的投资本金损失。股票投资的风险性主要反映在股票价格的波动上,股票作为交易对象,同一般商品一样有着自己的价格。股票价格除了受制于企业的经营状况之外,还受经济、政治、社会等诸多因素的影响,处于不断变化之中,大起大落的现象时有发生。股票市场上的价格波动虽然不会影响上市公司的经营业绩,但会影响股息与红利,股票的贬值会使投资者蒙受部分损失。

(4)流通性。股票作为资本证券,虽不能中途返还,但可以转让、抵押和买卖流通,即在股票交易市场可随时出售变现,股票的流通性可以促进社会资金的合理配置和高效利用。

(5)股票价格和股票面值的不一致性。股票作为交易对象,有自己的市场交易价格,交易价格不受其票面价值的制约。股票价格的高低不仅与公司的经营状况和赢利水平密切相关,而且还受国内外经济、政治、社会、心理等诸多因素的影响。所以,股票价格经常变化不定,有时还大起大落,很难与票面价值一致。

(三)国际债券投资

1.国际债券的概念

债券作为一种金融投资工具,本质上是一种债权和债务关系的凭证,是筹资者(债务人)向投资者(债权人)借款而公开发行并保证在债券发行后按照合同约定偿付本金的契约关系。

国际债券是一国政府、金融机构、工商企业或国家组织为筹措和融通资金,在国外金融市场上发行的,以外国货币为面值的债券。

20世纪初,债券的发行和流通超出国界并形成了现代意义上的国际债券。在某种意义上,国际债券可以理解为国内债券的延伸,是直接融资跨越了国境,从国内市场走向国际市场的结果。纵观60年代以来国际债券市场的活动情况,发行国际债券的目的主要有:①弥补一国的国际收支逆差;②吸收外币资金以补充国内预算资金的不足;③为一国大型和特大型工程建设筹集资金,并分散其风险;④为某些国际组织筹集资金以支持其活动;⑤为大型工商企业和跨国公司增加经营资本。

2.国际债券的特征

国际债券是一种跨国界发行的债券,同国内债券相比,具有一定的特殊性:

(1)资金来源广。国际债券是在国际证券市场上筹资,发行对象为众多国家的投资者,因此,其资金来源比国内债券要广泛得多,通过发行国际债券,可以使发行人灵活和充分地为其建设项目和其他需要提供资金。

(2)发行规模大。发行国际债券,规模一般都较大,这是因为举借这种债务的目的之一就是要利用国际证券市场资金来源的广泛性和充足性。同时,由于发行人进入国际债券市场必须由国际性的资信评估机构进行债券信用级别评定,只有高信誉的发行人才能顺利地进行筹资,因此,在发行人资信状况得到充分肯定的情况下,巨额借债才有可能实现。

(3)存在汇率风险。发行国内债券,筹集和还本付息的资金都是本国货币,所以不存在汇率风险。发行国际债券,筹集到的资金是外国货币,汇率一旦发生波动,发行人和投资者都有可能蒙受意外损失或获取意外收益,因此,国际债券很重要的一部分风险是汇率风险。

(4)有国家主权保障。在国际债券市场上筹集资金,有时可以得到一个主权国家政府最终付款的承诺保证,若得到这样的承诺保证,各个国际债券市场都愿意向该国开放,这也使得国际债券市场具有较高的安全性。当然,代表国家主权的政府也要对本国发行人在国际债券市场上借债进行检查和控制。

(5)以自由兑换货币作为计量货币。国际债券在国际市场上发行,因此其计价货币往往是国际通用货币,一般以美元、英镑、欧元、日元和瑞士法郎为主,这样,发行人筹集到的资金是一种可以通用的自由外汇资金。

3.国际债券构成的基本要素

国际债券与国内债券在基本要素构成上是相似的,都由以下几部分组成:

(1)债务人与债权人。债务人筹措所需资金,按法定程序发行债券,取得一定时期资金的使用权及由此而带来的利益,同时又承担着举债的风险和义务,按期还本付息。债权人定期转让资金的使用权,有依法或按合同约定取得利息和到期收回本金的权利。

(2)债券的票面价值。债券要注明面值和币种。

(3)债券的价格。债券是一种可以买卖的有价证券,它的价格从理论上讲是由面值、收益和供求决定的。

（4）还本期限。债券的特点是要按原来的规定，期满归还本金。

（5）票面利率。债券要按照规定的利率定期支付利息，利率主要由双方按法规和资本市场情况进行协商后确定下来，共同遵守。

（6）付息频率。这是指一年内支付利息的次数。

（四）证券投资基金投资

1.证券投资基金的产生与发展

证券投资基金（以下简称"基金"），是指一种利益共享、风险共担的集合证券投资方式，即通过发行基金单位，集中投资者的资金，由基金托管人托管，由基金管理人管理和运用资金，从事股票、债券等金融工具投资，并将投资收益按基金投资者的投资比例进行分配的一种间接投资方式。各国对其称谓不尽相同，如美国称"共同基金"，英国和中国香港地区称"单位信托基金"，日本和中国台湾则称"证券投资信托基金"。

证券投资基金自产生以来已有一百多年的历史。它起源于 19 世纪 60 年代的英国，盛行于美国，二战以后，遍布日本、法国、德国、我国香港和台湾等国家或地区，目前已成为发达国家和地区最受欢迎和发展迅速的一种金融商品。迄今为止，它大致经历了产生、发展、成熟三个阶段。

1868 年至 1920 年是证券投资基金的产生阶段。19 世纪 60 年代，随着第一次产业革命的成功与大规模的海外扩张，英国成为全球最富裕的国家，它的工业总产值占世界工业总产值的三分之一以上，国际贸易额占世界总贸易额的 25％。因此，英国的国民收入大幅增加、居民储蓄迅猛增长，国内资金过剩，投资收益率不断下降。与此同时，美国、德国、法国等国家正开始进行工业革命，需要大量的资金支持，在这种背景下，英国政府为了提高国内投资者的收益，以实现资本的保值与增值，出面组织了由专业人士管理运作的以投资美国、欧洲及殖民地国家证券为主要对象的"外国和殖民地政府信托投资"基金。它标志着证券投资基金开始起步。

1921 年至 20 世纪 70 年代是证券投资基金的发展阶段。经过 19 世纪 70 年代到 20 世纪初的 30 多年历程，美国经济空前繁荣，国民收入剧增，超过英国居世界第一位。在此背景下，英国投资基金这种信用形式传入了美国。1921 年 4 月，美国设立了第一家证券投资基金组织：美国国际证券信托基金。这标志着证券投资基金发展的"英国时代"的结束而"美国时代"的开始。

1924 年 3 月 21 日，在波士顿又成立了被认为是真正具有现代面貌的投资基金，即马萨诸塞投资信托基金（Massachusetts Investment Trust）。同以前的基金相比，该基金的特殊性在于基金公司必须按基金净值持续地出售股份给投资者或随时准备让投资者赎回其发行在外的股份，因此它被认为是开放型投资基金的始祖。第二次世界大战之后，随着美国《投资公司法》（1940）的问世，投资基金逐渐活跃，基金规模也逐年上升。1940 年美国仅有证券投资基金 68 只，资产总值达 4.48 亿美元，到 1979 年证券投资基金数量已经发展到 524 只，资产总值达 945.11 亿美元。

进入 20 世纪 80 年代，世界经济和金融市场全球化进程加快，为投资基金在全球范围内的广泛传播创造了条件。投资基金在世界各国或地区都得到了一定的发展，除了纽约、巴黎之外，东京、香港也成为国际基金管理中心，这标志着投资基金进入了成熟阶段和全球化发展阶段。成熟在这里包含三层含义：一是证券投资基金在整个金融市场中占有了重要的地位；二是证券投资基金成为一种国际化现象；三是证券投资基金在金融创新中得到了快速的发展，有力地促进了金融运行机制的创新。

一百多年来,随着社会经济的发展,世界基金产业从无到有,从小到大,尤其是 20 世纪 70 年代以来,随着世界投资规模的剧增,现代金融业的创新,品种繁多、名目各异的基金不断涌现,形成了一个庞大的产业。目前,基金业已经与银行业、证券业、保险业并驾齐驱,成为现代金融体系的四大支柱之一。

2.证券投资基金投资的特点

证券投资基金投资之所以在许多国家受到投资者的广泛欢迎,发展迅速,是与证券投资基金本身的特点分不开的。作为一种成效卓著的现代化投资工具,其所具有的特点是十分明显的。

(1)专家理财。投资基金是一种投资工具,投资于投资基金就是依靠专业化的基金经理和投资顾问进行,他们掌握了最新的经济发展形势、国内外市场的最新发展动态以及上市公司的经营状况等信息,经过认真分析和对证券市场总体走势进行预测后作出投资决策,因此投资失误率相对较低,长期投资回报率较为稳定。美国市场上的各种基金的长期平均回报率超过 10%,有的投资公司甚至超过 20%。

(2)风险较小。投资基金公司为了减少风险,往往对基金投资进行组合投资。投资组合一般是指债券与股票等有价证券的组合,主要包括上市公司或未上市公司的股票、股票凭证、新股认购权证、政府债券、地方债券、公司债券、金融债券等,个别国家也允许利用部分资金用于房地产业的投资。理想的投资组合一般是选择 15～25 种证券,购买各种证券的数量也有一个适当的比例。这种方式大大降低了投资风险,提高了投资的安全系数。

(3)管理和运作法制化。世界各国都颁布了有关投资基金的管理和运作的法规,对投资基金的设立、管理和运作做了严格的限定。投资基金在设立之初,要公布投资方针(如稳健型还是积极进取型)和分配方式;在运作过程中要定期公布基金净值,持有证券的比例、投资组合等。在投资基金的资产安全性上,多数国家规定,投资基金的经营机构由基金公司、基金管理公司进行管理投资运作;基金资产独立于基金托管人和基金管理人的资产,托管人与管理人在行政上和财务上相互独立,高级管理人员不得在对方兼任任何职务。此外,还规定了每个基金投资于股票和债券的比例。

(4)选择性强,适合各类投资者。在发达的西方国家证券市场上,投资基金的种类众多,涉及一切投资领域。因此,投资者对投资基金有很大的选择性。对于不愿冒大风险的稳健型投资者来说,可选择购买债券基金、货币基金、优先股基金、后蓝筹股基金等;对敢冒风险追求高收益的投资者,可选择购买期货基金、杠杆基金或认股权基金等。无论哪类投资者根据国内外经济和市场形势,既可选择国家基金,也可通过本国的基金管理公司购买国际基金和海外基金。由于投资是以基金单位为认购单位,认购多少可视投资者的自身实力而定,因而说投资基金既适合资金雄厚的大投资者,也适合资金较少的中小投资者。

(5)交易成本低。在当前国际基金市场竞争日趋激烈的情况下,基金公司除了加强管理和服务之外,还不断降低管理费和购买手续费,而且很多国家投资基金的买卖还免交印花税。基金的管理费一般一年交纳基金净资产的 1%～1.5%,购买费一般一次性交纳 3%～5%,持有基金的第一年交纳 6.5%,从第二年开始每年只需交 1%～1.5%。

投资基金的上述特点决定了投资基金可以有效地降低投资的盲目性,提高收益的稳定性,且收益一般会高于储蓄和购买债券的投资方式,使基金本身越来越成为投资者普遍喜欢的投资工具。但它并非是十全十美的。虽然在实际运作中采用组合投资,降低了风险,但也限制了投资者的收益;由于一次性交纳购买费,这就使投资基金只适合长线投资,不适合短线炒作,投资者若频繁买卖基金,则成本很高。此外,投资基金采用的组合投资虽然将风险降低到最小,但也不是零风险,市场风险、预测风险以及管理风险都客观存在。投资基金与其他投资方式一样,是一种收益与风险并存的投资方式。

　　4. 证券投资基金的作用

　　(1)基金为中小投资者拓宽了投资渠道。对中小投资者来说,投资渠道有存款、债券、保险、信托、股票和基金等。存款和债券风险较低,但收益率相对低。保险的作用主要是保障作用,作为投资品种还略显单薄。信托起点较高,一般投资者不能满足。股票投资要求投资者具有一定的判断能力和股票的甄选能力,而中小投资者大多不具备此能力,因此中小投资者投资股票的风险相对较高。而证券投资基金的设立,把众多投资者的小额资金汇集起来进行组合投资,由专家来管理和运作,经营稳定,收益可观,可以说是专门为中小投资者设计的间接投资工具,大大拓宽了中小投资者的投资渠道。

　　(2)基金通过把储蓄转化为投资,有力地促进了产业发展和经济增长。基金吸收社会上的闲散资金,为企业在证券市场上筹集资金创造了良好的融资环境,实际上起到了把储蓄资金转化为生产资金的作用。这种把储蓄转化为投资的机制为产业发展和经济增长提供了重要的资金来源,而且,随着基金的发展壮大,这种作用越来越大。

　　(3)有利于证券市场的稳定和发展。证券市场的稳定与否同市场的投资者结构密切相关。基金的出现和发展,能有效地改善证券市场的投资者结构,成为稳定市场的中坚力量。基金由专业投资人士来经营管理,其投资经验比较丰富,信息资料齐备,分析手段较为先进,投资行为相对理性,客观上能起到稳定市场的作用。同时,基金一般注重资本的长期增长,多采取长期的投资行为,较少在证券市场上频繁进出,能减少证券市场的波动。另外,基金作为一种主要投资于证券的金融工具,它的出现和发展增加了证券市场的投资品种,扩大了证券市场的交易规模,起到了丰富和活跃证券市场的作用。随着基金的发展壮大,它已成为推动证券市场发展的重要动力。

　　(4)有利于证券市场的国际化。很多发展中国家对开放本国证券市场持谨慎态度,在这种情况下,与外国合作组建基金,逐步、有序地引进外国资本投资于本国证券市场,不失为一个明智的选择。与直接向投资者开放证券市场相比,这种方式使监管当局能较好地控制利用外资的规模和开放市场的程度。

(五)衍生证券投资

　　1. 衍生证券的概念和特征

　　衍生证券(derivative security),是20世纪七八十年代全球金融创新浪潮中的高科技产品,它是在基础证券的基础上衍生出来的,通过预测股价、利率、汇率等未来行情走势,采用支付少量保证金或权利金,签订远期合同或互换不同金融商品等交易形式的新兴金融工具。基础证券可以是货币、外汇、债券、股票等金融资产,也可以是金融资产的价格。衍生证券的首要功能是把投资于基础证券的亏损风险控制在投资人愿意接受的限度内而将其余的风险转让给衍生证券交易的另一方。

　　衍生证券一般具有以下基本特征:

　　(1)跨期交易。衍生证券是交易双方通过对利率、汇率、股价等因素变动趋势的预测,约定在未来某一时间按照一定条件进行交易或选择是否交易的合约。无论是哪一种衍生证券,都涉及未来某一时间金融资产的转移,跨期交易的特点十分突出,这就要求交易双方对利率、汇率、股价等价格因素的未来变动趋势做出判断,而其判断的准确与否直接决定了其在交易中的成败。

(2)杠杆效应。衍生证券交易一般只需要支付少量的保证金或权利金就可签订远期大额合约或互换不同的金融工具。例如,期货交易保证金通常是合约金额的5%,也就是说,期货投资者可以控制20倍于所投资金额的合约资产,实现以小博大。当然,这在提高了投资者资金利用率的同时,也使投资风险倍增。

(3)不确定性和高风险。衍生证券交易的成败有赖于投资者对未来市场价格的预测和判断。基础证券价格的变幻莫测,决定了衍生证券交易盈亏的不稳定性,也成为衍生证券交易高风险性的重要诱因。衍生证券的风险性不仅仅在于金融工具的不确定性,它还伴随着以下几种风险:①交易中对方违约,没有履行所作承诺而造成损失的信贷风险;②因资产或指数价格不利变动而可能带来损失的市场风险;③因市场缺乏交易对手而导致投资者不能平仓或变现所带来的流动性风险;④因交易对手无法按时付款或交割而可能带来的结算风险;⑤因交易或管理人员的人为错误或系统故障、控制失灵而造成的运作风险;⑥因合约不符合所在国法律,无法履行或合约条款遗漏及模糊而导致的法律风险。

(4)设计灵活,种类繁多。衍生证券具有很大的灵活性,可以满足各种偏好投资者的不同需要。如在初级衍生证券的基础上可构造出"再衍生证券"。在国外,专门从事衍生证券品种开发的投资银行家被称作"火箭科学家",他们设计出的许多衍生证券的性能极为复杂,往往令金融业内人士也难以理解。

2. 衍生证券的功能

(1)套期保值(hedging),也称"抵补保值"或"海琴"。套期保值这一术语,最初是指商品期货市场买进或卖出一笔期货商品,以抵补现货商品之缺,使其不受该商品价格变动的影响,后来这个术语扩展用于外汇市场。套期是外汇市场上重要的交易活动,它使各国货币利率和汇率在期限结构上形成一种有机联系,两者互相影响、制约,推动了国际金融市场的一体化。

(2)投机(speculation)。一般是指一种在预测价格将要上升时先买后卖,在预测价格要下跌时先卖后买以赚取利润的行为。衍生证券除了用于规避风险外,客观上也能成为一种投机者投机获利的工具。在国际金融市场上的投机活动属于一种正常的交易行为,有其存在的必要性和合理性,投机者的行为分散了市场集中的风险,为市场注入了活力,提高了市场运作效率,使避险者能轻易地在这个市场上转移风险。但是,过度的投机容易扰乱金融秩序,引起金融市场的动荡和不安。

3. 衍生证券的产生和发展

(1)衍生证券产生的最基本原因是避险。20世纪70年代以来,随着美元的不断贬值,布雷顿森林体系崩溃,国际货币制度由固定汇率制走向浮动汇率制。1973年和1978年两次石油危机使西方国家经济陷于滞胀,为对付通货膨胀,美国不得不运用利率工具,这又使金融市场的利率剧烈波动。利率的升降会引起证券价格的反方向变化,并直接影响投资者的收益。面对利市、汇市、债市、股市发生的前所未有的波动,市场风险急剧放大,迫使商业银行、投资机构、企业寻找可以回避市场风险、进行套期保值的金融工具,金融期货、期权等衍生证券便应运而生。

（2）20世纪80年代以来的金融自由化进一步推动了衍生证券的发展。所谓金融自由化，是指政府或有关监管当局对限制金融体系的现行法令、规则、条例以及行政管制予以取消或放松，以形成一个较宽松、自由、更符合市场运行机制的新的金融体制。金融自由化主要体现在两个方面：一是利率自由化。放宽或取消贷款机构的最高利率限制。二是金融业务自由化。逐步放松各种金融机构业务范围的限制，允许多种金融机构业务交叉，在金融市场上开展自由竞争。

金融自由化一方面使利率、汇率、股价的波动更加频繁、剧烈，使得投资者迫切需要可以回避市场风险的工具；另一方面，金融自由化促进了金融竞争，由于允许各金融机构业务交叉、相互渗透，多元化的金融机构纷纷出现，直接或迂回地夺走了银行业的很大一块阵地。再加上银行业本身业务向多功能、综合化方向发展，同业竞争激烈，存贷利差趋于缩小，不得不寻找新的收益来源，改变以存贷款业务为主的传统经营方式，衍生证券视作了未来的新增长点。

（3）金融机构的利润驱动是衍生证券产生和迅速发展的又一重要原因。金融机构通过衍生证券的设计开发，以及担任中介，显著地推进了衍生证券的发展。金融中介机构积极参与衍生证券的发展主要有两个方面原因：一是在金融机构的资产负债管理背景下，衍生证券业务属于表外业务，既不影响资产负债表状况，又能带来手续费等项收入。二是金融机构可以利用自身在衍生证券方面的优势，直接进行自营交易，扩大利润来源。为此，衍生证券市场吸引了为数众多的金融机构。

（4）新技术革命为衍生证券的产生与发展提供了物质基础与手段。以电子计算机为代表的新技术革命，在20世纪70年代以后迅速发展。通讯技术和计算机信息处理技术的发展，为衍生证券的发展提供了坚实的技术支持。技术的进步，使大量信息的处理与传播变得十分便捷。这一方面打破了银行业垄断金融信息的局面，大幅度降低了市场交易成本；另一方面扩大了金融工具的交易范围并突破了地域性限制，使全国乃至全球金融市场连为一体，促使投资者的交易得以迅速抛补，市场运作更具效率。

第二节　国际间接投资的决定因素与发展趋势

一、影响国际间接投资决策的因素

影响国际间接投资的因素是多方面的，主要有利率、汇率、风险性、受援国的偿债能力及政治因素等。

（一）利率

利率是决定国际间接投资流向的主要经济因素。一般情况下，国际间接投资的资本总是从利率低的国家流向利率高的国家。这是金融市场自发调节作用机制决定的。例如，20世纪70年代末以来，美国为了缓和国内资金短缺矛盾，长期采取高利率政策，吸引外资流入美国。80年代后期，为了制止美元贬值日元升值所导致的大量日本资金涌入美国金融市场，又一度降低利率，阻止外资过度流入。

（二）汇率

汇率的升降变化及其稳定性对间接投资的影响较大。一个国家的货币用另一个国家的货币来表示的价格，即为汇率。换句话说，汇率就是两种货币之间的交换比率。世界上大多数国家都采用直接标价法，即以一定外币单位作为标准需多少本币表示的汇价的方法。如果外币价上升,则需要比原先更多的本国货币才能换一定数量的外币,这表明本国货币的币值下降,外汇汇率上升。在这种情况下,若其他条件不变,汇率上升必然增加外国对本国货币的需求,促使本国资本流出,增加本国的国际投资。相反,汇率如果下降,将减少外国对本国货币的需求,恶化本国的间接国际投资环境。作为一个投资者,总是将资金投入到汇率高、汇率稳定的国家。正因为如此,世界上许多国家通过不断制定和调整汇率政策,来限制或鼓励资本的流入和流出。

(三)风险性

风险因素也是影响国际间接投资的一个重要因素。对每一个国际投资者来说,在国际投资时都要对风险因素加以分析,比较在同样收益率的情况下风险的大小,最终确定风险较小的债权投资。

第二次世界大战后,国际间接投资的规模日益加大,对投资风险的分析和估算也更为重要。目前,国际金融组织和美国的一些跨国银行都有各自的预测风险方法。20世纪80年代以来,发达资本主义国家对发展中国家投资增长速度明显趋缓的重要原因,就是发展中国家债务过重、投资环境恶化、国际间接投资风险增大。

(四)各国偿债能力的差别

偿债能力对国际间接投资有重要影响。偿债能力取决于一国的经济状况,经济发展水平不同的国家具有不同的偿债能力。发达国家的经济发展水平高,有较多的外汇储备,偿债能力就强,因而能吸引大量的国际间接投资。而处于发展中的国家和地区,经济发展水平较低,偿债能力不足,吸收国际间接投资的能力就弱。近年来,国际债务危机愈演愈烈,发展中国家的债务负担越来越重,偿债能力普遍下降,进一步影响国际间接投资的流入。发达国家与发展中国家的差距仍在不断扩大。

二、影响国际间接投资场所选择的因素

影响国际证券投资场所选择的因素主要有以下几个:

(一)市场开放度

市场开放度是影响国际投资者决策的首要因素,国际投资者总是选择开放度高的场所。经济环境和社会历史条件不同,各国对证券市场的开放度也因国情不同而不同,并非所有国家的证券市场都允许外国投资者进入。

(二)市场管理体制

市场管理体制也就是对国际证券市场管理所建立的一整套组织机构、法律规章及其运转和执行机制的有机系统。这一系统因为其广泛的制约性和非随意性,从而对证券交易有重大而深远的影响,最终影响了投资者对市场的选择。投资者往往选择管理约束机制强,管理有一定成效的证券市场。证券市场的管理体制从其运转机制来分,大致可分为四种类型:

1. 干预性管理体制

这种管理体制指的是立法比较周密、管理相对集中、侧重完善管理、有专门的管理机构的体制,其各级管理机构制订了各种措施来保护投资者的利益。实行这种管理体制的主要以美国为代表。

2. 自律式监管体制

这种管理体制指的是立法较松弛,管理以自律为主,着重形式管理,且无专门的管理机构

的体制。这种体制主要以英国为代表。在英国,证券市场的实际管理主要是由证券交易所来承担,此外还有英国证券交易所协会、股权转让和合并专业小组及证券业理事会共同对证券市场进行协调管理。由于英国证券交易所历史悠久,经验丰富,且制定有较为严格的规章制度,所以在证券市场管理上也卓有成效。

3. 统管性管理体制

这种管理体制指的是由财政部统一管理金融市场的活动,主要以日本为代表。在日本,由大藏省证券局负责制定证券市场管理的系统政策,对市场参加者进行监督和指导,特别是负责有关证券法令的执行和监督,因此大藏大臣对证券市场的管理负有十分重要的责任。

4. 分散性管理体制

该体制既强调立法,又注意自我管理,分发行公司、证券发行、交易所和投资四个方面来管理,这种体制主要以德国和意大利为代表。

(三)市场规模大小

市场规模大小也是影响投资者选择国际证券市场的重要因素。投资者往往喜欢选择规模大的国际证券投资市场。这是因为若市场规模小则上市公司的数目就稀少,成交量也不大,对投资者尤其是美国等发达国家的机构投资者(如共同基金、养老基金等)来说,不能提供真正的投资机会。另外,由于市场规模小,这些市场的投机性很高,对外国投资者来说,风险也就加大了。目前,除美国和英国外,绝大多数开放性国际证券市场发育还不够完善,规模非常有限。

(四)资本的流动性和货币的可兑换性

资本流动管理松、资本流动性好、货币可自由兑换的国际证券市场是国际投资者进行国际投资时的首选地点。一些国家的政府为了增强本国证券市场对外国投资者的吸引力,纷纷放松了对资本流动的限制。

(五)汇率风险

对投资者来说,之所以选择在外国证券市场买卖外国公司的证券,是因为可能会获得高于在本国证券市场投资的收益率,但这种收益率很可能会被汇率风险所抵消。虽然在外国的投资者可以利用货币市场套期和远期外汇市场套期来降低汇率风险,但是在有效的外汇市场条件下,根据利率平价理论,两国货币的利率差应反映其同期的远期汇率贴水率(或升水率)。所以,套期的成本同样会降低投资者在外国证券市场买卖外国公司证券所得的高收益。

(六)政治风险

与从事对外直接投资的跨国公司相比,买卖外国证券的投资者规避政治风险的能力比较薄弱。这不仅仅反映在证券投资者缺乏对政治风险评估和预测的能力,而且反映在证券投资者就投资争端与外国政府讨价还价的力度。此外,资本输出国提供了对外投资保证保险制度,也仅仅服务于对外直接投资。所以国际证券投资者就更要选择政治风险小的国际证券市场。

(七)市场便利性

市场便利性是指投资者可迅速取得证券市场信息,买卖、流通、交易、清算都迅速而简便,它也是投资者选择国际证券市场的重要因素。拥有先进的证券交易监视系统,并配备有电子报道系统,实现证券报价系统自动化,能及时地将证券交易价格和成交数量进行整理后传递到证券交易大厅、各证券公司、新闻报道机构和信息服务公司的证券交易市场,是投资者的首选目标。对投资者而言,在新闻报纸、电视等传媒报道其证券行情越多的证券交易所投资会越方便,也越能抓住有利的投资时机和对象。

三、国际间接投资的发展趋势与原因

(一)国际间接投资的发展趋势

在国际投资的发展历史中,国际证券投资的发展远远早于国际直接投资。利用发售股票和债券募集资金是19世纪末20世纪初工业化国家间资本跨国界流动的主要方式。第二次世界大战以后,由于世界政治局势相对稳定,全球生产迅速恢复并增长,跨国公司逐渐兴起并成为世界经济的主导力量,国际投资的格局随之发生了显著变化,直接投资逐渐超过证券投资,占据主导地位。进入20世纪80年代后,由于融资证券化趋势的推动,加之金融创新和自由化的不断发展,国际证券投资也呈现高速发展之势,就增长速度而言,甚至还超过了国际直接投资。当前国际间接投资的发展主要呈现以下趋势:

1. 融资证券化冲击银行信贷

从20世纪80年代开始,国际资本市场上出现了日益明显的"融资证券化"趋势,以国际债券和跨国股票发行为主的直接融资逐步取代了以银团贷款为主的中长期间接融资,国际证券投资也因此而成为国际间接投资的主流。

"融资证券化"是指融资由银行信贷转向具有流动性的证券工具,筹资者除了向银行贷款外,更多的是通过发行各种有价证券的方式,在证券市场上直接向国际社会筹集资金。"融资证券化"主要表现在两个方面:一是金融工具的证券化,即通过银行和金融机构的间接融资的比率下降;二是通过发行向第三方转让的金融工具的直接融资的比率相对提高,也就是所谓的资金"脱媒"现象。

20世纪80年代以前,国际资本市场以银行间的中长期信贷为主,包括银行同业的双边贷款和银团贷款两类,银团贷款也称为辛迪加贷款(Syndicated Loan)。进入20世纪80年代后,国际债券的地位逐年上升。1983年,国际债券筹资比例为54.5%,首次超过国际信贷,国际资本市场结构发生了显著变化。20世纪80年代末90年代初,证券投资在国际资本市场上已达到2/3,而目前则已经超过了70%。

出现资本证券化趋势的主要原因可以归结为下:

(1)20世纪80年代初的债务危机,使人们认识到银行贷款存在着诸多弊端。一旦债务人出现清偿困难,很容易使债权人陷入困境。而由于债券具有可转让的优点,因此银行愿意将其贷款转换为可转让债券,以减少损失。

(2)西方国家的金融创新促进了证券化的发展。美国政府在1984年宣布取消外国人购买美国证券的预扣税。日本也宣布开放资本市场,准许外国人在日本发行债券,从而增加了日本储蓄资本进入国际市场的途径。

(3)通过证券筹资比商业银行贷款具有较小的成本,因此一些大公司、国家机构更多地利用发行债券筹资。

(4)以电子计算机为代表的新技术的应用,也促进了证券市场的发展。近几年来,西方金融界广泛使用计算机进行交易,特别是金融期权与期货交易的出现,进一步扩展了原有的证券业务界线,使证券交易变得更快捷、更方便。

国际资本市场上的融资证券化趋势导致国际资本的构成发生了很大变化,以盈利为目标的私人资本成为国际资本流动的主体,官方资本的比率日益降低。因此,国际间接投资中,证券投资比率远远大于银行信贷投资的比率。

2. 国际银行信贷从活跃走向萎缩

在 1987—1993 年间,国际债券的比率从 45.79％升至 59.65％,同期国际股票的比率也从 1.98％增至 4.54％。自 1994 年起,银团贷款又重新活跃起来,1995 年银团贷款的比率又回升至 29.20％。1997 年,国际银行贷款净额增长到 5 000 亿美元。2000 年以来国际银行贷款在全球国际投资总额中的比例继续上升,国际性银行在国际投资中的作用得以加强。由于本轮世界经济增长放缓伴随着国际金融市场的剧烈波动,西方主要国家的股票市场均出现程度不等的下降过程,资本市场的直接融资条件急剧恶化,融资规模扩张受到明显遏制,一些筹资者不得不转向传统的融资领域。尤其是美国的企业大量向德国、瑞士等欧洲国家的商业银行融通资金。2001 年第一季度,美国非银行私人部门获取的境外商业贷款达 1 100 亿美元,创历史最高水平。但是,世界范围内新一轮融资结构也开始调整了。

据国际清算银行(BIS)的统计年报显示,1995 年年底,国际银行跨境银行债权总计为 79 258 亿美元,到 1999 年底,该数额则增长到 98 235 亿美元,四年上升 24％。期间,银团贷款总额由 3 202 亿美元增长到 9 571 亿美元,四年间增长了两倍左右。国际银行跨境债权占全部国际资本流动累计额的 54.82％,比 1995 年提高了 5 个百分点。到 2000 年底,国际银行跨境银行债权总计为 107 644 亿美元,继续保持快速增长。国际银行业 2001 年跨境融资 7 290 亿美元,2002 年第一季度跨境融资总额仅为 310 亿美元。国际清算银行报告银行发放的商业贷款 2002 年接近零增长。随着利率下降和利息支出的减少,商业银行贷款的净偿还额不断下降。这主要由于外汇汇率波动,增加了各国境外商业银行贷款流入的汇率风险,而各国银行和企业纷纷转向用本币在国内融资,导致外汇贷款和为经常账户融资的需求不旺;加之引入新的风险管理理念与方法,国际大商业银行纷纷用收费业务代替贷款业务,导致商业银行在本币业务方面的作用增大,而在对外融资方面的作用有所下降。

3. 国际证券投资的规模迅速膨胀

从西方国家证券投资占 GDP 的比率上升可以看出,国际证券投资在不断升温。随着现代科技手段在全球金融投资和交易市场上的逐步运用,国际投资者的投机欲望与日俱增。新兴国家的股票债券市场与发达国家的经济周期和利率政策等密切相关。国际清算银行依据国际收支统计资料计算的证券跨境交易资料显示,1975～1998 年,西方国家各类证券在居民和非居民之间的交易总额占 GDP 的比率迅速上升,美国由 4％上升到 230％,德国由 5％上升到 334％,意大利由 1％上升到 640％,日本由 2％上升到 91％,其中,增长最快的时期集中在 20 世纪 90 年代初。特别值得一提的是债券发行额的变化,美国资本数据公司的统计表明,1998 年美元债券占全球债券发行总额的 48％,欧元区 11 国发行的债券仅占 22％。1999 年各国金融机构、政府、世界银行等国际金融组织在国际资本市场共发行了折合 6 022 亿美元的债券,占全年国际债券发行总额的 45％,其中美元债券发行总额为 5 725 亿美元,占全球发行总额的 42％。

值得注意的是,许多新兴市场经济国家、发展中国家在国际证券市场上发行的股票额的增长速度,远远超过发达国家,其中中国、巴西等是典型代表。

4. 证券发行主体的国别结构和债券的币种结构正在发生变化

从国际债券市场的国别结构看,发达国家债券发行量出现递减趋势,新兴市场国家则表现复杂。2001 年上半年在全球经济一片颓势中,新兴市场国家在整体上却逆势而动,扩大了在国际债券市场上的份额。第二季度净发行量从第一季度的 60 亿美元增加到 100 亿美元。不过,这些净增长主要来源于亚洲借款人的贡献,其中仅中国就增加了 20 亿美元的净发行额和 23 亿美元的发行公告。但到了 2001 年下半年,新兴市场国家在经受全球经济放慢、出口减少以及某些国家发生骚乱事件的三重打压下,第三季度净发行量为 40 亿美元,其中,拉丁美洲和加勒比地区减少得最多,从 74 亿美元下降到 38 亿美元。当然,第三季度也有一些新兴市场国家加入国际债券市场,例如阿根廷。"9.11"事件后,新兴市场国家发展前景的不确定因素不断增加,已经限制了一些新兴市场国家在第三季度之后进入国际债券市场。实际上,目前只有几个信用显著的新兴市场国家可以在国际债券市场发行新债券。

5. 国际证券投资的机构化倾向日益明显

在近年来国际证券投资的发展浪潮中,机构投资者的地位急剧上升,这既是国际证券投资发展的必然结果,同时也是其进一步发展的关键推动力。联合国贸易和发展会议(UNCTAD)的报告指出,国际证券投资的主要渠道是共同基金。20 世纪 80 年代以来,共同基金、养老基金等机构投资者的迅速发展对全球金融业的发展产生了深远的影响,打破了原先的专业分工格局,引起了金融结构的重大调整,国际证券投资的主体组织进入了超前大整合的时代。

6. 全球主要证券市场的联系日益紧密

金融市场的全球化已成为当今世界金融发展的重要趋势。随着外汇、信贷及利率等方面管制的放松,资本在国家间的流动日渐自由,国际利率开始趋同。在全球各地的任何一个主要市场上都可以进行相同品种的金融交易,借助时差因素,由伦敦、纽约、东京和新加坡等国际金融中心组成的市场已经实现 24 小时不间断的金融交易,使世界上任何一个局部市场的波动都可能马上传递到其他市场上。这种密切联系一方面为国际证券投资提供了日益畅通的渠道,另一方面也使各个市场的行情涨跌高度相关。

7. 国际间接投资流向"高质量"区位

从理论上讲,国际资本流动国别结构取决于各国经济增长差距、收益率差距、市场结构状况以及市场预期的变化。在正常情况下,收益率差距在资本布局中起主导作用。但是,在诸如战争、金融风暴或经济萧条等非常时期,资本更多关注投资的安全性以及持有资产的质量。一旦出现风吹草动,大量国际资本便迅速撤离新兴市场转往美欧。例如,亚洲金融危机爆发后,国际资本一改危机前争先恐后涌入亚洲新兴市场的态势,出现对新兴市场的严重背离。1996 年私人资本流入新兴市场的总额 2 121 亿美元,1997 年下降到 1 203 亿美元,1998 年继续下降到 530 亿美元。尽管自 1999 年起,爆发金融危机的国家普遍出现势头极为强劲的经济复苏,但是,国际资本对新兴市场流入意愿的恢复远远落后于新兴市场经济的发展势头。1999 年,私人资本流入新兴市场的数额仅为 698 亿美元,2000 年则大幅度收缩到 326 亿美元,显然,新的世界经济发展的不确定性进一步加剧了国际资本对新兴市场的背离。但是,美国经济的逆转、"9.11"事件以及随后的安然事件、环球电讯事件等开始改变国际资本市场的共识,越来越多的投资者开始重新审视美国金融市场,重新评估美国金融资产的价值和安全性,国际投资者开始质疑美国金融资产的"质量"。

对于美国经济与股市前景的疑虑正在侵蚀美国对于国际资本的吸引力。一方面,国际投资者在美国的并购行为日趋谨慎。2001 年前三季度,美国并购资本流入减少到 100 亿美元,进入 2002 年后,并购资本流入下降现象更为明显。另一方面,美国经济增长持续性的不确定及企业经营问题的不断暴露严重影响了美国股票市场的表现,并改变着国际投资者对美国金融资产的态度。截至 2001 年底,在美国国际收支的金融账户中,外国投资者拥有的美国资产增长了 8 955 亿美元,与 2000 年年底的 10 242 亿美元相比,下降了 12.57%。

(二)国际间接投资发展的原因

国际证券投资是随着商品经济的发展和国际化而发展起来的。商品经济的发展导致了资本证券化,又导致了资本国际化,从而使国际证券投资获得了迅速发展。

随着商品生产的发展,生产商品的企业规模也相应地扩大。现代化的企业要求集中巨额的资金,这是仅仅依靠一个人或少数几个人很难提供的,需要广泛地从社会上吸收资金。资本证券化把企业或政府所需的巨额资本以虚拟资本的形式分割成为许多社会成员可以买得起的细小部分,并以商品的形式向他们出售,这样就可迅速地把零散的社会资金集中起来,满足企业扩大经营规模的需要。政府需要的巨额资金,也可以通过同样的方式解决。

商品经济的发展要求生产和经营商品的企业较长期地、较稳定地存在和发展下去。现代化的建筑物和机器设备等,不仅投资额巨大,而且使用时间长,必要时还需及时更新,这就需要长期占用一部分资金。但许多社会成员的零星资金不可能长期被这些企业所占用,或者被政府用于长期目的,他们要求必要时能够变现。证券的二级市场方便了证券的买卖转让,解决了这一矛盾。

证券化的资本当然首先是在国内市场进行交易,但随着商品经济国际化的发展,国际贸易、国际金融和国际投资活动日益增多,原来只是在国内交易的证券也必然会跨越国界。例如,当一家公司由原来只在国内经营发展为跨国经营时,它的股票也会由只在国内交易所挂牌买卖发展为在国外交易所挂牌买卖。

在国内证券向国际化发展的同时,一部分原来的国际信贷融资也被国际证券融资所取代。例如,1980—1989 年,国际银行净贷款额从 1 600 亿美元下降为 970 亿美元,而国际债券的发行净额却从 280 亿美元增加到 2 500 亿美元。20 世纪 80 年代爆发的国际债务危机还促使一部分未偿还的国际贷款转化为国际证券投资。例如,1985 年初,墨西哥政府在美国摩根信托银行的协助下,以美国财政部的零息债券为担保,发行一种为期 20 年的债券,将所欠美国跨国银行 36 亿美元的未偿付债务转换为 25 亿美元的新债券,然后由银行以折扣价格在证券市场上出售,以减少银行的呆账损失。这一案例也显示了证券融资的优点。根据英国《银行家》杂志 1990 年进行的一项统计,在国际资本市场上,证券交易以及证券市场的有关融资手段(包括债券融资)已占到国际金融市场融资总额的 85%。

本章小结

(1)国际间接投资(international indirect investment)是在金融领域进行的,以实现货币增值为目标的投资活动,因此也称为金融性投资。国际间接投资主要是指在国际资本市场上,银行通过中长期贷款,个人或机构通过购买外国发行的股票、债券和证券基金等,只谋求取得股息、利息或买卖该证券的差价收益,而不取得对筹资者经营活动控制权的有价证券投资以及商业银行的国际信贷投资。

(2)国际间接投资的主要形式是国际信贷投资和国际证券投资,国际信贷投资可以按照来源与性质、国际信贷的利率、国际信贷的借款和还款方式、国际信贷的特定用途、国际信贷的期限等划分为不同的种类。国际证券投资也可以更进一步划分为国际股票投资、国际债券投资、投资基金、金融衍生工具投资等四个主要类型。

(3)从国际间接投资的影响因素来看,影响国际间接投资的主要经济因素有汇率、风险性、各国偿债能力的差别等;影响国际间接投资场所选择的因素有市场开放度、市场管理体制、市场规模大小、资本流动性和货币的可兑换性、汇率风险、市场风险、政治风险、市场便利性等。

(4)从世界经济发展的整体来看,国际间接投资的发展趋势主要表现在融资证券化冲击银行信贷,国际银行信贷从活跃走向萎缩,国际证券投资的规模迅速膨胀,证券发行主体的国别结构和债券的币种结构正在发生变化,国际证券投资的机构化倾向日益明显,全球主要证券市场的联系日益紧密,国际间接投资流向"高质量"区位等。

(5)从国际间接投资发展的原因来看,国际间接投资是随着商品经济的发展和国际化而发展起来的。商品经济的发展导致了资本证券化,又导致了资本国际化,从而使国际证券投资获得了迅速发展。

关键术语

国际间接投资　国际信贷投资　国际股票投资　国际债券投资　证券投资基金　金融衍生工具　国际间接投资影响因素

思考练习题

1.什么是国际间接投资?

2.国际间接投资的发展趋势是什么?

3.国际信贷投资分为哪些类型?具有什么特点?

4.证券投资基金的特征是什么?

5.国际间接投资决策的决定因素是什么?

6.影响国际证券投资场所选择的因素有哪些?

第六章 跨国公司理论

本章要点

1. 垄断优势理论的主要内容及其发展
2. 产品生命周期理论的主要内容及其修正
3. 边际产业扩张理论的主要内容
4. 内部化理论的主要内容
5. 国际生产折衷理论的主要内容

第一节 垄断优势理论

一、垄断优势理论的主要内容

(一)理论的提出

垄断优势理论是最早研究对外直接投资的独立理论,它产生于 20 世纪 60 年代初,在这以前基本上没有独立的对外直接投资理论。1960 年,美国学者海默(Stephen H. Hymer)在其博士论文《国内企业的国际经营:对外直接投资研究》中首先提出以垄断优势来解释企业的对外直接投资行为。此后,海默的导师金德尔伯格(Charles P. Kindleberger)在《对外直接投资的垄断理论》等文中又对该理论进行了补充和系统阐述。

垄断优势理论是在批判传统的国际资本流动理论的基础上形成的。海默摒弃了长期以来流行的国际资本流动理论所惯用的完全竞争假定,根据厂商垄断优势和寡占市场组织结构来解释对外直接投资。这一点被经济学界认为是直接投资理论的突破性进展,海默也因此而被誉为国际直接投资理论的先驱。由于该理论主要以产业组织学说为基础展开分析,因此也被称为产业组织理论分析法。

(二)主要内容

海默研究了美国企业对外直接投资的工业部门构成,发现对外直接投资与垄断的工业部门结构有关。他认为:跨国公司拥有的垄断优势是它们开展对外直接投资的决定因素;美国从事对外直接投资的企业主要集中在具有独特优势的少数部门;美国企业走向国际化的主要动机是为了充分利用自己独占性的生产要素优势,以谋取高额利润;其他国家的对外直接投资也与部门的垄断程度较高有关。具体地说,垄断优势理论的主要内容包括以下几方面。

1. 不完全竞争与不完全市场

传统理论认为:各国的产品和生产要素市场是完全竞争的;资本从"资本过剩"国流向"资本短缺"国;国际资本运动的根本原因是各国间利率的差异,对外投资的主要目标是追求高利率。海默认为这种理论无法解释战后迅速发展的国际直接投资。因此,海默在他的博士论文中,根据美国商务部关于直接投资与间接投资的区分准则,实证分析了美国1914—1956年对外投资的有关资料。在大量实证分析的基础上,海默指出,现实的市场是不完全竞争的市场,面对同一市场的各国企业之间存在着竞争。若企业实行集中经营,则可使其他企业难以进入市场,形成一定的垄断,既可获得垄断利润,又可减少由于竞争而造成的损失。基于上述分析,海默认为市场的不完全竞争是跨国公司进行国际直接投资的根本原因,而跨国公司特有的垄断或寡占优势是其实现对外直接投资利益的条件。

市场不完全性主要表现在四个方面:

(1)产品和生产要素市场的不完全。即有少数卖主或买主能够凭借控制产量或购买量来影响市场价格的决定。例如在商品市场上,在商品性质、商标、特殊技能或价格联盟等方面的控制权,都会导致产品市场的不完全。在要素市场上,劳动力、资本和技术方面都存在着不完全。在技术转让中,技术拥有者(卖方)和技术购买者之间存在着信息不对称现象,由此提高了技术转让中的风险,从而增加了成本。买方在购买技术过程中,不能间接地从卖方那里了解到这种技术的有效性;而卖方为了使买方相信技术的有效性,就必须将技术的有关细节公开或部分公开,这样又会导致技术的无偿转让。

(2)由规模经济引起的市场不完全。传统的比较优势模型假定规模报酬不变。但实际上,一些行业的规模越大,单位产品成本越低,边际收益越高,这就是规模经济。规模经济的结果是使企业在本行业中处于垄断地位,达不到这种规模的中小企业被挤出,从而导致不完全竞争的出现。规模经济包括内部规模经济和外部规模经济。当规模经济存在于单个厂商内部时就称为内部规模经济,当规模经济存在于整个行业内部时就称为外部规模经济。内部规模经济导致厂商单位产品成本的直接降低;而外部规模经济则导致同行业生产的集中度提高,厂商通过资源共享特别是知识共享提高了生产效率。

(3)由于政府干预经济而导致的市场不完全。战后各国经济发展的一个特点是增加了政府干预经济的力度。政府干预的目的是为了纠正市场自发造成的弊端,而政府一旦干预经济就必然带有人为性、强制性,必然打破市场的完全性。

(4)由关税引起的市场不完全。战后各国的贸易保护主义抬头。发达国家实行战略性贸易政策,设置了关税壁垒,以保护或支持某些特殊产业的发展;发展中国家在战后获得独立后,为保护幼稚的民族工业也设置了高关税壁垒。关税的存在必然阻碍了国际贸易的正常进行,从而破坏了国际市场的完全性。

这种市场的不完全性,导致各国在商品和要素市场的市场容量、供求关系、价格水平出现了种种差异,从而为国际直接投资开辟了空间。

2.跨国公司的垄断优势

海默认为在市场不完全的情况下,跨国企业对投资经营过程的控制不仅是出于经营管理的需要,更可能是因寡占竞争的需要而产生。因此,海默将跨国企业视为是垄断者或寡占者,指出对外直接投资是在厂商具有垄断或寡占优势的条件下形成的。由于跨国公司在进行对外直接投资时,相对于东道国厂商处于较为不利的地位(例如东道国企业熟悉投资环境,熟悉市场,运输费用低廉,信息灵通,决策迅捷,易于获得政府的支持以及不存在语言文化障碍等),因此,跨国公司在东道国投资要承担比东道国企业更大的风险。为了在竞争中获胜,跨国公司就必须利用市场的不完全性和自身的垄断优势来抵消东道国厂商所特有的优势,并补偿在东道

国陌生环境中投资经营所增加的成本,以便获得高额利润。海默认为跨国公司的垄断优势主要有四类:

(1)产品市场的优势。如来自跨国公司拥有的产品差异化能力、商标、销售技术和渠道或其他市场特殊技能以及包括价格联盟在内的各种操纵价格的条件。

(2)要素市场的优势。如专利技术、专有技术、管理和组织技能,以优惠条件获得资金等。拥有先进技术是跨国公司重要的垄断优势。大型跨国公司拥有极强的科研力量和雄厚的资金,可以投入巨额资金开发新技术、新工艺。同时他们又可以通过专利等手段,防止这种新工艺、新技术为同行所利用,保持这种优势在跨国公司内部长期使用,以保持其垄断地位。这与单纯的技术转让相比,可获得更大的利润。跨国公司拥有的新产品开发技术是其技术优势中最有实质意义的部分。跨国公司的许多研发成果投入生产过程后,必然要走向产品异质化。因为对新产品进行异质化,只需对产品的物质形成性能做少量改变,就可以既免受同行的仿造,又可以扩大市场占有量,从而扩展了原有的优势。跨国公司拥有受过良好的训练与教育的员工,经验丰富的经理人员和经过实践考验的,能有效运行的组织结构和机制,能保证整个企业的高效运营;跨国公司还在长期的世界市场竞争中总结出一整套适应于现代化生产过程的先进管理技术,大大地提高了公司的生产经营活动和优化了资源的有效配置;跨国公司由于拥有较高的清偿能力,在资本市场上可以以较低利率得到贷款,或者优先得到资金;在需要巨额资本的工业部门,跨国公司还有内部融资的优势。

(3)规模经济的优势。跨国公司可以实行国际专业化生产,利用各国生产要素的差异,合理布置生产区位,通过横向一体化取得内部规模经济的优势,提高公司获利能力。这种内部规模经济还会导致同行业在地域上的集中,促进专业化供应商队伍的形成,使一些关键的设备和服务由专业供应商提供,还可以实现高技术的劳动力市场的共享和知识外溢所带来的利益,即实现外部规模经济。跨国公司也可以通过纵向一体化取得这种外部规模经济的优势,使外部利润转化为内部利润。

(4)政府管理行为带来的优势。政府的某些税收、关税、利率和汇率等政策也会造成市场的不完全。这种市场扭曲会给企业带来优势,从而促使企业对外直接投资以利用这种优势。例如,跨国公司可以从政府提供的税收减免、补贴、优先贷款等方面的措施中获得某种垄断优势。

总之,市场不完全是企业进行对外直接投资的根本条件,而进行对外直接投资的决定因素则是企业所拥有的垄断优势。

3. 企业选择直接投资利用其垄断优势的原因

垄断优势理论还试图解释美国企业选择直接投资,而不是出口和许可证交易方式来利用其垄断优势的原因。海默认为,美国企业从事直接投资的原因,一是东道国关税壁垒阻碍企业通过出口扩大市场,因此企业必须以直接投资方式绕过关税壁垒,维持并扩大市场;二是技术等资产不能像其他商品那样通过销售获得全部收益,而直接投资可以保证企业对国外经营及技术运用的控制,因此可以获得技术资产的全部收益。

二、垄断优势理论的完善与发展

海默提出垄断优势理论之后,西方学者在此基础上,发表了大量论文,进一步检验和发展了垄断优势理论。

（一）约翰逊对垄断优势理论的发展

约翰逊（H. G. Johnson）在继承了海默和金德尔伯格的基本观点的基础上进一步研究了跨国公司所拥有的垄断优势，对其中的知识资产做了深入分析。他在 1970 年发表的一篇论文《国际公司的效率和福利意义》中指出："知识的转移是直接投资过程的关键。"即对外直接投资的垄断优势主要来自跨国企业对知识资产的占有和使用。知识资产包括技术、专有技术、管理与组织技能、销售技能等一切无形资产。约翰逊认为，知识资产的特点是，它的生产过程即研究开发过程，其成本是相当高的，但它的使用不存在边际收益递减。在直接投资中，子公司可以用很低的成本利用总公司的知识资产，创造更高的利润。相反，当地企业为获取同类知识资产却要付出全部成本。当向外部转让知识资产的条件不具备或不十分有利的情况下，通过对外直接投资可把知识资产保持在企业内部以获取最大的外部利益。

（二）凯夫斯对垄断优势理论的发展

凯夫斯（R. E. Caves）从产品异质化能力的角度对垄断优势理论进行了补充。他在 1971 年发表的《国际公司：对外投资的产业经济学》一文中指出，跨国公司的垄断优势主要体现在它对产品异质化的能力上。产品异质化不但表现在利用技术优势使本公司产品在实物形态上或功能上与其他产品发生差异，也可以利用商标、品牌等，使本公司产品与其他公司的产品有所差异，并通过广告手段形成商标识别以及给予产品不同销售条件的附加利益来充分的满足不同层次、不同地区的消费者需求，从而获得对该产品价格和市场占有率的一定控制。

1982 年，凯夫斯又在《跨国企业和经济分析》的著作中指出，核心资产是指这样的知识和技术：企业在一定投入的条件下可以生产质量更高的产品，或者在一定的产出条件下可以生产成本更低的产品。产品的复杂程度不同，核心资产的类型也不同。生产复杂的产品需要高科技，这种核心资产专用性很强，别的企业难以模仿。跨国公司正是因为拥有高科技这种核心资产才具有垄断优势。

（三）沃尔夫、邓宁、彭罗斯等对垄断优势理论的发展

沃尔夫、邓宁（J. H. Dunning）、彭罗斯（E. T. Penrose）等人从规模经济的角度论证跨国企业的垄断优势。他们指出，规模经济是形成垄断优势的重要原因。首先，在研究与开发的成本越来越高，而且需要大规模协作的条件下，企业的规模越大，它获得新技术的可能性就越大。其次，要防止新技术外流，必须对新技术进行保护。在国际上获得专利和保护专利的成本很高，企业的规模越大，它的技术专利得到有效保护的可能性就越大。一旦企业获得了新技术并且该新技术得到保护，它就具有垄断优势。

（四）阿利伯等对垄断优势理论的发展

阿利伯（R. Z. Aliber）从货币和资本的角度论证了跨国企业的垄断优势。他在《对外直接投资理论》一文中指出，即使跨国企业投资于预期收益率与东道国企业相当的行业，它也可以得到比东道国企业高的实际收益率。按照阿利伯的解释，跨国企业母国通常是货币坚挺的国家，它们的对外投资将获得货币溢价的利益。例如，当美国的跨国企业到英国直接投资，在美元对英镑升值的条件下，该企业用一定数量的美元就可以兑换较多的英镑进行投资。这样，美国跨国企业实际支付的成本要低于英国企业，它就可以获得高于英国企业的收益率。还有的经济学者指出，跨国企业大都是具有较强的资金实力的企业，它们在资本市场上具有较高的信用等级，可以以低于东道国的企业成本筹集到资金，因而在资本方面具有垄断优势。

经济学者们不但提出垄断优势是对外直接投资的原因，而且还利用实际的统计资料对这些原因进行验证。检验结果进一步证实了这一理论。

三、对垄断优势理论的评价

(一)垄断优势理论的意义

垄断优势理论摒弃传统国际资本流动理论所沿用的完全竞争假设,将不完全竞争理论引入国际直接投资领域,从不完全竞争出发来研究国际直接投资,是一个重大的创举,开创了一条研究国际直接投资的新思路。该理论阐述了市场不完全的类型,提出了跨国公司拥有的垄断优势是其实现对外直接投资获得高额利润的条件,并分析了垄断优势的内容。垄断优势论不但可以解释发达国家的企业在国外的水平对外投资,即在各国设厂生产同样的产品;还可以解释垂直对外投资,即把一种产品生产的不同工序分布到多国进行。

(二)垄断优势理论的局限性

不过,垄断优势理论也存在着许多局限性。首先,垄断优势理论主要是对美国对外直接投资研究的成果,并且研究的对象是技术经济实力雄厚、独具对外扩张能力的大型跨国公司。但是,该理论对于经济发达国家的一些没有垄断优势的中小企业近年来纷纷进行国际直接投资的现象,对于日益增多的发展中国家的跨国公司的对外直接投资以及经济发达国家之间相互投资不断增加的现象不能给出有效的解释。其次,垄断优势理论没有给出产品出口、技术转让与国际直接投资各自的适用条件。第三,垄断优势理论沿用静态分析方法,没有阐明跨国公司特定优势的发展,也未能论述各种市场不完全竞争状态的变动性。上述这些局限性使它失去了普遍的意义。

第二节　产品生命周期理论

一、产品生命周期理论的基本模型

(一)理论的提出

第二次世界大战以来,美国企业的对外直接投资增长迅猛。美国哈佛大学教授弗农(R. Vernon)对它们进行了实证研究,发现它们与产品生命周期密切相关。1966年,弗农在《产品周期中的国际投资与国际贸易》一文中提出了产品生命周期理论,这一理论是在厂商垄断竞争理论的基础上对国际直接投资做出的另一种理论解释。在该文中,弗农十分重视创新的时机、规模经济和不稳定性等因素。他将美国企业对外直接投资的变动与产品的生命周期密切地联系起来,利用产品生命周期的变化,解释美国战后对外直接投资的动机与区位的选择。根据这一理论,企业的对外直接投资即是企业在产品生命周期运动中,由于生产条件和竞争条件变动而做出的决策。

(二)主要内容

弗农认为,拥有知识资产优势、具有新产品创新能力的企业,总是力图维持企业的技术优势地位,以便享有新产品创新利益。但是,新技术不可能被长期垄断,有些产品制造技术在相当短的时间内就会被仿制。弗农将一种产品从产生到标准化的过程称为一个生命周期,并把这个周期分为产品创新阶段、产品成熟阶段和产品标准化阶段。在产品生命周期的不同阶段上,产品的比较优势和竞争条件也发生相应的变化,从而决定着企业对外直接投资的发生和发展。

1. 产品创新阶段

新产品刚进入市场,创新企业所在国家及其他工业发达国家逐渐产生需求,并开始在这些国家逐渐进入大规模生产。在该阶段,由于企业存在着某种程度的产品垄断,新产品的需求价格弹性很低,生产成本的差异对企业生产区位的选择影响较小,所以产品生产集中在国内,主要满足本国市场的需求,只有少量的产品出口到较发达国家。在这一阶段由于创新企业拥有技术垄断优势,缺乏强有力的竞争对手,企业可以利用其在生产方面的优势地位,垄断国内市场,并通过出口打进国际市场,而无须进行对外直接投资。

2. 产品成熟阶段

在这一阶段,新技术日趋成熟,产品基本定型。随着国内外市场对新产品的需求量急剧增加,产品的价格弹性也增大,成本价格因素在竞争中的作用日趋重要。同时,其他厂商可通过各种技术传播途径较容易地获得产品技术知识,并能生产出异质商品,这使原来的创新企业失去垄断优势地位。创新企业为了维持原有市场份额,绕过贸易壁垒,降低生产成本,排除竞争对手,被迫进行防御性的对外直接投资,在东道国设立子公司,当地生产,当地销售。在这一阶段,新产品虽然已趋于成熟,但价格仍然较高,因此,创新企业通常投资在同本国需求结构相似的发达国家。

3. 产品标准化阶段

在该阶段,产品的生产技术及产品本身已经完全成熟并趋于标准化,更多的厂商进入新产品市场,技术在生产中的重要性降低,成本取代技术成为竞争的基础,厂商间激烈的竞争使创新企业的优势完全丧失。为了降低成本,使其产品在国际竞争中处于优势,创新企业便大规模地进行对外直接投资,将产品的生产转移到某些生产要素成本更加低廉的地区(通常为发展中国家),以发挥和保持自身的技术优势,取得比在国内生产时更多的利润及更大的市场份额。当对外直接投资的产品大量返销国内时,表明投资国企业已经完成了出口转向对外直接投资的过程,该产品的生命周期即告结束,企业的对外直接投资结构已基本稳定。

二、模型的修正

1974年,弗农发表了《经济活动的选址》。在这篇论文中,他进一步发展了产品周期理论,引入了"国际寡占行为"来解释跨国公司的对外直接投资行为。他把所有跨国公司都定义为寡占者,并把他们分为三类:技术创新期寡占者、成熟期寡占者和衰退期寡占者,与产品生命周期发展的三个阶段相对应。

(一)技术创新期寡占阶段

这是跨国公司在生产新产品上拥有技术垄断优势,并由此获得垄断利润的阶段。弗农认为,在这一阶段,美国跨国公司的产品创新仍然首先以国内为生产基地,以便及时协调研制、生产和销售活动。之所以这样也是由国内的生产要素禀赋状况决定的。跨国公司为了保持垄断优势需投入大量的资金和技术力量,进行产品的异质化。比如美国的跨国公司在满足高收入阶层的需求,节约劳动力的产品创新和异质化方面拥有比较优势;欧洲各国的跨国公司在节约土地和原材料的产品创新和异质化方面拥有比较优势;日本的跨国公司在节约原材料的产品创新和异质化方面拥有比较优势。当产品进入国外,出现竞争者并进入标准化阶段时,美国的跨国公司就会将生产转移到国外,以降低生产成本和运输成本,占领国外的市场。由于各国的经济发展程度不同,各跨国公司的技术水平也各异,因此在进行对外直接投资时的区位选择也各不相同。比如美国的跨国公司大多数选择在西欧各国或日本进行直接投资,生产创新产品;西欧各国或日本则一般选择经济发展水平较低的国家或地区进行直接投资,生产创新产品。

(二)成熟期寡占阶段

这是创新产品的生产技术开始扩散,跨国公司的技术优势被削弱,并且由于进口国贸易壁垒等因素引起的创新产品进入进口国的成本增加,跨国公司必须通过对外直接投资来维持垄断优势,获得垄断利润的阶段。弗农认为,在这一阶段,跨国公司以创新为基础的垄断优势消失,规模经济成为其垄断优势的基础。跨国公司改变了经营战略,利用其研制、生产、销售等方面的规模经济优势来排斥竞争者的进入。为了在竞争中占有双方的市场,各国的跨国公司到对方的主要市场进行直接投资,削弱对方的竞争能力。这种对外直接投资伴随着一种技术的转移,技术优势企业通过自己控制技术扩散获得寡占利润。当某个跨国公司率先开辟一个新的市场时,其他的跨国公司就紧随其后,采取跟进战略,以维护自己在国际市场的份额。

(三)衰退期寡占阶段

这是跨国公司的技术创新优势和技术传播优势均相继丧失,由此产生的寡占利润也逐渐消失,大量的标准化产品涌向市场,价格竞争尤为激烈,创新企业只能通过降低成本获取利润的阶段。弗农认为,在这一阶段,跨国公司以规模经济为基础的垄断优势也已经消失。为了在竞争中取胜,跨国公司就另辟他径,通过组成卡特尔并进行商标、广告宣传等,建立新的垄断优势。由于大量竞争者涌入该产品的生产领域,成本和价格的竞争成为胜败的关键。所以,跨国公司选择对外直接投资区位的主要目的是追求生产成本的降低,而发展中国家由于拥有廉价的劳动力、广阔的市场就成为吸引外资的理想地区。

三、对产品生命周期理论的评价

(一)产品生命周期理论的意义

产品生命周期理论与垄断优势理论一样,也是在对美国跨国公司的对外直接投资行为进行实证研究的基础上得出的一种理论。该理论的独到之处首先在于将企业所拥有的优势同该企业所生产产品的生命周期的变化联系起来,深刻地揭示了企业从出口产品转向直接投资的动因、条件和转换过程,为当时的对外直接投资理论增添了时间因素和动态分析的色彩,也为投资企业进行区位——市场选择和国际分工的阶梯分布——提供了一个分析框架。其次,产品的生命周期理论反映了美国制造业在20世纪五六十年代对外直接投资的情况,把美国的经济结构、美国企业的产品创新取向以及美国跨国公司海外生产的动机和选址三者较好地联系了起来,一方面解释了美国跨国公司从事对外直接投资的特点,另一方面也说明了这些公司先向西欧再向发展中国家投资的原因。第三,把跨国公司的对外直接投资和国际贸易有机地结合起来进行论述,对以后的国际生产折衷理论给予了有益的启迪。

(二)产品生命周期理论的局限性

然而,由于该理论是对美国跨国公司特定时期对外直接投资实证研究的结果,随着时间的推移,国际直接投资多样化,该理论也就难以对各种对外直接投资行为做出全面而科学的解释,因此,不少西方学者也对该理论提出了质疑:首先,该理论同垄断优势理论一样没能清楚地解释当代发达国家之间的双向投资现象。这些国家的经济发展水平、技术水平、生产条件和成本因素等大体相仿,产品周期理论无法解释它们相互之间规模巨大的直接投资。其次,该理论对于初次进行跨国投资,主要涉及最终产品市场的企业较适用,对于已经建立国际生产和销售体系的跨国公司的投资,它并不能做出有力的说明。从 20 世纪 70 年代之后,这些全球性跨国公司为了适应东道国市场的需求,可以直接在国外发展新产品,或在国外生产非标准化产品、或在国外对其创新产品进行改进或多样化,这更反映出理论的局限性。第三,产品生命周期理论所解释的是美国制造业的对外直接投资行为,对有些跨国公司在国外原材料产地进行的直接投资行为无法做出科学的解释。最后,该理论对发展中国家的对外直接投资行为也无法做出令人满意的解释。

第三节　边际产业扩张理论

一、边际产业扩张理论的产生

边际产业扩张理论又称边际比较优势理论,是由日本一桥大学教授小岛清(Kiyoshi Kojima)在 20 世纪 70 年代中期根据国际贸易比较优势理论,在对日本厂商的对外直接投资进行实证研究的基础上提出的。

从二战后到 20 世纪 70 年代中期,日本理论界接受和流行的对外直接投资理论主要是海默和金德尔伯格的垄断优势理论以及弗农的产品生命周期理论。垄断优势理论及产品生命周期理论都认为,只有拥有雄厚的资本和高新技术的大型企业才能具备独占市场的优势,才能有能力从事对外直接投资。但是,自 20 世纪 60 年代以来,随着日本经济的崛起,日本开始了大规模的对外直接投资活动。与美国不同的是,日本对外直接投资的主体大多是中小企业,这些企业所拥有的是容易为发展中国家所接受的劳动密集型技术优势。因而,日本经济学家对垄断优势理论及产品生命周期理论进行了反思,认为这些理论所涉及的跨国公司是美国型的,不能解释日本的对外直接投资问题,应创立符合日本国情的对外直接投资理论,用以说明和指导日本企业的对外直接投资活动。在此基础上,日本经济学家们开始了对本国对外直接投资的研究,逐渐形成了具有本国特色的对外直接投资理论,其中,最具代表性的就是小岛清在其1979 年出版的《对外直接投资论》和 1981 年出版的《跨国公司的对外直接投资》及《对外贸易论》等书中创立并发展的边际产业扩张理论。该理论从国际分工合理化的宏观经济分析角度出发来解释跨国公司对外直接投资的决定因素,认为跨国公司进行对外直接投资的决定因素是比较优势原则。

二、边际产业扩张理论的主要内容

(一)三个基本命题

小岛清的边际产业扩张理论有三个基本命题:

1. 赫克歇尔—俄林模型(H-O)中的资本要素可以用经营资源来代替

小岛清认为,国际贸易理论中的赫克歇尔—俄林模型的基本假定是合理的,即资源禀赋或资本—劳动要素比例的假定是对的,但在运用其分析对外直接投资时可使用比资本更广义的经营资源的概念来代替资本要素。经营资源是一种特殊要素,既包括有形资本,也包括技术与技能等人力资本。如果两国的劳动与经营资源的比率存在差异,它们在两种商品中的密集程度也有差异,结果将导致比较成本的差异。

2. 比较利润率的差异与比较成本的差异有关

凡是具有比较成本优势的行业其比较利润率也较高,建立在比较成本或比较利润率基础上的国际分工原理不仅可以解释国际贸易的发生,也可以说明国际投资的原因。日本的对外直接投资就是根据比较利益的原则进行的。小岛清甚至认为可以将国际贸易和对外直接投资的综合理论建立在比较优势(成本)的基础上。

3.日本式的对外直接投资与美国式的对外直接投资是不同的

与日本式的对外直接投资不同,美国式的对外直接投资把经营资源人为地作为一种特殊的生产要素,在此基础上产生了寡头垄断性质的对外直接投资。

(二)理论核心

小岛清运用国际贸易理论的2×2模型(两个国家和两种产品)对建立在比较利益基础上的国际直接投资进行了经济分析。假定 A 国为发达国家,B 国为发展中国家,A 国和 B 国都只生产 K 产品(资本密集型产品)和 L 产品(劳动密集型产品)。A 国在生产 K 产品上比 B 国具有比较优势,B 国在生产 L 产品上比 A 国具有比较优势。如果两个国家之间发生贸易,那么,A 国向 B 国出口 K 产品,B 国向 A 国出口 L 产品,两个国家都能从贸易中获得利益。在完全竞争的条件下,比较利润率与比较成本相关。也就是说,A 国生产 K 产品具有相对较高的利润率,B 国生产 L 产品具有相对较高的利润率。A 国企业只有对 B 国具有相对较高利润率的 L 产品进行投资,才能获得最高的经济效益。因为,如果 A 国企业对 B 国的 L 产品进行投资,就能把 A 国的资本、技术和管理优势同 B 国的劳动力低廉的优势结合起来,就能获得较高的利润率。对于 B 国来说,A 国对其 L 产品的直接投资使其在 L 产品的潜在优势发挥出来,成为在国际市场上有较强竞争力的出口产业,从而也获得了利益。A 国对 B 国 L 产品的投资促进了两个国家之间贸易的发展。A 国会增加对 B 国 L 产品的进口,B 国的经济发展也会促进对 A 国 K 产品的进口。总之,这种建立在比较利益基础上的直接投资不仅不会替代国际贸易,而且还能扩大国际贸易量,同时还能使投资国和东道国都能从这种投资中获得利益。

根据上述分析,边际产业扩张理论认为对外直接投资应该从本国(投资国)已经处于或趋于比较劣势的产业(又称边际产业)依次进行。这些边际产业是东道国具有比较优势或潜在比较优势的产业。从边际产业开始进行的投资,可以使投资国丰富的资本、技术、经营技能与东道国廉价的劳动力资源相结合,发挥出该产业在东道国的比较优势。这种投资的结果可使投资国和东道国双方贸易量增加,双方福利增加,而且沿比较优势指示的方向可以形成更合理的国际分工和贸易发展格局。

(三)日本与美国在对外直接投资活动中的不同

小岛清认为,由于各国的经济状况不同,日本的对外直接投资与美国相比有四点明显的不同:

1.直接投资分布的行业不同

美国的海外企业大多分布在制造业部门,从事海外投资的企业多处于国内具有比较优势的行业或部门;而日本对外直接投资主要分布在自然资源开发和劳动力密集型行业,这些行业是日本已失去或即将失去比较优势的行业,对外投资是按照这些行业比较成本的顺序依次进行的,从而形成了该产业比较优势的延伸。

2.直接投资的企业不同

美国从事对外直接投资的多是拥有先进技术的大型企业;而日本的对外直接投资以中小企业为主体,所转让的技术也多为适用技术,比较符合当地的生产要素结构及水平,对当地发展具有比较优势的劳动密集型产业,增加就业和扩大出口等都有积极促进作用。

3.直接投资的类型不同

美国对外直接投资是贸易替代型的,由于一些行业对外直接投资的增加而减少了这些行业产品的出口,导致国际收支逆差加大,贸易条件恶化;与此相反,日本的对外直接投资行业是在本国已经处于比较劣势而在东道国正在形成比较优势或具有潜在的比较优势的行业。对外直接投资的增加会带来国际贸易量的扩大,这种投资是贸易创造型的。

4.直接投资的形式不同

美国公司设立的海外企业一般采用独资形式,与当地的联系较少,类似"飞地";而日本的对外直接投资多采用合资形式,注意吸收东道国企业参加,有时还采用非股权安排方式。

三、对边际产业扩张理论的评价

(一)边际产业扩张理论的意义

边际产业扩张理论所研究的对象是日本跨国公司,反映了日本这个后起的经济大国在国际生产领域寻求最佳发展途径的愿望,比较符合 20 世纪六七十年代日本对外直接投资的实际,因而有其科学性的方面。首先,边际产业扩张理论与垄断优势理论及产品生命周期理论不同,后者以一种商品、一个产业或一个企业进行分析。而边际产业扩张理论从宏观的角度,以国际贸易理论的基本原理和方法,采用两个国家、两种产品(并可扩大到多种商品)的分析模式提出了从边际产业开始依次对外进行直接投资的结论。第二,边际产业扩张理论所分析的直接投资,主要是依据随着东道国劳动力资源的比较优势变化,国际直接投资从高工资国转移到低工资国而发生的,经济发达国家要素禀赋比率的变化速度快于发展中国家,发达国家对发展中国家的投资是按照本国产业比较劣势的顺序进行。这种依据比较成本动态变化所作出的解释,比较适合说明新兴工业化国家对发展中国家的直接投资状况。第三,边际产业扩张理论认为对外直接投资的主体是中小企业,因为中小企业拥有的技术更适合东道国当地的生产要素结构,这就很好地解释了中小企业对外直接投资的原因和动机。第四,边际产业扩张理论强调无论是投资国还是东道国都不需要有垄断市场,即从国际分工的角度来解释日本式的对外直接投资,这一分析方法与其他国际直接投资理论相比有独到之处。

(二)边际产业扩张理论的局限性

然而,边际产业扩张理论仍然存在着局限性。首先,该理论无法解释日本 20 世纪 80 年代以后跨国公司对外直接投资的实践。随着日本企业垄断优势的增强和产业结构的变化,加之国际贸易保护主义日趋盛行,日本贸易替代性的对外直接投资逐步增加,许多大型企业纷纷加入对外直接投资的行列,从而导致其投资方式越来越与美国方式趋同。其次,该理论无法解释发展中国家对外直接投资的实践。随着发展中国家对外直接投资的迅速增长,边际产业扩张理论显然也无法解释这种逆向比较优势的对外直接投资。因为边际产业扩张理论仅以日本的对外直接投资为研究对象,不能用于指导发展中国家对外直接投资的实践。

第四节　　内部化理论

一、内部化理论的主要内容

(一)理论的提出

内部化理论也称市场内部化理论,它是 20 世纪 70 年代以后西方跨国公司研究者为了建立所谓跨国公司一般理论时所提出和形成的理论。

这一理论主要是由英国学者巴克莱(Peter Buckley)、卡森(Mark Casson)和加拿大学者拉格曼(A. M. Rugman)共同提出来的。巴克莱和卡森在1976年合著的《多国企业的未来》及1978年合著的《国际经营论》中,对跨国公司内部化形成过程的基本条件、成本与收益等问题作了明确的阐述,使人们重新审视内部化概念。1979年,卡森在《多国企业的选择》中对内部化概念作了进一步的理论分析。1981年拉格曼在《多国企业内部市场的经济学》一书中对内部化理论作了更为深入的探讨,扩大了内部化理论的研究范围。

内部化理论的出现提供了与垄断优势理论不同的研究思路,其理论有力地解释和推动了20世纪70年代以来迅速发展的跨国直接投资行为,标志着对外直接投资理论的一个重大转折,一度被称为跨国公司理论的核心,至今仍然是对外直接投资的主流理论之一。

(二)主要内容

1. 内部化理论的前提

所谓内部化,就是把市场建立在企业内部的过程,由内部市场取代外部市场,即"建立由企业内部调拨价格起作用的内部市场,使之像固定的外部市场同样有效地发挥作用"。内部化理论把市场不完全作为分析研究问题的基本前提,指出市场不完全或垄断因素存在会导致企业参加市场交易的成本上升,企业因此创造内部市场进行交易。该理论所指的市场不完全并非由于规模经济、寡占或关税壁垒导致,而是由于某些市场失效导致交易成本增加。不完全市场主要是指中间产品市场,包括半成品、特别是技术、信息(渠道)、营销技巧、管理方式和经验等无形资产市场的不完全。

市场不完全性导致许多交易无法通过外部市场来实现,即使可以实现,企业也要承担较高的交易成本,这必然促使企业创造其内部市场进行交易,企业便获得了扩张力。这一内部化过程如果跨越了国界就是对外直接投资。不难看出,内部化理论所指对外直接投资的实质不在于资本的转移,而是基于所有权之上的企业管理与控制权的扩张,其结果是企业管理机制替代市场机制来协调企业各项经营活动和配置资源。

2. 内部化的决定因素

市场内部化的过程取决于四个因素:

(1)产业特定因素:其指与产品性质、外部市场结构和规模经济等有关的因素。

(2)区位特定因素:即指由于区位地理上的距离、文化差异和社会特点等引起交易成本的变动。

(3)国家特定因素:即指东道国的政治、法律和财经制度对跨国公司业务的影响。

(4)公司特定因素:即指不同企业组织内部市场的管理能力。

在这几个因素中,产业特定因素是最关键的因素。因为如果某一产业的生产活动存在着多阶段生产的特点,那么就必然存在中间产品(原材料、零部件、信息、技术、管理技能等);若中间产品的供需在外部市场进行,则供需双方无论如何协调,也难以排除外部市场供需间的摩擦和波动。为了克服中间产品市场的不完全性,就可能出现市场内部化。

3. 内部化的收益和成本

由于外部市场不完全,企业内部化过程将产生种种收益,但同时,这一过程也存在成本。当内部化的收益与成本在边际上相等时,企业内部化过程就停止了,企业的均衡规模也随之确定。根据内部化理论,至少有五种市场不完全(或称市场失灵)可能导致内部化,从而为企业带来收益。

(1) 市场交易存在时间间隔,而相应完善的期货市场不存在。当发起一项市场交易与完成这项交易之间存在较长的时间间隔时,则市场中既应有完全竞争的现货市场,也应有完全竞争的期货市场,以便调节企业短期的生产与长期的投资。如果这样的期货市场不存在,企业便有很强的动力将相互连接的生产等活动用统一的所有权进行控制,从而建立内部的期货市场。

(2) 差别定价可以有效地使企业获取中间产品的利润与市场控制力,而这在外部市场中是无法获得的。当产品不存在自我约束时,垄断卖方(或垄断买方)就会进行前向(或后向)一体化,用以在内部市场施行价格差别并占有全部收益。

(3) 当交易双方彼此均具有强大的市场控制力时,便会产生不稳定的讨价还价过程。这时交易的价格与其他条件均已偏离完全竞争,而决定于两者之间的博弈结果。为避免博弈过程的不确定性,双方往往会合作,将市场内部化。

(4) 当某一产品的价格信息在买者与卖者之间不对称分布时,卖者(对产品更加了解的一方)很可能无法说服买者对该产品支付合理的价格,于是卖者就有动力兼并买者从而促成交易在内部市场进行。

(5) 由于存在关税、国内税以及国家对资本流动的限制,企业往往采用将市场内部化的方式规避某些限制,并通过转移定价使企业的利润达到最大化。特别是,在所有的中间产品中,各种类型的知识市场的不完全为内部化提供了最强有力的动力,这是因为:

首先,通过研发活动生产知识以及在生产中运用这些知识是一个长期过程。在这个过程中,企业需要对知识的生产进行长远的计划,并对短期生产进行协调。当不存在知识的期货市场时,有效的规划是使企业进行知识市场的内部化。其次,在许多情况下,知识这一商品在一定时期内具有垄断性。为获取这一商品的全部收益,差别定价成为最佳的定价方式。当通过技术许可等方式不能实现这一点时,内部化就成为合适的选择,而对于企业独特的管理技能来说尤其如此。再次,如果要将无法申请专利注册的知识进行售卖,那么卖者风险将不可避免。为了让知识或信息的买者了解这一商品的属性从而愿意支付合理的价格,卖者很可能不得不将知识泄露,而买者最终不必支付金额也可以了解知识的内容。因此,在知识的市场上,买者会不愿支付合理价格购买知识。这时,卖方便有强大的动力将知识市场内部化。

内部化过程中可能产生的成本包括:

(1) 资源成本。内部化往往将一个外部市场在企业间划分为若干互相分离的市场。一种极端的情况是,当外部市场接近完全竞争且每一竞争企业均处于最优生产规模时,将该市场人为地分裂会降低每一竞争企业的运行效率,从而产生更高的运行成本。

(2) 沟通成本。首先,由于内部化的原因之一是外部市场不能为交易提供足够的信息,因此内部化将带来企业内部信息传输量的增大;第二,每一个进行内部化的企业均要建立本企业的信息传输系统,而不是像在统一的外部市场中依靠市场来获取信息,因此,内部化增加了企业对于信息传递与沟通的投入;第三,在内部市场的信息传输中,为避免地方经理人员的机会主义行为以保持信息的准确可靠,公司往往需要实地考察,这对于跨国公司来说尤为重要,但却十分昂贵;第四,对于在不同国家开展经营活动的跨国公司来说,要面临国家间在地域、文化、风俗习惯与法律法规等方面的差异。由于这些差异的存在,信息在内部市场传输很可能产生误解和失真,这就需要企业建立额外的纠错机制。

(3) 政治成本。这一成本包括东道国企业通过偏袒本国企业而对外国企业施加的不公平待遇,以及对外国企业进行强行没收财产等潜在威胁。

(4)管理成本。内部市场收益的实现需要企业有管理好内部市场的能力,其中包括有效管理众多分支机构的能力,而这一能力则取决于企业管理技能的专业化程度。可见,在内部化理论中,管理能力成为一个外生的变量,任何从事国际化经营的企业都被假定具有有效的管理众多分支机构的能力。

正是由于内部化的收益与成本并存,企业市场内部化的边界才在二者的边际值相等的时候被确定下来。正是因为生产与营销、研发之间大规模的知识、技术等的流动,使得企业有动力进行外部市场的内部化。

二、对内部化理论的评价

(一)内部化理论的意义

首先,内部化理论的出现标志着西方国家直接投资研究的重要转折。垄断优势理论从市场的不完全和寡占的市场结构论述了发达国家对外直接投资的动机和决定因素,内部化理论则将国际贸易同国际直接投资结合了起来,从跨国公司所面临的内、外部市场的差异,国际分工、国际生产组织的形式等来研究对外直接投资的行为和动机。与其他对外直接投资理论相比,内部化理论具有较强的适应性,较好地解释了跨国公司的性质、起源,以及对外直接投资的形式等。它既可解释发达国家的对外直接投资行为,又可以解释发展中国家的对外直接投资行为,为跨国公司理论的进一步发展奠定了良好的基础。

第二,内部化理论较好地解释了跨国公司在对外直接投资、出口贸易和许可证安排这三种参与国际经济方式选择的依据。跨国公司通过对外直接投资使市场内部化,保持其在世界范围内的垄断优势,从而实现了公司利润的最大化,因此在这三种方式中居主导地位。出口贸易由于受到进口国贸易保护主义的限制,许可证安排由于局限于技术进入产品周期的最后阶段,因而均属于次要地位。

第三,内部化理论还有助于解释战后跨国公司的迅速增长。知识产品市场的内部化激励跨国公司在研究与开发方面投资巨额资金,为保持和扩展已有的技术优势而增加对外直接投资,推动了国际直接投资的高速增长。大型跨国公司的兼并和合并活动,以及研究开发领域的扩展,使其多样化经营程度进一步提高,也促进了国际直接投资的迅速增加。

(二)内部化理论的局限性

但是,内部化理论也存在着一些缺陷:

第一,就方法论而言,它是以一个阶段一国一类特定企业为研究对象,其结论相对于变化和发展的客观实际而言,必然具有静态特征和局限。同时,内部化理论主要是从微观的角度去寻找投资方的动机,忽视了受资国宏观经济因素、自然环境因素、客观基本条件等因素的影响。事实上,受资国的投资环境已越来越成为跨国投资的重要因素。

第二,内部化理论把投资国、受资国的优劣势绝对化、静态化,忽视了相对性、动态性、相互替代性。按照这一理论的市场不完全性观点,跨国投资应该更多地流向地域封闭、信息闭塞、运输成本高、要素市场不完善、非关税壁垒多的市场不完全性的发展中国家或地区。而事实和大量的实证研究表明,国际直接投资趋向于流向那些经济规模大、增长速度快、产权明晰、金融管制松、企业运行障碍低、政府清廉、市场发育完善的国家或地区。

第三,该理论对企业为什么到国外投资以及投资的地理方向不能做出较好的解释。企业为什么不在国内投资,在国内实行内部化,国内生产,然后将产品出口,而是到国外去进行直接投资,而且在母公司与国外子公司之间实行内部化呢?该理论对这些问题没有进行有说服力的解释。

第四,对于跨国公司对外拓展的解释,该理论只能部分解释纵向一体化(纵向并购)的跨国扩展,而不包括企业纵向一体化兼并的时机选择和企业特征的一般内容,更何况企业有时还会纵向分解。对于横向一体化(横向并购)、无关多样化(混合并购)的跨国扩展更无法解释,而这一点正好又是当今全球对外直接投资最重要的部分。在经济全球化背景下,跨国投资的动因已越来越趋向获得规模经济、技术协同效果、加强市场力量、消除过剩能力、整合和加强创新战略的研发等,已远远超过内部化理论以低成本内部转移而获取收益的目的。

第五节 国际生产折衷理论

一、国际生产折衷理论的主要内容

(一)理论的提出

国际生产折衷理论是英国经济学家邓宁(J. H. Dunning)于 20 世纪 70 年代提出的。国际生产是指跨国公司对外直接投资所形成的生产活动。邓宁认为,导致其提出这一理论的原因主要有两个:一是二战后尤其是 20 世纪 60 年代以后国际生产格局的变化。在 60 年代以前,国际生产格局是比较单一的,那时以美国为基地的跨国公司在国际生产中占有重要地位,国际生产主要集中在技术密集型的制造业部门和资本密集型的初级工业部门,投资主要流向西欧、加拿大及拉美国家,海外子公司大多采用独资形式。进入 60 年代以后,国际生产格局出现复杂化趋势,西欧和日本的跨国公司兴起,发达国家间出现相互交叉投资现象,一些跨国公司开始向新兴工业化国家(地区)和其他发展中国家投资,一些发展中国家的企业也开始加入到对外直接投资的行列之中,合资企业成为海外企业的主要形式。二是缺乏统一的国际生产理论。传统的理论只注重资本流动方面的研究,而缺乏将直接投资、国际贸易和区位选择综合起来加以考虑的研究方法。

邓宁还认为,自 20 世纪 60 年代开始,国际生产理论主要沿着三个方向发展:一是以海默等人的垄断优势理论为代表的产业组织理论;二是以阿利伯的安全通货论和拉格曼的证券投资分散风险论为代表的金融理论;三是以巴克莱和卡森等人的内部化理论为代表的厂商理论。但这三种理论对国际生产和投资的解释是片面的,没有把国际生产与贸易或其他资源转让形式结合起来分析,特别是忽视了对区位因素的考虑。

鉴于此,邓宁在 1977 发表的《贸易、经济活动的区位和跨国企业:折衷理论方法探索》一文中首次提出国际生产折衷理论,将厂商特定的资产所有权、内部化、国家区位三方面综合起来解释国际直接投资,为国际经济活动提供了一种综合分析的方法。

(二)主要内容

国际生产折衷理论认为,对外直接投资主要是由所有权优势、内部化优势、国家区位优势这三个基本因素决定的。

1. 所有权优势

所有权优势是指一国企业拥有或能够获得的、而国外企业所没有或无法获得的资产及其所有权方面的优势。邓宁认为,直接投资和海外生产必然会引起成本的提高与风险的增加,在这种情况下,跨国公司之所以还愿意并且能够发展海外直接投资,并能够获得利益,是因为跨国公司拥有一种当地竞争者所没有的比较优势,这种比较优势能够克服国外生产所引起的附加成本和政治风险。他把这种比较优势称为所有权优势,这些优势要在跨国生产中发挥作用必须是这个公司所特有的、独占的、在公司内部能够自由移动,并且能够跨越一定的距离的比较优势。它包括四个方面:①技术优势:专利、专有技术、管理经验、销售技巧、研究与开发能力等。②规模优势:公司规模越大,研究与开发能力也越大,越有利于技术创新;同时,公司规模越大,越能在国内外市场上获得规模经济优势。③组织管理优势:公司规模越大,越有利于高度专业化管理人才作用的充分发挥,有利于形成组织管理优势。④金融货币优势:公司规模越大,越能在国际金融市场上多渠道、低成本获得资金。上述所有权优势只是企业进行对外直接投资的必要条件,要更好地解释对外直接投资活动,还必须具备内部化条件。

2. 内部化优势

内部化优势是指企业将拥有的所有权优势在内部使用而带来的优势,即企业为避开外部市场机制的不完全性,通过对外直接投资方式,将所有权优势经过内部市场转移给国外子公司,从而取得更多收益。一家企业拥有了所有权优势,还不能说明它必然进行对外直接投资活动,因为它可以通过其他途径发挥和利用这些优势。一般而言,企业有两个途径发挥利用这些优势:其一,将所有权资产或资产的使用权出售给别国企业,即把资产的使用外部化;其二,企业自己利用这些所有权资产,即把资产的使用内部化。企业选择资产内部化还是外部化取决于利益的比较。由于外部市场是不完善的,企业所拥有的各种优势进行外部化使用有丧失的危险,因而,为了保持垄断优势,企业就存在对其优势进行内部化使用的强大动力,而不是向其他国家企业出售其特有优势。在国际直接投资中,资产使用的内部化就意味着跨国公司利用其拥有的资产开展对外直接投资。然而邓宁认为,一个企业具备了所有权优势,并且使这些优势内部化,还不能完全解释对外直接投资活动,还必须考虑导致直接投资的充分条件——区位优势。

3. 区位优势

区位优势是指跨国企业在投资区位上所具有的选择优势。拥有所有权优势和内部化优势的企业在投资之前必须进行区位选择,即在国内还是国外、在甲国还是在乙国投资生产,选择的标准是企业获利程度。区位优势的大小,决定了企业是否进行对外直接投资和投资地区的选择。区位优势包括直接区位优势和间接区位优势。前者是指东道国的某些有利因素所形成的区位优势,如东道国丰富的自然资源、广阔的商品销售市场、低廉的生产要素成本、吸引外资的各种优惠政策等。后者是指由于投资国的某些不利因素所形成的区位优势,如商品出口运输费用过高、东道国关税和非关税壁垒的限制、生产要素成本过高等。

邓宁认为,区位优势不仅决定了一国企业是否进行对外直接投资,还决定其对外直接投资的类型和部门。邓宁把对外直接投资划分为六种类型:资源开发型,生产或加工专业化型,贸易和销售型,服务型,其他。每一种类型的对外直接投资又是由不同的所有权优势、内部化优势和区位优势组合所决定的。

邓宁认为,跨国公司拥有的不同优势之间是相互关联的,其中,所有权优势和内部化优势是企业开展对外直接投资的必要条件,区位优势是对外直接投资的充分条件。这三方面因素的组合,不仅可以确定各种类型的直接投资,而且可以解释企业关于直接投资、出口销售和许可经营这三种经济活动的选择行为,如表6-1所示。

表 6 - 1　国际经济活动的方式选择

经济活动方式	所有权优势	内部化优势	区位优势
直接投资	√	√	√
出口销售	√	√	×
许可合同	√	×	×

根据表 6 - 1 所示,如果企业无区位优势,就不会选择对外直接投资方式;如果企业仅拥有所有权优势,则只能选择许可合同转让其无形资产;只有当企业同时拥有三种优势时,才会进行对外直接投资。

二、国际生产折衷理论的发展

20 世纪 80 年代以来,邓宁一直致力于进一步完善其国际生产折衷理论。他研究的重点是跨国公司所拥有的所有权优势、内部化优势和区位优势的根源,以及各国政府的管理对跨国公司的影响。

邓宁认为,跨国公司之所以会拥有所有权优势、内部化优势和区位优势,根本的原因是不流动的国际资源在各国间的分布不均衡。因为,用来解释国际贸易的要素禀赋理论同样也能解释国际直接投资。跨国公司进行国际直接投资的目的在于将出口本国拥有相对禀赋优势的产品与使用东道国拥有相对禀赋优势的资源相结合,以实现其利润最大化。而大多数以开发资源为直接目标的对外直接投资,可以用要素禀赋不均加以解释。当然,邓宁还强调,要素禀赋理论并不能完全揭示跨国公司拥有所有权优势、内部化优势和区位优势的根源。

邓宁认为,跨国公司之所以会拥有所有权优势、内部化优势和区位优势的另一个重要原因是国际市场存在的"缺陷",即不完全竞争。如果国际市场不存在"缺陷",那么拥有要素优势的企业只要参与市场交易,就可实现比较利益,无需发展对外投资。然而,现实的国际市场是不完全竞争的市场。跨国公司只有通过对外直接投资,运用内部交换机制来替代外部市场,才能避开国际市场的不完全性。邓宁把这种市场缺陷分为两类:一类是结构性市场缺陷,即海默论述的市场不完全;另一类是交易实施性市场缺陷,即在公开交易中不能有效运转的缺陷。这样,通过市场交易会给企业带来附加的风险,比如,通过市场获得的原材料可能有中断供应危险,出让技术专利可能有被接受者外泄和滥用的危险。而企业通过在国外建立子公司,通过国际直接投资进行生产,就可实现在企业内部转让产品和生产要素,以避免外部市场交易而带来的风险。

邓宁认为,要素禀赋理论和市场缺陷理论构成了国际生产折衷理论的基础。另外,东道国政府的管理政策也会对跨国公司的对外直接投资行为产生影响。

三、对国际生产折衷理论的评价

(一)国际生产折衷理论的意义

邓宁的国际生产折衷理论在企业优势的微观基础上,对国际直接投资动因从宏观的角度做出了新的解释,具有较强的实用性和科学性。

第一,折衷理论借鉴和综合了此前跨国公司理论的精华,采用了折衷和归纳的方法,将所有权优势、内部化优势和区位优势结合为一个有机整体进行研究,更为全面地分析了企业开展对外直接投资的动因和决定因素,在一定程度上弥补了以往理论学说的片面性和不完整性,因而该理论具有较强的解释力,被誉为解释跨国公司行为的"通论"。

第二,它与企业的国际经济活动的各种形式都有联系,涵盖和应用的范围宽;它能够较好地解释企业选择出口贸易、技术转让与对外直接投资的原因;将这一理论同各国经济发展的阶段与结构联系起来进行动态化分析,还提出了"投资发展周期"学说。

第三,对国际直接投资从动态角度进行分析,说明了随着时间的推移,经济发展水平的变化,一国不可能永远拥有某种比较优势。

第四,一国对外直接投资的规模效益主要取决于其所拥有的比较优势,一国可以依据比较优势发展对外直接投资,也可以依据其比较劣势吸引外国直接投资。

(二)国际生产折衷理论的局限性

邓宁的折衷理论虽然选取了以往各种理论中三个最关键的解释变量,并且注重各变量之间的相互关系,以弥补以往一些理论的片面性缺陷,但折衷理论仍然存在着很大的局限性,使之不能成为一种能够解释所有类型直接投资的一般理论。其局限性主要表现在以下几个方面:

第一,该理论强调几种因素之间相互依赖、相互决定的关系,以及这种关系对直接投资的共同决定作用,但忽视了这些因素之间的分立关系、矛盾关系对直接投资的作用。例如,东道国具有较强的区位优势,外国厂商没有什么所有权特定优势照样可在这样的东道国进行投资;又如,具有很强所有权特定优势的厂商照样会在区位劣势的国家进行投资。这些在不同因素之间存在矛盾关系情况下发生的直接投资显然不是国际生产折衷理论所能够解释的,因此这种综合理论并不具有一般解释力。

第二,该理论无力解释发达资本主义国家之间的交叉投资。日本、西欧和美国相互之间有着大量的跨国投资,其投资的动因是复杂的,而且投资企业的性质也不尽相同,从而难以仅用国际生产折衷理论来解释。例如,日本和英国的一些跨国公司,其科学技术落后于美国,也不具有所有权特定优势,但仍能对美国进行大量直接投资。

第三,该理论虽然是对以往各种理论的综合,邓宁将其称为一种"折衷主义"。但事实上它并不是完全意义的折衷,其基本论点仍然是有所侧重的,它主要依据的是内部化理论。在所有权优势、内部化优势和区位优势三者相互联系、共同决定的关系中,内部化优势起着核心作用。因此,这一理论所解释的对外直接投资,是以发达资本主义国家大型跨国公司为主要对象的,并不适合发展中国家特别是新兴工业化国家中小企业对外直接投资的情况。

第四,该理论无法解释混合结构类型跨国公司的对外直接投资。由于这类混合结构型的跨国公司的母国企业与国外各分支企业生产的产品大多属于不同的产业部门,而且在技术上并没有内在的联系,所以跨国公司的所有权特定优势就不可能体现在不同种类的产品之中。显然,混合结构型跨国公司的国外各分支企业生产的众多产品,也就不可能都体现出跨国公司的所有权优势、内部化优势和区位优势。

本章小结

(1)跨国公司理论是研究跨国公司对外直接投资的决定因素、发展条件及其行为方式的理论。第二次世界大战以后,尤其是20世纪60年代以后,跨国公司的崛起使国际直接投资迅猛发展,西方经济学者开始对这一领域产生了浓厚的兴趣,进行了广泛和深入的研究,形成了多种理论,其中最著名的有垄断优势理论、产品生命周期理论、边际产业理论、内部化理论和国际生产折衷理论等。

(2)微观主流理论主要以西方发达国家为背景,解释发达国家之间的国际直接投资现象。这种理论发展的特点是针对性强,不足之处是解释范围过于狭窄。20世纪70年代邓宁将已有的理论兼容并包,提出国际生产折衷理论,扩大了理论的解释范围。与此同时,日本中小企业对发展中国家大量的国际直接投资活动,促成了小岛清边际产业扩张论的产生。以上这些理论都是在不同的时代背景下产生的,每种理论都从不同的角度阐述了国际直接投资行为。因此,掌握每一种理论的主要内容,客观地看待该理论的贡献及局限性,为我们全面认识和分析当代国际直接投资的特征及趋势提供了有益的启示和借鉴。

关键术语

产品生命周期　边际产业　内部化　所有权特定优势　内部化优势　区位优势

思考练习题

1.海默的垄断优势理论认为跨国公司的垄断优势主要有哪几类?企业为何选择对外直接投资利用其垄断优势?

2.如何评价垄断优势理论?

3.产品生命周期的不同阶段如何决定企业对外直接投资的发生和发展?

4.如何评价产品生命周期理论?

5.边际产业扩张理论的核心是什么?

6.日本式的对外直接投资与美国式的对外直接投资有什么不同?

7.内部化过程可能产生的成本与收益分别是什么?

8.如何评价内部化理论?

9.国际生产折衷理论中的所有权优势、内部化优势、区位优势是什么?这三个因素如何决定国际经济活动的方式?

10.如何评价国际生产折衷理论?

第七章　跨国公司概述

> **本章要点**
>
> 1. 跨国公司的定义
> 2. 跨国公司的类型和特征
> 3. 第二次世界大战后跨国公司迅速发展的原因
> 4. 跨国公司的基本构成单位
> 5. 跨国公司的发展趋势

第一节　跨国公司的定义和特征

在当代世界经济生活中,跨国公司已经成为最活跃、最具影响的交换与竞争主体,跨国公司是当代国际投资活动中最为活跃的力量,他们不仅是国际直接投资的主体,而且是国际间接投资的主要参与者,对当代国际金融和国际贸易的发展都有着举足轻重的影响。

一、跨国公司的名称

(一)跨国公司名称的由来

最早提出跨国公司这个名称的是美国田纳西河管理局局长莱索耳,他于 20 世纪 50 年代末在康奈基工业大学工业经营管理学院创立一百周年纪念大会上说:跨越国界从事生产经营活动的经济组织,已经不再是单纯一国的企业,而是"跨国"的企业了。接着,他还于 1960 年发表题为《跨国公司》的文章。此后不久,美国《商业周刊》出版了一期有关跨国公司的专辑。从此,"跨国公司"这个名称逐渐流行起来。

(二)众多的名称

在 20 世纪 60 年代,从事跨国生产经营的企业名称仍多种多样,具体如下:①multinational corporation(多国公司),multinational enterprise(多国企业);②transnational corporation(跨国公司),transnational enterprise(跨国企业);③international corporation(国际公司),international enterprise(国际企业);④supernational corporation(超国家公司),superernational enterprise(超国家企业);⑤word corporation (世界公司),world enterprise (世界企业);⑥global corporation(环球公司),global enterprise (环球企业)等不同叫法。

其中,使用较多的是跨国公司、跨国企业、多国公司、多国企业、国际公司、国际企业。1965年以后,在美国哈佛大学出版的大量有关著作和论文中,都使用"多国公司"的名称。在此影响之下,西方经济学界和学术界也大量沿用"多国公司"的名称,而不用"跨国公司"的名称。即使现在西方原版文献里仍大量沿用 multinational corporation(多国公司)。

(三)逐渐转变的过程

1. 公司(corporation)与企业(enterprise)的选择

在对经济组织结构的多次调查中,经济学家们发现,从事跨国生产经营的组织大多是以股份公司形态出现的,而且较大规模的海外直接投资等经济活动也大多是公司所为。因此在生产经营跨国化的理论研究和实际管理中,"公司(corporation)"的使用频率不断增加,而"企业(enterprise)"一词逐渐被放弃。

2. MNC(multinational corporation)与 INC(international corporation)的比较

多国公司与国际公司的概念虽有联系,但并非完全相同,直到 20 世纪 70 年代,在许多有关的论著和论文中,这两个概念还经常被等同起来,其实这不仅是语言学上的错误,而且是经济概念上的错误,从语言学上分析,MNC 同时具备 internationality(国际性)和 multinationlity(多国性)的双重特征。

而 INC 只具备 internationality(国际性)的单一特征。也就是说 MNC 既具有在国与国之间进行业务活动的国际性,又具备在许多不同的国家进行业务活动的多国性;而 INC 仅仅具备在国与国之间进行业务活动的国际性,仅仅进行外贸的公司同样可以做到,所以 INC 逐渐被弃用。MNC 得以流行,即使现在很多人仍然沿用,这主要因为哈佛大学 20 世纪 60 年代出版的大量著作和论文都统一使用了"多国"一词,由于这些著作和论文流传广,影响大,沿袭至今也就不足为奇了。

3. 跨国公司(transnational corporation)名称的确立

20 世纪 70 年代初,联合国经济及社会理事会(经社理事会)组成了由知名人士参加的知名人士小组(后改名为跨国公司中心),对各种准则和定义进行了全面的考察和研究。在知名人士小组的报告(1973 年)《多国公司对发展和国际关系的影响》中,也采用了"多国"一词。不过报告中又指出,"跨国"一词似乎更好地表达了公司以本国为基地、跨越国界从事生产经营活动的含义。1974 年,经社理事会第 57 次会议讨论知名人士小组的报告时,一些代表,尤其是拉美国家代表在辩论中赞成使用"跨国公司"的概念。他们的理由是:在拉美一体化文件中,"多国公司"是指那些在安第斯国家组织赞助下、由该组织成员国共同创办和经营的公司;而那些以一国为基地、跨越国界从事生产经营活动的公司,不应叫"多国公司"而应叫"跨国公司"。经社理事会同意这些代表的看法,并在设立跨国公司委员会和跨国公司中心的 1908 号(LVI)和 1913 号(LVII)决议中用"跨国公司"取代"多国公司"。从此,"跨国公司"成为国际上普遍接受的专有名称。

二、跨国公司定义的纷争

跨国公司不仅在名称上有差异,定义也是众说纷纭,这反映人们对其含义的理解不同。关于跨国公司的定义,各派学者和各国政府都有不同的认识和解释,而且确定划分跨国公司的标准也不一致,有以跨国程度为划分标准,有以所有权法律基础为划分标准,有以经营管理特点为划分标准,有以综合因素为划分标准。但归纳起来,对跨国公司定义的划分标准大致可分为以下三种:

（一）结构性标准（structural criterion）

1. 跨国程度

强调企业生产经营的地区结构标准。该标准以公司在国外活动的国家数作为划分跨国公司的标准。英国著名跨国公司问题专家约翰·邓宁认为，跨国公司"简单地说就是在一个以上的国家拥有或控制生产设施（例如工厂、矿山、炼油厂、销售机构、办事处等）的企业"。这是迄今最为宽松的定义，但有学者指出，跨国公司一般应有相当广泛的地理分布，对于那些只在本国基地以外一或两个国家拥有子公司的企业，一般不能称之为跨国公司。欧洲经济共同体则认为至少在两国有生产设施，有的扩展到四、五个国家，甚至六个或者更多。国家越多标准越严格。

2. 所有权

以所有权作为划分跨国公司的标准。从企业所有权来看，一般认为，一个企业只有拥有国外企业的股份所有权才能构成跨国公司。美国法律规定为 10％以上，才可算作子公司；日本规定为 25％以上，如果不足 25％，必须是采取非股权安排措施加以控制的子公司。经济合作与发展组织则认为，跨国公司"通常包括所有权属于私人的、国营的或公私合营的公司或其他实体"。对于拥有国外企业股权的标准，目前普遍使用的权威性标准是国际货币基金组织提出的，跨国公司控制境外企业所有权的比重不得低于 25％。

3. 高级管理人员的国籍

以高级管理人员的国籍为划分跨国公司的标准。该标准认为高级管理人员是来自一个以上国家的企业才算是跨国公司。这就是说，跨国公司不但要在几个国家从事生产经营活动，而且还要聘用不同国籍的高级管理人员。在重视人力资源的今天，这个标准不难达到。因为公司要取得成功，就必须使用包括各国高级管理人才的资源。

4. 组织形式

以企业组织层次的安排和管理权限的配置为划分跨国公司的标准。该标准认为组织形式充分体现全球性地区差异或全球性产品差异的企业才称得上跨国公司。换言之，就是企业的组织形式，如企业组织层次的安排和管理权限的配置都必须平等地看待各国的目标市场，而不是偏爱本国的市场。这种"组织"结构标准比"跨国程度"结构标准和"人才"结构标准相对严格，但比"所有权"结构标准相对宽松。自 20 世纪 80 年代以来，全球经济一体化的浪潮日益高涨，许多公司纷纷调整自己的组织形式，以"组织"结构标准所下的定义开始受到重视。

（二）营业实绩性标准（performance characteristics criterion）

营业实绩性标准是指企业在海外的资产、利润、销售额、产值和雇员人数等必须在整个企业业务中达到一定百分比以上才能称为"跨国公司"。如同所有权标准，西方学者普遍认可 25％的海外业务份额。对于其中常用的销售额指标，一种观点认为营业额超过 1 亿美元的才能称之为跨国公司。代表人物是美国的雷蒙德·弗农（Raymond Vernon），他认为，"销售额低于 1 亿美元的这类公司不值得引起注意。"另一种观点是联合国贸发会议 1993 年的一份文件认为，年销售额在 10 亿美元以上的才能称作跨国公司。

（三）行为特性标准（behavioral characteristics criterion）

行为特性标准是指跨国公司应实行全球化经营战略，公司最高决策层从公司整体利益出发，以全球范围内利润最大化为目标，而不是局限于某地区市场的盈亏得失。持这种观点的人认为，结构性标准和营业实绩标准都不能真正说明跨国公司，只有从最高主管的思维和决策行为上才能判断出某一公司是否具有"跨国性"。美国经济学家霍华德·巴尔马特（Howard Perlmutter）认为，企业是否能从国内公司成长为具有严格现代意义的跨国公司，必须以其战略决策的取向作为重要标准。只有那些实现了全球取向战略决策，实行全球系统化决策的企业才能称得上是真正的跨国公司。

以上划分标准都有其侧重面，偏重表现某一特点。但是任一单项标准不仅不足以概括跨国公司的特点，而且是动态的：国外子公司的数目、营业额都会变化。一家公司由于情况变化，今年划为跨国公司，明年可能不划为跨国公司。

（四）流行较广的两大定义

1.哈佛大学弗农（Venon）教授的定义

1968年在弗农（Venon）教授的指导下，哈佛商学院展开了"跨国公司与国家"专题研究，在这项研究中，只有符合下列标准的公司才能被选为跨国公司：①1964年或1965年被《幸福》杂志列入美国500家最大工业公司；②到1963年底在海外六个国家以上有生产制造子公司，而且母公司拥有这些子公司25％以上的股权。这一定义有特定范围，主要指发达国家的大型跨国公司，这些公司包括年总销售额在一亿美元以上的美国跨国公司和年总销售额高于四亿美元以上的欧洲和日本跨国公司，而且要求子公司最低限度扩展到6个国家，该定义被称为狭义的跨国公司定义。

2.联合国经济及社会理事会提出的跨国公司定义

1973年，联合国秘书处申明："……根据经济及社会理事会决议所使用的词汇，'多国'在这里是广义的，适用于凡是在两个或更多的国家拥有和控制工厂、矿山、销售机构以及其他资产的所有企业。"稍后，在经济及社会理事会为设立跨国公司委员会和跨国公司中心的1908号（LVII）决议中，"多国公司"被改为"跨国公司"。综合起来看，跨国公司就是指"凡是在两个或更多的国家拥有和控制工厂、矿山、销售机构以及其他资产的所有企业"。

这个定义比弗农提出的要广泛得多，既包括发达国家大、中、小型跨国公司，也包括发展中国家和前苏联、东欧国家的跨国公司。这两个定义虽存在不少差别，但只是程度上的差别，即子公司地区构成的多少，以及经营规模等方面不同，而其共同之处是指跨国公司是在国外进行直接投资，开办从事生产经营的子公司的企业，它们从事着跨国的生产经营活动。广义的跨国公司定义逐渐受到肯定。

（五）跨国公司的三大要素

1983年联合国跨国公司中心发表的第三次调查《三论世界发展中的跨国公司》，指出跨国公司的三个要素，跨国公司的定义应指这样一类企业：①包括两个或两个以上国家的实体，不管这些实体的法律形式和领域如何；②在一个决策体系中进行经营，能通过一个或几个决策中心采取一致对策和共同战略；③各实体通过股权或其他方式形成的联系，使其中的一个或几个实体有可能对别的实体施加重大影响，特别是同其他实体分享知识资源和分担责任。

综上所述，究竟什么是跨国公司呢？跨国公司一般是指在当今科学技术发展和国际分工深化的条件下，利用其资金、技术、管理和组织等方面的优势，通过对外直接投资，在国外设立分支机构和被控制的子公司，形成生产、销售、研究与发展和经营的世界网络，实行全球战略，从事国际生产和其他经营的国际企业组织。一般而言，体现跨国公司主流的是那些财力雄厚、规模庞大、拥有先进技术和独特管理技术的大公司。他们在世界经济中构成一股强大的势力，从而在一定程度上左右着世界经济乃至各国经济的发展。

三、跨国公司的构成与类型

(一)构成形式

作为从事跨国生产经营的一般组织形式,跨国公司通常由母公司、子公司、分公司和避税港公司四种基本单位构成。

1. 母公司

母公司是指拥有直接投资,并对接受投资的经济实体进行控制的公司。它是在本国政府机构注册的法人组织,负责组织和管理跨国公司在海内外的全部生产经营活动。

2. 子公司

子公司是指在法律上独立于母公司,但实际上受制于母公司的经济实体。海外子公司,是在外国政府机构注册的法人组织,有较大的独立性,可以有自己的公司名称和章程、拥有自己的财产和资金、编制独立的资产负债表、成立子公司股东大会和董事会、对各项业务活动进行决策和管理。较大的跨国集团公司,在子公司之下往往还有独立的孙公司。

3. 分公司

分公司是母公司的一部分。它不是独立的经济实体,没有自己的公司名称和章程,其所有权属于母公司,日常的生产经营直接受母公司控制。实际上,只是受母公司委托,代表母公司在其所在国家进行各项业务活动。

2. 避税港公司

避税港公司是指跨国公司利用某些国家和地区对其境内的公司所得实行免税或低税的优惠政策,而在那里设立的公司。这种公司,一般不进行实物性生产经营活动,而是根据财务管理的需要进行利润、资金的拨付,通常被称为"纸上公司"。这样,跨国公司可将部分利润从高税率国家转移到免税或低税率国家的公司账户,达到"合理避税"的目的。

大多数跨国公司的基本构成单位是相同的,但人们仍然可以按不同的角度和标准把跨国公司分成不同的类型。

(二)具体类型

1. 按决策行为划分

按决策行为划分,跨国公司可分为三类:

(1)民族中心,即这类公司的决策行为主要体现本国,特别是母公司的利益。

(2)多元中心,即这类公司的决策行为是以众多子公司的权益为主要依据。

(3)全球中心,即这类公司的决策行为是以全球利益最大化为主要基点。

2. 按经营项目划分

按经营项目划分,跨国公司可分为以下三类:

(1)以经济资源为主的公司,该类公司业务主要涉及种植业、采矿业和石油开采业的生产活动。

(2)以加工制造为主的公司,该类公司主要从事零部件加工和机器设备制造业务。

(3)以提供劳务为主的公司(跨国银行等),该类公司主要向市场提供技术、金融、咨询、信息服务和营销诀窍等无形产品。

3. 按经营结构划分

按照经营结构的不同,跨国公司可被分为横向型、垂直型和混合型三大类。在跨国公司的理论研究和管理实践中,人们较多的采用这种分类方法。

(1)横向型跨国公司。此类公司主要从事单一产品的生产和经营,母子公司很少有专业化分工,但公司内部转移生产技术、销售技能、商标专利等无形资产的数额较大。如雀巢、可口可乐等公司,他们的大部分分支机构和母公司从事相同的产品生产。其特点与优势主要是:①地理分布多样化,即在不同的国家和地区设立子公司和其他附属机构,就地制造产品供应目标市场;②内部转让系统,即生产和经营同类产品的公司相互转让生产要素进而形成的系统。地理分布多样化有利于克服贸易保护主义的壁垒,维持原有市场,并开拓新的市场;而通过内部转让系统可以充分发挥自身优势,避开公开市场交易的缺陷。产品单一,或经济实力一般的企业一般采用这种方式。

(2)垂直型跨国公司。此类公司按其经营内容不同可分为两类:①母子公司生产和经营不同行业、产品却相互关联。它们是跨行业的跨国公司。如美国的美孚石油公司,它在全球范围内从事石油和天然气的勘探、开采,以管道、油槽和车船运输石油和天然气,经营大型炼油厂,从原油中精炼出最终产品,批发和零售几百种石油衍生产品。②母子公司生产和经营不同加工程度和工艺阶段的产品。它们属于同一行业,如很多大型汽车集团。一般大型跨国汽车公司都属于此类,它们在全球拥有众多的分支机构,公司内部实行专业化分工,分别从事铸造、发动机、齿轮、减速器、机械加工、组装和销售各工序的业务,并且实现了垂直型生产经营一体化。其特点是产品和行业多样化,而且这种多样化是有规定性的,即各种产品所涉及的行业之间具有互相衔接的关系。其内部一体化程度高,内部化优势明显。组建此类公司需要较强的管理水平,往往是大型跨国公司的理想选择。

(3)混合型跨国公司。此类公司经营多种产品,母子公司生产不同的产品,经营不同的业务,而且相互之间可能互不衔接,没有必然联系。日本的三菱重工公司就是如此。该公司原是一家造船公司,通过 20 世纪 60 年代的企业兼并转变为一家混合型跨国公司,其生产经营横跨许多部门和行业。其业务范围包括船舶、钢铁构件、原动机、原子能、机械、航空宇宙、专用/一般机械、空调、工厂建设、印刷机械、加工机械的 11 个大分类和上百个小分类,还有专门的售后服务公司和设备维护公司。中国的海尔集团在立足制造业的基础上也进军制药、餐饮、保险等不同类型和性质的行业,朝着混合型跨国公司发展。该类公司的特点是:产品和行业多样化,而且不相互衔接,其优势在于有效的减少风险。该类型的跨国公司通过把没有联系的各种产品及其相关行业组合在一起,可以起到"东方不亮西方亮"或"不把全部鸡蛋放在一个篮子里"的效果,从而降低公司总体所面临的风险;有利于加强生产和资本的集中,扩大公司规模,实现规模经济。因为没有衔接关系的产品和行业多样化方便了公司跨行业的兼并和发展,使公司面临更多的扩张机会。该类公司一般是产品多、跨行业和规模较大的大型跨国公司。

四、跨国公司的特征

(一)与国内企业相比较所具备的基本特征

跨国公司作为从事全球性生产经营活动的一般组织形式,具有共同的特征,这些特征在与国内企业的比较中充分显示出来,主要表现为以下五个方面:

1. 战略目标

国内企业的战略目标是以国内市场为导向的,他们偏重于在本国范围内有效地组织生产经营以实现利润最大化;而跨国公司的战略目标是以国际市场为导向,即公平地看待国内外市场,在世界范围内以最低的代价获取合适的生产要素,以最有效的方式组织生产经营,以最经济的手段推销产品,以最小的风险展开竞争,从而实现全球利润最大化。

2.运行机制

国内企业通常把营运过程的所有阶段(研究开发—投资建厂—生产制造—销售产品)放在国内进行,至多也只是把营运过程中的最后阶段——销售产品阶段部分——放在海外进行。其运行机制是内向、封闭型的;而跨国公司以整个世界市场为自己的活动舞台,它们通常把营运过程的所有阶段都部分或全部放在海外进行。其运行机制基本是外向、开放型的。

3.地理分布

国内企业主要局限于本国领土范围内,很少或几乎没有设在国外的、由自己直接控制的生产经营实体,其地理分布相对狭小。跨国公司在海内外建立起庞大的生产经营网络,它们不仅在国内拥有生产经营实体,而且在国外设立大量的、由自己直接控制的子公司和附属机构,其地理分布十分广阔。

4.组织结构

国内企业的组织结构是向国内业务管理倾斜的。它们的重要岗位和权限都主要集中于国内部门,而从事国外业务管理的部门则数量不多、权力有限,在整个企业的组织结构中处于次要地位。与之相适应,国内企业的涉外经济活动大多是以契约为基础,而不是直接对国外的企业实行控制;而跨国公司的组织结构带有浓厚的全球性色彩,即从事国内外业务管理的各部门在整个公司的组织结构中占有同等重要的地位。重要岗位的设立和管理权限的配置不是人为地偏重于国内部门或国外部门,而是取决于实现公司全球利润最大化的需要。

5.涉外经济活动

国内企业的涉外经济活动一般局限于国际流通领域,单独地从事一两项(如商品输出或劳务输出)涉外经济活动,并且这些活动不涉及在国外投资建立经济实体;而跨国公司则在世界经济的各个领域,全面的进行资本、商品、人才、技术、管理和信息等交易活动,并且这种“一揽子活动”是在母公司控制之下的,其子公司也像外国企业一样参加了当地的再生产活动过程。国内企业国内外经济活动的关系是松散的、有较大的偶然性。其涉外经济活动往往在交易完成后就立即终止,不再参与以后的再生产过程;而跨国公司国内外经济活动的关系则是紧密的,有其必然性,子公司受制于母公司。在分工协作的基础上,公司内部各单位的业务融为一体,相辅相成。国内企业的许多涉外经济活动是以国际市场为媒介的,交易的对方是另一家企业;而跨国公司的许多涉外经济活动则是在公司内部(母子公司之间、子公司与子公司之间)进行的,交易过程中没有其他企业参加。国内企业以产品出口作为向海外扩张的手段;而跨国公司则是以直接投资作为向海外扩张的主要手段。

(二)跨国公司的经营特征

跨国公司产生以来,不断地在适应外部竞争环境中发展演变。作为当代跨国公司,一般来说具有以下特征:

1.跨国公司实行全球战略目标和高度集中统一的经营管理

跨国公司通过对外直接投资,在世界范围内进行生产、配置,并把研究与发展、采掘、提炼、加工、装配、销售以及服务等生产过程和流通过程伸向世界各地,而把最高决策权保留在跨国公司总公司,总公司对整个公司的投资计划、生产安排、价格体系、市场安排、利润分配、研究方向以及其他重大决策分担责任。近年来,WTO的积极活动更加带动了跨国公司的发展。跨国公司在国际生产,国际贸易和国际资本流动等方面的影响日益增大。独特的组织形式和经营方式要求跨国公司实行高度集中统一的管理,要求子公司根据母公司的全球战略制订各自的经营计划及措施。

2.跨国公司向综合多种经营发展

虽然在19世纪末期,很多跨国公司就营业额来说已经具有当今世界公司的雏形,但真正的综合型多种经营的跨国公司,从20世纪70年代以后才得以迅猛发展,特别是随着世界范围内兼并和收购浪潮的发展,跨国公司的综合多种经营才得以形成。例如,美国杜邦公司和联合化学公司,英国柯尔兹化学公司,日本朝日化学公司和住友化学公司等化学工业公司,除了经营化学工业产品以外,还兼营制药、食品、化妆品、首饰工艺品、纺织、冶金、电子、化肥、农药、运输和旅馆业等各种行业。

多种经营给跨国公司营销带来极大的好处,主要体现在以下几个方面:

(1)增强垄断企业总的经济潜力,防止“过剩”资本形式,确保跨国公司安全发展,有利于全球战略目标的实现。企业的经营目的在于获取利润,而利润率的高低取决于企业如何筹划和组织生产、销售与分配这三道前后相衍生的环节。多种经营可以使跨国公司加强生产环节,进行低价值的投入,高价值的产出,从而降低生产成本,提高劳动生产率,达到利润最大化。

(2)有利于资金合理流动与分配,提高各种生产要素和副产品的利润率。资金的投入必须带来良好的投资效益,这是投资的必然性选择。生产要素组合的合理、经济与否直接决定着企业成本与劳动生产率的高低,国际间的生产要素组合也要优于一国自身。跨国公司就是国际性生产要素优化组合的一种灵活而又高效的载体。

(3)便于分散风险,稳定企业的经济效益。当今世界经济发展迅速,行业、种类日趋繁多,受各种因素的影响,各行业在年度之间状况波动很大,占据多个行业的跨国公司的经营,就不会因一项经营的波动而影响整个公司的收益。

(4)可以充分利用生产余力,延长产品生命周期,增加利润。

(5)能节省共同费用,增强企业机动性。

3.以开发新技术推动跨国公司的发展

新技术是“未来世界经济的引擎”,因此跨国公司之间在这方面展开了一场激烈的角逐。跨国公司以开发新技术推动其自身发展主要体现在以下两个方面:

(1)跨国公司在新技术革命中,始终保持领先地位。跨国公司在新的国际分工中,若要保持优势,或从一种优势走向另一种优势,就必须在研究与开发新技术、新工艺、新产品中,始终保持领先地位。跨国公司始终在新技术部门占领先地位,战后迅速发展起来的新兴工业,如汽车、石化、制药和电子工业等,几乎全部为跨国公司控制。

(2)跨国公司奉行特有的技术战略。它主要指跨国公司的技术转移战略,跨国公司在全球范围内比较生产成本,选择最佳生产基地,以确保高额利润。一般来说其技术转移战略分三步走:首先,把研制的专利技术应用于母国的国内生产,垄断国内市场,并通过产品出口满足国外市场的需要;其次,经过若干年后,再将新技术转让给设在其他发达国家里的子公司,取得当地市场的技术优势;再次,又过若干年后,再向发展中国家的子公司转让技术。

4.跨国公司从利用价格竞争手段,转向非价格竞争手段争夺世界市场

传统的价格竞争是指企业通过降低生产成本,以低于国际市场或其他企业同类商品的价格,在国外市场上打击和排挤竞争对手,扩大商品销路。非价格竞争是指通过提高产品质量和性能,增加花色品种,改进商品包装及装潢、规格、改善售前售后服务,提供优惠的支付条件,更

新商标牌号,加强广告宣传和保证及时交货等手段,来提高产品的素质、信誉和知名度,以增强商品的竞争能力,扩大商品的销路。目前跨国公司主要从以下几个方面提高商品的非价格竞争能力:①提高产品质量,逾越技术贸易壁垒;②加强技术服务,提高商品性能,延长使用期限;③提供信贷;④加速产品升级换代,不断推出新产品,更新花色品种;⑤不断设计新颖和多样的包装装潢,注意包装装潢的"个性化";⑥加强广告宣传,大力研究改进广告销售技术。

　　5.跨国公司扩大内部贸易

　　跨国公司内部贸易在整个国际贸易中也具有举足轻重的地位。跨国公司的内部贸易是指跨国母公司与国外子公司之间以及国外子公司相互之间在产品、技术和服务方面的交易关系。20世纪70年代以来,不断发展的跨国公司内部贸易日益呈现出巨大的重要性,不仅对国际贸易体系和贸易方式,而且对国际贸易的发展趋势都产生了很大影响。

　　与跨国公司之间的国际贸易相比,跨国公司内部贸易有以下特点:

　　(1)一般来说,在研究与开发密集度较高产业部门中的公司内部贸易,比研究与开发密集度低的部门高。公司内部贸易呈现这种特点的原因,主要是跨国公司之所以能够从事海外经营活动,是因为它们在技术和管理上拥有某些优势,而这些优势的获得往往是以付出高昂的研究与开发费用为代价。为了保持企业在技术和管理上的垄断优势,为了不使已付出的高昂代价付之东流,将所有交易都在公司内进行,不失为一种明智的选择。

　　(2)公司内部贸易的产品构成主要是最终产品,其次是有待加工和组装的中间产品。经系统的研究证明,公司贸易的内部化率与产品的加工程度呈正比关系,即产品的加工程度越高,其内部化率越高;反之,则内部化率越低。

　　(3)公司内部贸易的价格不依国际市场供求关系而变化,而是采用转移价格的方式进行。这不仅是公司内部贸易区别于公司间贸易的一大特点,而且是跨国公司问题研究的一个重要课题。

第二节　跨国公司的产生与发展

　　跨国公司是伴随国际资本流动规模的扩大而逐步产生与发展起来的。跨国公司是科学技术和社会生产力发展的结果,是生产集中、资本集中和经济国际化的产物,是当今世界国际经济技术合作的新型企业组织形式。

一、跨国公司的产生

(一)产业资本国际化是跨国公司形成的基础

　　跨国公司的出现同资本国际化有着密切的联系,资本国际化的发展过程大致有以下三个阶段。

　　1.商品资本国际化

　　在自由资本主义阶段,国际经济往来的主要特征是商品输出,即商品资本的国际化。商品资本的国际运动主要借助于国际贸易形式进行。一般意义上的商品国际流动早在16世纪就已经出现了,但作为资本意义上的商品国际流动是在资本主义生产方式确立以后出现的,并且随着资本主义生产方式的发展不断得到发展。投在对外贸易上的资本能获取更大的利润,驱使资本家去开拓国外市场,同时对外贸易能调节资本主义再生产的顺利运行,资本家还可以利用对外贸易来缓和和转嫁国内的经济危机。在资本原始积累的历史上,出现了奴隶贸易、鸦片贸易和殖民地贸易等特殊的对外贸易。二战后,随着世界上多数国家经济的迅速发展和国际分工的深化,国际贸易迅速增长,使当代商品资本的国际化呈现出如下新特点:①国际贸易中的商品结构发生了重大变化,高科技产品和服务产品在世界贸易中的份额不断扩大;②不同国家部门内贸易迅速发展;③国际贸易手段日益现代化;④贸易自由化不断发展。

2.货币资本的国际化

在垄断资本主义阶段,国际经济往来除了商品资本国际化外,新的特征是资本输出,主要是货币资本的国际化。所谓货币资本国际化,是指货币资本作为世界货币发挥的职能和它作为借贷资本在国际金融市场上的运动。以借贷资本输出的货币资本,流动的方式大致分为两种类型——国际信贷和证券投资。具体而言,前者又可分为短期信贷和中长期信贷;后者则可分为政府债券、公司债券和公司股票。货币资本的国际化,尤其是国际借贷资本的发展,对现代资本主义生产方式产生了非常重要的影响。首先,借贷资本的国际流动为生产资本家和商业资本家的国际性经营活动提供了融资和投资的渠道,从而提高了资本的配置效率;其次,国际资本市场具有信息导向功能,为资本主义国家政府干预经济活动提供了信息依据,在一定程度上保障了开放经济的平稳运行;再次,大量创新金融工具的出现,为资本家的投机活动提供了适宜的条件,而国际虚拟资本运动的膨胀成为国际金融危机爆发的隐患;最后,对发展中国家具有双重意义。一方面,货币资本的国际流动有利于发展中国家吸引外来资金,选择外向型经济。另一方面,国际短期资本在发展中国家的肆意出入,又成为发展中国家经济动荡的导火索。

3.生产资本国际化

二战后,在商品资本和货币资本国际化的基础上,生产资本国际化迅速发展。生产资本的国际化是指资本在国外直接进行生产性投资,把生产价值和剩余价值的活动由国内扩大到国际范围。其特征是投资于直接生产过程中的生产资本输出猛增,资本国际化由流通领域发展到生产领域,企业在国外投入生产资料,直接控制国际生产,从而形成了跨国公司。跨国公司是国际直接投资的载体,也是国际直接投资的主体。所以产业资本的国际化是跨国公司的形成基础。

(二)跨国公司的先驱

早期的跨国公司起源于 19 世纪 60 年代。当时在发达的资本主义国家,一些大型企业通过对外直接投资,在海外设立分支机构和子公司。当时具有代表性的是 3 家制造业企业:一是德国的费里法克·拜耳化学公司。该公司于 1865 年投资购买美国纽约州爱尔班尼的苯胺工厂的股票,不久就把它吞并为自己的公司。二是瑞典的阿佛列·诺贝尔公司。该公司于 1866 年在德国汉堡开办了一家炸药工厂。三是美国的胜家缝纫公司。该公司于 1867 年在英国的格拉斯哥建了一家缝纫机装机厂,开始它以格拉斯哥的产品供应欧洲和其他地区的市场,到 1880 年,又在伦敦和汉堡等地设立销售机构,负责世界各地的销售业务,这家公司可以称得上是美国第一家以全球市场为目标的早期跨国公司。随后,美国的威斯汀豪斯电气公司、爱迪生电气公司、伊斯特曼·科达公司以及一些大石油公司先后到国外活动,英国的尤尼莱佛公司、帝国化学公司、瑞士的雀巢公司等都在这一时期先后到国外投资设厂,开始跨国性经营。虽然,这些公司当时的实力、规模和分布范围都十分有限,但它们较早地通过对外投资,组织跨国生产经营,因此被称为跨国公司的先驱。

二、跨国公司的发展

综上可看出,在第一次世界大战前,跨国公司处于萌芽阶段,公司当时的实力、规模和分布范围都十分有限;两次世界大战之间的发展依然十分缓慢;跨国公司在广度上和深度上空前的发展还是第二次世界大战以后。

(一)两次大战间的缓慢发展

两次世界大战期间对外投资数额徘徊不前,增长缓慢。1913 年到 1938 年的 25 年期间,仅增加了 70 亿美元,增长 16%,年平均增长 0.6%,其中间接投资比重下降,从 1913 年占 90%下降到第二次世界大战前夕的 75%,但仍居主要地位,绝对额未减少。对外直接投资有相当增加,主要资本主义国家对外直接投资的绝对数额增加了两倍,比重也有较大提高,其中美国对外直接投资上升为第二位,仅次于英国。同时对外直接投资的行业扩大,对制造业投资比重有较大提高,美国 1914 年的对外直接投资以矿业居首位,1940 年即以制造业居首位。

世界直接投资在此期间发展缓慢,主要原因是:两次战争的破坏,投资损失,战争债务负担和国家重建费用巨大,除美国外,其他国家对外直接投资确有困难;面临 1929－1933 年空前的世界经济危机,经济大萧条造成直接投资不振;各国相互实行保护贸易政策,影响国际贸易的扩展;货币制度混乱,利用货币贬值作为贸易战的手段,阻碍了跨国公司的经营管理;卡特尔制度盛行,分割世界,其控制范围扩大到生产和投资,也阻碍了对外直接投资的发展。

(二)二战后的迅猛发展

跨国公司虽然从它的先驱开始至今已经有一百二十多年的历史,但跨国公司在广度上和深度上的空前发展是二战以后。二战后跨国公司迅速发展的主要表现和特征是:

1. 对外直接投资直线上升,跨国公司数量剧增

二战后,全世界范围内对外直接投资迅速发展,其直接促进了跨国公司的迅速发展。跨国公司的对外直接投资占主要资本主义国家对外投资的 70%以上,且主要是私人对外直接投资,跨国公司成为私人对外直接投资的物质载体。据 1968—1969 年期间统计数据显示,主要发达市场经济国家拥有的跨国公司数目为母公司 7 276 家,分、子公司为 27 300 家以上;1978年分、子公司约为 82 266 家;1980 年分、子公司约为 98 000 家;1987 年母公司约为 20 万家,分、子公司为 10 万家以上;1992 年母公司为 3.73 万家,分、子公司近 21 万家。据联合国《2000 年世界投资报告》,截至 1999 年底,跨国公司为载体的世界对外投资存量达到 50 000 亿美元。跨国公司数量就达到 6.3 万家,其附属公司至少达到 69 万家。跨国公司的经营活动已经扩展到所有国家的所有经济领域,成为世界经济中一支强大的力量,占据全球生产的 40%、国际贸易的 60%、国际投资的 90%、技术贸易的 60%,技术转让的 80%,研究开发的 90%,使以国家为主体的世界经济逐步向以跨国公司为主体的世界经济转化。

2. 投资主体多元化,但发达国家仍居主导地位

在 20 世纪 80 年代之前,美国跨国公司的数目、规模、国外生产和销售均居世界首位。1960 年美国对外直接投资占世界对外直接投资总额的 71.7%,1970 年占 62.9%,1981 年为42.9%。进入 20 世纪 80 年代以来,投资多元化格局进一步发展,日本和西欧各国的投资地位不断上升,1968 年日本在国外的净资产仅为 3 亿美元,到 1985 年猛增为 1 300 亿美元。广大发展中国家也积极参与对外投资,组建跨国公司,20 多年来获得了一定的发展,从而形成了对外投资主体和跨国公司来源多元化的格局。但是发达国家仍居于主导地位,世界 500 强依然以发达国家的跨国公司为主。

3. 国际投资流向发生了变化

近年来国际资本一反过去由发达国家向发展中国家投资,形成以发达国家相互对流的投资趋势。这主要和发达国家的投资环境较好有关。20世纪80年代末,发达国家吸引了全部国际直接投资的75%以上,流向发展中国家的直接投资不足25%。发展中国家的对外直接投资从以发展中国家为主要对象,到日益重视对发达国家的投资。

4. 对外直接投资的领域发生变化

20世纪60—70年代,跨国公司的投资主要集中于工业领域,而20世纪80年代以来,服务业跨国公司迅速发展。到80年代中期,对服务业的直接投资占当年对外直接投资总额约40%。2001年以金融和保险为首的服务业占美国国际直接投资流入量的1/3。随着各国服务行业开放程度的逐渐扩大,服务业跨国公司将得以更迅速地发展。

5. 各国对外直接投资发展不平衡

总体而言,发达国家在对外直接投资领域依然居于主导地位,发展中国家虽有所发展但仍显薄弱。在发达国家之间的竞争中,日本后来居上,在20世纪80年代曾一度取代美国成为对外投资第一大国。但是20世纪90年代美国经济也得以快速发展。发达国家在对外投资领域是在竞争中求发展。

总之,跨国公司这些年来得到了突飞猛进的发展,在发展的过程中不断涌现出新的特征。

(三)战后跨国公司迅速发展的原因

1. 战后世界科学技术革命和世界生产力的发展

20世纪50年代开始的以原子能、电子为代表的第三次科技革命,无论是广度和深度都超过了前两次,大量科技成就广泛应用于生产,出现了一系列新产品、新技术和新兴的工业部门,大大促进了生产力的发展。生产力的发展,要求更多的原料和销售市场,要求生产和销售的国际化。科学技术革命的发展为跨国公司奠定了物质基础。而世纪之交的第四次以互联网和生物科技为代表的科技革命带来的跨国经营便利,尤其是现代交通运输和通讯的发达,大大缩短了国与国之间的空间距离;海运技术大发展,运输量加大、及时、价廉,为各国之间经济联系提供了必要保证,使跨国公司有可能把各地的子公司紧密联系起来形成整体,实现它的全球战略目标和战略部署。

2. 生产和资本的集中,"过剩"资本的增加

战后发达国家生产和资本不断集中,垄断程度加深。拥有大量资本和先进技术的垄断企业,迫切要求到国外寻找有利的投资场所和销售市场。如美国的垄断资本在两次大战中发了横财,积聚了巨额资本。

3. 国际分工的深化,生产和资本的国际化

随着科技革命的发展,生产和资本的集中,战后国际分工在广度和深度进一步发展,大大加强了各国之间的互相依赖和协作。各国之间的国际分工已经不局限于部门之间的分工,国际经济联系也不仅局限于商品流通领域,而进入了生产领域。国际分工转向部门内部分工,产品专业化,零部件专业化和工艺专业化的发展,大大促进了生产国际化和资本国际化。因此,跨国公司的发展也是战后生产国际化和资本国际化的客观要求。

4. 各国政府扶植和鼓励跨国公司向外扩张

跨国公司的迅速发展也是二战后政府加强对经济生活的干预、支持本国企业向海外扩张的结果。二战后各国政府制定了各种各样的政策措施,为跨国公司的海外活动提供了条件。

①政府通过与他国签订避免双重课税协定、投资安全保证协定来减轻跨国公司的纳税负担,保证跨国公司海外投资的利益与安全。通过与他国缔结贸易条约,使本国企业在缔约国享受尽可能充分的国民待遇。②政府通过设立的专门银行向公司提供各种优惠贷款和参股资金,为公司的海外扩张提供资金支持。通过税收优惠资助企业的研究与开发活动,以提高其产品的竞争力。③有些国家政府还动用自身的力量为公司海外投资创造条件。最为突出的是美国,二战后美国执行帮助欧洲经济复兴的马歇尔计划,他的附加条件就是要求受援国实行资产非国有化,允许外资自由进入。同时,战后殖民体系瓦解,发展中国家要求发展民族经济,由于缺少资金、技术和管理经验,也希望引进发达国家跨国公司的资本和技术。发达国家也企图利用跨国公司作为工具,保住它在发展中国家原有的经济利益。

5. 战后国际市场的激烈竞争,发达国家政治经济发展不平衡

战后初期,美国在经济上占绝对优势,后来西欧经济逐渐恢复发展,争夺西欧市场十分激烈。20 世纪 70 年代以来,美国经济相对削弱,西欧、日本经济崛起,加快了对外投资步伐,在国际范围内同美国的跨国公司进行争夺,国际市场的争夺大大促进了跨国公司的发展。

6. 跨国银行的发展

跨国银行是跨国公司的一个亚种。战后跨国银行的迅速发展对跨国公司的发展起着推动作用。一种情况是跨国银行通过投资或参股,本身成为跨国公司;另一种情况是跨国银行运用自己庞大的金融资产和遍及全球的金融网络为跨国公司提供资金往来和融通的便利,推动跨国公司的发展。

三、新世纪跨国公司发展的新趋势

近年来,跨国公司在不断地发展和演变,呈现出不同的特征和发展趋势,具体如下:

(一)生产全球化程度日益提高

20 世纪 90 年代初期,全球约有 37 000 家跨国公司,至少有 170 000 家海外分支机构。其中,有 33 500 家跨国公司的母公司来自发达国家。截至 2004 年底,跨国公司的数量上升到约 70 000 家,至少有 690 000 家海外分支机构,海外分支机构中几乎有一半位于发展中国家。

跨国公司在世界经济中的作用继续上升,如表 7-1 所示,就绝对值而言,跨国公司海外分支机构的销售额、增加值、资产、雇员和出口额都显示出上升趋势。

表 7-1 跨国公司在国际生产中的地位　　　　单位:亿美元

项　目	2000 年	2001 年	2002 年	2003 年	2004 年
海外分支机构销售额	156 800	185 170	176 850	169 630	186 770
海外分支机构增加值	31 670	34 950	34 370	35 730	39 110
海外分支机构资产	211 020	249 520	265 430	321 860	360 080
海外分支机构出口	35 720	26 000	26 130	30 730	36 900
海外分支机构雇员(千人)	45 587	53 581	53 094	53 196	57 394

资料来源:联合国贸易与发展会议. 世界投资报告[R]. 2001-2005。

可见,新世纪以来,跨国公司的生产全球化程度逐年迅速提高。

(二)研发活动进一步趋向国际化

研发是跨国公司价值链中国际化程度最低的环节。相对于研发而言,生产、销售和其他功

能的国际化速度要快得多。然而,跨国公司的海外研发活动的发展并不晚。研发国际化可以追溯到国际直接投资的初期,跨国公司为了在东道国销售产品,不得不在东道国对本公司技术进行适应性地改进和调整,以适应当地消费者的需求。二战后,随着一些跨国公司将基础研究中心扩展到其他国家,跨国公司的研发国际化逐渐升级为基础研发的国际化。发达的小国家在其他国家开展创新型研发活动,以克服本国经济发展在资源方面的局限性,主要体现在以下几个方面。

1.跨国公司海外研发的比重逐渐上升

跨国公司海外研发占本公司研发的比重逐渐上升趋势明显。在英国、美国和其他欧洲小国,跨国公司大规模的海外研发活动开始于20世纪80年代,这一趋势在20世纪90年代明显加剧,近些年来发展更快。就研发的行业而言,根据联合国贸易与发展会议的调查,化学和制药行业是研发国际化程度最高的行业。

2.跨国公司海外研发在东道国研发体系中的作用日渐上升

跨国公司研发国际化程度的日益提高也体现为跨国公司海外分支机构在东道国研发活动中的重要性日益上升。1993年,跨国公司海外分支机构的研发支出约为290亿美元,占全球企业研发支出的10%。2002年,海外分支机构的研发支出金额翻了一倍,达到670亿美元,占全球企业研发支出的16%。

3.发展中国家逐渐成为跨国公司海外研发投资的东道国

发达国家目前仍然是跨国公司海外研发投资的主要东道国,但跨国公司更多地在发展中国家开展研发活动的趋势日渐明显。此外,跨国公司在发展中国家从事研发活动的类型已经发生改变:由传统的为适应当地需求而进行的产品或工艺改进,转变为跨国公司全球研发体系的关键节点。同时,发展中国家参与跨国公司全球研发体系的程度发生了极大的改变,显示出明显的提高。以美国为例,1994年,发达国家占美国跨国公司海外研发支出的比重为92%,截至2002年,该比重下降了8个百分点,欧盟所占的比重下降了11个百分点,日本的比重下降了3个百分点。发达国家损失的份额被发展中国家所获取,亚洲国家几乎独占了发达国家损失的份额。中国、新加坡、中国香港、马来西亚和韩国是主要的发展中东道国。发展中国家在跨国公司海外研发投资东道国中所占的比例由7.6%上升为13.5%。各种调查与分析表明发展中国家作为目的地和与服务有关的研发投资呈现上升的趋势。

4.发展中国家跨国公司的海外研发投资开始起步

研发国际化投资中一个值得关注的新趋势是来自于发展中国家的跨国公司在海外开展研发投资。由于这是一个新现象,发展中国家的海外研发投资金额仍然很小。但是自20世纪90年代末期以来,绝大多数来自亚洲的发展中国家跨国公司在全球公司研发支出方面的排名逐渐上升。一些发展中国家的跨国公司开展海外研发投资的目的在于从发达国家的知识基地获取知识。此外,发展中国家之间的研发投资的案例也逐渐增多。大量来自于马来西亚、韩国、新加坡和泰国的公司在印度建立了与软件开发有关的研发机构。印度跨国公司也在开展全球化研发投资,主要集中于为特定地区市场的顾客服务。韩国跨国公司只是在20世纪90年代才开始在海外设立研发分支机构。最近的一项关于中国大型跨国公司的研究显示,截至2004年底,中国大型跨国公司共有77家研发单位,其中有37家位于海外。在37家海外研发单位中,26家位于发达国家,其中,美国和欧洲各有11家,其作用主要是作为监听站或者发挥产品设计的作用。其他11家海外研发单位位于发展中国家,规模比较小。华为和海尔是在发达国家开展研发投资的代表,电子行业的其他中国公司也已经在印度建立研发中心,其定位是离岸软件开发。

(三)服务外包方兴未艾

国际服务外包的扩张导致了跨国公司新现象的出现,即跨国公司为其他公司提供服务,就像制造业中的合同制造商一样。外包与离岸外包不完全相同,外包指将生产或服务外包给母国的第三方服务提供商,离岸外包指将生产或服务外包给位于国外的第三方提供者,后者可以是东道国当地的公司,也可以是其他跨国公司的外国分支机构。就现实来看,服务离岸外包仍然处于发展的初期阶段。但是在可预见的将来将会加速发展。2004年一项针对美国公司的研究表明,25%的美国公司实行了服务的离岸外包,79%的被调查者表示他们计划在两年内开展离岸外包。所以可以说服务外包方兴未艾。

1.开展服务外包的动因

开展服务外包的动因主要体现在以下两个方面:

(1)降低成本是导致离岸外包的主要原因。各类研究都证实,绝大部分公司都把降低成本作为在海外设立分享型服务中心的理由。节约成本可以通过寻求成本更低的投资区域,增强业务,降低基础设施、培训和管理的成本。资料表明:美国银行业在1999—2002年期间通过将银行部分服务外包给印度,节省了80亿美元的成本。具有外包经历的主要欧洲跨国公司的80%声称,外包可以节省20%~39%的成本(贸发会议和RBSC,2004)。成本节省使得公司能够降低其产品和价格或者提高其收益,提高其竞争力。

(2)提高质量被看做欧洲跨国公司实施离岸外包的收益。当外包公司的后台服务变成服务供应商的前台服务时,服务供应商将会更加关注质量。

2.服务外包的影响

服务外包无论是对东道国还是母国都会产生影响。

(1)对东道国的影响。出口导向型的FDI对东道国的经济发展有重要的影响。那么对外包服务的吸引可以迅速地增加就业机会,尤其是在所要求的技术已经存在的条件下,更能发挥技术优势,进而扩大出口,改善出口商品结构。以印度为例,印度凭借本国的英语语言优势和大量的专业人才优势,吸引了大量的跨国公司在印度开展服务离岸外包,承包了外国跨国公司大量的软件开发、后台服务、呼叫中心服务,这使得印度的服务出口迅速扩张。被外包给印度的IT服务显示出向价值链高端转移的趋势。

(2)服务外包对母国的影响。离岸外包在本质上是作为对比较优势反应的一种生产转移的表现。它体现了这种转移的所有优势和成本。它不是一种零和博弈。相反,它为发达国家提供了三项好处:一是用于降低成本和(或)提高质量的离岸外包可以使得母国受益。二是离岸外包使得母国或者进口国能够转向生产能力更高、价值更高的活动。三是出口东道国将其部分出口收入用于进口工业化国家出口的先进产品。

(四)无母国型跨国公司的出现

迄今为止,全世界绝大多数的跨国公司是有"国籍"的,或者说是有其母国的。跨国公司母国的含义主要是:

(1)公司成长国。在此诞生、成长壮大,直至走出去成为跨国公司。

(2)总部所在国。公司的经营决策、财务以及若干重要链节如研究开发和生产的部分活动仍保留在此。

（3）权力和利益首要国。公司的主要所有者和管理者持该国国籍，该国是最大受益国。

但是随着全球化程度加深，以及跨国公司越来越重视本地化，无母国型跨国公司已经开始出现，并逐渐成为新的趋势。以新兴的 IT 行业中的趋势科技公司为例。趋势科技公司以杀电脑病毒软件起家，是个多总部的跨国公司，公司的财务总部放在日本东京，其全球营销总部设在美国硅谷，研发中心设在中国的台北和南京，全球客户服务中心设在菲律宾的马尼拉，行政总部则设在爱尔兰。趋势科技公司 1998 年 8 月在日本东京证券交易所上市，但其日本股东只占 25％ 的股权，在美国、中国、欧洲各地都有很多股东，股份非常分散。趋势科技公司的最高决策机构是由来自六个国家的 13 位高管组成的。很显然，趋势科技公司的方方面面无一不体现出全球化无母国的色彩，是一家无母国型跨国公司。若要论及无母国型跨国公司的产生原因，互联网等 IT 技术的进步，应是促成这种超国界企业崛起的技术基础。为了超越各国之间的时差与文化，无时无刻不要通过电子邮件、短信或视频会议进行沟通，营运管理有如虚拟的电脑网络。这样不断地累积经验，必然使得跨国公司能够进而整合全球营运网络，变成新型的企业典范。由单母国型跨国公司的原始形态逐渐演变，跨越双母国型跨国公司和多母国型跨国公司，直到成长为无母国型跨国公司。随着经济全球化浪潮的发展，包括发展中国家跨国公司的蓬勃成长，以及跨国公司与其母国利益冲突的逐渐增加，人们对跨国公司母国问题的原有的关注点已经减弱或转移。世纪之交跨国公司发展的一个新趋势就是当地化，无论美国或欧洲的跨国公司，以至日本的跨国公司都在努力使得自己比竞争对手更当地化。当地化的直接含义是跨国公司尽最大可能与当地的政府和民众利益保持一致；从另一个角度看，正是一种可称之为"去母国化"（减少母国性）的行为。这种趋势发展的结果，必然产生大量"弱"母国型以至无母国型的跨国公司。这种新的经济形态的发展，对人类的政治、经济、社会和文化诸方面会产生什么影响，应该是人们予以关注和研究的新课题。

综上所述，跨国公司产生于 19 世纪 60 年代，二战以前一直发展比较缓慢，二战后在美国的推动下获得了快速的发展；20 世纪 80 年代日本和欧洲的跨国公司纷纷兴起，赶超美国。新世纪以来，在经济全球化和国际化的今天，跨国公司更是发生了日新月异的变化，不断地涌现出新的特征，使跨国公司的内涵越来越丰富。

本章小结

（1）跨国公司及其特征。跨国公司，一般是指在当今科学技术发展和国际分工深化的条件下，利用其资金、技术、管理和组织等方面的优势，通过对外直接投资，在国外设立分支机构和被控制的子公司，形成生产、销售、研究与发展和经营的世界网络，实行全球战略，从事国际生产和其他经营的国际企业组织。跨国公司与国内企业相比，其不同主要体现在以下几方面：战略目标；运行机制；地理分布；组织结构；涉外经济活动等方面。就跨国公司自身而言，其经营特征也有其特殊性，主要表现在：跨国公司实行全球战略目标和高度集中统一的经营管理；跨国公司向综合多种经营发展；以开发新技术推动跨国公司的发展；跨国公司从利用价格竞争手段，转向非价格竞争手段争夺世界市场；跨国公司扩大内部贸易。

（2）跨国公司的产生和发展。在跨国公司不同的发展阶段其具有不同的特征。新世纪以来，跨国公司发展呈现出新趋势：生产全球化程度日益提高；研发活动进一步趋向国际化；服务外包方兴未艾；无母国型跨国公司的出现等。

关键术语

跨国公司　多国公司　国际公司　母公司　分公司　子公司　避税港公司　横向型跨国公司　垂直型跨国公司　混合型跨国公司　多母国型跨国公司　无母国型跨国公司　跨国公司的发展阶段　跨国公司的发展趋势　服务外包　跨国公司研发

思考练习题

1. 试述并比较各种标准下跨国公司的定义。
2. 跨国公司按经营结构划分的类型有哪些？各种类型有哪些特征和优势？
3. 第二次世界大战后跨国公司迅速发展的原因有哪些？
4. 跨国公司由哪些基本单位构成？各基本单位的内容是什么？
5. 跨国公司主要有哪些特征？
6. 20 世纪以来，跨国公司主要有哪些新的发展趋势？试分析产生新趋势的原因。

第八章 跨国公司国际直接投资方式

本章要点

1. 跨国公司国际直接投资方式的类型
2. 跨国购并的特点
3. 跨国战略联盟出现的原因
4. 跨国公司国际直接投资方式选择的影响因素

第一节 股权参与

一、股权参与方式及其特点

股权即所有权,它是支配企业的关键。股权参与(equity participation)方式是指以所有权为基础,以持股并掌握经营权为途径,实现对企业或项目有效控制的直接投资方式。按跨国公司持股程度的不同,股权参与有两种方式:全部股权参与方式(母公司拥有子公司股权在95%以上)和部分股权参与方式,后者又可以分为多数股权参与方式(拥有子公司股权的51%~94%),对等股权参与方式(拥有子公司股权的50%)和少数股权参与方式(拥有子公司股权的49%以下)①。

跨国公司在股权参与过程中,持有目标公司的股权比重越高,对目标公司经营活动的控制能力就越强。所以,跨国公司一般情况下都力图通过占有全部股权或多数股权达到对国外子公司直接控制的目的,从而把子公司完全纳入其全球经营体系。

在早期的国际直接投资中,跨国公司大多选择股权参与方式进入国外市场,其主要原因在于股权参与方式具有非股权参与方式所没有的一些特点:

(1)控制简单。投资者持有股权后,即可通过股权控制企业,而不必在企业所有经营事务上事必躬亲。这样既可以有效控制企业,又可以相应的减小负担,达到四两拨千斤的效果。

(2)方式灵活。主要表现在两个方面:其一,参股比例灵活。跨国公司可以根据自己的需要等因素灵活处理在目标企业的股权比例;其二,股权参与的具体方式灵活。既可以选择绿地投资的方式参与,也可以选择购并方式参与,从而形成不同的参股比例,在适应东道国要求的同时满足跨国公司的发展需要。另外,随着全球经济一体化的发展,股权参与方式可以根据跨国公司需要进行各种不同的变化,比如形成股权式的战略联盟等。

---

① 刘红杰.国际投资学教程[M].上海:立信会计出版社,2002:132.

二、股权参与的基本形式

（一）全部股权参与

全部股权参与是指跨国公司在东道国境内通过独立投资而控制全部股权的一种投资方式。通过全部股权参与的子公司成为跨国公司的全资子公司（fully-owned subsidary）。一般来说，那些生产规模大、技术水平高、在国际市场中处于优势地位的大型跨国公司倾向于通过全部股权参与，即以独资方式对外直接投资。全部股权参与方式作为跨国公司国际直接投资的传统典型形态，曾经被投资者在国际范围内广泛采用。不过，这种方式的优缺点都非常明显。

1. 全部股权参与方式的主要优点

（1）经营灵活。多数国家没有规范的独资企业法，对独资企业的限制主要集中在业务范围方面，所以，独资经营企业受政府控制少。而且，由于独资经营管理大权掌握在跨国公司手中，企业经营管理灵活而主动。

（2）保守秘密。独资企业除了必须填写所得税表格中规定的项目外，不必像合资企业那样事无巨细定期向股东汇报。由于秘密，特别是技术秘密、财务秘密，往往对企业的生存发展影响极大。因此，具有好的保密性是跨国公司选择该投资方式的重要原因之一。

（3）合理避税。因为内部交易可以为跨国公司节约成本费用，所以，内部交易国际化是跨国公司的一个显著特点。在全部股权参与方式下，跨国公司可以利用东道国政府在所得税制度上的差异，随意确定内部交易产品和劳务的价格，充分发挥其所有权和经营权独占，产、供、销渠道独家掌握，财务资料无需公开的优势，轻而易举地制定并实施"转移价格"，从而达到避税的目的。

（4）独享利润。在全部股权参与方式下，由于子公司的全部资产都是跨国公司单独投资所形成的，因此，子公司通过生产产品及提供服务产生的国外收益，理所当然的全部归跨国公司所拥有而不会被分享。

2. 全部股权参与方式的主要缺点

（1）风险较大。独资企业的所有投资均来源于跨国公司，特别是当独资企业为无限公司时，公司要对其全部债务承担无限责任；当企业资不抵债时，跨国公司所有资产（包括母公司或个人财产）都有负债义务，而且独资经营方式易遭受东道国政府没收，国有化风险较大。所以，采用全部股权参与的跨国公司承担的风险较多，甚至可能为此付出巨大代价。

（2）经营受限。独资企业不能采用股权筹资等方式利用他人资金，而只能采用利润积累和借贷方式扩大再生产，从资金来源方面受到一定限制。更为重要的是，有些国家还设置各种障碍限制外国投资者创办独资企业，限制独资企业经营范围和领域等。

（3）难度大。选择独资方式意味着没有现成的生产基地、缺乏合作伙伴、难以与有影响的政府机构发展联系等，从而对跨国公司的进入带来了一定的难度。

（二）部分股权参与方式

部分股权参与是指跨国公司在东道国境内通过建立合营企业等途径，拥有目标企业部分股权的国际直接投资方式。

这种投资方式在我国又被称为"合资企业"（joint venture）或"合资经营企业"。合营双方除可以用现金投资外，还可以用机器设备、厂房等实物资产和技术、专利、土地使用权、商标等无形资产作价后作为投入，共同出资组成一个具有法人资格的经济实体。其基本特点是跨国公司和东道国投资者共同投资、共同经营、共享利润 、共担风险。

　　1.部分股权参与方式应注意的重点问题

　　第一,出资比例。部分股权参与以股权比例的多少,可以分为多数股权、对等股权和少数股权等类型,表现在外国投资者和东道国投资者的出资比例上,一般来说有"外国过半"、"本国过半"、"各占一半"三种形式。对于出资比例,不同国家、地区、行业以及不同时期均有明确规定。

　　(1)发达国家对外资出资比例的规定。经济发达国家一般实行资本自由化的开放政策,一般不限制出资比例。这是经济发达国家兴办独资经营企业较多的原因。但是,在电信、电报、航空及内河航运、广播电视、金融保险及被认定外资比重不宜过大的部门和行业,发达国家也对外资比例实行限制。

　　(2)发展中国家对外资出资比例的规定。大多数发展中国家和地区对部分股权参与的外资比重均有限制性的规定。这些规定大体有以下形式:一是从控制部分股权参与企业经营权的角度考虑。规定外资不得超过股权比重的49%,本国投资须在51%以上。二是从控制部分股权参与企业市场方面考虑。如果是外向型企业及其产品,则外资所占比重可大些;反之,对于依靠当地资源,且以国内市场销售为主的企业,外国投资的比例就小些。三是从对资金需求程度上考虑。属于资金密集型和技术密集型企业,外资的比重可以高一些,否则仍被限制在较低水平上。

　　第二,出资方式。部分股权参与的出资方式实际上与股本结构密切相关。一般来说,部分股权参与中的资本构成包括有形资产和无形资产两大方面,而无形和有形资产出资又可进一步细分为:

　　(1)现金出资。合资企业在生产经营中需要的现金来源一般由两部分组成:一是按照规定的比例由双方共同投入,有些国家还明确规定现金在外资股金中至少占一半以上;二是向银行贷款,此部分主要用于部分股权参与企业中的流动资金部分。

　　(2)实物出资。实物指有形物,既能看得见、又可摸得到的东西。实物出资一般是以机器设备、原材料、零部件、建筑物、厂房等作为出资。建筑物与土地通常是东道国实物出资的主要形式。机器设备是否作为出资形式通常视部分股权参与企业是新建企业,还是以东道国原有企业为基础状况而定。一般来说,前者的机器设备主要由技术先进方提供,并按设备的先进程度,参考市场价格作价;而后者的原有设备也要作价。

　　(3)工业产权出资。工业产权指商标、专利和专有技术。专利作为公开的技术知识,受法律保护。专有技术作为未公开的技术知识和商业秘密,不受法律保护。前者因不可擅自和无偿使用,故能无条件地折算为出资,后者虽不受法律保护,但由于它以技术诀窍、技术资料、工艺流程和关键参数的形式出现,若不实行有偿使用,其所有者便不会将这些专有技术公开出来。所以,这部分也能折算为出资。至于对工业产权折算的出资方法,可由双方协商估算,也可由双方均同意的第三方估算①。

　　2.部分股权参与方式的利与弊

　　部分股权参与方式是跨国公司在东道国进行直接投资的最为普通的形式,也是发展中国家利用国际直接投资时较为乐意采用的方式。从跨国公司来看,部分股权参与形式具有以下优势:

　　①　文显武.国际投资学[M].2版.北京:中国金融出版社,2001:111.

（1）减少或避免政治风险。由于部分股权参与方式下的企业有东道国资本参加并共同经营，所以可以减少东道国政策的变化或征用等风险。

（2）占领新市场。一方面，通过与当地合营者合营，可以在当地推销一部分产品。因为合资企业的产品往往是东道国需要进口或当地市场紧俏的产品，因而可以取得一部分新的市场；另一方面，还可以带动跨国公司贸易的增长。例如，如果以机器设备、工业产权、专利技术、管理知识作为股本投资，实际上是输出了"产品"，是贸易替代型投资。而且，如果合资企业生产中使用的原材料需要进口，则跨国公司又可以获得原料商品的优先供应权。

（3）获取多重优惠。通过部分股权参与方式，跨国公司既可享受东道国给予的外资优惠，又可获得东道国给予本国投资者的优惠，有时还可以得到母国政府给予的优惠。

（4）增强竞争优势。一方面，跨国公司可以利用当地合伙人了解东道国政治、经济、社会和文化等情况，从而取得企业经营所需的信息资源；另一方面，通过与当地合伙者的关系，可以获得当地财政贷款、资金融通、物资供应、产品销售等优惠，从而增强企业的竞争优势，进而提高企业的经济效益。

从东道国，尤其是发展中东道国来看，采用部分股权参与方式引进跨国公司投资的好处：

① 弥补资金不足。资金不足是东道国特别是发展中国家在经济发展过程中面临的重要问题之一，部分股权参与，可以弥补东道国建设资金的不足。而外资能否收回并增值，主要取决于企业本身的经营效益，不会形成国家的外债负担。

② 引进先进技术。由于部分股权参与的跨国公司中投资双方共同投资、共同经营、共负盈亏，其经营的成败直接关系到跨国公司的利益。所以，跨国公司出于本身利益的考虑，会不断地提供真正先进而适用的技术和设备，并同当地合伙人密切合作，促使引进的技术有效地形成生产力。此外，还可以通过引进技术，填补东道国国内技术空白，发展短线产业部门，促进企业的技术改造和产品的更新换代。

③ 扩大出口，增加外汇收入。合资企业的产品能否进入国际市场，能否创汇，直接关系到合资企业的外汇平衡，关系到外资本息的外汇支付问题。因此，跨国公司通常会愿意提供销售渠道。合资企业由于利用了跨国公司的销售渠道，其产品可以顺利并快速地打入国际市场，增加出口创汇。

④ 获得先进的管理理念和方法。如组织管理、人力资源管理、市场营销等方面的先进方法和思想。此外，部分股权参与，还有利于带动东道国相关产业的发展，增加当地的产值，促进产业结构调整和产业升级。

当然，部分股权参与也有缺点：合资双方可能在投资、生产、市场营销以及利润的再使用等方面发生争执；由于双方观念上的差异，也会导致双方在企业战略决策方面发生分歧；而且，部分股权参与方式也不利于跨国公司实施对合营企业的绝对控制，跨国公司可能会面临技术流失、商业机密泄漏等问题。所以跨国公司在选用部分股权参与时也非常谨慎。

第二节　非股权参与

一、非股权参与方式及其特点

非股权参与（non-equity participation），是指跨国公司不是通过持有东道国企业股份，而是通过与东道国企业建立某些业务关系以取得某种程度的实际控制权，实现本公司经营目标的投资方式。

非股权经营方式，是 20 世纪 70 年代以来逐渐被跨国公司广泛采用的经营方式。特别是 20 世纪 90 年代以后，随着发展中国家吸引外资的竞争日趋激烈，发达国家跨国公司因为发展中国家民族主义的政策特性，以及其国内市场不完善、投资环境不稳定等因素而不愿意在发展中国家采用成本过大的包括全部股权和部分股权在内的股权参与方式，从而使非股权参与方式所占的比重越来越高。据联合国跨国公司中心报告，20 世纪 90 年代以来，非股权参与方式发展非常快，已成为重要的国际合作经营方式。其他非股权合作关系包括联盟、管理合同或分包安排等，在使企业分享创新活动的成本和风险的同时，可以更好地获得技术或其他资产。

（一）非股权经营方式的主要特点

非股权经营方式与股权经营方式相比，具有以下特点：

（1）非股权性。跨国公司不是通过直接投资获取股权，而是通过签订合同参与东道国企业的生产经营活动。因此，在非股权参与方式下，资产的营运完全脱离了股权关系，投资者不以股权作为其参与控制的基础，投资收益的取得和风险的分担均建立在契约关系基础之上。

（2）非长期性。非股权参与方式由于受到契约关系的制约，资产营运的期限一般较短，通常因合同的履行完毕或到期而终止。

（3）灵活性。非股权参与方式与股权参与方式相比，形式更加多样，资产的营运也更具有灵活性。

（4）风险小。非股权参与方式可以将直接投资与间接融资及国际贸易相融合，使投资者的选择余地更大，相应承担的风险也更小。

（二）非股权经营方式的主要优势

非股权经营方式除具有以上特点外，在实践中，它还能给跨国公司带来股权经营方式所没有的优势，主要表现在：

（1）跨国公司通过非股权经营方式，不必对外直接投资，可以减少经营风险。

（2）跨国公司凭借在生产、技术和管理上的优势和能力，通过转让技术、提供管理经验、服务、销售网络等，获取满意的利润。

（3）跨国公司通过非股权经营方式，表面上虽然没有股权，但通过生产、技术和管理的优势仍然对东道国企业发挥着重要的影响，因此，跨国公司对东道国企业的控制权并没有降低。

二、非股权参与的形式

跨国公司非股权参与常见的形式有：

（一）技术授权

技术授权，又称许可证合同（licensing）或特许权合同。最初的意义是指"由政府授予权利或特权"，现在则指跨国公司通过与东道国的公司签订合同，转让已经注册的商标（trade mark）、专利（patent）或未经注册的技术诀窍（know-how）。如果授权人和受权人（或称许可人和被许可人）在不同国家时，则称为国际技术授权。技术授权涉及的工业产权或技术，包括专利、商标、技术诀窍或专门知识等。专利是一种受国家法律保护的工业产权，它是各国政府在一定时期内，授予技术发明人的一种法定权益。在法律保护的地区和期限内，任何人要使用专利技术，必须事先征得专利权所有人的许可，并付给一定的报酬，否则，即构成专利侵权。商标，是生产者或销售者在自己生产和销售的商品上，附加的以区别于其他商品的显著标记，通常由文字和图形组成。商标象征着企业的信誉,标志着产品质量。作为一种工业产权,商标可以转让,也可以出售。技术诀窍或专门知识,联合国世界产权组织——联合国标志局——1977年制订的《发展中国家保护发明示例法》认为是"有关使用和运用工业技术和制造的方法和技术";而世界保护工业产权协会则定义为"为实际应用一项技术而取得的,并能使一个企业在工业、商业、管理和财务等方面,运用于经营的知识和经验"。与专利和商标不同,技术诀窍或专门知识,是一种未经专利程序批准的非法定权利,不享有特定法律保护,只能由协议或合同来保护。

在进行技术授权时,买卖双方需签订一项许可证协议。卖方在一定条件下允许买方使用其发明技术、商标、技术诀窍或专门知识;买方从卖方得到相应的技术知识,取得使用、制造和销售某产品的权利,同时向卖方支付一定的报酬。这是使用权的转让,可以说是一种"技术租赁"。

技术授权协议主要包括四方面内容:

(1)序言部分,确定协议当事人,以及所申请的或授予的权利等。

(2)主条款部分,确定所授予的权利范围,以及当事人双方承担的义务。

(3)有关权利部分,规定权利金计算方法,明确支付权利金的条件和基础。

(4)其他必要条款,包括协议年限和解除,有关不可抗力,适合何国法律、仲裁等事项的规定,以及协议公证并向有关国家当局登记等。

授权人(跨国公司)对许可证的控制是个重要问题。控制主要是为了防止受权人蓄意或因违约而对其他的业务经营者造成损失或干涉。对许可证的控制有的属于法律问题,有的属于实际可能问题。控制有积极控制与消极控制之分。积极控制,是跨国公司(卖方)指引买方行动,如提供较长时期的技术情报和技术服务,这如同卖方有股份控制权一样。在这种情况下,许可证的出售者把购买者纳入自己的营业网范围,如同对待他们的子公司一样。消极控制,是买方的活动与卖方的国际活动完全隔绝,在这种情况下,卖方主要是坚持质量标准等要求。许可证的价格(使用费)按提成费确定,有些按提成率确定。

虽说技术授权几乎没有风险,但不是没有缺点:

(1)被许可人有可能掌握该项技术,从而使许可方失去技术垄断,增加新的竞争者。在历史上,美国威斯汀豪斯电气公司(westing house)曾与德国的西门子公司(siemens)签订许可证合同,向后者提供专利、商标及技术诀窍。但是,合同期满后,西门子公司已从被许可人上升为威斯汀豪斯电气公司的主要竞争对手之一。

(2)由于许可人没有亲自参与经营管理,不能获得在国外生产和经营的经验,市场也始终掌握在被许可人手中。

(3)绝对收益较小。在技术授权中,销售额大小直接影响跨国公司的收益。由于提成费一般都在5%以下,若销售额太小,提成费有时甚至不能弥补寻找合作伙伴和签订协议的开支。

(二)合同安排

合同安排(contract arrangement)是指跨国公司以承包商、代理商、经销商、经营管理或技术人员的身份,通过承包工程、经营管理等形式,取得利润和产品、开辟新的市场的方式。这种方式不需要股份投资,财务风险较小。联合国跨国公司中心在一份研究报告中指出,合同安排的性质基本上是"直接投资的代替物"。

美国麻省理工学院教授法默和里茨认为,合同安排包括制造合同、工程项目合同、交钥匙项目合同、管理合同、国际分包合同和劳务输出合同①。

1. 制造合同（manufactory contracts）

制造合同是跨国公司与当地企业订立产品供应合同的一种方式。由跨国公司提供必要的订单、机器、原料、生产方法及技术等，当地企业负责员工的招聘、管理、支薪及实际生产等活动。它既可采取双方各自按自己的设计制造零部件然后来配套成龙；也可采用一方技术图纸分工制造；还可分别完成产品的 50％后对等交换，双方都不支付外汇等。必要时还可由跨国公司帮助培训人员或派专家指导，在技术上总负责。制造合同方式将技术、生产和销售结合在一起，跨国公司既可以利用当地的人员、厂房和设备等，又可避开关税等限制，还可以降低运输成本，进入国外市场。制造合同实施的关键是要找好合作伙伴。运用这种方式最多和发展最快的是汽车制造、电力工业、电子工业、化学工业、建筑机械和采矿设备等行业。

2. 工程项目合同（construction contracts）

工程项目合同，是指跨国公司通过国际间的投标、议标和其他协商方式达成协议所签订的合同。即跨国公司为外国政府或厂商从事道路、交通等工程建设时，在提供机器、设备及原料的同时，还提供设计、工程、管理等多项服务，因而是出口货物及劳务的混合体。在工程建设期间，跨国公司在外国境内负责管理，工程完成后，管理权即移交当地。

3. 交钥匙项目合同（turn-key contract）

交钥匙项目合同也称包建项目合同，它是由跨国公司与国外企业签订协定，由跨国公司建造一个整体项目，也就是跨国公司为东道国建设一个工厂体系，承担全部设计、建造、安装及试车等。试车成功后，跨国公司即将整个工厂体系移交当地管理。承包的跨国公司，不仅承担着按照规划或设计合同建造项目的全部责任，还承担项目的开动、达成效率和消耗指标等义务，以保证国外企业在接收项目时，能按照合同规定顺利投产。承包项目，不仅包括成套设备的输出，往往还包括技术帮助、技术指导、职工培训以及经营管理指导等。

在交钥匙项目合同的基础上，还有一种合同形式，即交产品合同（product-in-hand contract），亦称产品到手项目，是指在交钥匙合同的基础上，跨国公司在项目投产后的一定时间内（一般为一至二年）继续负责指导生产、培训人员和维修设备，保证生产出一定数量的合格产品，并达到规定的原材料、燃料等消耗指标后才算完成任务。

无论是交钥匙合同，还是产品到手合同，大多用于缺乏技术和施工经验国家的新建且技术水平较高的项目。

4. 管理合同（management contracts）

管理合同，是指某国外企业由于缺乏技术人才和管理经验，以合同形式交由跨国公司经营管理。管理合同是转移管理的一种方式，即管理能力强的跨国公司，凭借其优秀的管理人员和先进的管理技术，到海外为当地企业负责经营管理，并收取相应的管理费，这属于国际性的管理技术贸易。管理合同一般限定在一定的时间内，通常在 5～10 年之间。管理合同对东道国来说是一种不承担风险即可获得国际经验的手段，对跨国公司来说，是新加入者在国际市场寻找安身之处的一种途径。经验丰富的跨国公司积极追求管理合同，认为它并不次于股份经营，其全球统一调配的作用也很大。

---

① 杨荫环. 跨国公司经营管理[M]. 北京：旅游教育出版社，1993：132.

5. 国际分包合同(international subcontract)

国际分包合同通常指发达国家的跨国公司作为总承包商向发展中国家的分包商定货,后者负责生产部件或组装成品,最终产品由总承包商在其国内市场或第三国市场出售。这种合同大部分是短期的,一般每年续订一次。

6. 劳务输出合同(labor export contract)

劳务输出合同,指特定项目劳务输出国的公司或政府与输入国签订的提供技术或劳务服务的合同。劳务输出,是劳务合同中的最初级形式。输出方除提供劳务人员外,不支付费用,不承担风险。

(三) 技术咨询

技术咨询(technical consultation)服务,是跨国公司为东道国(或其企业)遇到的技术问题、技术经济方案论证等提供有效服务的系列活动,包括收集信息、预测趋势、拟定计划、制订方案、帮助决策、承包任务、组织实施等,并相应取得报酬。提供技术咨询服务的企业一般被视为"软件企业"。第二次世界大战以后,随着科学技术的高速度发展,各种技术咨询机构遍及世界,尤其是在发达的资本主义国家发展十分迅速。

技术咨询业务的内容主要有:

(1)政策咨询。通过调查研究,进行技术经济预测及政局分析,为制定政策和策略提供技术经济依据和灵敏的信息,充当政府部门、当地企业决策者的智囊团。

(2)工程咨询。对各种类型的工程建设项目(包括新建、扩建、改建的投资方案),进行可行性研究、提供工程设计、施工、设备购置、生产准备、人员培训、生产运转、商品销售、资金筹措等方面的服务。

(3)方案讨论。为国外企业的各类技术和经济问题(如资源开发、技术引进、基本建设、产品设计、工艺方案、城市规划等)的合理解决,提出咨询报告,提供最优化的方案和实施办法。

(4)人员培训。接受海外委托培训科研人员和管理人员,或派出专家协助委托单位,开展科学研究和生产技术工作。

(5)企业诊断。帮助国外企业解决重大的生产经营问题,如提高产品质量、提高劳动生产率、降低成本、减少消耗、扭亏为盈等,提出可行性建议和措施。

(6)技术服务。通过建立实验中心、测试中心、分析中心、数据中心、计算中心等,为科研部门、企业间接提供技术服务,或派人帮助对方解决专门技术问题。

(四) 国际租赁

国际租赁(international lease)是指跨国公司通过签订租赁合同将设备等物品较长期地租给承租人,承租人将其用于生产经营活动的一种经济合作方式。在租赁期内,跨国公司享有租赁物的所有权,承租人拥有租赁物的使用权,并定期向跨国公司缴纳租金,租赁物租赁期满后按双方约定的方式处理。

一项国际租赁交易至少同时涉及三方当事人——出租人、承租人和供货商,并至少由两个合同——国际贸易合同和国际租赁合同——将三方当事人有机地联系在一起。拟租赁的设备由承租人自行选定,出租人只负责按用户的要求给予融资便利、购买设备,不负担设备缺陷、延迟交货等责任和设备维护的义务;承租人也不得以此为由拖欠和拒付租金。此外,国际租赁还有全额清偿、不可解约性、设备的所有权与使用权长期分离、设备的保险保养维护等费用及设备过时的风险均由承租人负担等特征。

租赁业务主要包括融资性租赁(financial lease)、经营性租赁和综合租赁三种方式。融资性租赁,即由租赁公司出资购买用户选定的设备,然后出租给用户,在设备使用期内,双方不得随意终止合同;出租人保留设备所有权,用户拥有使用权;设备的维修由用户负责,租赁公司把设备的价款、利息、手续费等在租赁期内,全部以租金的形式向用户收取。经营性租赁,由租赁公司提供用户所需的设备,并负责设备的保养维修;用户按租约交租金,租用期满退还设备。综合性租赁,则是租赁与合资、合作经营相结合的一种方式,但租赁必须是合营公司注册资本以外的部分。

(五) 补偿贸易

补偿贸易(compensation trade),是指跨国公司在向东道国进口方销售机器设备和转让技术过程中,不以收取现汇为条件,而是以使用该设备或技术的项目投产后所生产的产品来分期收回其价款的一种参与方式。补偿贸易是集投资、贸易、间接融资为一体的非股权参与方式,它通常是在东道国外汇短缺的情况下实施。

根据偿付设备和技术价款的形式不同,目前国际上常见的补偿贸易形式有:

(1)直接补偿。直接补偿又称产品返销(counter trade)或回购(repurchase),指东道国进口方用引进的设备或技术所生产的全部产品分期偿还进口合同的价款。为此,跨国公司在签订合同时必须承担按期购买一定数量直接产品的义务。

(2)间接补偿。间接补偿指东道国进口方引进的设备或技术不生产有形产品,或生产的有形产品跨国公司并不需要,或东道国对产品有较大需求,从而用其他指定产品来分期偿还进口合同的价款。

(3)部分补偿。部分补偿也称综合补偿,指补偿贸易中进口设备、技术等的价款,部分用直接产品或间接产品偿付,部分可用现汇或贷款偿付。

(六) 销售协议

销售协议(sales agreement),是指跨国公司利用东道国的销售机构来扩大自身产品销售能力的方式。销售协议可分为三种:

1.分销(distributorship)

分销指跨国公司与东道国的商业机构签订协议,由后者按照跨国公司规定的价格在东道国销售其产品。分销商从跨国公司进货时,获得有利可图的折扣优待。

2.商业代理(commercial agency)

商业代理指跨国公司委托东道国的商业机构为其商品找寻买主。代理商本身不直接从事该产品的购销活动,而是由卖方与买方直接成交。代理商按成交额的一定比例收取佣金。

3.寄售(consignment)

寄售指跨国公司将商品运交给东道国的商业机构,委托后者代为销售,直到该商品在市场出售以后,再向寄售商交还货款,并从货款中扣除佣金。

(七) 特许经营

特许经营(franchise),是商业和服务业的跨国公司采取较多的一种参与方式。如世界著名的麦当劳、可口可乐饮料公司和假日旅馆等,都是采用这种方式建立了它们的全球经营网。

特许经营的一个重要特点是,总店(franchisers)都是一些在顾客中已享有较高声誉的企业,有其良好的产品质量和服务水平。总店允许分店(franchisees)使用它的商号名称,并对分店的经营活动给予协助。但分店的所有权并不归总店所有,而是独立的经济实体。分店只按销售额或利润的一定百分比(也有的按固定金额)向总店缴纳特许权使用费。

非股权参与方式中的不同类型,跨国公司有时单独运用,但绝大多数情况下都是多种参与类型同时使用。而且跨国公司还往往根据需要和可能,把非股权参与和股权参与方式结合在一起,运用组合型的参与方式进行国际直接投资。

第三节　跨国收购与兼并

一、跨国收购与兼并及其特点

跨国收购与兼并是跨国公司海外扩张的主要方式。据统计,迄今为止的跨国收购与兼并中,有90%左右的交易是由跨国公司进行的①。全球跨国公司的成长发展史就是跨国收购与兼并的历史。全球收购与兼并经历了五次浪潮:第一次收购与兼并浪潮发生在19世纪与20世纪之交。19世纪60年代开始的工业革命推动了生产力的发展,并对资本集中提出了进一步的要求,促进了企业收购与兼并的发展。第二次收购与兼并浪潮发生在20世纪20年代的两次世界大战间的经济稳定发展时期。这一时期,科学技术的发展及其在工业中的应用,导致了一系列新兴工业的产生,这些新兴工业大都是资本密集型的部门,需要将资本集中到大规模的企业才能建立,于是掀起了第二次收购与兼并浪潮。第三次收购与兼并浪潮发生在20世纪50年代和60年代资本主义繁荣时期。20世纪20年代资本主义经济开始大衰退,收购与兼并活动处于低谷。资本主义经济在20世纪50年代逐步恢复,跨国收购与兼并从而也在20世纪50年代活跃起来,至60年代掀起了又一次高潮。第四次收购与兼并浪潮发生在20世纪70年代中期至80年代后期。这一阶段资本主义经济进一步发展,此次收购与兼并规模更大,形式也更多样化。第五次浪潮发生在20世纪90年代中期。进入20世纪90年代以来,由于西方国家技术的飞速发展以及公共政策方面的巨大转变,特别是美国经济的回升,为跨国收购与兼并创造了新的机会。这次收购与兼并浪潮至今仍对世界经济有着重要影响。在二战以前的两次收购与兼并浪潮中,收购与兼并主要在国内市场上展开,即资本或资产存量的流动还仅限于本国。二战后,科技革命以及跨国公司的迅速发展,跨国收购与兼并逐渐成为跨国公司国际直接投资的最主要方式。哈佛大学跨国公司研究中心对180家美国跨国公司的抽样调查表明:跨国收购与兼并在二战后的国际直接投资方式中所占比重增长迅速。1951年至1955年比重达30%,1961至1965年间达40.8%,1971到1975年间达到46.3%,而1996年的比重达到72.7%②。所以,自第三次收购与兼并浪潮开始,全球收购与兼并浪潮已经演变为名副其实的跨国公司收购与兼并浪潮。

(一)跨国收购与兼并的概念及特点

跨国收购与兼并(cross-border M&A),简称跨国购并(下同),是指外国投资者收购或兼并东道国现有企业的全部或部分股权,从而取得对该企业控制权的经济行为。

由于跨国购并涉及两个或两个以上国家的企业,因而,剖析跨国兼并与收购的概念要分三个层次:第一个层次是购并的一般性;第二个层次是购并的跨国性;第三个层次是购并的国际

---

①　王韬光,胡海峰.企业兼并[M].上海:上海人民出版社,1997:62.
②　1996年世界投资报告.

规范性①。从而,也使跨国购并相应具备了三个特点:

1. 跨国购并的一般性

跨国购并具有收购与兼并的一般属性。收购与兼并即是收购、合并与兼并三者的合称。收购(takeover)强调买方企业向卖方企业的收购行为。按照其内容的不同,收购可以分为资产收购和股份收购两类。资产收购指买方企业收购卖方企业的全部或部分资产,使之成为买方的一部分;股份收购则指买方企业直接或间接购买卖方的部分或全部股票的行为。相比之下,资产收购更像一种普通的商品交易形式,只不过交易的标的为卖方企业的特定资产罢了;股份收购则是所有权的买卖形式,买方将根据其持股比例承担卖方的权利和义务。兼并(merger)的一般含义是指两个或两个以上的公司,通过法定方式重组,重组后只有一个公司继续保留其合法地位,如中国公司法中所规定的吸收式合并;合并(consolidation)是指两个或两个以上的公司通过法定方式重组,重组后,原有的公司法人资格都不再保留,而是组成一个新的公司,即中国公司法中的新设合并。从法律形式上分析,兼并和收购的主要区别在于:兼并的最终结果是两个或两个以上的法人合并成为一个法人,而收购的最终结果不是改变法人的数量,而是改变被收购企业的产权归属和/或经营管理权归属。

2. 跨国购并的跨国性

跨国购并是跨越国界,涉及两个或两个以上国家的企业,两个以上国家的市场和两个以上政府控制下的法律制度的兼并与收购,因而具有跨国性。其行为的效力受制于目标国法律规定;购并的规则、程序受制于目标国的规定;目标公司的选择、购并的策略、支付方式、宏观经济形势、汇率风险等都要从目标国的角度进行审度。

3. 跨国购并的国际规范性

跨国购并作为国际投资的主要方式,对世界经济和秩序产生了重要的影响。因此,还要从国际经济法的角度进行规范,以适应建立新的世界经济秩序和世界经济一体化的需要。

(二)跨国收购与兼并的动机

跨国公司采取收购与兼并方式进行直接投资的动机主要有:

1. 速度

当企业在国内扩张时,购并通常是达到预期目标的最迅速的途径。例如:如果进入市场的时机至关重要,那么收购一家拥有现成分销体系的企业要比在当地建立新分销渠道与销售组织更为有利。对进入某个市场或某个新技术领域较迟的企业来说,购并提供了一种迅速赶上的途径。

2. 寻求战略资产

寻求 R&D、技术诀窍、专利、商标、当地特许权或许可权、供应与分销网络等战略资产是企业跨国购并的又一主要动机。由于这些资产的开发需要很长时间,又无法在别的市场获得,而这些资产对于发挥企业的静态与动态竞争优势又至关重要,因而通过购并就成为企业获取战略资产的重要途径。

3. 管理层利益驱动

管理层的兼并动因往往是希望提高公司在市场上的统治地位和保持已有的市场地位。公司经理对兼并感兴趣的可能原因:首先,当公司发展得更大时,公司管理层尤其是作为高层管

---

① 段爱群.跨国并购原理与实证分析[M].北京:法律出版社,1999:1.

理人员的总经理的威望也随着提高,这方面虽然很难作定量的计算,但却是不容置疑的;其次,随着公司规模的扩大,经理人员的报酬也得以增加;再次,在兼并活动高涨时期,管理层希望通过兼并的办法,扩大企业规模,使公司能在瞬息万变的市场中立于不败之地或抵御其他公司的兼并。所以,在一定程度上兼并其他公司能给本公司带来安全。

另外,通过协同效果提高效率、扩大规模,多样化(分散风险)和财务动因等也是推动企业跨国购并的主要动因。

二、跨国收购与兼并的基本形式

作为一种极为复杂的跨国经营行为,跨国购并可以按不同划分标准进行分类。

(一)按跨国购并企业之间的行业关系划分

按照跨国收购与兼并企业之间的行业相互关系划分,跨国购并可以分为横向跨国购并(水平式跨国购并)、纵向跨国购并(垂直式跨国购并)和混合跨国购并(复合跨国购并)。

1.横向跨国购并

横向跨国购并是指两个或两个以上国家生产或销售相同(相似)产品的企业之间的购并。这种跨国购并的目的通常是扩大世界市场的份额或增加企业的国际竞争和垄断(寡占)实力。这类跨国购并通常风险较小,且购并双方比较容易整合,进而形成规模经济、内部化交易和利润增长。横向跨国购并是跨国购并中经常采用的形式。但由于这种购并(尤其是大型跨国公司的购并)容易限制竞争形成垄断局面,许多国家都密切关注并限制这类购并的进行。

2.纵向跨国购并

纵向跨国购并是指两个或两个以上国家生产同一(相似)产品的不同生产阶段企业之间的购并。购并双方一般是原材料供应者或产成品购买者,所以对彼此的生产状况比较熟悉,购并后容易融合在一起。购并的目的通常是低价扩大原材料供应来源或扩大产品的销路和使用。

3.混合跨国购并

混合跨国购并是指两个以上国家不同行业的企业之间的购并。这种购并方式同跨国公司的全球发展战略和多元化经营战略密切联系在一起,以减少单一行业经营的风险,降低生产成本,增强企业在世界市场上的整体竞争实力。这种购并方式与前两种购并方式的不同之处是:前两种购并的目的因表现明显而容易受到限制,而混合式购并则因目的比较隐蔽而不易为人发现和利用。

(二)按跨国购并企业之间有无接触划分

按照跨国收购与兼并企业之间是否接触来看,可分为跨国直接购并和跨国间接购并。

1.跨国直接购并

跨国直接购并也称协议收购或友好接管。在直接购并中,购并公司可以直接向目标公司提出拥有所有权的要求,双方通过一定的程序进行磋商,共同商定条件,根据双方的协议完成所有权的转移。此外,目标公司如果由于经营不善或遇到债务危机,也可以主动提出所有权转让。这种跨国购并又可分为前向(forward)与反向(reverse)两类,区别在于前者的存续公司是买方,后者的存续公司是卖方。

2.跨国间接购并

跨国间接购并通常是通过投资银行或其他中介机构进行的购并交易。间接购并往往是通过在证券市场上收购目标公司已发行和流通的具有表决权的普通股票,从而掌握目标公司控制权的行为。此种收购如果是善意的,比较容易取得成功。然而在大多数情况下由于间接收购不是建立在共同意愿的基础上,极有可能引起公司之间的激烈对抗。在间接收购中,收购公司并非只满足于取得部分所有权,而是要取得目标公司董事会的多数股权,强行完成对整个目标公司的收购。

(三)按跨国购并对象是否为上市公司划分

按照跨国收购与兼并目标公司是否是上市公司,可分为跨国私人公司购并和跨国上市公司购并。

1.跨国私人公司购并

跨国私人公司购并,即对非上市公司的收购。对私人公司(private company)的购并一般是通过公司股东之间直接的、非公开的协商方式进行。只要目标公司大部分股东同意出售其持有的股份,私人公司的控制权便由购并公司所掌握,购并行为即告完成。私人公司购并由各公司的章程制约,并受民事法律规范,各国对之一般不以专门立法的形式进行规范。所以对私人公司的购并一般有较大的自由度,但这类购并的规模都比较小,风险也较大。

2.跨国上市公司购并

跨国上市公司购并,即在证券市场上通过对上市公司股票的收购实现购并。由于现代经济中占据举足轻重地位的大企业几乎全是上市公司,因而具有重大影响的跨国购并都是通过证券市场实施的。借用制度经济学的语言,即企业购并行为的高涨主要依赖于现代公司和证券市场两大制度安排的发展和健全。正如诺贝尔经济学奖获得者乔治·施蒂格勒(George J. Stigler)所言:"早在购并运动发生之前,许多产业都已经具备了能使垄断的购并有利可图的条件。为什么购并运动姗姗来迟?我所发现的唯一有说服力的理由是现代公司和现代资本市场的发展。"跨国上市公司并购的动机复杂,买壳上市是第一位的原因,上市公司通过并购进行资产重组以达到"保壳"和"保配"是第二位原因,还有一些并购属于战略性重组的目的。

三、跨国收购与兼并的发展趋势

自20世纪90年代以来,跨国购并领导着国际生产体系发展的潮流,成为世界FDI增长的主要推动力量①。跨国购并主要呈现出以下特征:

1.跨国购并增长迅速

据联合国世界投资报告,进入20世纪90年代全球范围内的跨国购并一直呈快速增长趋势:跨国购并总值从90年代初的850亿美元迅速增长到了2000年的11 000亿美元,其中仅1999年比1998年就增长了60%。

2.跨国购并规模扩大

20世纪90年代中期以来的跨国购并中,跨国购并规模呈逐步扩大的趋势。1997年瑞士苏黎世的Versicherungs Gmbh耗资180亿美元收购英国BAT Industries PLC Fincical曾是当时最大的跨国购并案,而1998年四起巨额交易中最大的两起为英国石油公司以550亿美元收购美国阿姆科公司和德国的戴姆勒-奔驰公司——以445亿美元收购美国的克莱斯勒公司,这些购并所涉及的金额已达到或超过一些中小国家国民生产总值。1999年,超过10亿美元的巨额购并虽然在数量上只占当年总数的1.5%,但价值却达到跨国购并的60%。到2000

① 王林生,范黎波.跨国经营理论与战略[M].北京:对外经济贸易大学出版社,2003:344.

年,情况更是让世人瞠目。2000年2月4日,全球最大的移动电话公司沃达丰公司(Vodafone)以1 430亿美元的总价敌意收购德国老牌电信和工业集团曼内斯曼(Man-nes-mann);而美国在线与时代华纳的购并涉及的金额更是高达1 650亿美元。由于这些购并规模巨大,以现金支付几乎不可能,因此许多跨国购并采取了股本置换的方式。例如戴姆勒-克莱斯勒的合并和英国石油-阿姆科就是其中的典型。在1998年外国公司与美国公司的所有购并案例中,有100起购并使用了换股方式进行,占交易数量的1/5左右,占交易额的大约2/3,而在1990年这个数字只有1/10和1/4。当然,整个20世纪90年代的华尔街股市,特别是纽约股市和纳斯达克股市保持了长时间的"牛市"走势,也对企业跨国购并起到了推波助澜的作用。在股票市场长时间牛市的情况下,多数公司都愿意采用换股方式完成购并,而每起购并事件的宣布,又都会给购并双方的股东带来股票价格上涨的好消息,反过来又推动着企业经营者和所有者对企业购并热情的进一步高涨。

3. 跨国购并行业增加

以往的跨国购并,行业都相对较为集中。近期的跨国购并虽然仍集中在丧失比较优势的、生产能力过剩或需求不足的行业,但涉及的行业面要宽泛得多:传统上容易发生购并的工业制造业领域发生了大规模的跨国购并,如汽车行业,经过购并整合之后,形成了福特、通用、戴姆勒-克莱斯勒、大众、丰田和本田6大巨头;而且在研究与开发支出比较高的行业,如石油业也发生了多起跨国购并;化工行业、金融服务业和电信业则由于许多国家实行自由化和取消管制而使大型购并案的发生比其他行业都要多。与此同时,一些传统上认为应以独特客户定位而不会有规模经济的行业,如时装界,也频频传出购并的消息,而刚刚诞生不久的IT产业更不甘落后地加入了购并浪潮。因此,可以说近几年的跨国购并已不再是某些特定领域的专利,可以说几乎所有的行业都正在经历跨国购并的洗礼。

4. 跨国购并方式多样化

跨国购并的历史经历了从横向购并为主到以纵向为主再到混合为主的发展过程。而目前的跨国购并方式更呈现出多样化的趋势。20世纪90年代发生的跨国购并虽以横向购并为主导,但并不乏像传媒巨人默多克式的纵向购并和毫不相关的跨行业混合购并。这种多方式并行的、世界范围的跨国购并,使各国法律环境、税收制度、产业政策乃至经济管理模式等都受到了极大的冲击和挑战,以致许多政府不得不为适应和促进大范围的企业整合而对其相关政策进行调整。如美国麦克法登法案的废除,世界各国基于对本国企业积极参与跨国购并的支持而对反垄断法的重新修订等。

5. 发达国家仍是跨国购并的主要力量

发达国家一向是跨国购并的主要推动者,发达国家跨国公司之间的相互购并投资是全球跨国购并投资的最主要组成部分。如1999年发达国家间的购并投资额约占全球跨国购并总价值的90%,包括价值额超过10亿美元的109起巨额交易都是在发达国家之间进行的。同期发展中国家只占全球跨国购并总值的10%,其中大规模的购并在发展中国家几乎没有。从20世纪90年代以后,发达国家的国际直接投资,无论是对外投资还是吸引外资都基本上依靠跨国购并来完成;而发展中国家不仅对对外投资中跨国购并的比例仍大大低于发达国家,而且在吸引外资中也以绿地投资居多。

第四节　跨国战略联盟

一、跨国战略联盟及其特点

（一）跨国战略联盟的界定

战略联盟的概念最初是由美国 DEC 公司总裁简·霍普兰德和管理学家罗杰·纳格尔于 20 世纪 70 年代提出，之后威廉姆森、波特、卡及尔斯、巴达征科、邓宁等学者进行了补充和发展。目前，学术界对于战略联盟的称谓还没有完全统一，具有代表性的观点主要有以下两种：

（1）竞争性联盟。战略联盟是由很强的、平时为竞争对手的企业中某些部分乃至全部组成的企业间伙伴关系。这种伙伴关系的具体内容可以包括联合生产、联合采购、联合研究开发等。其重要特点是联盟对联盟双方做出的贡献是类似的而不是互补的。

（2）特殊安排的交易方式。即战略联盟是不同国家公司之间的长期联合，它超出了正常的市场关系，但又尚未达到兼并的地步①。所以，这仍然还是厂商之间在市场中的一种特殊交易安排，或者说是市场一体化、企业一体化进程中市场与企业间的一种交易。

最早的跨国战略联盟出现于汽车业。1979 年美国福特汽车公司和日本马自达汽车公司结成战略联盟。根据福特公司估计，通过与马自达在产品开发、采购、供应和其他活动的全球化，它每年至少可以节省 30 亿美元。到 20 世纪 80 年代，大多数发达国家的跨国公司开始纷纷制定他们旨在开发知识密集型产品和服务的计划，相应地，一些公司逐渐通过建立战略联盟的方式来合作实施这些计划。20 世纪 90 年代以来，跨国联盟在广度和深度上有较大的突破：缔结国际战略联盟的领域，主要集中在国际竞争异常激烈的半导体、信息技术、电子、生物工程、汽车制造、仪器、食品饮料、航运和银行等资本技术密集型行业，并且其战略合作覆盖了从科研和开发到生产、销售、服务的全过程。但到目前为止，学术界关于跨国战略联盟尚无统一的认识，我们综合国内外相关研究后认为：

跨国战略联盟②（strategic alliances of transnational corporation），是指两个或两个以上的跨国公司为实现某一或若干战略目标，通过签订短期或长期契约的形式而建立的局部相互协作、彼此互补的合伙（或合作联合）关系，其主要目的就是通过外部合伙关系而非内部增值来提高企业价值。

跨国战略联盟形成的主要原因有：①技术互补。跨国公司要保持技术竞争优势，或从一种优势转向另一种优势，就必须加强研究与开发的力度。但新技术、新产品的研究开发费用昂贵，即便像跨国公司这样的大公司，独家企业亦难以应付，只得借助于"联姻"，互补分享最新知识，增强有效协调产销网络、灵活转换产品结构的能力。②争夺市场。市场是企业生存和发展的必要条件。20 世纪 70 年代以来，世界市场不景气，竞争激烈，贸易保护主义抬头，这一切增加了跨国公司的市场进入压力。另外消费需求结构的变化，差异性的增大使企业意识到只有走联盟的道路才能加强自己的市场渗透能力。③增强企业竞争力。传统上跨国公司主要用购并的方法击败竞争对手，增强经济实力，但在对手实力旗鼓相当，不相上下的时代，共同争夺资源和市场，互不相让的结果往往是两败俱伤。出于此种考虑，跨国公司另辟蹊径，采用企业跨

---

① 曾忠禄.公司战略联盟：组织与运作[M].北京：中国发展出版社,1999：2.

② 张继康.跨国公司与直接投资[M].上海：复旦大学出版社,2004：187.

国联合的方式,与昔日的对手携手合作,在合作中继续开展新的角逐。

影响战略联盟的因素很多,但最重要的因素就是联盟双方在产业上的互补性。互补性可分为资本互补性、自然资源互补性、技术互补性、管理互补性等。高的互补性可以维持战略联盟的稳定,同时也可以对双方的共同发展产生决定性的作用。

(二)跨国战略联盟的特征

1.跨国性

跨国战略联盟的跨国性特征表现在以下两方面:一是结成跨国战略联盟的企业来自不同的国家;二是跨国战略联盟的活动是企业间资源的跨国整合。这是跨国战略联盟区别于国内战略联盟的根本标志。战略联盟的主体既可以是同一国家的企业,也可以是不同国家的企业。由同一国家的企业建立的战略联盟,如中国企业之间结成的战略联盟被称为国内战略联盟;由不同国家的企业之间结成的战略联盟,如中国企业与外国企业之间结成的战略联盟,才可被称为跨国战略联盟。不过,即使企业权属归于不同国家,但如果不存在企业间资源的跨国整合活动,则这类战略联盟仍不能称为跨国战略联盟。如中国企业与外国企业的中国分公司建立的战略联盟,既可能进行企业间的资源跨国整合活动,也可能不涉及企业间的资源跨国整合活动,只有进行企业间的资源跨国整合活动的中国企业与外国企业的中国分公司建立的战略联盟才属于跨国战略联盟。所以,跨国战略联盟只能是在进行着企业间资源的跨国整合活动的不同国家的企业之间建立。

2.战略性

跨国战略联盟不是企业对环境瞬间变化所做出的应急反应,而是企业在对未来的竞争环境发展趋势做出判断,并对企业未来发展战略进行了深思熟虑之后做出的战略选择。因此,跨国战略联盟将会对企业未来的发展产生深远的影响。跨国战略联盟的战略性表现在两方面:一是企业间合作关系的长期性。跨国战略联盟注重从战略的高度和企业发展的整体角度来谋划跨国企业间的合作关系,因此跨国战略联盟的合作期限一般比较长,短则几年,长则几十年;二是跨国战略联盟的结果对企业发展影响的长期性。由于企业建立跨国战略联盟是企业从战略的高度和企业发展整体的角度经过深思熟虑之后做出的战略决定,其着眼点是从国外获得战略资源、或向国外扩散企业的战略资源,并进一步发展企业新的战略资源,获得持续的竞争优势,因而跨国战略联盟的成败必然会对企业未来发展产生长期的影响。

3.独立性

跨国战略联盟双方一般都是独立的法人实体,因此,联盟的企业始终都拥有自己的业务、自己的产品、自己的市场和自己的利益,对企业自身的经营业务始终拥有独立的决策权,而不为联盟伙伴企业的决策所左右。一旦某个联盟伙伴丧失了其独立性,跨国战略联盟就可能转化为跨国合并或跨国兼并。

4.平等性

由于跨国战略联盟伙伴是相互独立的,所以它们在合作中也是平等的。跨国战略联盟伙伴的关系既不是组织内部的行政隶属关系,也不是组织与组织之间的市场交易关系,而是合作伙伴之间平等的互惠互利关系。跨国战略联盟的平等性体现在:①资源投入的平等性。虽然联盟伙伴可能投入不同的资源和不同量的资源,但联盟伙伴都有平等的权利和机会选择所投入的资源。②地位的平等性。不管联盟伙伴原有的实力如何,在联盟组织中,联盟伙伴一方不能凌驾于另一方之上。③收益分配的均等性。联盟伙伴之间在收益分配上应体现单位投入享受同等的权利和均等的收益。保持联盟伙伴平等性的关键是联盟伙伴间在思想观念上要有平等的意识,在行动上要充分体现联盟伙伴平等的地位。只有保持了跨国战略联盟的平等性,联盟伙伴之间才可能相互信任、相互合作、互惠互利,最终实现跨国战略联盟的战略目的。否则,将会导致跨国战略联盟失败。

5. 复杂性

跨国战略联盟的复杂性主要表现在两方面:一是战略联盟组织形式的多样性;二是跨国战略联盟伙伴间存在的差异性。

跨国战略联盟的组织形式多种多样,包括非对等契约联盟、对等契约联盟、股权参与联盟和对等股权联盟(合资企业)等。其中,有的涉及股权参与,有的不涉及股权参与,有的彼此之间有较高程度的参与,有的参与程度很低。由于跨国战略联盟采用的组织形式不同,联盟伙伴相互参与的程度不同,相互之间关系的密切程度不同,因而所要求的管理方式也不同。同时,由于跨国战略联盟伙伴来自不同国家,因而跨国战略联盟伙伴之间存在诸多差异性。

二、跨国战略联盟的基本形式

跨国战略联盟由于联盟对象不同、联盟目的和动机以及联盟方的联盟能力和条件不同,采取的联盟方式也就不同。

(一)根据联盟企业的主体地位差异划分

1. 互补型跨国战略联盟

这种联盟被认为是战略联盟的高级阶段,其形成基础在于跨国公司之间存在互补性优势,换句话说,单个跨国公司在某些资源领域并不擅长。这些联盟较多存在于发达国家的跨国公司之间,互补合作的领域包括技术设计、加工过程和营销服务,组合的资源包含无形及有形资产。

2. 接受型跨国战略联盟,也称为互惠联盟

按经济体制和经济发展水平的不同,可进一步细分为东西方联盟(体制差异性公司间联盟)与南北方联盟(发展水平差异的公司间联盟)。前者如俄罗斯塔契公司与美国霍尼韦尔公司结成的战略联盟,这类联盟一般被认为是战略联盟的低级阶段,联盟目的在于实现对另一方的市场进入,而不是为了对付市场竞争,所以它实际上是跨国公司克服进入东道国壁垒的一种战略性选择。后者如发达国家跨国公司在发展中国家或经济体制转型国家,主要以合资或合作形式建立的战略联盟,通常跨国公司提供技术、设备及无形资产等,当地企业提供市场、非关键性雇员或支付技术转让和人员培训费用等。

(二)根据联盟企业的产业合作方向划分

1. 横向跨国战略联盟

横向跨国战略联盟,指同属一个产业或行业部门,生产或销售同类产品的企业间联盟,或者在同一市场上产品或服务互相竞争的企业间联盟。这种类型的战略联盟最常见的是在共同进行生产、产品联合营销之前从事合作研究与开发。其目标是扩大规模经济、降低或分散风险、加快新技术的扩散、降低进入目标市场的壁垒、增加扩充的选择性、增强产品间的兼容性、改善质量、对买方需求更迅速地调整。实施横向战略联盟比组建合资企业和横向兼并成本相对降低,这也是导致企业横向跨国战略联盟的重要原因。

2.纵向跨国战略联盟

纵向跨国战略联盟,指在从生产到流通的整个环节中,处在不同环节上的跨国公司之间所建立的战略联盟。其特点是把相连的几个生产阶段置于同一企业的管理之下,即把研发、制造、销售置于同一企业,实行一条龙管理。通过这种联盟所实施的合作,能够减少或防止因信息不对称所造成的劣势,有助于产业政策的实施。同时,纵向战略联盟能够作为纵向一体化的一种有效替代,减少因依赖于相关资源所导致的一系列问题,消除纵向供货体系中的不确定性,降低因投入品价格波动所可能引起的损失。

3.混合跨国战略联盟

混合跨国战略联盟,指两个或两个以上相互间没有直接的投入产出关系和技术经济联系的企业间的联盟,或者是两个或两个以上产品与市场都没有任何关系的企业间联盟。其目的在于扩大企业自身结构,扩大经营能力,增强市场控制能力,实现多元化经营。

(三)根据联盟是否涉及股权划分

1.无股本投资的战略联盟

无股本投资的战略联盟,指合作企业共享资源,但仍保持其相对独立性,各成员公司仍完全拥有自己的股权。参与无股本投资的战略联盟既可使合作公司拥有新的国外市场,也可使合作企业借助联盟资源分散在全球竞争项目中所须承担的风险。

2.含股本投资的战略联盟

含股本投资的战略联盟,指成员公司都拥有合作企业股权的联盟。含股本投资的战略联盟使成员公司都易打入官方条例和其他贸易壁垒重重阻拦的国际市场,可以分担风险,降低成员公司进入东道国的成本。股本联盟包括合资企业、联合股本交易公司、分支机构、卫星企业、少数股本投资联盟和少数股权分支机构。在合资企业中,成员公司合并相关资源,组成一个独立的企业实体。联合股本交易公司则是各个公司相互交易股权的联盟。分支机构、卫星企业、少数股本投资联盟和少数股权分支机构都与股本联盟相似,只是没有股权交易。

战略联盟中的一个关键问题是参加联盟的企业存在追求自身利益最大化而损害其他联盟伙伴利益的机会主义行为。特别是涉及不受产权保护的基于知识的资源时,这种机会主义行为更为严重。当联盟伙伴各方在一个企业实体内长期共同生产经营时,很难排除基于知识的资源的转移。在所有的战略联盟形式中,股权式合资联盟是最容易发生基于知识资源转移的方式,原因是联盟伙伴各方在合作中最大限度地暴露给对方。其他联盟方式如许可协议提供的学习机会就要少很多。所以,如果一个企业具有基于产权的资源,而希望最大限度地获得另一个企业的基于知识的资源,则股权式合资联盟是最好的联盟形式。

第五节　国际直接投资方式比较与选择

一、国际直接投资方式选择的影响因素

跨国公司直接投资方式决策,受公司战略目标、经营状况、核心竞争力、东道国政策以及母国与东道国关系等诸多因素的影响。因而,跨国公司在进行直接投资方式决策时必须在考虑内外部因素的基础上综合进行权衡。

(一)股权投资和非股权投资的影响因素

1. 母公司状况

跨国公司母公司自身的技术、资金和管理等方面的状况是影响公司选择直接投资方式的基本因素。主要包括：

(1)技术状况。技术状况对公司的跨国经营活动具有特别重要的影响。如果母公司具有较强的研发能力，且技术先进，则既可选择技术授权方式，又可将技术契约转化为股权，走合资之路；如果技术能力较薄弱，则只能选择跨国战略联盟等非股权方式。

(2)资金状况。母公司若有巨额资金，可以选择独资经营方式；若有技术而无资金，则只好走"技术授权"或跨国战略联盟之路。

(3)管理能力与要求。母公司自身实力不足，可以选择跨国战略联盟方式；母公司若想接近市场或顾客，可选择合资或独资的途径，反之，则可选择技术授权的途径；母公司若想囊括子公司的全部利润或敢冒风险，可选择独资的途径，反之，则选择合资途径；母公司若在管理上要求高度统一、掌握决策权，则要选择多数股权合资或独资途径，反之，可选择少数股权合资或其他途径；母公司若不愿派主管人员去不同文化背景的国家，即使技术、资金和管理等条件优越，也不适宜选择独资或多数股权合资的途径；母公司虽技术与资金条件均好，但缺乏管理子公司的能力，最好选用少数股权合资或技术授权等方式。

(4)保守秘密要求。一些高技术或拥有独特产品的跨国公司，为保持其独占的优势（技术或商业秘密），往往选择对其海外分支机构全资拥有。但如果这些秘密已经扩散，出现了一些竞争者，为有利于同其他对手竞争，往往愿意与东道国合营或将技术有偿转让出去。

(5)文化背景。文化背景和价值观的差异必然影响进入方式的选择。美国和英国的公司，一般不愿意与东道国企业共享资产所有权。他们认为，当地合伙人只对怎样尽快从合资企业谋利感兴趣，在处理企业收益时追求增加红利，不愿再增加投资，这会影响合资企业的长期利益。所以，美英两国的跨国公司更愿独资、多数股权合资或技术授权。日本的跨国公司则多为少数股权投资，认为这样风险小，并可获得当地政府的许多优惠与支持。

(6)对东道国环境的了解程度和适应能力。如果公司熟悉东道国的环境，并有能力快速适应环境，跨国公司就不必在东道国寻找合作伙伴，从而独资等股权投资成为主要的进入方式。如果情况相反，那么寻找一个当地伙伴帮助排除困难，并充当投资企业的利益保护者，从而合资等股权投资成为主要的进入方式。

2. 东道国状况

东道国对跨国公司的政策、法律法规以及政治与经济状况是影响跨国公司选择进入方式的又一重要因素。

(1)对外国投资者的股权规定。有些国家在法律上对外国投资者在当地企业拥有的股权比例没有限制，跨国公司便可以根据本身的需要自由地选择参与方式；有些国家出于国家安全和利益的考虑，禁止外国公司兴办全资拥有的企业，或者在某些特定的部门禁止外国公司进入，或者确定外资的出资比例，此时的跨国公司就只能采取合营方式；还有些国家禁止跨国公司在该国企业拥有所有权，非股权参与就成为唯一可能的进入方式。

(2)公众的民族意识和开放意识。东道国的民族意识和开放意识与民族文化传统、民族的历史经历（如是否受到过外来侵略、奴役）有一定关系，但更重要的是商品经济的发达程度对意识形态带来的影响。在一个公众对外来资本存有严重戒心甚至敌意的国家里，即使该国政府允许外国投资者兴办全资拥有的企业,这样的企业在开展业务上也会遇到许多矛盾或阻力,有时政府还可能在公众的压力下改变政策,从而增加了企业可能在某个时候被征用或没收的风险。选择与当地人合营,不仅可减少这类风险,也可能在业务上获得许多方便。

（3）合伙人能力。跨国公司母公司想合资,但在当地没有适当的、有能力的合伙人,合营就难以进行,只能选择其他方式。

（4）资金配套能力。虽然有的东道国宁愿与外国投资者合营办企业,也不鼓励外商独资经营,但由于合营中仅以土地折价入股一般难以达到股权比例的要求,这就需要东道国企业提供部分配套的货币资金。东道国,特别是发展中东道国的资金一般都较短缺,如果再遇到东道国的财政和信贷紧缩,配套资金就更加困难。此时,独资就成为跨国公司的唯一选择。

（5）其他因素。东道国的经济体制、竞争情况对跨国公司的进入方式选择也有着重要的影响。在一个原材料、电力等投入计划配给的国家里,拥有当地的合作伙伴就比单干要方便很多;在没有竞争对手的情况下,公司可采取自愿的参与方式。但在有竞争对手介入的情况下,如果竞争对手采取了较灵活的态度,公司有时也不得不随机应变。

（二）购并和新建的影响因素

购并与新建两种方式的优缺点,只有在特定情境中才能体现出来。跨国公司欲进行对外直接投资,必须仔细分析自己所面临的情境,认真权衡这两种方式可能给自己带来的利弊。

1. 资源

拥有最新技术和其他重要专有资源的跨国公司可以更多地选择新建方式来进行对外直接投资。这一方面是因为世界上可能并不存在符合该跨国公司购并标准的企业,另一方面是因为即使采用了购并方式,仍需母公司注入新技术或其他重要专有资源,购并成了多此一举。另外,采用新建方式更宜于母公司最新技术和重要专有资源作用得到发挥。

2. 企业战略

不同的全球战略和竞争战略应采用不同的国际直接投资方式。采取混合多样化战略,以类似控股公司管理方式经营子公司的跨国公司,国际直接投资应主要通过购并方式来进行。因为采用这种战略的跨国公司只能向其子公司提供财务支持,而不能以其他方式来帮助子公司,这样新建方式就无法体现其优势;在国际竞争中,采取竞争领先战略的企业可以自由运用迅速的购并方式和独特的新建方式,而竞争跟随者为了迅速跟上领先者,则宜采用购并方式进入外国市场,以取得战略平衡;另外,实施威胁交换竞争战略的企业应以购并方式迅速进入竞争者所在市场,以尽快弥补自身市场被侵占而带来的损失。

3. 多样化经营阶段

在跨国公司多样化经营的不同阶段,往往应采取不同的对外直接投资方式。多样化包括产品多样化和地理多样化。在国际化初始阶段,跨国公司应利用购并手段来迅速实现地理多样化和产品多样化,以此来抵消世界商业周期引起的收益波动和避免因汇率剧烈变动而带来的损失;而在已经实现了高度地理多样化的跨国公司则应更多地选择新建方式。因为地理多样化程度的提高大大有助于增加跨国公司的国际化经营经验和信息储存,跨国公司完全可以运用已有的积累,从容地通过新建方式进行国际直接投资。

4. 国际化经验多寡

缺乏国际化经验的企业进行对外直接投资时,倾向于购并方式,以得到被购并企业的信息储备及各种资源,达到快速进入和减少经营盲目性的目的;反之,则可以采用新建方式。

5.跨国公司成长性

一般情况下,成长性好的跨国公司宜采用购并方式,成长性差的跨国公司宜采用新建方式。因为企业的信息和经验储存随着时间的推移而增长,对于同等规模的跨国公司来说,成长快的企业所储存的信息和经验要比成长慢的企业少;另外,成长快的企业在迅速扩张的过程中常常发生训练有素的管理人员和技术人员短缺的情况,成长速度越快,这种情况越严重。所以,成长快的企业无论是从自身的因素还是内在的成长速度方面都要求以购并方式来进行对外直接投资。

6.东道国对外国投资的态度

一般说来,各国政府都对外国企业通过新建方式投资持欢迎态度,而对购并投资的态度则因国别而异。因而,在对外国企业购并行为没有特别限制的国家,跨国公司完全可以在权衡新建和购并两种方式利弊的基础上选择直接投资方式。若东道国对外国企业的购并活动有严格管制,则跨国公司不得不优先考虑新建方式,非到万不得已不选用购并方式。目前在世界各发达国家中,美国对外国企业的购并行为基本没有限制,而日本则有相当严格的管制措施,其他发达国家则介于它们之间。另外,大多数发展中国家的政府一般允许外国企业购并其亏损的企业,而反对购并其经营状况良好的企业。

7.东道国工业化程度

东道国的工业化程度越高,符合跨国公司要求的企业越多,跨国公司采用购并方式不但可以灵活地选择满意的购并目标,而且往往能够压低购并价格,因此选择购并方式的可能性越大;东道国的工业化程度越低,符合跨国公司要求的企业数量越少,若采用购并方式,不仅购并后改造的代价大,而且在购并价格上几乎没有讨价还价的余地,因此采用新建方式的可能性较大。

8.母国市场的发育程度

母国市场发育快,管理和技术人员短缺,跨国公司应采用购并方式以获得和运用目标企业的人力资源;反之,在母国市场已经很成熟、拥有大量管理与技术人员的情况下,新建方式则应予以优先考虑。

9.东道国经济增长速度

东道国经济增长速度快,要求跨国公司的直接投资能迅速到位,以不失时机地抢占市场,这时就应偏重于采用购并方式;新建方式周期虽长,但发展后劲足,特色明显,因而应是跨国公司占领国外市场以巩固阵地的有力手段。

10.产业特征

技术成熟且产品标准化的产业,其成本因素日益成为成功的关键,采用购并方式可以有效避免生产成本的继续扩大,从而不会导致直接竞争的更加剧烈化。高新技术产业,产品的用途与各项性能占据其成功经营的主导地位,成本与价格相对地退居次要,此时,跨国公司就可以通过在国外创建新企业立足于国际市场。

上述影响跨国公司国际直接投资方式选择的各种因素在企业经营中一般并不同时出现,且起同样作用。在某些场合,可能是其中的一些因素对企业投资方式的选择起重大作用;而在另外场合,又可能是另外的一些因素占有举足轻重的地位。因此,在实际操作中,首先应全面衡量所有这些因素,找出其中对企业选择起关键性作用的因素加以仔细分析;然后综合它们给投资方式带来的利弊;最后根据一定标准做出抉择,以尽可能保证跨国公司国际直接投资的成功。

二、国际直接投资方式选择的数量分析方法

进入方式选择的目的无非是追求利润最大、成本最小或净收入最大。因此,可以通过数量分析,对不同进入方式的成本、收入和利润作出估算和比较,进而选择最佳的进入方式。

(一)利润模式

利润模式由摩里斯教授(Joseph H. Morris)提出,主要从获利角度对合资经营与其他进入方式进行比较。假设跨国企业拟与目标国(东道国)企业合营,双方原本各有自己的业务,并从中获得利润,故在其他情况不变时,只要满足以下条件,合资经营便能实现:双方预计从合营所获利润加上原来业务的利润要大于其不合营而采用其他进入方式时的预计利润与原来业务的利润之和。这个条件可用两个简单的公式写出:

$$R = R_{NJV} + aR_{JV} > R_A$$
$$R' = R'_{NJV} + (1-a)R_{JV} > R'_A$$

公式中:R——跨国企业全部业务利润,即包括原来的业务利润加上合营的利润(下同);

R'——目标国企业全部业务利润;

R_A——跨国企业如不合营而采用另一种进入方式时的利润加上原来的业务利润;

R'_A——目标国企业如不合营而接受另一种进入方式时的利润加上原来的业务利润;

JV——合营,故 R_{JV} 和 R'_{JV} 分别代表跨国企业和目标国企业来自合营的利润;

NJV——不合营时的全部业务利润,即原来的业务利润,故 R_{NJV} 和 R'_{NJV} 分别代表跨国企业和目标国企业各自原来的业务利润;

a——跨国企业在拟议中的未来合营企业中所占的股份,可以百分比表示;

$1-a$——目标国企业在拟议中的未来合营企业中所占的股份。

如果合营便不能再用其他方式,如非股权安排或出口,这意味着必须牺牲其他方式的利润,这就是合营的代价,也就是说因合营而放弃采取其他方式的机会,故上述被舍弃的其他某一种方式的利润便是合营的机会成本。若机会成本太高,超过了合营利润,则合营便无利可图,必须另作选择,这便是以上两个公式的经济意义。此外还要注意两点:①必须同时满足上面两个公式,这意味着要双方都有利可图,合营才能成功;②出口可以较快收回货款,非股权安排也能较快取得提成费,但合营则须待工厂建成投产后才能获得利润,故这是一种"将来值",应把它折算成"现值",即"贴现利润",以便与其他方式的利润进行比较。

(二)成本模式

成本模式是由以色列学者赫曲(Seev Hirsh)提出的,故又被称之为"赫曲模式"。主要是从成本角度对出口、非股权安排(许可证协议)和直接投资三种方式进行比较。

(1)选择出口方式的两个条件:

$$C + M < C' + AC' \cdots \tag{a}$$
$$C + M < C' + D \cdots \tag{b}$$

(a)式表示在母国生产并出口,其费用成本小于到目标国设厂生产的成本和额外开支。这意味着投资方式进入所付出的成本高于出口方式。

(b)式表示在母国生产并出口,其费用成本小于契约式进入的机会成本和耗散费用。由于采取契约式进入,例如通过许可证协议转让技术或其他无形资产,就必须舍弃投资式进入,故 C' 实际上就是契约式进入的机会成本。

(2)选择投资方式的两个条件:

$$C' + AC' < C + M \cdots \quad (\text{a})$$
$$C' + AC' < C' + D \cdots \quad (\text{b})$$

从(a)(b)两式可以看出:由于投资式进入成本,即在目标国设厂生产的成本和额外开支,均小于出口方式的费用成本($C + M$)和契约式进入的费用成本($C' + D$),所以应选择投资式进入。

(3)选择非股权安排方式的两个条件:

$$C' + D < C' + AC \cdots \quad (\text{a})$$
$$C' + D < C + M \cdots \quad (\text{b})$$

从(a)(b)两式可以看出:契约式进入的费用成本均小于投资式进入和出口方式的费用成本,所以选择契约式进入方式。

公式中:C——母国生产成本,即跨国公司在母国的生产成本;

C'——目标国生产成本,即跨国公司在目标国设厂的生产成本;

M——出口费用,包括运输、保险、关税等费用;

AC'——在目标国设厂生产的额外支出,因环境差异必定会有额外开支,或称之为"环境差异成本";

D——转让无形资产的耗散费用。跨国公司拥有的特定优势,如专利、专有技术、管理方式、销售渠道等,通过许可证协议让渡给他人时,意味着特定优势的耗散,同时还有其他风险,如技术秘密被泄露、专利许可被滥用等,这种耗散(dissipation)的代价(费用)用 D 表示之。

(三)收入模式

在国际直接投资方式选择的数量分析方法中,无论是利润模式还是成本模式都要对未来的收益进行估算,但未来的净收入都是"将来值",只有折算成"现值"进行比较才相对合理,所以,将考虑了费用成本未来变动对净收入影响来选择进入方式的方法称为"净现值法"。无疑,到底选择哪种进入方式,主要取决于各种进入方式的净现值比较。

1.选择出口方式的条件

$NPV_E > \text{Max}(NPV_F, NPV_L)$,即出口净收入大于通过直接投资或许可证协议所带来的净收入最大值。

2.选择直接投资方式的条件

$NPV_F > \text{Max}(NPV_E, NPV_L)$,即直接投资净收入大于通过出口或许可证协议所带来的净收入最大值。

3.选择非股权安排方式的条件

$NPV_L > \text{Max}(NPV_E, VPV_F)$,即许可证协议所带来的净收入大于通过出口或直接投资的净收入最大值。

4.不进行跨国经营的条件

NPV_E,VPV_F,VPV_L 都不大于 0

NPV 表示净现值。其计算公式如下:

出口净收入现值公式:$NPV_E = \sum\limits_{t=t_0}^{t} \dfrac{Rt - Ct - Mt}{(1+i)^t}$

直接投资收入净现值公式:$NPV_F = \sum\limits_{t=t_0}^{t} \dfrac{Rt - C't - AC't}{(1+i)^t}$

许可证协议收入净现值公式：$NPV_L = \sum_{t=t_0}^{t} \dfrac{Rt - C't - Dt}{(1+i)^t}$

式中：C——母国生产成本；

C'——目标国生产成本；

R——最终产品销售的总收入，即毛收入；

AC'——在目标国设厂生产的额外开支（环境差异成本）；

M——出口费用；

D——转让无形资产的耗散费用，即由于特定优势耗散所付出的代价；

i——贴现率；

t——时期（年），如 $t_1, t_2, t_3, \cdots, t_n$ 分别表示第 $1,2,3,\cdots,n$ 年；

E, F, L——分别表示出口、直接投资和许可证协议三种方式。

本章小结

（1）股权参与指以所有权为基础，以持股并掌握经营权为途径，实现对企业或项目有效控制的直接投资方式，具有控制简单、方式灵活的特点。股权参与的基本形式有全部股权参与和部分股权参与两种。两种方式各有利弊，跨国公司在选用时应根据自身情况谨慎选择。

（2）非股权参与是指跨国公司通过与东道国企业建立某些业务关系以取得某种程度的实际控制权，实现本公司经营目标的投资方式。其特点是：非股权性、非长期性、风险小、灵活性强。非股权参与的基本形式有技术授权、合同安排、技术咨询、国际租赁、补偿贸易、销售协议和特许经营等，这些不同形式在多数情况下结合使用。

（3）跨国购并是跨国公司海外扩张的主要形式。在经历了五次全球购并浪潮之后，20世纪90年代以来，跨国并购迅速增长，涉及行业增多，方式日益多样化，而发达国家仍然是其中的主导力量。寻求战略资产、管理层利益驱动和速度是跨国购并的主要动机。

（4）跨国战略联盟形成的原因有：技术互补、争夺市场、增强企业竞争力等，其基本特征是：跨国性、战略性、独立性、平等性、复杂性，其基本形式因标准不同而各异。

（5）国际直接投资方式，无论是股权投资还是非股权投资，购并还是新建，其选择均要综合权衡内外部因素，并借助利润模式、成本模式和收入模式等数量分析方法来进行。

关键术语

非股权参与　股权参与　跨国战略联盟　跨国购并

思考练习题

1. 简述跨国公司的国际直接投资方式。

2. 简述跨国购并的概念及特点。

3. 简述跨国战略联盟出现的原因及特点。

4. 影响跨国公司国际直接投资方式的因素有哪些？

第九章 跨国公司组织结构

本章要点

1. 跨国公司组织结构的基本类型及各自的优缺点和适用性
2. 影响跨国公司组织结构选择的内外部因素
3. 跨国公司网络型组织结构的成因
4. 跨国公司网络型组织结构的特征
5. 跨国公司组织结构的发展趋势和特征

第一节 跨国公司组织结构的基本形式与选择

跨国公司为拓展国际市场,往往投资于多个国家从事产品的生产和销售。从某种意义上来看,跨国公司是经济全球化的主要推动者和载体,经济全球化正是诸多跨国公司在全球范围内开展经营活动的结果。实行全球战略的跨国公司,在组织结构体系上必然有其特定的运行规律和发展创新,从而使公司得以在全球范围内最大程度地优化资源配置,整合生产经营活动,增加竞争优势。

一、跨国公司组织结构的含义

组织结构,是指组织内关于规章、职务及权利关系的一套形式化系统,它说明各项工作如何分配、谁向谁负责及内部协调机制。跨国公司组织结构可简单概括为:跨国公司组织内部各构成要素及各要素间确立关系的形式,它确立跨国公司内部的职能分配和责任及协调机制。良好的跨国公司组织结构形式是提高跨国经营活动效率、培育竞争优势的保证。因为,跨国公司总是处在一个复杂多变的环境中,国际化的市场环境、政策环境、科技环境、地域环境、地缘政治环境等等比国内经营更加复杂多变,环境的复杂性使跨国公司与其环境的相互作用异常的复杂,在这种特定的经营环境中,跨国公司必须从全球观点出发,创建与全球化经营管理相匹配的组织结构,利用不同国家和地区的区域比较优势,把价值链上的各个环节和职能加以分散和配置,使它们有机地结合起来,实行综合一体化经营,努力降低生产经营成本,以期实现最大化的全球效率。

首先,应该确定在复杂多变的外部环境与内部条件中适合自己发展的方向,并由此形成战略目标以及相应的组织结构形式。其次,协调与一体化问题。即组织确定后如何协调其各种类型以及各部门的活动以达到组织战略目标,并由此形成特定的组织内各部门的权力、义务和控制关系。例如,组织边界的确定,建立共同的标准以及授权等。再次,组织结构自身的演进问题。即随着环境的改变,组织如何适应新的环境并进行相应的改革和调整。环境的动态性决定了组织结构的动态性,并由此决定了组织的学习性、灵活性、适应性和组织性。

现代组织理论起源于钱德勒关于企业与环境关系的研究。他发现,当一个企业的规模和其业务的复杂性增大到一定程度后,企业组织结构一般会由职能型(F-form)演进到部门型(M-form)。于是钱德勒认为,不仅企业战略与环境之间存在清晰的相关关系,而且企业战略和组织结构之间的关系也是确定的,"结构跟着战略走"。钱德勒的研究对跨国公司组织理论的产生有着重要的影响。跨国公司战略决定其组织结构,反过来,组织结构对跨国公司战略的顺利实施也有着重大影响。跨国公司的组织结构不仅在很大程度上决定了目标和政策是如何建立的,而且还决定了跨国的资源配置。

二、跨国公司组织结构的基本形式

跨国公司的产业特征不同,发展阶段不同,战略目标不同,相应的组织结构也就不同。企业在跨国经营的初级阶段,通常采取出口部的组织形式。随着跨国公司对外业务的扩展,会发展为国际事业部组织结构及现代的全球性组织结构等。因此,一般来说,跨国公司组织结构主要有以下几种类型:

(一)国际业务部组织结构

这种组织结构是在母公司国内组织结构中增设一个"国际业务部",它与其他国内事业部处于同等地位。该类型组织结构的优点是:能够在企业内部建立正规的管理和沟通协调国际业务的机制,使国际业务管理走上规范化的轨道,便于总部有效地了解和增强对海外子公司的控制,在国际经营活动中实施全面监控;它能够统筹安排海外子公司的活动,使各子公司之间在战略管理、市场营销、融资、内部交易、互通情报与信息等方面进行有效的协作,以实现企业整体利益最大化;由国际部集中管理复杂广泛的跨国经营业务,有利于提高国际部对海外业务的管理水平,提高海外公司的经营能力。国际业务部组织结构见图9-1。

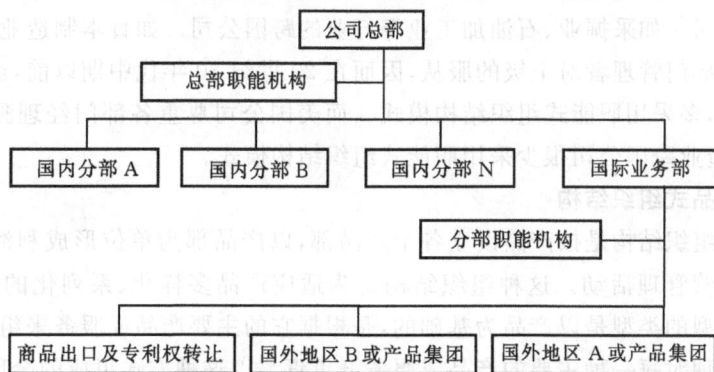

图 9-1 国际业务部组织结构图

这种组织结构的主要缺点是,不利于国际国内部门间的互相支持和协调,难以在统一的战略目标下进行公司资源的整体优化配置。因而比较适用于从事跨国生产经营不久,产品标准化,地区分布不广的中小型跨国公司。

(二)全球职能式组织结构

全球职能式组织结构是按生产、营销、财务、人事、研究开发等职能设置部门,直接管理和协调该职能部门在国内外的业务活动。这种组织结构的主要特点是以职能或工作为中心,将同一类职能或工作任务分解,由组织中各层次相应的部门来承担,对公司在世界范围内的主要活动实行专业化管理和控制。这种组织结构中的各个职能部门相互依存性强,集权程度较高。职能式组织结构见图 9-2。

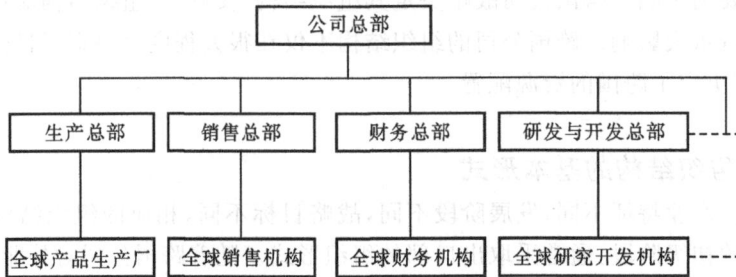

图 9-2 全球职能式组织结构图

全球职能式组织结构的优点在于:能够把跨国公司庞大的国内外业务机构按管理职能和业务工作统一起来,有利于提高各职能部门工作的专业化水平,提高工作效率,强化公司对职能部门活动和效果的约束与考核。但职能式组织结构存在的主要问题是:公司决策层权力的集中,易影响基层部门的主动性和积极性,不利于基层部门根据市场的变化迅速做出反应;按部门控制方式对某职能的相关活动进行指挥,不易协调各职能部门之间的联系和沟通;由于各职能部门的业务范围窄,当公司增加经营品种,扩展经营区域时,职能式组织结构难以适应多元生产经营和区域间合作协调的要求。

职能式组织结构比较适合于产品单一或产品系列不复杂,或者产品在市场上具有通用性的中小型跨国公司。如采掘业、石油加工业等行业的跨国公司。如日本制造业的跨国公司,其文化背景强调各部门管理者对上级的服从,因而在 20 世纪 80 年代中期以前,当日本公司规模还不十分庞大时,多采用职能式组织结构模式。而美国公司尊重各部门经理独立个性的文化背景,使美国制造业跨国公司很少采用职能式组织结构模式。

(三)全球产品式组织结构

全球产品式组织结构是按产品设立各个产品部,以产品部为单位形成利润中心并负责与该产品有关的经营管理活动。这种组织结构是为适应产品多样化、系列化的要求而设计的。这种跨国公司典型的类型是以产品为基础的,是根据它的主要产品或服务来组织的,负有全球性责任的产品经理对每一种主要的产品或服务群负责。以这种方式组成的全球企业是由许多全球性业务组成的,每一种业务部门都致力于管理某种世界性产品或服务。全球产品式组织结构见图 9-3。

这种模式的优点在于:各产品部在公司总目标和战略下独立指挥日常经营活动,有利于其对世界市场的变化迅速做出反应,使各产品部对所负责产品的设计、制造、营销和技术转化等活动进行有效的控制、指挥和信息处理,确保各类产品的竞争力;有利于减轻总部负担,使其致力于公司长远战略规划和重大决策;有利于保证国内外经营活动的一致性,使公司在全球范围

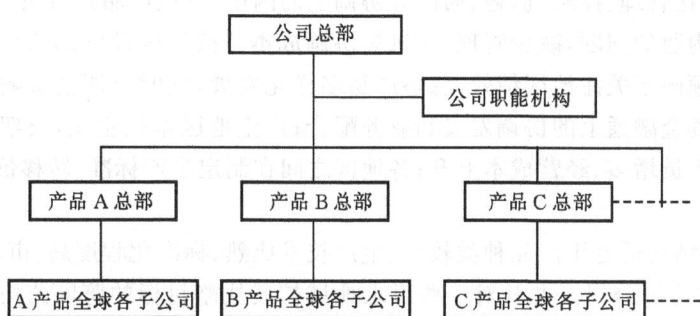

图 9 - 3　全球产品式组织结构图

内更合理地配置经营资源,同时以各分部作为利润中心,可以调动各部的积极性,提高效益,分散风险。但全球产品式组织结构也存在较明显的不足,由于产品类别之间的联系不密切,相互之间甚至存在高度独立的倾向,增加了各类产品在一国经营活动中相互协调、联系的障碍,易造成公司资源的重复和浪费;总部在计划协调各产品部的活动时难度加大,各产品部为追求本位利益,可能影响公司整体战略目标的实现和统一政策的贯彻执行。

　　全球产品式组织结构适合于多品种经营、产品系列复杂,并且各品种之间的生产、技术差异较大,各品种的研究开发工作量也较大的跨国公司。由于这些公司产品种类多,相互间差异大,国外市场差异性也较高,按产品分类设置部门,实行分别管理,有利于各类产品适应相关的市场需求,增强市场竞争力。

(四)全球地区式组织结构

　　全球地区式组织结构是将国际范围的业务活动划分为若干区域,按区域设立分部,地区分部负责该区域生产经营活动,协调和控制该区域内分支机构的一切产销、财务活动。总部负责制定全球经营目标和战略,监督各地区分部的执行;分部按照主要的地理区域进行划分,每一个主要的地区都有自己的总部和执行官。在每个区域的首席执行官下面,企业将以国家为单位做进一步划分。每一个国家的企业经理向所在地区的执行官汇报工作,地区执行官负责协调处于这一区域内的所有公司的事务。全球地区式组织结构见图 9 - 4。

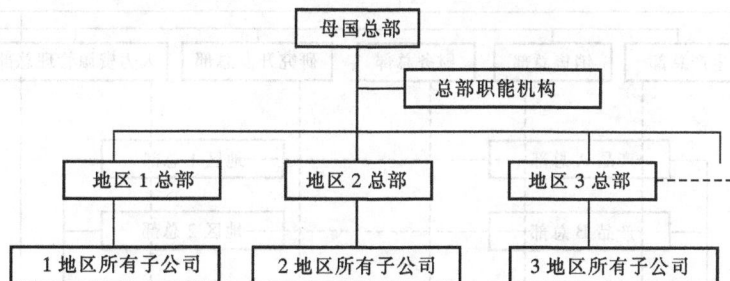

图 9 - 4　全球地区式组织结构图

　　这种模式的优点在于:有利于跨国公司在同一地区市场内协调产品的生产、销售活动,可以根据地区市场的特点和变化,采取灵活的营销组合策略,减轻因地区差异给公司总部集中决策造成的困难;东道国每家子公司都由所在地区的地区总部管理,可以减少公司总部和分部与其下属单位之间在管理、控制、监督、通讯等协调上的困难,避免产品式组织结构必须与远方管理机构的联系、沟通的问题,减少管理、通讯等协调成本。按地区设分部的组织结构的主要缺点是:地区分部倾向于关注地区绩效,忽略产品多样化发展,同时可能会影响地区之间在产品的生产、销售及资金融通上的协调发展和业务配合;产生地区本位主义,长期发展会造成地区机构重叠、管理人员增多、经营成本上升;各地区之间在制定生产标准、转移价格时也易产生矛盾。

　　地区式组织结构适合于产品种类较少、生产技术成熟、标准化程度高、市场销售条件相似、地区分布广泛的跨国公司。尤其对一些谋求地域扩展战略目标的跨国公司,如经营食品、饮料、汽车、化妆品的跨国公司适用性更强。

　　(五)全球多维式组织结构

　　全球多维式组织结构是在组织结构的设计上授予两个或三个层面上的单位以同等权限与责任,形成纵横交错的立体结构体系。这种模式是为解决一维结构模式存在的控制和协调方面的问题而设计的。前述职能式、产品式和地区式的组织结构,基本属于单维结构或以单维结构为主,主要侧重于公司经营活动的某一个方面。随着公司规模的进一步扩大,产品种类不断增多,地区分布更加广泛,单维结构很难去完成各种职能、各种产品和各个地区市场之间的协调。当跨国公司需要对职能、产品及地区给予同等重视、全方位协调其经营活动时,往往选择多维式组织结构。

　　多维式组织结构包括矩阵式结构和多维立体式结构。矩阵式结构是在同一组织结构中把职能部门和产品部门结合起来,在明确权责关系的前提下实行交叉控制和管理;经理与专家组合起来,共同负责控制与协调业务活动,同一管理者既是以对象为原则组织起来的机构成员,又是职能机构的成员。矩阵结构为现今众多大型组织和跨国企业所采用,尤其是产品部门化和区域部门化相融合的二维矩阵结构,是跨国企业经营的基本模式。这种结构的目的是为了更好地协调企业的活动,无论是在所经营的各个不同国家之间还是在围绕几种产品而形成的几个全球产品部门之间。各单位的经理不仅向负责某一特定产品群的全球产品经理而且向在各国家的当地企业的总部汇报工作。矩阵式组织结构见图9-5。

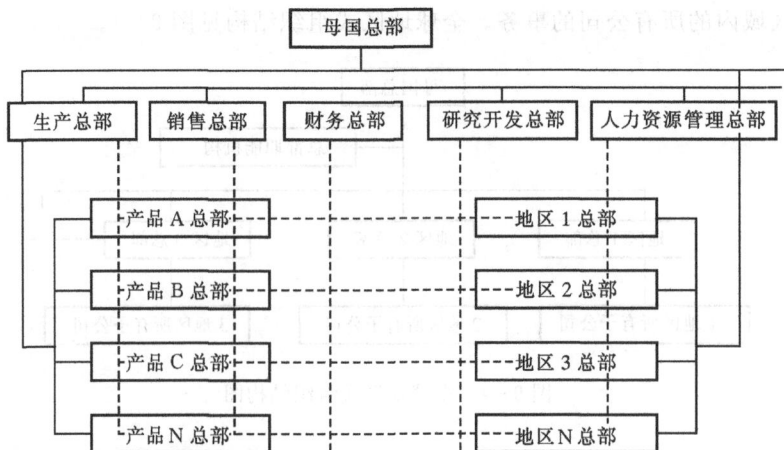

图9-5　全球矩阵式组织结构图

矩阵式组织结构的优点是：能促进各部门、各层经理的合作与协调，在保持专业分工的同时加强联系和沟通；有利于把管理职能，产品的产销及地区市场因素综合起来加以考虑，为实现共同的利润目标合理配置资源。这种模式的缺点在于：多重领导易导致低效率；协调不当易在经理之间产生矛盾。这种组织结构较适合于建筑工程、航天、营销以及有许多专家共同为一个项目工作的管理咨询公司。

多维立体式结构是由美国的道-科宁公司在1967年首创。它是将产品事业部、职能参谋机构和区域管理机构结合起来，分别承担产品利润中心、专业成本中心和地区利润中心的责任。在多维立体结构中，事业部经理不能单独做出决定，必须由产品事业部、职能机构和地区机构三方组成的产品事业委员会对各方面工作进行协调后作出决策。通过这种组织上的多重结构，确保公司对营运的多维管理和协调。但这种模式同样存在权力交叉、多重领导的问题，多元化的权力指挥系统易延误决策，并使下属无所适从。多重机构的存在不仅增加了协调的难度，也增加了管理、协调和信息沟通的成本，降低工作效率。多维立体式结构适合于产品、劳务多样化程度和地区分散化程度都很高的跨国公司；各项职能既难于全部下放到产品部或地区机构，同时这些职能与产品部以下各单位（如子公司）之间的协调又非常重要的跨国公司；以及那些产品、职能、客户、地区市场等信息和知识必须集中为全球战略目标服务的跨国公司。

三、影响跨国公司组织结构选择的因素

研究跨国公司的组织结构选择和类型，必须要对影响组织结构的各种因素进行考虑和分析，这些影响因素主要有公司内部因素和外部因素两大类：

（一）公司内部因素

1.公司战略

组织结构应适应企业战略的需要，保证企业战略目标的实现。美国学者钱德勒通过对美国70家大公司特别是通用汽车公司、杜邦公司、美孚石油公司及西尔斯-罗布克公司发展史的考察，得出了"结构跟着战略走"的结论。企业战略决定组织结构的主要原因在于：战略确立了企业不同时期的关键活动和关键部门，这种不同时期经营重心的转移和调整及与其他配套部门的关系，客观上要求组织结构作相应的变动，以有效地贯彻企业的战略。

不同的企业战略直接影响跨国公司的组织结构。①以本国为中心的战略要求总部集中众多有实力的计划人员，并监督检查计划在各子公司的执行情况；将研究和开发部门直接归属总部；制造部门虽分属各子公司，但受计划的严格控制；子公司只保留销售售后服务的自主权。这种战略多适用于一些上游部门（研究开发、制造等）附加值比重大的行业，如汽车、化工、钢铁、电子设备等跨国公司。②实施多国战略的公司通常由各子公司负责实现利润目标，总部在经营原则上进行指导，总部的计划人员较少，专门设财务部门监督和控制各公司的经营活动。这种战略适合于一些下游部门（推销、服务等）附加值比重大的行业，如包装、消费品等跨国公司。③全球协调战略要求把职能、产品、地区结合起来，采用多维结构，协调多重关系，着重于一体化。

2.公司内部的技术分工和特点

跨国公司内国际分工的形态不同直接影响其组织结构。①水平国际分工，即各子公司生产销售与母公司相同或类似的产品，这就要求采用全球产品结构，以利于公司充分利用其技术能力扩大市场，实现规模经济，提高市场占有率。②垂直式国际分工，即利用不同国家的子公

司进行跨国公司内部的国际分工,各自完成原料生产,零部件制作与采购、生产及销售等环节的全部或一部分工作。一般来说,全球职能式组织结构有利于合理利用各国的要素优势,适合于采矿业或产品生产各阶段结合紧密的行业。③水平、垂直相结合的国际分工,即对分布在国内外的分工活动系统结合起来,形成一个由水平和垂直分工交织成的网络,多维结构就是这种分工的组织结构上的体现。这种结构适合于大型、多样化经营的跨国公司。

简单、重复性的工作采取集权结构更能保证公司目标的实现,而复杂、多变、专业性强的工作任务采用分权结构更合适。企业的生产特点不同,要求技术和设备也不同,这些特点决定部门的划分也要与之相适应。如大批量生产、流水线生产及小批量多品种的生产,各自对技术、设备都有不同的要求,相应也要有与之相适应的部门,因而组织结构的类型也不尽相同。

3. 公司规模

公司规模的大小与公司组织结构的正规化程度有密切关系。因为不同的规模下中间管理层的作用不同,随着规模的扩大,管理人员的直接监督功能将被规范和标准所取代,从而使中间管理层的职能发生相应变化,进而影响组织结构的设计。

4. 公司历史和文化

企业创立初期所形成的资源配置决定了其后的发展方向和道路,也影响着企业组织结构的选择,这就是经济学上所谓的“路径依赖”。企业往往根据其自身历史发展过程中所积累的经验来选择组织结构,这也是成本最小、风险最小的方式,也易于被企业所采用。另外,习惯也决定了企业中全体员工对某种组织结构的可接受程度。

不同类型的企业文化对跨国公司组织结构也会产生影响。在文化较为宽松平等的如计算机、电子、通讯等高科技跨国公司中,柔性、扁平结构较为多见。而规章严明、等级壁垒严格的跨国企业较多采用集权、垂直的公司组织结构,比如劳动密集程度较高,从事标准化生产的跨国公司。

(二)公司外部因素

1. 市场与技术环境

国际市场的需求结构、潜力及竞争情况等影响着跨国公司的多样化经营,进而影响其组织结构,而竞争的程度又决定公司对组织结构变革的审慎程度和变革速度。因为对组织结构的变革需要时间,这段时间往往会使公司在与竞争对象的较量中处于劣势,因而必须选择适当的时机。

现代科学技术尤其是通讯技术的发展,决定了公司管理对信息的利用效率,从而决定着组织中的层级。比如,理财技术影响到各利润中心的绩效考核,关系到各独立核算单位责任人的报酬和积极性。

2. 法律与文化环境

跨国公司必须了解和遵守母国和东道国的法律、规则和条例,如外国资本在东道国设立企业的股权比重、利润的汇出、高层管理人员的构成、产品内外销比例等。各国的具体规定不同,影响着跨国公司的组织结构。如 IBM 公司曾在印度设立全资子公司,而印度政府要求 IBM公司将其所有权降到 40.96%,致使双方争议达两年之久。最后,IBM 公司为不改变其对子公司全资拥有的一贯政策,只好决定放弃印度市场。

世界各国、各地区由于文化背景的差异,从而形成不同的风俗习惯、教育水平、宗教信仰和价值观念,跨国公司的直接投资活动必须与其所处的文化环境相适应,否则其跨国经营很难获得成功。不同的文化背景会产生不同的领导方式,如美国公司强调个性因素,其主管人员的观念和行为总会在组织结构中体现出来。而日本公司主管人员与公司必须融为一体。这种差异会影响公司组织体系中各部门的联系沟通的方式,从而产生有特色的组织结构。

第二节　跨国公司组织结构的演变与发展

一、跨国公司组织结构的演变

跨国公司组织结构是为实现公司的发展战略服务的。跨国公司在其发展过程中,为了适应国际经营环境,应付国际市场复杂多变、激烈竞争的挑战,协调与控制海外子公司的经营活动,必须相应调整其发展战略。从而其组织结构也必须适应公司战略的变化而不断调整。一般来说,跨国公司的组织结构演变大体经历了以下三个阶段。

(一)出口部阶段

跨国公司早期的组织结构主要是从出口部门开始的。企业通常委托独立经营的贸易公司代理其出口业务。随着产品的出口量不断增大,企业可以设立一个出口部门,专门负责出口业务,并逐步在国外建立自己的销售、服务和仓储机构。

仅依靠出口开拓国际市场具有很大的局限性。东道国的关税、限额和其他进口壁垒会限制出口业务的发展。为了避开这些进口壁垒,企业可以采取许可证贸易和国外生产。但是在这个阶段,跨国公司在海外投资的项目较少,兴办的海外子公司数量不多,这些子公司的投资和经营规模也较小,在母公司整个经营活动中的地位也不十分重要。此时,母公司与子公司关系比较松散,通常采取在总公司下设一个出口部的组织形式,全面负责对外业务。因此,子公司的自主权很高,母公司原组织结构不变,子公司与母公司保持松散的联系。另外,公司初涉海外投资领域,尚缺乏海外经营和对子公司实施有效控制的经验,只能设置独立性较高的海外子公司。跨国公司这种组织结构适应初始时期对外直接投资的条件,有利于在海外经营中放手让子公司大胆探索,积累经验。将国内经营业务与国外经营业务分离,也可避免因海外子公司经营失败而影响公司整体经营,因为母公司是仅以其投资为限对其有独立法人地位的海外子公司的债务承担责任。

随着在出口地区生产的增加,出口部门与公司其他部门的利益冲突会日益尖锐。由于在国外生产会导致出口部门的出口销售份额降低,所以出口部门宁愿继续出口而不希望增加海外生产。但对于大多数成功的跨国公司来说,这种情况持续时间不会太长。海外子公司的成功,使他们在公司中的地位得到加强。跨国生产经营积累的经验,使得母公司能够对海外子公司实施更加有效地控制,组织结构也会做出相应的调整。

(二)国际部阶段

当跨国公司把国际经营作为发展战略时,有必要在母公司设立一个部,集中负责公司国外经营业务。这样,公司的组织结构就分成两大块:国内事务部和国际事务部,各自分管国内和国际的商务活动。20世纪60年代以前,许多跨国公司采取了这种国际业务部的组织结构,在总经理的领导下,把公司的各种国际业务分成了许多自我管理的部门,各个部门配有自己的职员和服务机构。这种分散的形式是一种特殊的具有弹性的结构,这种结构被证明是非常适合于多种类型的公司和各种情况的,它为不同部门的合作提供了利于协调的方式。就是在今天,这种组织形式也是运用广泛的类型之一,尤其是在美国的企业中。

(三)跨国性组织结构阶段

当企业的跨国经营规模进一步扩大、海外子公司的数量和分布区域增加到一定程度时,只依靠一个部门来协调和管理跨国经营业务就很难满足组织管理的需要。实际上,在这个阶段,企业的其他部门也都在不同程度上介入了跨国经营业务中。为了适应跨国生产经营活动中组织管理的需要,企业的组织结构也会做出相应调整。

一般地说,企业组织结构的调整与他们制定的跨国经营战略相一致。实行多国经营战略的企业通常采取以地区为导向的组织结构,总公司设立不同部门负责管理和协调不同地区的跨国经营活动。实行全球经营战略的企业通常采取产品为导向的组织结构,总公司设立不同部门负责管理和协调不同产品的跨国经营活动。实行跨国经营战略的企业采取以地区导向和产品导向相结合的某种网络一体化式的组织结构,负责不同地区的部门与负责不同产品的部门交叉在一起,管理和协调跨国经营活动。

总之,跨国公司的组织结构是在国内企业组织结构的基础上逐渐演变过来的。在这一演变过程中,组织结构随着企业采取的跨国经营战略不同,以及跨国经营业务的发展而不断变化和完善。一般的跨国公司组织结构的演变过程可表示为:

销售部→出口部→国际部→地区划分的组织结构→产品划分的组织结构→地区划分与产品划分结合在一起的组织结构

二、跨国公司组织结构的发展

跨国企业组织结构的具体模式很多,等级式、纽带式、网络式是其中具有典型意义的企业组织模式。在等级模式中,管理层次多,管理幅度小,企业中的分工主要以工作流为基础,决策权力集中在少数管理者手中,企业组织是一种机械结构。纽带模式的出现是组织模式发展的一次飞跃,其具体形态有事业部式、矩阵式和集团式等,纽带式组织结构有力地支持了企业或集团内部的专业化分工与协作群的生产经营活动。网络模式则是层次更高的一次飞跃,其主要特点是组织结构之间非固定的动态有机联系,很好地满足了知识化、国际化的动态环境变化对企业组织结构适应性的要求。在等级模式中,分工是以工作流来划分的,即每个工人完成工作的一部分;到了矩阵式分工就有了两层含义,一层是基于工作流,另一层是基于项目,这样便给了员工以发挥的空间,这种专业化分工给组织带来了灵活性;到了网络模式,企业的分工依据是员工各自的技术技能,一个人负责某一方面工作,而不是工作的一部分,整个项目的组成是由各个单元之间动态决定的。纵观这几种典型的组织模式,不难发现组织模式的发展具有很强的继承性和延续性,形成了一个组织模式连续发展的演进过程,并且组织结构呈现出很明显的专业化加强的趋势。以下分别从跨国公司组织结构未来演变的基本特征与趋势两方面予以具体分析。

(一)跨国公司组织结构发展演变的基本特征

传统的跨国公司结构中呈现出等级模式的金字塔型:企业中各成员公司内部和母子公司之间,表现出一种单向传递式控制的清晰的科层组织关系,最高领导人的指令向下逐层分解,因此这是一种典型的集权式计划经济模式。这种严格的科层模式在经济全球化的今天逐渐受到了挑战,这种挑战主要来自于市场竞争的加剧、技术生命周期的缩短和企业规模的不断壮大。考察20世纪80年代后跨国公司(特别是跨国化程度较高的大型跨国公司)组织结构的演变可以发现,其演变呈现如下基本特征。

1. 母公司或总部演变为支持性机构

母公司或总部负责规划整个企业系统的远景目标、战略，以及成员公司的经营目标；协调成员的利益关系；建立系统内部的沟通和协调机制以及对成员的激励机制；协调配置企业系统中的人力、技术和资本资源；决定对外购并和缔结联盟事宜等。同时，子公司从在资本、技术和管理上全面依附于母公司而生存的生产或销售组织，转变为具有自我规划和开拓能力、能够及时对经营环境做出反应的价值链网络的成员。当然，不同的跨国企业网络，在对网络成员的功能配置方面也存在差异，因此，有时部分网络成员也承担支持性机构的某些功能。

2. 母公司部分职能逐渐向子公司剥离

为了适应复合一体化战略对企业系统内部职能专业化提出的要求，企业系统内部或地区性子系统的一些适于集中运行的共同职能，常常由一些特定的职能性总部掌握。国际性采购机构、协调营销活动的子公司或专司售后服务的子公司都属于职能性总部。例如，NEC 公司在新加坡设有一个职能总部，专门负责指挥和协调经营于东盟国家的各个分支企业的研发工作；丰田公司的新加坡管理服务处是丰田的一家独资子公司，它的建立是为了协调亚洲各丰田子公司之间的部件交易。这些母国以外职能性总部的设立，缩小了母国总部的职责范围，为后者集中精力从全局角度协调所有分散性经营活动提供了保证。此外，分支机构职能的专业化还可以体现在产品系列的维度上。

3. 网络成员的自主权机制开始被引入

为了鼓励网络成员开展面向市场的主动经营，网络成员的自主权机制开始被引入。比如在 3M 公司，每一位员工都可以提出一个项目计划。不过在项目实施的过程中，从最初的设想到设计和生产，再到产品的营销，项目负责人都必须提出具体的预算和时间进度方案。当然这些预算和方案的审批是由企业高层进行的。与此同时，在那些网络成员职能逐渐专业化和单一化的跨国公司中，网络成员的规模逐渐小型化。

4. 网络成员之间也建立起责任义务关系

由于职能的专业化和网络成员自主权的增加，不仅支持性机构与网络成员之间存在沟通，不同的网络成员之间也存在责任义务关系。当然，在把企业家职能下放到基层单位的过程中，这些基层单位也不是仿效以往"战略性经营单位(strategic business units)"的全功能定位，也就是说并不拥有所有的关键性资源，也不对经营绩效负完全责任。

(二)跨国公司组织结构演变的基本趋势

信息技术的进步和经济全球化的浪潮，已经改变了企业管理者对竞争方式的认识。企业利用现代的通讯工具和交通工具，能够观察市场和环境的变化和预测竞争者的行动，它们正在以一种全新的方式进行全球性资源配置和转移。为了在全球竞争中保持继续领先优势，跨国企业对其组织结构进行了一场深刻而广泛的调整、重组和创新，其变化趋势在内部主要表现为网络化、扁平化和柔性化趋势，在外部上主要表现为战略联盟和 R&D 全球化的趋势。

1. 网络化趋势

知识经济带来了对跨国企业现存组织结构的网络化改造，促进了跨国企业的适应性、学习性和创新性。在网络化的结构下，跨国企业采取了全球经营方式，根据不同的区位优势，将研发、供应、生产、销售等环节分布于全球各地，把所有分支机构联结成统一的一体化经营网络，这样使分散于世界各地的各种企业活动能够服务于跨国企业的全球发展战略。跨国企业内部的不同部门、不同地域的组织在服从总体的战略之外，可以根据具体环境及组织目标来构建不同的组织结构。学习和创新不仅是跨国公司全球战略特征之一,也是其生存和发展的一种关键手段。跨国公司所处的环境的多样性使其暴露于多种影响因素之中,具备更多的学习机会从而能使其积累各种经验和发展多方面能力。多元的环境为跨国公司的学习提供了潜在的机会。为了获得这种能力,跨国公司必须采取网络化的结构来保证其学习和创新得以产生和持续。这种既是适应型又是学习型的网络化组织结构成为跨国公司组织结构变革的必然趋势。

2. 扁平化、柔性化趋势

信息技术的迅猛发展要求跨国企业对市场变化作出迅速的反应从而保证其竞争力。传统的层级制下决策相对缓慢。组织结构中一种有效率的结构是尽可能保持扁平化,管理层次的减少将有助于增强组织对市场的反应能力。扁平化的组织结构彻底改变了原来由上而下的纵向信息传递方式,大大加强了横向联系,使组织更具弹性和灵活性。组织结构应当提供跨国公司在循环过程中持续反复地获取、积累、运用、创造新知识的能力,创新活动的内在特性要求组织结构必须进行相应的调整或变革。因而,跨国公司的组织结构出现了柔性化的趋势。而互联网技术的应用,支持了企业的所有部门及人员能够更直接地面对市场,加快对市场和竞争动态变化的反应,从而使组织能力变得更具柔性化。随着经营全球化的发展,在世界主要投资区域设立地区总部已成为跨国企业组织结构变革的潮流。伴随着组织结构重组的进程,现代跨国企业的母子关系也发生了变化,一是母公司与子公司关系更加密切,已形成统一的战略系统;二是跨国企业倾向于控制关键的功能,如研发和销售。

3. 联盟化趋势

经济全球化所带来的国际竞争压力迫使跨国公司不得不寻求新的合作形式,这种压力迫使处在前沿的跨国公司率先进行组织形式的变革,以提高其创新能力和适应环境的能力。实践经验表明,跨国公司联盟有利于它们之间通过各种形式进行互补性的技术共享和专利交换,并在联合各种技术优势的基础上开发更高层次的新产品。当今企业竞争模式已逐渐从过去单纯追求生产效率和低成本而转向灵活性、效率以及知识学习和创新,企业要求同时在这几个方面具有竞争优势是一件不容易的事。要在这相互冲突的目标之间求得平衡或有重点的发展,企业的组织结构与战略行为都面临着新的挑战,联盟网络可能是解决这一挑战的一种好方法。

为适应这种形势,跨国企业之间缔结了战略联盟。联盟双方在快速变化的环境中,保持了各自独立的市场主体身份。由于国际市场的竞争加剧,单个跨国公司难以完全左右和垄断全球市场和技术开发,因此,许多跨国公司从全球战略出发,开展了竞争中的合作。它们利用对方的优势,联合开发和生产,达成协作关系,以争取实现其全球利润的最大化。跨国企业间的战略联盟更多的是以技术、信息、管理等形式为基础的知识联盟,其目的是实现个人或者企业学习方向的调整以及知识的更新和流动从而实现战略资源或优势的互补。

知识联盟的中心目标是学习知识和创造知识,它着眼于未来先进技术的开发和未来竞争知识的创新。知识联盟有利于跨国企业学习其他企业的知识,有利于企业之间的知识优势互补,有利于范围更广的参与者加入。创造新的交叉知识,特别是通过企业之间员工的紧密合作、相互切磋技艺与知识交流,能够实现隐性知识向显性知识的转移与共享。这使得跨国企业根据人才优势、科技实力以及科研基础设施上的比较优势,在全球范围内组织安排研发机构来从事新技术和新产品的研究开发,从而使跨国公司的研发活动日益朝着全球化的趋势发展。知识联盟不仅使跨国企业赢得核心专长从而建立了核心竞争能力,更重要的是能够使它们长期保持这种竞争优势。

4. R&D 全球化趋势

过去跨国公司的研发中心一般只设在母国,通过内部市场,以转让价格手段,向海外分(或)子公司转移技术。然而随着经济全球化的深化,越来越多的行业变成了全球性的行业,这些行业的产品与服务在世界范围内基本上是同一的,不需要或只需要很少的国别适应,如计算机和通信器材。在这些行业中,企业的竞争是高度的全球竞争,竞争实力在很大程度上取决于进行大规模集中研发和集中制造,并向全球出口标准产品的能力。因而,对于处于这些行业的跨国企业而言,全球战略就显得至关重要。全球化市场的发展变化使得跨国公司对市场的变化、顾客的反应必须做出及时的回应,因而也提出了加速新产品开发、工艺的革新以及新技术应用的需求。这种需求与全球性资源短缺相结合,加剧了企业降低成本与扩大影响力的矛盾。跨国公司 R&D 全球化的趋势正是对市场全球化所做出的反应。跨国公司根据不同东道国人才、科技实力以及科研基础设施上的比较优势,在全球范围内组织安排研发机构,以从事新技术、新产品的研发工作,从而使跨国公司的研发活动日益朝着全球化的趋势发展。

本章小结

(1)跨国公司组织结构确立了跨国公司的职能分配和责任及协调机制,良好的跨国公司组织结构形式是提高其跨国经营活动效率、培育竞争优势的保证。全球化经营战略和复杂多变的环境因素,使跨国公司组织结构呈现独特的运作规律和特征。跨国企业组织结构的具体形式很多,国际业务部、全球职能结构、全球产品结构、全球地区结构和全球多维结构是其中具有典型意义的基本组织模式,适用于不同产品和产业特征的跨国公司。企业内部战略、分工和技术特征、公司规模、历史文化以及跨国公司所处的市场、技术、法律、文化环境都会对跨国公司组织形式的选择产生直接或者间接的影响。

(2)早期跨国公司的组织结构呈现简单高效特征,近代跨国公司为了满足发展战略的要求,应付国际市场复杂多变、竞争激烈的挑战,协调与控制海外子公司的经营活动,跨国公司的组织结构做出了适应公司战略变化的不断调整。因此,跨国公司全球经营战略的确立,相应地必须采用全球性组织结构,这是跨国公司经营管理组织的高级形式。

(3)在 20 世纪 60 年代后期,全球性组织结构开始迅速发展。信息社会的到来,规模不经济的存在是导致原有组织结构失效的重要原因,也是促使企业选择网络型组织结构的外部因素。从西方大企业近年的组织变革来看,这种新的组织模式日渐成型,形成了一种跨国公司网络型组织结构,它不仅包含由母公司通过股权关系拥有或者控制的众多国内外的子公司所构成的控制性股权网络,还包含供应商、合作伙伴等利益相关方签订长期契约合同而形成的非控制性契约网络。整个跨国公司的组织结构呈现出明显的网络化、柔性化、扁平化和联盟化的特征,跨国公司的研发活动也日益朝着全球化的趋势发展。

关键术语

跨国公司组织结构　　全球矩阵式组织结构　　网络化组织结构　　知识联盟

思考练习题

1. 跨国公司组织结构有哪些基本类型? 各自有何优缺点?
2. 影响跨国公司组织结构选择的公司内外部因素有哪些?

3. 早期跨国公司的组织结构有何特征?

4. 为什么网络化组织结构会成为跨国公司的选择?

5. 跨国公司网络化组织结构有何特征?

6. 跨国公司组织结构的发展趋势如何?

第十章　跨国金融机构的国际投资

第一节　跨国银行的国际投资

一、跨国银行及其产生与发展

(一) 跨国银行的定义

在世界经济一体化的进程中,金融业也不断地实现着从国内向国外的扩张。近一个世纪以来,随着各国金融业的发展,跨国金融机构已经成为重要的国际投资主体,其中占主导地位的是跨国商业银行,即人们通常所说的跨国银行。

跨国银行也称多国银行,即在许多国家设有分支机构和附属机构网,跨国经营金融业务的银行。目前对于跨国银行的界定尚存在着不同的看法。从国际金融界通行的标准来看,一家银行能否被称为跨国银行,不仅要看其国外分支机构的形式和数量,还要看其设立分支机构的所在国家数量。1973 年,美国联储理事 A. F. Brimmer 给出的跨国银行的定义是:在 5 个以上国家开展国际金融业务的银行。此后,这一定义被世界银行等国际金融机构所认可。世界银行在 1981 年关于跨国银行的报告中,将其定义为在 5 个以上的国家设立分支行或独资子银行并从事存款银行业务的金融机构。英国《银行家》杂志在界定跨国银行时,采用更为严格的标准:①资本实力。一级资本(或实缴普通股本)与未公开的储备两部分之和,必须在 10 亿美元以上;②境外业务情况。境外业务占其全部业务较大比重,而且必须在伦敦、东京、纽约等主要国际金融中心设有分支机构,开展国际融资业务,并派出一定比例的人员。

(二)跨国银行的产生与发展

跨国银行的产生与发展过程大致可分为以下四个阶段。

1.萌芽阶段(19 世纪末至 20 世纪初)

早在 14 世纪后期,欧洲便已经出现了为国际贸易服务的国际银行业。当时,最为典型的如意大利的麦迪西银行(Medici Bank)。它以佛罗伦萨为总部,在西欧 18 大城市设有分行,但其主要业务是向当时的贵族和神职人员进行抵押贷款,为封建领主筹措军费,还不是真正意义的跨国银行。

跨国银行真正形成的时期是 19 世纪末 20 世纪初。这个时期,从外部环境来看,国际贸易进一步发展,在国际范围内形成大量流动资金,需要存入具有国际经营范围的银行以获取利润。此外,跨国公司的对外扩张客观上也需要跨国银行提供跨国资金管理服务,这使得跨国银行的国际业务量明显上升;从内部环境来看,跨国银行实力的增强促使其内部业务范围不断扩大,已经突破了以往的商业融资、外汇交易等传统业务,开始开展批发业务以及投资银行业务。至此,真正意义上的现代跨国银行开始形成。这一时期具有代表性的跨国银行有英国海外银行(Overseas Bank)、英国的巴克莱银行集团(Barclays Bank Group)、渣打银行(Charted Bank)、法国的印度支那银行(Banque de Indochine)等。此外,美国、日本等新兴资本主义国家的跨国银行也开始起步,比如美国的第一国民银行等 8 家银行的海外分行从 1914 年的 26 家上升到 1920 年的 181 家。

2.迅速发展阶段(20 世纪 60 至 80 年代)

20 世纪 60 年代到 80 年代是跨国银行迅速发展的时期,欧洲货币市场和债券市场的发展对跨国银行起到了促进作用,跨国公司的迅速发展也是促进跨国银行发展的一个动因,跨国公司倾向于选择母国的银行提供金融服务。这样,各国银行大量在海外建立分行、代理行和代表处,以满足本国跨国公司的需要。1960 年美国银行在海外仅设 124 个分支机构,到 1973 年猛增至 573 个。1966 年,在英国开设分支机构的外国银行从 1950 年的 53 家增加到 100 家,到 1975 年已经达到 335 家。

在 20 多年的时间里,各主要国家的跨国银行创建了密布全球的海外分支机构网络。而且,这些分支机构的业务量及业务范围迅速扩张。如美国跨国银行的海外资产在 1965 年时为 89 亿美元,1980 年则为 397.5 亿美元,其占美国银行总资产的比重也由 2.4% 提高到 23.3%,业务范围也转向以批发业务、欧洲货币业务及投资银行业务为主导。

这一阶段国别特征是美国银行的对外扩张及日本银行的后来居上。1960 年,美国的跨国银行数目为 8 家,到 1970 年已发展到 79 家,1980 年增至 139 家,1986 年为 158 家。在日本,跨国银行从 20 世纪 70 年代末期大举向海外扩张。1979 年底,共有 23 家日本跨国银行在海外设立分行 127 家;到 1987 年底,已有 70 多家日本跨国银行及其海外分行 441 家。20 世纪 80 年代后期,日本跨国银行的实力甚至一度超过了美国。

3.调整重组阶段(20 世纪 90 年代初至 90 年代中期)

20 世纪 90 年代初,欧美各国相继进入经济衰退期,日本泡沫经济破裂,使西方银行陷入经营效益滑坡的困境;而金融自由化的发展及非银行金融机构的竞争,又使银行所面临的风险与日俱增。在这样的背景下,主要资本主义国家的跨国银行进入大规模的调整和重组阶段。这次重组呈现出两大趋势特征:一是通过银行间兼并向全能银行发展;二是着力于银行内部机制调整及业务创新。

(1)银行间兼并联合活动频繁。以美国为例,仅在 1995—1996 年间,全国共有 1 176 件银行并购案,涉及交易金额 825 亿美元。全美国银行家数由 1985 年的 14 417 家减至 1996 年的 10 168 家。国际银行业的兼并风潮也广泛波及欧、日等国。芬兰堪萨斯银行(KOP)与芬兰联合银行(KBF)合并后成为该国当时最大的一家银行。日本三菱、东京银行合并成为东京三菱银行后,按当时日美汇率计价,资产达 8 180 亿美元,成为当时世界第一大银行。在这次兼并风潮中,有两点尤其值得注意:首先,出现大型银行间的"强强联合",构筑了一批超大型跨国银行。据英国《银行家》杂志对世界 1 000 家大银行的统计,仅 1995 年前 10 个月就有 8 起涉及千亿美元资产的银行兼并事件。其中典型的有日本的三菱银行与东京银行合并成东京—三菱银行,美国的化学银行收购大通曼哈顿银行组成的"新大通曼哈顿银行"等。其次,出现了跨国银行通过并购以拓展业务的现象。如荷兰国际集团(ING)收购了亏损破产的英国巴林银行,瑞士银行收购了英国华宝银行,德国德累斯顿银行收购了英国的克林沃·本森银行等。

(2)跨国银行业着力于内部机构的调整与改善。这一阶段,许多银行采取了削减机构和裁减员工的举措。如英国的西敏士银行在5年内关闭了1000家分行,裁减了16000名职员;又如法国里昂信贷银行近年来在全球裁减员工3500名,约占总人数的10%。此外,银行内部机构的调整还表现在业务部门的改革。例如,德意志银行根据银行业务性质改革内部管理体制,将该行分为4个管理部:对私银行业务部、机构及商业银行业务部、投资银行业务部、团体服务部,各部都设有自己的管理层,管理层则由"集团执行委员会"统一控制。

4.创新发展阶段(20世纪90年代中期至今)

近年来,金融自由化浪潮和信息技术的迅猛发展使国际银行业的竞争更趋激烈。为了应对日益加剧的竞争压力,跨国银行一方面延续了20世纪90年代初以来的购并风,通过规模效应、资源整合和优势互补来巩固和增强竞争优势;另一方面则加强了业务创新和技术创新,以创新来寻求新的竞争优势,可以说,国际银行业未来发展的主基调将始终是创新。总的来看,跨国银行的最新发展呈现出以下趋势[①]:

(1)跨国银行通过超级并购寻求规模扩张。由于跨国银行业竞争加剧,因此它们通过外部并购使其快速成为银行巨头,通过跨国并购实现其国际化发展战略与多元化金融产品服务,通过规模经济和范围经济来降低成本实现其利润的快速增长,并通过分散风险来提高其国际竞争力。2003年10月27日,美洲银行耗资470亿美元收购舰队波士顿金融公司,并购后总资产为9660亿美元,成为美国第三大银行。2004年1月,摩根大通银行以580亿美元收购美国第一银行,其总资产为111万亿美元,成为美国第二大银行。花旗集团在2003年收购了西尔斯集团的信用卡和金融业务,又于2004年3月斥资2713亿美元收购了韩国第二大商业银行韩美银行,成为美国第一大银行。同时,欧洲货币一体化也加速了欧盟银行业大规模的跨国并购重组。2003年2月汇丰控股以142亿美元收购美国最大的消费者金融公司(Household International),创造了当年全球银行并购交易最高纪录,其在美国业务部分使其成为美国第十大金融机构,并已经深度渗透到美国金融市场。2004年4月,汇丰控股以115亿美元收购法国信贷商业银行。2004年8月英国第二大银行苏格兰皇家银行以104亿美元收购了美国的Charter One Financial公司,其在美国业务部分使其挤进美国前15位金融机构。2005年6月12日,意大利联合信贷银行(Unicredito Italiano)宣布收购德国裕宝银行。合并后的意大利联合信贷成为欧洲第九大银行,也是欧洲历史上最大一宗银行跨境并购案。日本银行业近几年也积极进行并购重组,重振银行雄风。2005年10月2日,日本东京三菱集团与日联集团UFJ合并,资产达到1175万亿美元,成为世界最大的银行,其资本超过600亿美元,成为第六大银行巨头。

(2)跨国银行向混业经营发展。20世纪90年代以来,随着经济全球化和金融全球化的发展,跨境贸易与投资活动日益增多,全球跨国金融服务业务迅速增长。由于金融管制的放松、金融产品不断创新和同业竞争的加剧,欧美跨国银行在大力发展中间业务和推进全球化的同

① 路妍.当代全球跨国银行发展变化的新特点及趋势[J].经济研究参考.2006(54).

时,积极进行并购重组,纷纷走上了集团化发展道路,实行全能银行向混业经营发展,将资源集中于高增长业务,以增强其国际竞争力和提高其全球领先的金融服务地位,从而获得国际竞争优势。跨国银行全能银行主要有两种模式:银行证券模式与银行保险模式。

(3)跨国银行运用信息技术向电子化和网络化方向发展。20世纪90年代,信息技术和电子技术在跨国银行业得到广泛地运用和发展,跨国银行向电子化和网络化方向发展。随着1995年10月世界第一家网络银行——美国安全第一网络银行——的出现,网络银行在世界各国迅速发展。从美国、欧盟和日本网络银行来看,其用户规模近几年呈快速增长。美国网络银行用户量2004年为2 280万户,是2000年的213倍,比2000年增长13 013%。欧盟网络银行用户量2004年为5 790万户,是2000年的311倍,比2000年增长21 113%。日本网络银行用户量2004年为2 180万户,是2000年的817倍,比2000年增长77 210%。亚太地区网络银行用户量2004年为1 380万户,是2000年的518倍,比2000年增长475%。

二、跨国银行的组织结构与运作

(一)跨国银行的组织形式

跨国银行的组织结构包括:跨国银行母行与其海外分支机构的组织结构关系以及这些分支机构的具体形式。

1.母行与其海外分支机构的组织结构关系

该组织结构主要有三种:

(1)分支行制。它是指母行在海外设立和控制各种类型的分支机构,通过这些分支机构来开展跨国经营活动的组织结构形式。这些分支机构根据不同的级别构成一个金字塔型的网络结构(见图10-1)。

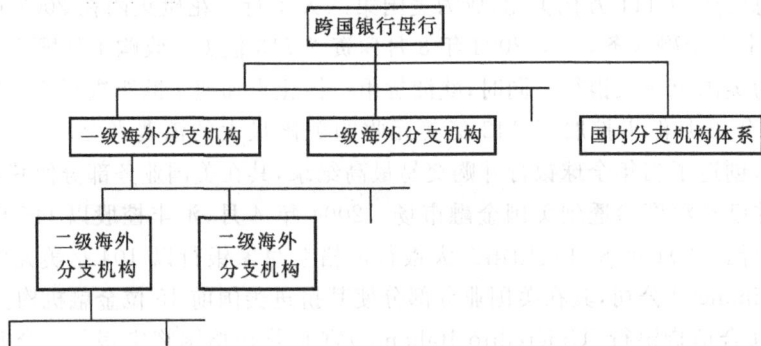

图10-1　跨国银行分支行制示意图

(2)控股公司制。控股公司制又称集团银行制,是指银行通过“银行持股公司”(Bank Holding Company)建立海外分支机构网络。这种组织方式以美国最为典型。美国跨国银行的海外分支机构可以由银行或其持股公司直接建立,而更多的是通过其附属机构——“爱治法公司”(Edge Act Corporation)—— 建立的。(见图10-2)

(3)国际财团银行制。国际财团银行制是指由来自不同国家或地区的银行以参股合资或合作的方式组成一个机构或团体来从事特定国际银行业务的组织方式,它与为某项贷款而由多个银行组成的贷款辛迪加(Loan Syndicate)不同,辛迪加是不具备法人资格的临时组织,

银行持股公司

爱治法公司　　跨国公司母行　　海外附属行、联属行　　非银行机构

海外分支机构　国内分支机构　非银行机构

爱治法公司　海外分支机构　国内分支机构

海外分支机构　国内分支机构　非银行机构

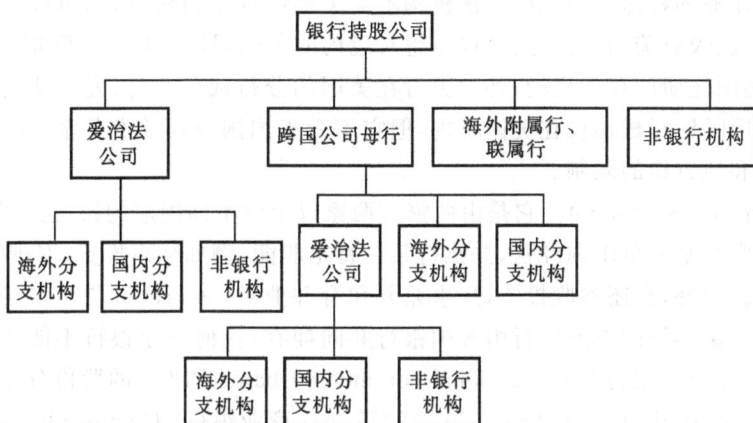

图 10-2　跨国银行控股公司制示意图

而国际财团银行是正式注册的法人。

2.跨国银行海外分支机构的形式

从单个跨国银行的角度看,其国际分支机构纷繁多样,主要有以下几种组织形式:

(1)办事处(representation office)。它是跨国银行在国外设立的最低层次的分支机构。其工作人员可以从母行派出,也可以是当地居民。它通常由一个经理和两三个助手及秘书组成。事实上,它不是"银行",它不直接从事银行业务。设立办事处的目的是帮助其客户在所在国从事投资和经营活动。其主要工作是为母国银行的客户提供信息咨询,招揽业务,监督母国银行与所在国银行的代理业务。

(2)经理处(agency)。经理处的作用与跨国银行在东道国的代理行类似,如为进出口贸易融资、代客买卖外汇等。经理处与经理行的区别在于前者是母行的隶属部分,而后者仅与母行存在业务委托关系。

(3)分行(branch)。分行是跨国银行根据东道国法律规定设立并经营的境外机构,是母行的一个组成部分,但不具备独立的法人地位,它受委托代表母行在海外经营各种国际银行业务,其资产负债表列入母行的资产负债表,而且其信贷政策和经营战略同母行也保持一致,母行则需为其承担无限责任。

(4)附属行(subsidiary)或联属行(affiliate)。这两种形式作为独立法人在当地注册的经营实体,是由跨国银行与东道国有关机构共同出资设立或对当地银行兼并、收购而设立的,跨国银行因持股关系而承担有限责任。两种形式的区别在于:附属的大部分股权为跨国银行所有,而联属行的大部分股权由东道国机构掌握,两者一般以 50% 为界线进行区分。他们往往可以经营许多分行所不允许经营的业务,在较大限度内进入东道国市场。

(5)爱治法公司。爱治法公司是美国跨国银行根据 1919 年修订的联邦储备法允许设立的最为重要的、经营国际银行业务的海外分支机构形式(虽然其地理位置可能在美国国内)。爱治法公司存在两种类型:银行爱治法公司及投资爱治法公司。前者是美国跨国银行经营国际业务及设立海外分行的主要机构,后者则主要通过对国外金融机构投资为母行建立附属行等。

(6)国际银行机构(international banking facilities)。它是美国跨国银行的最新机构。1981 年 12 月,美国联邦储备银行允许美国和外国的跨国银行在美国境内设立专门从事美国

境内欧洲货币业务的特殊金融机构。该机构不受美国国内银行法管理,可以从事欧洲货币存款和贷款,但不能吸收美国居民存款,也不得对境内的美国居民贷款。国际银行机构的设立单位可以是:在美国注册的存款机构;外国银行在美国的分行或分理行;爱治法公司在美国的分支机构。虽然国际银行机构设在美国境内,但它不受美国国内存款准备金、联邦存款保险、存款利率最高限和地方税的限制。

(7)参股行(consortium)。它是由两家或两家以上的不同国家的银行共同拥有的合资银行。参股行通常在某一范围内经营,并执行某一特定职能,例如从事投资、安排巨额贷款、承包股票和债券等。此外,它还参股投资,从事兼并和合并业务,参与欧洲货币市场。但是参股行不吸收存款。一家典型的参股银行由多国银行共同拥有,任何一家银行不能拥有绝对多数的股份。例如,国际商业银行(international commercial bank,PLC)的股份分布,其中:汇丰银行 22%,欧文信托公司(Irving Trust Co.)22%,AG 商业银行(Commer Bank AG)12%,里昂信贷银行(Credit Lyonnais) 11%。参股银行有时还产生于地理上的原因。例如,斯勘的纳维亚银行是由北欧国家的 7 家不同银行共同拥有;日本国际银行由日本四家商业银行和两家证券商共同拥有。

三、跨国银行在国际投资中的作用

作为金融类跨国企业,跨国银行在国际投资中一方面通过设立海外分支机构直接参与国际直接投资;另一方面,通过对跨国公司的股权参与,间接的介入国际直接投资。同时,作为金融服务性部门,跨国银行在国际直接投资中发挥着中介枢纽的作用,这也是跨国银行最为基本、最为重要的作用。这种作用主要体现在跨国银行对跨国公司等国际直接投资者的各种支持和服务方面。

(一)跨国银行是国际直接投资者跨国融资的中介

跨国公司在进行国际直接投资时,往往会产生巨大的资金需求。同时,国际上又存在众多的间接投资者或短期信贷提供者,产生了巨大的资金供应。但资金需求与资金供应往往存在数额、期限、币种等方面的差异,这就需要跨国银行发挥信用中介作用予以调整。跨国银行可以通过汇集小额、短期的资金向资金需求者提供大额、长期的信贷,并且通过商业票据的承兑、贴现等为其创造出流动性。随着经济的发展,这种传统的信贷业务出现了证券化的趋势。如跨国银行在负债业务方面,凭借自身的声誉和资信优势,通过发行自己的债务凭证——银行债权等,能够以较低的成本聚集起大量资金。在资产业务方面通过把对借款人的债权转化为股权或债券,增强了流动性,从而能够更好地发挥中介功能。值得一提的是,随着跨国银行开始介入投资银行的传统业务——直接证券的发行和包销,其中介作用已扩展到直接融资领域。

(二)跨国银行是投资者跨国界支付的中介

由于跨国银行拥有分布广泛的海外分支机构和代理网络,因而能为投资者在世界范围内办理转账结算和现金收付业务,充当其国际支付的中介。国内银行在执行国际支付中介时是通过与外国银行之间的代理行关系间接的进入对方的国内支付系统。而跨国银行则更多地通过海外分支机构直接进入东道国支付清算系统,然后通过母行与分支机构及分支机构相互间的支付清算形成一个国际支付清算网络,如美国的银行间同业支付清算系统 CHIPS;或由多家跨国银行及其分支机构直接组成完全用于国际间资金调拨的支付清算系统,如环球银行间财务电讯协会 SWIFT、伦敦外汇清算 ECHO 等。SWIFT 向客户提供的是一种可任意选择的双边差额结算服务相联系的电信服务,截至 1996 年 5 月,27 家金融机构使用这种差额结算系统,一天可处理 1 000 个指令。ECHO 是一个多边差额结算系统,支持全球 24 小时的差额结算。到 1996 年 5 月,13 家银行使用 ECHO,另外 7 家银行正准备加入这一系统。

(三)跨国银行是为跨国投资者提供信息咨询服务的中介

由于跨国银行拥有覆盖全球范围的机构网络和广泛的客户及同业关系,因而掌握有大量信息能够承担起信息中介的作用。例如上述的融资中介行为,实际上就是在掌握众多的资金供求信息的基础上进行的。此外,由于跨国银行汇集了许多财务管理、投资分析方面的专家人才,因而可以向投资者提供多方面的咨询、顾问方面的服务,帮助公司把握风险,更为有效地拓展海外业务。这些服务在对跨国公司产生裨益的同时,也为跨国银行扩大了利润来源。在如今来自传统贷款业务收益不断降低的情况下,银行的收费性服务能够在无风险的基础上创造较高的收益。据美国纽约市第一曼哈顿咨询集团的一项调查报告,美国银行对大公司贷款的资本收益率仅为 5%～7%,而收费服务的资本收益率可以达到 40%～80%。

第二节　非银行金融机构的国际投资

一、投资银行的国际投资

(一)投资银行

投资银行是以证券承销、经纪为业务主体,并可同时从事兼并与收购策划、咨询顾问、基金管理等金融服务业务的金融机构。它在各国的名称各异,如在美国称为投资银行,在英国称为商人银行,在日本从事投资银行业务的机构是证券公司。此外,在法国称为实业银行,在澳大利亚称为货币市场公司,在我国香港地区称为有限制牌照银行,在印度尼西亚称为投资金融公司等。

探寻投资银行的起源,可以追溯到中世纪的欧洲。随着国际贸易的兴起,早期投资银行应运而生。早期投资银行的主要业务为汇票的承兑与贸易贷款,并多为实力雄厚、声名显赫的大家族所承揽。这些大家族大多是在从事海外贸易的同时从事货币营运。由于这些商人兼营金融机构,从而得名为商人银行。现代意义上的投资银行是 18 世纪后在欧洲产生的,主要是由众多的销售政府债券和贴现企业票据的商号演变而来。当时,资本主义生产关系已经确立,推进了以股份制为特征的企业制度的形成和发展。而资本主义国家政府为行使其政治统治、对外扩张等职能也常常面临入不敷出的境地,需要发行债券予以弥补。这就在客观上需要有专门机构来从事证券发行、推销。而证券交易所的诞生和发展更为投资银行业注入了催化剂。1773 年在英国伦敦建立了伦敦证券交易所,1792 年在美国成立了纽约证券交易所,1978 年日本成立了日本东京证券交易所。投资银行以证券承销、经纪为业务核心,逐步确立了在证券市场上的突出地位。此后,随着世界经济活动日益丰富多彩,投资银行不断发展起企业兼并重组、金融工程、基金管理、风险资本等新兴业务(见图 10-3)。

(二)跨国投资银行

跨国投资银行是指在世界各地设立分支机构进行跨国经营的大型投资银行,是投资银行业在国际范围内的延伸。它不仅是国际证券市场的经营主体,而且其活动范围与影响已超出证券业,与跨国商业银行并列成为当代国际金融资本的重要组成部分。

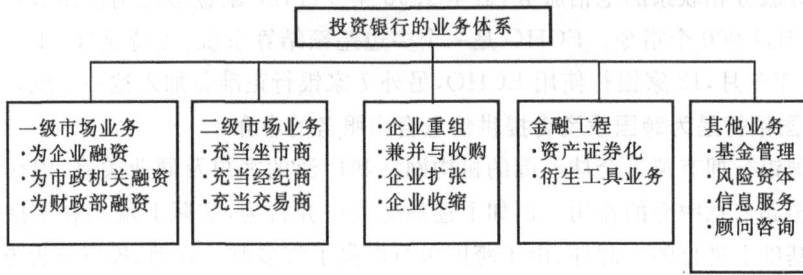

```
                        ┌─────────────────┐
                        │ 投资银行的业务体系 │
                        └────────┬────────┘
        ┌──────────┬───────────┼───────────┬──────────┐
   ┌────┴────┐┌────┴────┐┌─────┴────┐┌─────┴────┐┌────┴────┐
   │一级市场业务││二级市场业务││·企业重组  ││金融工程  ││其他业务  │
   │·为企业融资 ││充当坐市商 ││ 兼并与收购││·资产证券化││·基金管理 │
   │·为市政机关 ││充当经纪商 ││·企业      ││ 衍生工具业│风险资本  │
   │ 融资     ││充当交易商 ││ 扩张     ││ 务      ││信息服务  │
   │·为财政部融 ││         ││·企业收缩  ││         ││顾问咨询  │
   │ 资      ││         ││         ││         ││         │
   └─────────┘└─────────┘└─────────┘└─────────┘└─────────┘
```

图 10-3　现代投资银行业务体系

1. 跨国投资银行参与国际投资的过程

跨国投资银行参与国际投资大致经历了以下几个阶段：

(1)投资银行开展跨国业务的萌芽阶段。在 1960 年之前,出现了投资银行开展跨国业务的萌芽。如英国巴林银行曾帮助许多美国铁路债券在伦敦上市。但这并不算形成了现代意义上的跨国投资银行。因为当时投资银行的国际业务主要通过其在国外的代理行进行,很少有投资银行在海外设立分支机构。其业务种类也较为单一,主要是进行外国证券的推销,并没有形成今天投资银行丰富多彩的业务体系,其开展业务的地区也还存在局限性,主要在欧洲。

(2)跨国投资银行的起步发展阶段。20 世纪 60 年代和 70 年代,是跨国投资银行的起步发展阶段。在这一阶段,世界大型投资银行纷纷设立海外分支机构,纽约、伦敦、巴黎、东京、日内瓦等金融中心汇集了许多跨国投资银行的分支机构,其国际业务也出现了综合化、一体化的趋向,并致力于开发欧洲债券业务和欧洲股票业务。如第一次典型的欧洲债券发行是在 1963 年 7 月由英国的华宝银行(S. G. Warburg Bank)设计并主承销的。

(3)跨国投资银行迅猛发展阶段。进入 20 世纪 80 年代以来,跨国投资银行进入前所未有的迅猛发展阶段。许多跨国投资银行已基本在世界上所有的国际或区域金融中心设立了分支机构,建立并完善了其全球业务网络。其国际业务体系日益完善,不仅包括国际证券的承销、分销、代理买卖和自营买卖等传统业务,而且还包括全球范围内开展兼并收购、资产管理、财务咨询、风险控制等活动。其国际业务规模也急剧扩张,在各重要的国际金融市场上,许多跨国投资银行证券交易量已超过本地金融机构。此外,其国际业务管理机制不断完善,许多大型跨国投资银行建立了负责协调管理全球业务的专门机构,如美国摩根斯坦利(Morfan Stanley)银行的"财务、管理和运行部"、高盛(Gold Sachs)公司的"全球协调与管理委员会"等。

(4)跨国投资银行创新阶段。近年来,国际投资银行业的竞争日趋激烈。跨国投资银行的创新力度显著增强,以此来提高自身的竞争力。其创新主要体现在:第一,融资方式多样化。投资银行除发行不同期限的浮动利率债券、各种抵押债券外,还采用 BOT,TOT,ABS(资产支持的证券化融资)等形式进行融资。第二,购并业务推陈出新。投资银行在企业购并浪潮中日趋活跃,业务不断创新,不但为企业担任财务顾问、制订收购和反收购措施、进行票据交换等,还为购并企业提供资金支持。第三,创造新的金融产品。各大投资银行挖空心思迎合市场需要。例如,巴林银行倒闭后,洛希尔银行发现美国资金市场上闲置的资金数目庞大,但对资产安全性要求高,希望更好地分散风险,针对这种情况洛希尔银行推出名为"五箭现金管理基金"的投资工具,结果吸引了大量资金。投资银行还为企业制定定期投资计划、定期退股计划,组建各种基金,利用现代金融工程学技术,对期权、期货、商品、债券、利率、汇率进行计算,并利用计算机安全技术,使得资料传送从用户的电脑端开始就受到层层保护。

2.跨国投资银行在国际投资中的作用

对于跨国投资银行在国际投资中的作用,可以从国际直接投资和国际间接投资两方面进行考察。在国际直接投资方面,跨国投资银行除了像跨国商业银行一样要在国外设立分支机构进行直接投资外,其作用也突出表现在对跨国公司跨国直接投资活动的支持和帮助,如策划跨国收购与兼并,对跨国投资行为提供信息、咨询服务等。在国际间接投资方面,跨国投资银行发挥着营造国际证券一级市场、并积极参与二级市场的作用,如国际证券的发行承销和分销、金融衍生工具的创造和交易、国际证券自营买卖及基金管理等。具体有以下几个方面:

(1)支持跨国兼并与收购。跨国投资银行可以为跨国公司物色收购目标并加以分析,帮助建立一个可行的资金财务计划,必要时可以通过发行债券等手段提供融资帮助,从而完成兼并或收购活动。这大大加快了全球资产存量调整的步伐。

(2)对跨国投资提供信息、咨询等服务。由于跨国投资银行拥有全球分支机构网络,掌握着一个巨大的信息资源库,同时还具有人才、技术方面的优势,因而可以为企业的跨国投资活动提供各种服务,如投资组合设计、现金管理、风险管理、资产估价等。

(3)国际证券的发行承销。证券承销是投资银行最本源、最基础的业务,国际证券业务是其向国际范围的扩张和延伸。跨国投资银行不仅替各国企业、各国政府进行证券承销,同时还给国际金融组织如世界银行、亚洲开发银行等承销证券。这些活动不仅营造了国际间接投资的一级市场,同时又推动了一级市场的发展。

(4)金融衍生工具的创造和交易。跨国投资银行是创造和交易金融衍生工具的重要机构。日新月异的金融衍生工具不仅为投资者提供了有效规避利率、汇率等金融风险的可能,而且推动了国际投资对象的创新和改革。

(5)国际证券的自营买卖及基金管理。跨国投资银行自身进行国际证券的自营买卖,以期获得价差收入,这是其参与国际间接投资的行为。同时,许多跨国投资银行还管理着各种基金,代理基金进行国际证券二级市场的交易。这些活动推进了全球证券交易二级市场的深化和发展。

二、其他非银行金融机构的国际投资

20世纪90年代以来,国际金融发展中一个突出的特点是各种类型的机构投资者快速成长,他们在各自所在国家的金融市场以及整个全球金融市场中发挥着日益显著的主导作用。机构投资者所拥有的资产规模现在已与商业银行旗鼓相当(在美国,机构投资者的资产总额已超过商业银行),与商业银行一起成为决定短期国际资金流动方向和规模的基本力量。机构投资者的发达与各国金融创新、资本市场发展等密切相关。机构投资者的活跃促进了金融市场合理配置金融资源、帮助提高经济效率的作用。据统计,20世纪90年代后半期,以发达国家为主的世界各国机构投资者总共管理着超过13万亿美元的总资产①。机构投资者主要包括:共同基金、养老基金、保险基金、信托基金、对冲基金、创业投资基金等。这些机构投资者的共同特点是从不同渠道获得来自社会各界(个人和机构)的资金,将集中起来的资金主要投资于

---

① 国际货币基金组织.国际资本市场[M].北京:中国金融出版社,1995:162.

国内外证券市场以便实现资金的保值、增值和变现的目的。

(一)共同基金

共同基金(multual fund)是指通过信托、契约或公司的形式,通过公开发行基金证券(如"受益凭证"、"基金单位"、"基金股份"等)将众多不确定的投资者的资金汇集起来,委托专业的基金管理人进行投资管理,委托专业的基金托管人进行基金资产的托管,基金所得的收益由投资者按出资比例分享的一种投资工具。投资机构本身只作为资金管理者获得一定比例的管理费收入。世界各国对共同基金的称谓有所不同,在美国它被称为"共同基金"、"互惠基金",在英国和我国香港特别行政区被称为"单位信托基金",在欧洲一些国家被称为"集合投资基金"或"集合投资计划",在日本和我国台湾地区则被称作"证券投资信托基金"。

1. 共同基金的发展状况

共同基金是机构投资者中增长最快和最引人注目的。美国共同基金的净资产从1987年7700亿美元增加到1996年35 390亿美元,后者占当年国内生产总值的46%。日本共同基金净资产从1987年的3 050亿美元增加到1996年的4 200亿美元,占1996年国内生产总值的9%。德国共同基金净资产从1987年的420亿美元增加到1996年的1 340亿美元,占该年国内生产总值的6%。英国共同基金净资产从1987年的680亿美元增加到1996年的1 880亿美元,后者占该年国内生产总值的16%。在欧洲大陆,法国是引人注目的,其共同基金净资产从1987年的2 040亿美元增加到1996年的5 290亿美元。后者占该年国内生产总值的34%。这一比重最高的欧洲国家是卢森堡,其共同基金净资产从1987年的740亿美元增加1996年的3 520亿美元,后者占该年国内生产总值的1 840%[①]。

2. 共同基金发展的动因

由于美国是共同基金发展最快的国家,其共同基金的发展最具代表性,这里就以美国共同基金为例简述共同基金的发展动因。

(1)需求的增长。首先是个体家庭对共同基金投资需求的增长。20世纪90年代,股票和其他金融产品有着较高的投资回报率使美国家庭从投资房地产和其他有形资产转向投资金融资产。由于共同基金有着专业的管理团队、规模效应、能够有效分散风险、能够进行国际证券投资,所以受到许多家庭的青睐。20世纪90年代初,投资于共同基金的家庭数还只是2 340万,到2000年就已发展到5 060万。2006年约有48%的美国家庭持有共同基金,基金持有人达9 600万人,相当于每3个美国人中就有一个是共同基金持有者[②]。其次是机构对共同基金需求的增长。由于企业等机构投资者在现金管理上更依赖于共同基金而不是直接拥有流动资产,通过利用共同基金,这些机构可以享受规模经济带来的好处,而这种好处是靠自身对流动资产的管理所不能实现的。资料显示,机构投资者持有美国近一半的基金资产,并且呈逐年增长之势。最后是退休金对共同基金的需求。近年来,随着美国明确捐助性退休计划的流行,计划出资者越来越多的选择共同基金作为投资选择,原因是共同基金比其他募集性投资产品提供更多服务。2000年底,明确捐助型退休计划和个人退休账户(IRAs)占共同基金的份额已大致持平。

(2)共同基金有着发达的分销渠道。随着市场对共同基金的需求日益上升,基金公司和分

---

① 王国刚.全球金融发展趋势[M].北京:社会科学文献出版社,2003:142-143.

② 卢怀谦.共同基金:美国人重要的理财渠道[OL].中证网,2007-03-4.

销公司在扩大传统销售渠道的同时,致力于开发新的渠道。许多原先直接销向投资者的共同基金渐渐转变策略,向第三方或中间商寻找分销渠道(第三方销售渠道包括:雇主赞助的退休计划、共同基金超市、有偿顾问、共同基金一揽子账户计划和银行信托部门)。

(3)共同基金有着丰富的投资品种和多样化的服务。美国共同基金的繁荣,与其丰富的可供投资者选择的品种有着密不可分的关系。基金品种的不同,除了体现在投资对象上,还体现在投资地域、风险控制手段、封闭期限、资金来源和发行网络等要素的区分和组合上。截至2006年11月底,全美现有共同基金逾万只,根据投资目标分类,共同基金就有33种类型。同时,共同基金提供着比银行储蓄账户更高的利率以及具有签发支票的功能。

(4)共同基金的投资成本低。共同基金这种集体投资方式在如今信息技术发展、管理水平提高的情况下,降低了交易成本、信息成本、风险管理成本等各种费用。例如,美国的货币市场基金的经营成本只是其总资产的0.4%,是银行零售业务成本的1/10。

(二)对冲基金

对冲基金(hedge fund),又称套头基金、套利基金和避险基金,意为"风险对冲过的基金",起源于20世纪50年代初的美国。其操作宗旨就是利用期货、期权等金融衍生产品以及对相关联的不同股票进行实买空卖、风险对冲的操作技巧,在一定程度上规避和化解证券投资风险。

1. **对冲基金的特点**

经过几十年的演变,对冲基金已失去其初始的风险对冲的内涵,成为一种新的投资模式的代名词,即基于最新的投资理论和极其复杂的金融市场操作技巧,充分利用各种金融衍生产品的杠杆效用,承担高风险追求高收益的投资模式。现在的对冲基金呈现出如下特点:

(1)投资组合日趋复杂。近年来结构复杂、花样翻新的各类金融衍生产品逐渐成为对冲基金的主要操作工具。对冲基金将这些金融工具进行复杂组合,根据市场预测进行投资,在预测准确时获取超额利润,或是利用短期内市场波动而产生的非均衡性设计投资策略,在市场恢复正常状态时获取差价。

(2)杠杆投资。典型的对冲基金往往利用银行信用,以极高的杠杆借贷(leverage)在其原始基金量的基础上几倍甚至几十倍地扩大投资资金,从而达到最大程度地获取回报的目的。对冲基金的证券资产的高流动性,使得对冲基金可以利用基金资产方便地进行抵押贷款。同样,也恰恰因为杠杆效应,对冲基金在操作不当时往往亦面临超额损失的巨大风险。

(3)筹资方式的私募性。由于对冲基金的高风险性和复杂的投资机理,许多西方国家都禁止其向公众公开招募资金,以保护普通投资者的利益。在1996年以前,对冲基金的最大股东数限定为不超过100人,到1996年对冲基金的最大股东数限定才允许扩大到500人,通常要求投资者最低投资额不少于10万美金。对冲基金的组织结构一般是有限合伙制,基金投资者以资金入伙,提供大部分资金但不参与投资活动;基金管理者以资金和技能入伙,负责基金的投资决策。

(4)规避监管。由于对冲基金多为私募性质,从而规避了美国法律对公募基金信息披露的严格要求,采用"黑箱运作",投资者不得询问其投资组合和具体交易,抽回股本则在协议中要加以规定。为了避开美国的高税收和SEC(美国证券交易委员会)的监管,在美国市场上进行操作的对冲基金一般在巴哈马和百慕大等一些税收低、管制松散的地区进行离岸注册,并仅限于向美国境外的投资者募集资金。如索罗斯的量子基金就是在加勒比海的荷属安得列斯群岛注册。

(5)投资灵活。证券投资基金一般都有较明确的资产组合定义,即在投资工具的选择和比例上有确定的方案,共同基金不得利用信贷资金进行投资,而对冲基金则完全没有这些方面的限制和界定,可利用一切可操作的金融工具和组合,最大限度地使用信贷资金,以牟取高于市场平均利润的超额回报。

2. 对冲基金的现状

(1)全球对冲基金继续保持高速增长态势。虽然对冲基金在20世纪50年代已经出现,但是,它在接下来的30年间并未引起人们的太多关注,直到上世纪80年代,随着金融自由化的发展,对冲基金才有了更广阔的投资机会,从此进入了快速发展的阶段。20世纪90年代,世界通货膨胀的威胁逐渐减少,同时金融工具日趋成熟和多样化,对冲基金进入了蓬勃发展的阶段。据英国《经济学人》统计,从1990年到2000年,3 000多个新的对冲基金在美国和英国出现。2002年后,对冲基金的收益率有所下降,但对冲基金的规模依然不小,据英国《金融时报》2005年10月22日报道,截至目前为止,全球对冲基金总资产额已经达到1.1万亿美元。而最新统计显示,2006年对冲基金行业资产已接近了2万亿美元,较前年增加24%。

(2)很多对冲基金遭受到打击。长期以来,大型对冲基金在国际金融市场上可谓是呼风唤雨,但随着国际经济和金融环境的变化,大型对冲基金已不再像往日那般风光。1999年美国长期资本管理公司(LTCM)出现$40亿的亏损而濒临倒闭,美国联邦储备局史无前例地匆匆出面,筹措挽救计划,美国和欧洲15家大的商业银行、经纪公司和证券公司成立财团对之进行注资$36.5亿,接管其债权。这一消息传出,不仅引发了全球金融市场的恐慌,同时也触发了对冲基金"多米诺骨牌"式的崩溃。1999年头九个月,索罗斯基金集团的几大对冲基金均未赢利,资产亏损13%至31%不等。2000年3月底世界第二大对冲基金老虎基金宣布倒闭,时隔一个月,索罗斯的左膀右臂两员投资大将均挂冠而去。而与此同时,投资信息和生物科技等增长领域的小型基金明显增长,并都取得不错的业绩。投资者涌向小型、专门化的对冲基金,如科技股基金,而不是在所有市场均有投资的对冲基金。据路透社公布的调查显示,2006年全球对冲基金行业资产已达1.89万亿美元,较2005年高出24%,但是在2006年至少有83家美国对冲基金倒闭,其管理的资产共计约350亿美元。2006年一年中,排名前十的对冲基金清算案涉及金额已经高达235亿美元。迄今为止,最大的一宗是管理着超过90亿美元资产的Amaranth LLC在2006年9月能源交易亏损后开始清盘,而接下来的九大清算案涉及资产总计145亿美元[①]。

3. 对冲基金的未来展望

尽管对冲基金在过去几年遭遇到不小的失败,但这些失败只能是暂时性的,一旦整个市场的系统性风险减弱,对冲基金仍大有希望,而且它将是国际金融市场上一支不可忽视的力量。原因如下:

(1)对冲基金是优越的投资工具。对冲基金的业绩表现优于共同基金和广泛的市场指标:在收益率、收益—风险比、度量期、被定义为损失可能性的"真正风险"等方面,某些类型的基金和许多个体基金的业绩表现更是远优于共同基金和权益市场。1999—2003年,美国对冲基金的平均收益率为14.1%,而市场基准的标准普尔500指数则为20.6%,共同基金也

① 魏曙光.全球对冲基金资产增长24%资产接近2万亿美元[N].证券时报.2007-03-21.

只有 2.4%。2004 年以来，对冲基金的平均回报率已逾 2.9%，标准普尔指数为 1.7%，对冲基金的表现绝对胜出一筹①。

（2）对冲基金的生存环境客观存在。对冲基金强于跨地区、跨行业、跨币种运作，对冲基金的头寸转换、资产组合调整和投机战术灵活多变，令监管当局防不胜防，只要存在市场机会和监管漏洞，对冲基金都会全力以赴。从亚洲金融危机的发展来看，被对冲基金等国际游资冲击的国家和地区，金融市场上往往有这样或那样的缺陷，如对短期国际资本依赖性太强、国内储蓄率偏低、资本市场开放度过高等。亚洲一些国家在 20 世纪 90 年代初为吸引外资都已实现资本自由化，本国证券市场对外资开放，但金融监管能力及反投机能力还跟不上，这给了对冲基金以可乘之机。

（3）加强监管不影响对冲基金的生命力。在经历了亚洲金融危机之后，各国对对冲基金的灾难性后果有了充分认识，因此纷纷加强了防范抵御措施，制定更加有效的监管政策，加大了对非法市场炒作的打击力度。随着国际金融市场制度和规则的不断完善，对冲基金的活动空间必将受到限制，其活动也必须更加规范，它对市场的杀伤力必将大大减弱。但是只要金融衍生产品市场仍然存在，那些稳健运作的对冲基金便会有继续生存的机会和空间，并且得到更健康的发展。

（4）对冲基金有广大的客户群。一方面由于对冲基金进入门槛高，要求经理人具有高超的投资技巧，这迎合了富裕个人投资者的口味。另一方面对冲基金的传统客户群（富裕个人投资者）一直在扩大。在过去 10 年里，一直处于牛市的股票市场造就了更多的投资大户，他们就是对冲基金的生命线。

（5）对冲基金正逐渐被主流机构接受。近年来欧美一流的投资机构纷纷设立了对冲基金业务。主流机构进军对冲基金有四个原因：一是传统对冲基金的客户，如私人银行、富有人士、家庭捐赠基金，能为它们带来庞大的收入；二是认为在股市充满不确定性的情况下对冲基金能获得最佳回报；三是对冲基金诱人的收费结构，除每年约 1.5% 的管理费用外，许多对冲基金还收取投资收益的 20%；四是留住优秀基金经理，否则，这些基金经理便会离职建立自己对冲基金。

（6）对冲基金可作为检验金融体系是否完善的"试金石"。将对冲基金认作为金融危机的主要原因是不客观的，东南亚金融危机是自身经济状况不健康造成的。由于大量资金涌入房地产等容易产生经济泡沫的领域，加上缺乏有效的监督和管理的金融体系，不良贷款的比例剧增，导致经济基础变得极其脆弱。对冲基金就是利用了这些漏洞，按照现行的金融游戏规则兴风作浪。从某种角度上说，对冲基金是利用、检验金融体系是否完善的"试金石"。

（三）养老基金

养老基金是一种用于支付退休收益的基金，有时又称为养老金计划。养老基金一直是国际金融市场的主要投资者。

1. 养老基金的发展状况

养老基金的增长在各国都超过了国内生产总值的增长。美国养老基金的资产从 1980 年的 7 010 亿美元上升到 1996 年的 47 520 亿美元，后者占当年国内生产总值的 62%；德国养老基金的资产从 1980 年的 150 亿美元增加到 1996 年的 650 亿美元，后者占国内生产总值的

3％；英国养老基金的资产从 1980 年的 1 160 亿美元增加到 1996 年的 8 970 亿美元,约占当年国内生产总值的 77％；日本养老基金的资产从 1990 年的 3 430 亿美元增加到 1996 年 4 420 亿美元,后者占当年国内生产总值的 10％①。（见表10－1）

表 10－1　养老基金的资产增长状况　　　　单位:亿美元

时间 类别	1980	1985	1990	1993	1996①		
	资 产 总 额				总额	占 GDP （％）	占居民财富（％）
美国	7 010		16 060	24 920	34 490	62	20
日本			3 430②	4 600	4 420③	10	4
德国	150	220	520	470	650	3	2
意大利			390	340	430	4	2
英国	1 160	2 240	5 370	6 820	8 970	77	25
加拿大	420	750	1 650	1 870	2 410	40	20
澳大利亚		450	450	780	1 000	29	22
荷兰	770	1 050	2 300	2 620	3 630	92	
瑞士		1 070	1 380	1 480④	1 890	73	
瑞典			790	710	930	40	38

注:资料来源:《国际清算银行》第 68 期年报,第 69 页。

①意大利和澳大利亚为 1995 年数字;瑞典为 1994 年数字。

②1991 年。

③估计值,后两百分比同。

④1992 年。

2.养老基金国外投资现状

从国际经验来看,各国近年来纷纷放松对养老基金投资组合的限制,养老基金国外证券投资的比重有增大的趋势。由表 10－1 可看出,除了加拿大养老基金外国证券投资的比重于 1999 年持平外,其他几个发达国家养老基金外国股票和债券的投资比重都有上升。发展中国家和新兴市场经济国家的情况也类似。20 世纪 90 年代中期,拉美、东欧几个进行养老保险体制改革的国家还未出现养老基金的国外投资。而到 2000 年,智利、哥伦比亚、秘鲁等国家养老基金国外证券投资占各自证券总投资的比重已分别达到 11％,23％,7％。当然,尽管与过去相比各国养老基金国外投资的比重有了较大幅度的上升,但国内投资仍居绝对主导地位②。（见表10－2）

3.影响养老基金国外投资的相关因素

虽然理论上养老基金的国外投资有助于减少投资风险,但是各国表现出较大差异,且国外投资也不是越多越好。这受到多方面因素影响。

(1)养老保险体系的制度设计。过去绝大多数国家都采取的是现收现付的养老金筹资方式。在这种筹资方式下,养老金的积累不是很多,加之养老金的节余一般都由公共部门管理,

①　王国刚.全球金融发展趋势[M].北京:社会科学文献出版社,2003:140.

②　王信.养老基金的国外投资:国际经验与中国的选择[N].证券市场导报,2003－03.

表 10 - 2　1999 年部分发达国家养老基金的资产组合及变化趋势(%)

	本国股票	本国债券	外国股票	外国债券
美国	53(—)	27(—)	11(↑)	2(↑)
加拿大	31(↓)	33(↓)	23(↑)	3(—)
英国	49(↓)	16(↑)	24(↑)	3(↑)
日本	25(—)	45(↓)	15(↑)	6(↑)
法国	10(↑)	48(↓)	2(↑)	6(↑)
德国	19(↑)	59(↓)	6(↑)	3(↑)
意大利	4(↑)	38(↓)	0(↑)	2(↑)
西班牙	17(↑)	45(↓)	9(↑)	11(↑)

注:"↑"、"↓"、"—"分别表示未来上升、下降和保持不变。

资料来源:Culhane,M,2001,"Global aging—capital market implications",Goldman Sachs,February 6.

投资限制非常严格,除购买国债外,很少进入本国证券市场,更不要说国外证券市场。近年来由于人口老龄化问题,越来越多的国家改革现收现付的养老保险体制,建立基金制(或积累制)的养老保险计划。这直接导致养老基金的迅速增长。养老基金的迅速积累对基金投资提出了更高要求,迫切需要通过国外投资分散风险。可见,基金制养老保险体系的建立推动了养老保险基金更快地进入国外证券市场。(2)本国证券市场发展水平。一般而言,如果一国证券市场很发达,能够较好地满足养老基金投资的需要,则养老基金国外投资的比重就不大。对于绝大多数证券市场落后的发展中国家来说,放宽养老基金国外投资存在两难问题。一方面将养老基金放在规模小、风险大的国内证券市场,很容易造成较大的投资风险和资源配置扭曲;另一方面,本国证券市场不发达通常意味着养老基金管理水平、风险控制能力较低,而且证券监管不完善过快放松养老基金的国外投资限制,很可能导致投资失控和大量资本外流。在两难中,发展中国家往往选择严格限制养老基金国外投资。

(3)养老基金的监管模式。在不同的投资监管模式下,养老基金国外投资表现出一定的差异。对养老基金的监管主要有两种模式:一是审慎监管,强调基金管理者对基金所有者的信托责任,要求基金管理者根据审慎投资原则,为了基金所有者的收益最大化进行投资,但对投资工具和投资比重没有具体限制。美、英、加拿大等普通法系国家多采用此模式;另一模式是限量监管,即当局明确规定基金的各种投资工具和比例。德、法、意、日等大陆法系国家和大部分发展中国家都属于这一模式。比较而言,审慎监管的国家,养老基金国外投资比重比实行限量监管的国家的比重大得多。

(4)国外投资的不确定性。国外证券投资,尤其是对新兴市场的证券投资的不确定性较大。发达国家养老基金对新兴市场经济体的投资约为 500~700 亿美元,只占其资产总量的 1.5%~2%(Word Bank 1997)。而不少发展中国家要么禁止养老基金进行国外投资,要么只允许投资于信息充分、风险较低的发达国家或关系密切的国家。可见,现实中养老基金往往需要在分散风险和减少投资不确定性之间寻找适当平衡。

(5)资本项目开放程度。养老基金国外投资与本国资本项目的开放有密切关系,养老基金的国外投资需要以相当程度的资本项目开放为基础。1979 年英国开放资本项目前,养老基金净国外证券投资几乎为零,而1980—1985年即达到360亿英镑。英国养老基金国外资产占其总资产的比重,从1979年的7％上升到1985年的15％,再增至1993年的30％(Artis Taylor,1989)。

(四)保险公司

保险公司是一种金融中介机构,当某种特殊事件发生时,它以一定价格进行赔付。保险公司有两种类型:人寿保险公司和财产与灾害保险公司。

1.保险公司资产增长状况

近20年来,世界经济一直保持着稳定的增长态势,国际保险业以年均10％左右的速度增长,1998年全世界保险业保费收入近4万亿美元,保险业总资产达到约8万亿美元。保险业的迅猛发展,给保险公司带来巨额收入,大大增强了保险业的资金实力,使它们成为资本市场上非常重要的投资者。其中,美国保险公司持有金融资产的年净增长额从1985年的1 095亿美元增加到1996年的3 052亿美元,后者占当年国内生产总值的40％。英国保险公司资产的年净增长额从1985年的190亿美元增加到1995年的792亿美元,后者占国内生产总值的72％。德国保险公司资产的年净增长额从1985年155亿美元增加到1996年的692亿美元,后者占当年国内生产总值的29％。日本保险公司资产的年净增额从1985年的271亿美元增加到1996年的1 956亿美元,后者占当年国内生产总值的38％[①]。(见表10-3)

表10-3　保险公司资产的增长状况　　　　　　单位:亿美元

年份 项目 国别	1985		1990		1993		1996		1996	
	寿险	非寿险	寿险	非寿险	寿险	非寿险	寿险	非寿险	寿险	非寿险
	资产总额						资产总额		占GDP(％)	
美国	7 960	2 990	13 670	5 330	17 800	6 420	22 720	7 800	30	10
日本	2 710		8 870	1 800	13 870	2 330	16 910	2 650	33	5
德国	1 080	470	2 850	1 160	3 200	1 320	4 780	2 140	20	9
法国	570	170	1 840	550	2 790	840	4 500	1 320	29	9
意大利	100	140	360	300	460	290	600	400	6	4
英国	1 600	300	3 840	700	5 920	750	6 970	950	63	9
加拿大	550	130	1 110	270	1 220	270	1 420	330	24	5
西班牙	80		500		580		1 070			
荷兰	390	70	1 010	160	1 300	170	2 140	300	55	8
瑞士			790	360	940	370	1 170	440	45	17
瑞典	340		640	150	670	180	930	280	40	12

注:资料来源:《国际清算银行》第68期年报,第70页。

2.保险市场的竞争将愈来愈激烈

20世纪30年代以来,规范银行、证券、保险业的法规渐渐随市场而变化或被法规制定者、法院和立法机构打破。人寿险业者从经营传统的人寿险种转向了年金保险和投资型的项目;

[①]　王国刚.全球金融发展趋势[M].北京:社会科学文献出版社,2003:141.

银行业扩大了经营范围,为客户提供更多更广的金融服务项目;人寿保险业者、银行、证券公司及共同基金的竞争日趋白热化,争夺管理个人和团体储蓄和投资;银行业通过经营保险服务项目来增加收入等。银行业的这种跨行业扩张对那些运营成本较高的保险公司形成压力,给保险业带来更加激烈的竞争。

3. 国际保险业并购活动

进入 20 世纪 90 年代,国际保险业掀起了并购狂潮,并以跨国并购为主。国际保险业的并购浪潮反映了世纪之交国际保险业发展的新动向,是国际保险业面对全球经济一体化、全球经济增长以及竞争态势所做出的战略调整。国际保险业并购涉及的领域广泛,不仅包括保险领域内部的直接保险、再保险、保险中介服务,还包括保险与银行、证券等其他金融行业的混业并购。通过国际保险并购使得保险公司数目减少,垄断程度不断提高。例如,英国的商联保险公司和保众保险公司的合并而成的 CGU,成为全欧洲第九大保险机构。国际保险业的大型兼并所涉及的金额和规模不断创下历史纪录。有资料显示,近十几年来全球金融业兼并的总值相当于 14 000 亿美元,其中主要是国际保险业的并购。以美国为例,1997 年保险业的并购占美国市场并购总额达 7%。

4. 保险业日趋国际化

随着经济全球化,保险和金融市场同样也在全球化。在世界上的不少地区,人们的收入和储蓄增加,使得这部分人也在考虑如何通过保险保护自身的利益。这为人寿保险业者提供了市场机会。跨国公司和国际贸易及投资活动的增长促进了承担各种风险的非人寿保险业公司和保险代理商的发展。世界各地的保险业者愈来愈国际化。

5. 保险投资成为保险企业利润的主要来源

由于保险市场竞争日趋激烈,全球承保能力日趋过剩,保险企业承保利润日趋有限,承保亏损普遍存在,使得保险投资成为保险企业的生命线。例如美国保险业务自 1977 年以来连续 20 年亏损,保险企业主要靠投资收益弥补承保亏损,取得经营利润。基于保险投资对于保险经营的重要性,西方国家保险公司非常重视保险投资的收益性和投资风险的管理,运用先进的投资组合实现保险资金的保值、增值。监管部门也鼓励保险资金进入资本市场,投资于房地产、抵押贷款、股票、实业、债券、海外投资等,鼓励通过组建保险基金的形式,通过资本市场,将社会储蓄转化为资本。就保险投资而言 ,其国际惯例大致遵循的原则是:① 在保险投资的地位方面,国际通行做法是高度重视保险投资,将保险投资业务与承保业务看做是保险公司维持生存与谋求发展的两大业务基础,承保、投资并重。②在保险投资的原则方面,各国保险公司共同遵守和普遍采用的原则是投资的基本三原则,即流动性原则、安全性原则和收益性原则。③在保险投资的监管方面,国际通行的做法是放宽投资渠道,设定投资比例。

本章小结

(1)现代意义的跨国银行产生于 19 世纪末 20 世纪初,它经历了萌芽产生、迅速发展、调整重组、创新发展四个阶段。在国际投资过程中,跨国银行与跨国公司有着密切的联系,二者相互依托、相互支持、共同分享经营利益。跨国公司的国际投资活动是以跨国银行的国际金融活动能力为前提的,同时,跨国银行业务的扩大又要依托于跨国公司的国际经营活动。

(2)20 世纪 80 年代以来,跨国投资银行进入前所未有的迅猛发展阶段。许多跨国投资银行已基本在世界上所有的国际或区域金融中心设立了分支机构,建立并完善了其全球业务网络。其国际业务体系日益完善,不仅包括国际证券的承销、分销、代理买卖和自营买卖等传统业务,而且还包括全球范围内开展兼并收购、资产管理、财务咨询、风险控制等活动。

(3)20世纪90年代以来,各种类型的机构投资者快速成长,他们在各自所在国家的金融市场以及整个全球金融市场中发挥着日益显著的主导作用。机构投资者与商业银行一起成为决定短期国际资金流动方向和规模的基本力量。机构投资者主要包括共同基金、养老基金、保险基金、信托基金、对冲基金、创业投资基金等。

关键术语

跨国银行 分行 附属行 联属行 代表处 爱治法公司 国际联合银行 投资银行
共同基金 对冲基金

思考练习题

1.跨国银行的分支机构有哪些类型?

2.试简单介绍投资银行有哪些主要业务?

3.试述国际投资银行在国际投资中的作用。

4.什么是对冲基金? 它主要有哪些特点?

5.试述共同基金快速发展的原因主要有哪些?

第十一章　国际投资的法律规范

本章要点

1. 国际投资法律规范的主要特点与类别
2. 《与贸易有关的投资措施协议》及其法律框架
3. GATS 及其有关投资的具体承诺
4. 《联合国跨国公司行为守则》及其主要内容
5. 经合组织《宣言》与世界银行《公约》

第一节　国际投资法律规范概述

一、国际投资法律规范及其特点

国际投资的法律规范,是指调整国际间私人直接投资关系的国内法律规范与国际法律规范的总称。由于国际投资有多种形式,如国际组织贷款、外国政府贷款、发行公债、出口信贷、补偿贸易、租赁贸易、合资经营、合作开发等,其中以私人直接投资最为典型。因此,围绕国际私人投资问题所产生的国内法律规范与国际法律规范已统一构成相对独立的法律法规体系。

国际投资的法律规范是调整国际私人投资关系的法律规范,相对于国内私人投资关系的法律规范而言,其具有以下不同特点。

(一)限于海外私人投资

国际投资规范的投资者只能是外国的自然人或法人,而接受投资者则可以是资本输入国的自然人、法人或政府,但不包括政府间的投资、信贷等关系。

(二)限于私人直接投资

直接投资,由前述可知,其是指投资者拥有一定数量的股权,直接参与企业经营管理,对投资企业有较大的控制力。而间接投资或称证券投资则指投资者仅仅持有能提供一定收益的股票或证券,并不对企业资产或其经营有直接的所有权或控制权。私人直接投资的内容,包括股份资本、技术、设备、专利权等投资,其形式有独资经营(外国企业)、合资经营(合营企业)、合作开发、合作经营等。因此,这里所说的国际投资主要是指私人海外的国际直接投资。

(三)调整国际投资环境的有效手段

私人资本的国际流动须以有利的投资环境为前提。投资环境是指特定国家对外国投资的一般态度,其中包括政治的、经济的、社会的、文化的乃至心理的因素,而以法律因素为主导,如税收、外汇管理、特定营业行为的限制、征用、国有化等政策和法令等。无论是改善或改变投资环境,都必须利用法律手段进行调整。

(四)国内与国际相关立法是其法理渊源

国际投资的法律规范既包括各国国内立法,即资本输出国为保护本国国民海外投资的海外投资保险法,和资本输入国为保护、鼓励与限制引进外资和技术的外国投资法以及有关的外汇管理法、涉外税法等。也包括国际法律规范,即调整两国间或多国间私人投资关系的保护外国投资的国际法律制度,如双边投资保护协定、处理投资争议的国际公约和国际惯例等。

二、国际投资法律规范的主要类别

(一)资本输入国有关国际投资的法律规范

资本输入国有关国际投资行为规范的主要法律形式是外国投资法。外国投资法,是指一国政府为引进外国资本和技术以促进本国经济发展而制定的关于引进外资的基本原则、外国资本的法律地位及鼓励、保护与限制措施等法律规范。又称关于投资及外国资本保护法或外国资本保护法。除系统的外资法之外,关于外国投资的规定,一般还散见于宪法或其他特别法规(如外国企业税法、公司法等)之中。如中国 1979 年施行的《中华人民共和国中外合资经营企业法》、1991 年施行的《中华人民共和国外商投资企业和外国企业所得税法》,均属外国投资法体系。

由于各国的政治、经济和社会条件不同,立法政策也随之不同。总的来说,广大发展中国家固然鼓励外国投资,加速本国经济的发展,但由于长期受殖民统治,为维护国家主权及本国经济独立自主的发展,防止外国经济势力的渗透和控制,所以对外资限制较严。社会主义国家则侧重于维护社会主义经济体制及企业的管理权。工业发达国家间资本相互渗透利用,对外资的限制则相对较少。综合各国外资立法的基本内容,主要包括:

(1)投资范围。指允许、鼓励或禁止、限制外国资本的投资部门。

(2)外资审查。一般分实质上的审查和程序上的审查。实质上的审查,指关于外国投资项目是否有利于国民经济的发展及国际收支的平衡,投资项目与国家计划的衔接,可行性研究等。程序上的审查,指关于申请的法律程序,必要的资料报表、审查机构及其权限和投资项目的批准等。

(3)资本构成。一般包括现金、设备、机器、土地、房屋、交通、运输等有形资产及专利权、商标、技术资料、技术秘诀等无形资产。

(4)出资比例。各国立法不一,有的规定上限,有的则规定下限。发展中国家一般规定,在合营企业中外资不得超过 49%,旨在防止外国资本对本国企业的控制。中国只规定下限,不得低于 25%。发达国家一般无比例规定。

(5)投资期限。一般不作严格规定,伸缩性较大。

(6)原本及利润的汇出。各国立法一般规定投资者可将其自由兑换为外币汇回本国。但发展中国家为防止资本大量外流,有时也设有一定限制。

(7)征税及税收优惠。各国税率不一。如果一国希望大量引进外资,其税率就会规定得低一些,反之则高一些。发展中国家为鼓励某些高科技工业、新兴工业、出口工业以及利润再投资,法律上还规定更为优惠的税率。

(8)经营管理与劳动雇用。发展中国家法律一般规定董事长须由本国公民担任,外方只能任副职或技术经理。另外,发展中国家为本国公民的就业并培养技术力量,一般规定对合营企业中雇用外籍人员有一定的限制,或外籍雇员与本国雇员有一定的比例。

（9）国有化与征用。指接受投资国政府基于国家公共利益的需要，依一定的法律程序，对外国投资企业资产的全部或一部分实行征用，收归国有。

（10）关于解决投资争议的原则和程序。

（二）资本输出国有关国际投资的法律规范

资本输出国有关国际投资规范的主要法律形式是海外投资保险法，即海外投资保险制度，又称海外投资保证制度，它是关于国际私人投资的重要法制之一，是资本输出国依国内立法对本国私人海外投资者予以鼓励和保护的国内法律制度。其主要内容包括：

1. 政府保证

投资者为了避免其投资因接受投资国实行国有化、征用、外汇管制，或发生战争、革命等而遭受损失，向本国主管机关申请的投资保险。经批准后，当保险事故发生后，被保险人有权依保险契约所规定的条件向本国政府索赔。这一制度自 1948 年美国开始实行以后，德、日、法、英、荷相继实行。海外投资保险制度与一般私人保险不同，其保险范围限于私人直接投资的特别风险，由国家机构执行，并常常与政府间的投资保证协定直接联系，故又称国家保证。

2. 保险范围

其仅限于政治风险，一般商业风险不在保险之列。政治风险，主要指外汇险（又称不能自由兑换的风险）、征用险和战争、革命、内乱险。三种险别的保险费率各国立法不一。

3. 保险标的

保险标的仅限于私人投资的新投资，但在一定条件下，也适用于"现有企业的扩大，现代化及其发展"的投资。投资的种类可以是有形资产也可以是无形资产；以直接投资为限，一般不包括间接投资。

4. 保险关系的当事人

保险关系的当事人包括为保险人和被保险人。保险人指主管海外投资保险的机构。被保险人一般限于本国国民、法人及社团。

5. 损失补偿

保险事故发生后，承担保险责任的机构，应依契约或法律规定，补偿投资者所遭受的损失。有的国家规定补偿全部损失，有的则规定只补偿部分损失。

6. 代位权

依各国的法律和双边投资保护协定，承担保险责任的主管机构对投资者予以补偿后，本国政府可代位取得该投资者所享有的对接受投资国的一切索赔权及其他权利，向接受投资国政府求偿。

（三）国际投资的有关国际条约与守则等

为了使跨国公司的国际投资和经营活动能有序而稳定的进行，需要在国际范围内能达成共识的国际规范，然而，相对于国际贸易领域而言，国际投资和经营的国际协调要落后得多，至今尚无类似于 WTO 那样的一套国际规则，各方面都提出过倡议，要在国际投资领域制定相应的一套国际规范，于是，出现了一系列协定、守则、准则之类的文件（见表 11—1）。

需要指出的是，目前虽然全球性的规范未能产生，一些协定、守则、准则也只是局部性的，但是在长期的酝酿、起草、磋商和争论中暴露出来的问题和形成的各种主张，都在不同程度上影响着国际舆论，影响着社会观念和价值标准，因而有的已被一些国家所接受，开始成为他们之间处理问题的惯例，有的正逐步进入立法过程而成为制定法律的因素。因此，从事国际投资

表 11-1　第二次世界大战以来与多边投资协定有关的主要协议、协定和公约一览表

时间	名称	制定者	是否有约束力	是否通过	备注
1949	关于外国投资的公正待遇的国际守则	国际商会	无约束力	通过	
1965	关于解决各国与其他国家国民之间投资争端的公约(华盛顿公约)	世界银行	有约束力	通过	中国已参加
1972	国际投资准则	国际商会	无约束力	通过	
1976	国际投资和多国企业宣言	OECD	无约束力	通过	
1976	联合国国际贸易法委员会仲裁规则	联合国	示范	通过	
1977	关于多国企业和社会政策原则的三方宣言	国际劳工组织	无约束力	通过	
1977	对于勒索和贿赂行为守则	国际商会	无约束力	未通过	
1979	联合国关于发达国家和发展中国家避免双重征税的协定	联合国	无约束力	通过	
1979	国际不正当支付协议(草案)	联合国	示范	通过	
1980	关于管制限制性商业惯例的公平原则与规则的多边协议	联合国	无约束力	未通过	
1983	跨国公司行为守则(草案)	联合国	无约束力	未通过	
1985	国际技术转让行为守则(草案)	联合国	无约束力	未通过	
1985	多边投资担保机构公约(MIGA)(汉城公约)	世界银行	有约束力	通过	中国已参加
1992	关于外国直接投资的待遇标准	世界银行/IMF	无约束力	通过	中国已参加
1994	与贸易有关的投资措施协定(TRIMs协定)	GATT/WTO	有约束力	通过	中国已参加
1994	服务贸易协定(GATS)	GATT/WTO	有约束力	通过	中国已参加
1994	与贸易有关的知识产权协定(TRIPs协定)	GATT/WTO	有约束力	通过	有约束力
1996	多边投资协议(MAI)	OECD	有约束力	未通过	

资料来源：李尔华.跨国公司经营与管理[M].北京：清华大学出版社、北京交通大学出版社,2005：282—283.

活动，必须要对这些国际规范及其变迁情况有所了解。本章拟列举以下几方面来进行讨论：

(1)WTO与国际投资规范；

(2)联合国跨国公司行为守则；

(3)地区性和其他国际性规范。

第二节　WTO 与国际投资规范

一、与贸易有关的投资措施协议

"与贸易有关的投资措施协议"(Trade-Related Investment Measures)简称为《TRIMS 协议》,它是乌拉圭回合谈判的三大议题之一,是世界贸易组织第一次就投资问题达成的协议。该协议仅适用于与货物贸易有关的特定投资措施。作为世界上第一个专门规范贸易与投资关系的国际协定,它将长期在世界贸易组织内采用一些基本的法律原则引入到投资领域,使得传统的国际投资法发生了深刻的变革。该协议因此被视为当今世界最有影响的国际投资规范。

(一)《与贸易有关的投资措施协议》的法律框架

该协议是一个篇幅简短的框架性文件,由序言、正文与附录三部分组成。

1. 序言部分

《TRIMS 协议》的序言部分首先宣告了其订立的法律根据——埃斯特角部长宣言的授权,并阐明了该协议的宗旨:①避免和取消那些可能引起贸易限制和扭曲作用的投资措施;②促进世界贸易的扩大和逐步自由化,并便利国际投资,以确保自由竞争,实现所有国家,特别是发展中国家的经济增长;③考虑发展中国家尤其是最不发达国家在贸易、发展和财政方面的特殊需要。

2. 正文部分

《TRIMS 协议》的正文部分包括 9 个条文,规定了以下内容:

(1)适用范围。《TRIMS 协议》第 1 条规定:"本协定仅适用于与贸易有关部门的投资措施。"与贸易有关的投资措施很多,大体上可分为:投资激励、经营要求、限制性商业惯例、母国限制等。协议并未规定何为"与贸易有关的投资措施"。但该协议第一条的规定似乎说明了,它仅适用于与货物贸易有关的投资措施,不适用与服务贸易和技术贸易有关的投资措施。同时,该协议也未区分对外国企业所采取的措施和那些影响国内企业的措施,规则对两者都适用。该协议也未区分影响现有投资的措施和适用于新投资的措施。

(2)国民待遇和数量限制。《TRIMS 协议》第 2 条是该协议最重要的条款,其第 1 款对该协议所规范的与贸易有关的投资措施作了概括性的规定:在不损害 GATT 1994 项下的其他权利与义务的前提下,任何一成员方不得实施与 CATT 1994 第 3 条(国民待遇)或第 11 条(取消数量限制)规定不相符的任何与贸易有关的投资措施。该条第 2 款则与附录相呼应,进一步说明第 1 款所指的与贸易有关的投资措施列于附录解释性清单内。

GATT 1994 第 3 条为国民待遇条款。它禁止成员方在制造、销售、运输、分配或使用等方面实施背离国民待遇原则的国内税收、费用、法律、条例及要求。其第 4 款规定:"一成员方领土产品输入到另一成员方领土时,在关于产品的国内销售、推销、购买、运输、分配或使用的全部法令、条例和规定方面,所享受的待遇应不低于相同的本国产品所享受的待遇。"因此,当一成员方某种投资措施使进口产品在其境内的待遇低于当地产品时,这种投资措施即应被禁止。

GATT 1994 第 11 条是有关取消数量限制的规定,其第 1 款要求"任何成员方除征收税收或其他费用以外,不得设立或维持配额、进出口许可证或其他措施以限制或禁止其他缔约方领土的产品的输入,或向其他缔约方领土输出或销售出口产品"。据此,任何成员方都不得采取能够产生限制或禁止从其他成员方进口产品或向其他成员方出口产品的效果的投资措施。

（3）例外规定。《TRIMS 协议》第 3 条为"例外条款"，规定 GATT 1994 项下的所有例外均应适用于本协议的规定。这些例外包括诸如幼稚工业的建立与发展、国家政治稳定与安全、保障人类及动植物的生命或健康需要、边境贸易优惠以及为保障国际收支而实施的数量限制等。这些例外措施是 GATT 灵活性的体现，将它们适用于《TRIMS 协议》，使该协议易为众多成员接受，并在实践上更加可行。

（4）发展中国家。《TRIMS 协议》第 4 条规定，发展中国家根据 GATT 1994 第 18 条（关于维持国际收支平衡）、《GATT 1994 关于收支平衡条款的谅解》以及 1979 年 11 月 28 日采纳的《关于收支平衡的贸易措施的 1979 年宣言（BISD265/205－209）》规定的范围和方式，有权暂时背离《TRIMS 协议》第 2 条所规定的义务。

GATT 1994 第 18 条是关于发展中国家特别待遇的条款，它承认"各成员方，特别是那些只能维持低生活水平，处于发展初期阶段的缔约国的经济逐步增长，将有助于实现本协定的宗旨"。为此，它将发展中国家分成两类国家，并规定了不同的特殊待遇。

第一类是"只能维持低生活水平，经济处于发展初期阶段的成员方"，这一类国家与地区有权按第 18 条第 1 节、第 2 节和第 3 节 GATT 1994 的规定。这三节的内容分别为：①为加速某一特定工业的建立以提高人民的一般生活水平，修改或撤销关税减让表中某项减让；②在面临国际收支困难时，为了保护对外金融地位和保证有一定水平的储备以满足实施经济发展计划的需要，采取数量限制方法来控制进口水平；③为了提高人民的一般生活水平，有必要对某一特定工业的加速建立提供政府援助。根据以上 2、3 节的规定这些国家可以实施贸易平衡要求、进口用汇限制、国内销售要求、进口替代要求等投资措施，而无需经成员方全体批准，只需按第 18 条规定履行一定的通知和协商程序。

第二类是经济处于发展阶段，但又不属于第一类范围的成员方，可经成员方全体申请获准后实施以上第 3 节所规定的投资措施。

《GATT 1994 关于收支平衡条款的谅解》是与 GATT 1994 第 12 条和第 18 条有关，其中第 3 节为成员方提供了取消数量限制的例外，即当国际收支平衡出现严重情况时，成员国可有条件地采取新的数量限制措施。

（5）通知与过渡性安排。《TRIMS 协议》第 5 条共 5 款，规定了各成员方取消与贸易有关的投资措施的具体期限、步骤和方法。第 1 款规定在《世界贸易组织协定》生效后的 90 天内，各成员方应向货物贸易理事会通知其所有正在实施但与本协议规定不符的与贸易有关的投资措施。在通知此类普遍或特定适用的与贸易有关的投资措施时，应随同告知其主要特征。

第 2 款规定，发达国家成员方应在《世界贸易组织协定》生效后 2 年期限内取消这类与贸易有关的投资措施。发展中国家成员方的期限为 5 年，最不发达国家成员方的期限为 7 年。第 3 款规定货物贸易理事会应发展中国家成员方的请求，可以延长其过渡期限，但要求方必须证明执行该协议时的特殊困难。

为了防止某些成员方在本协议生效前或在过渡期期间加紧或强化实施与贸易有关的投资措施，该条款第 4 款特地规定了一个"冻结点"（standstill），即在过渡期间，任何一成员方不得加强其所通知的与贸易有关的投资措施，使得它们与本协议的要求差距加大，同时还规定在《世界贸易组织协定》生效前 180 天之内开始实施，且同《TRIMS 协议》不符的与贸易有关的投资措施不享受过渡期，应立即取消。

为了不使已有的企业和在《世界贸易组织协定》生效之后建立的新企业因在与贸易有关的

投资措施方面待遇不同而处在不公平的竞争地位,第 5 款最后规定成员方在过渡期对新的投资仍可适用已有企业所适用的同样与贸易有关的投资措施,但必须具备两项条件:①这种投资的产品与已建立的企业的产品同类;②为避免扭曲新投资与已建立企业之间的竞争条件所必需。同时该款还规定,在以上两种情况下采取的投资措施,应当向货物贸易委员会通报,并且要同时对已建企业实施的投资措施在同一时间终止。

(6)透明度要求。《TRIMS 协议》第 6 条规定:有关各成员方应重申其在 GATT 1994 第10 条"贸易条例的公布与实施"承诺的透明度和通知义务,并遵守 1979 年 11 月 28 日实施的"关于通知、协商、争议解决与监督协议"以及"通知程序部长决议"中所包含的"通知"义务。各成员方还应向世界贸易组织秘书处通告可以找到 TRIMS 的出版物,包括各级地方与区域性政府所使用的相关出版物。

若其他成员方因有关本协议的任何事项而要求一成员方提供相关资讯,该成员方应对此要求予以合理考虑,并应为对方提供充分的磋商机会。但根据 GATT 1994 第 10 条的规定,各成员方可以不公开有碍法律实施并对公共利益及特定企业的合法商业利益造成损害的信息。

(7)建立与贸易有关的投资措施委员会。《TRIMS 协议》第 7 条规定,应设立一个对世界贸易组织所有成员方开放的"与贸易有关的投资措施委员会",以强化该协议的执行。该委员会应选举自己的主席、副主席,每年至少集会一次,或根据任一成员方的请求随时召开会议。该委员会的职责是:执行货物贸易理事会分配的任务,并向成员方提供咨询机会与服务,以磋商与本协议的运行和执行相关的任何事宜;负责监督与贸易有关的投资措施协议的运行和执行,并每年向货物贸易理事会汇报这方面的情况。

(8)磋商与争端解决。《TRIMS 协议》第 8 条规定:GATT 1994 第 22、23 条争议解决的程序与规则适用于与贸易有关的投资措施项下的磋商和争端解决。

(9)货物贸易理事会的审查。《TRIMS 协议》第 9 条规定:在《世界贸易组织协定》生效的5 年内,货物贸易理事会应审查本协议的运行情况,并在适当的时候向部长会议提交文本的修改建议。在审查中,货物贸易理事会应考虑是否需要对有关投资政策和竞争政策作补充规定,这实际上为日后《TRIMS 协议》全面扩大适用于投资和竞争领域埋下了伏笔。

3. 附录部分

《TRMS 协议》附录为解释性清单(illustrative list),采用概括性与列举性相结合的方法,列举了与 GATT 1994 第 3 条第 4 款和第 11 条第 1 款不符的五项与贸易有关的投资措施。这五项为协议明确禁止,而不管采取这些措施是否造成损害后果,也不管外国投资者是否接受了这些措施都不允许在成员国实行。

(1)要求企业购买或使用本国用品或来源于任何国内渠道的产品,具体要求如下:规定了有关国产品的具体名称,即具体产品类别;规定了有关国产品数量或金额;规定了企业生产中必须使用本国产品的最低比例。

(2)要求企业购买或使用的进口产品限制在一个与其出口的当地产品的数量或价值相关的水平。

(3)普遍限制企业进口其产品所使用的或与其生产有关的产品,或将进口数量限于企业出口其产品的数量或价值的水平。

(4)通过对使用外汇的控制,限制企业进口其生产所使用的或与其生产有关的产品,即将企业用外汇额度限定在其出口净得的外汇之内。

（5）限制企业出口其产品或为出口销售其产品，不论具体规定产品、产品的特定数量或价值，还是规定其在当地生产的数量或价值的比重。

在上述五项 TRIMS 中，前两项属于与 GATT 1994 第 3 条第 4 款规定的国民待遇义务不相符的 TRIMS，后三项属于与 GATT 1994 第 11 条第 1 款规定的普通取消数量限制义务不符的 TRIMS。在列举上述五项 TRIMS 时，该解释性清单还指出该协议禁止使用这些措施，不仅是因为他们涉及法律上的问题或政府的行政裁决，而且还因为它们是"获得某项好处而必须遵守"（compliance with which is necessary to obtain an advantage）的条件。该协议没有说明这种好处是什么，但一个明显的例子是，为修建一座新工厂而提供补贴，而工厂的产品受制于 TRIMS。

从上文可以清楚地看出，协议完全禁止当地含量要求，但没有禁止出口义务。协议还禁止对任何原材料或中间产品的进口加以具体限制的外汇平衡要求。但是，成员方政府可以规定，一公司在规定时期内的外汇收入至少要与该公司在同期内的外汇支付持平。

（二）《与贸易有关的投资措施协议》的缺陷评析

由于《TRIMS 协议》所规范的 TRIMS 属国内法范畴的投资措施，而各国经济发展水平不同，法律制度各异，使得 TRIMS 成为"乌拉圭回合"多边贸易谈判分歧最大、争论最激烈的议题之一，作为各缔约方讨价还价、折衷妥协的产物，《TRIMS 协议》不可避免地存在以下缺陷：

1.《TRIMS 协议》的调整范围过于狭窄

《TRIMS 协议》的调整范围仅限于与货物贸易有关的特定 TRIMS，未涉及与服务贸易有关的投资措施，更未触及对贸易产生重大扭曲作用的限制性商业惯例。这表明《TRIMS 协议》在限制 TRIMS 方面只迈出了第一步，成为全面调整国际投资与国际贸易关系的多边条约还有相当遥远的距离。

2.《TRIMS 协议》不少条文含义模糊，缺乏必要的确定性和可操作性

作为各缔约方相互妥协的产物，《TRIMS 协议》对一些矛盾尖锐、难以协调的敏感问题采取回避的方法，使得一些重要条款含义模糊、过于抽象，所规范的 TRIMS 本身没有一个明确的定义，对于诸如怎样才算对贸易造成"限制"、"扭曲"，怎样才称得上具有"损害作用"等敏感问题不作必要的解释，使得《TRIMS 协议》缺乏应有的可操作性，在实践中难以执行，并留下了不少隐患。

3.《TRIMS 协议》存在较多的灰色区域，有损于其整体功效

为缓和各缔约方的矛盾，《TRIMS 协议》在规定国民待遇、取消数量限制及透明度要求等原则的同时，又制定了较多的"例外规定"，使《TRIMS 协议》中存在较多的"灰色区域"，这将为一些缔约方滥用这些"例外规定"宽容自己、限制别国、逃避履行协议义务提供了可乘之机。《TRIMS 协议》的这一缺陷使其最初的目标与实际功效存在较大的差距。

4.《TRIMS 协议》在一定程度上加剧了投资领域国际立法的不平衡性

《TRIMS 协议》在管制东道国 TRIMS 的同时，没有约束外国投资者特别是跨国公司投资行为的规范，如没有关于跨国公司的销售和市场配置战略、差别价格和转移定价、限制性商业做法等方面的规定，而这些方面是影响东道国的社会、经济和技术发展及其优先目标的重要方面。因此事实上使该协议成为限制东道国 TRIMS 的单方面守则。而在实际上，投资东道国所采用的一些 TRIMS 在很大程度上是为了抵消投资者所采用的限制性商业惯例对贸易的扭

曲作用,《TRIMS 协议》没能改变大国主宰一切的局面,对发展中国家具有较大的负面影响。

尽管《TRIMS 协议》有待进一步完善,但其作为当代最具广泛影响的国际投资法典,对国际投资法及各国外资立法的发展起到了重要的促进与导向作用。随着各国政治与经济力量对比关系的变化,《TRIMS 协议》必将逐步消除种种缺陷,更有效地发挥维护及促进贸易与投资自由化的积极作用。

二、《服务贸易总协定》及相关投资制度

《服务贸易总协定》,英文简称为 GATS,是在乌拉圭回合多边贸易谈判达成的一项迄今为止第一套有关国际服务贸易的、具有法律效力的多边协定。它首次确立了有关服务贸易的规则和原则的多边框架,以便在透明和渐进自由化的条件下扩展这类贸易。

GATS 由三大部分组成,一是协定本身,又称框架协定;二是部门协定;三是各国的市场准入承诺单,此外还有关于服务贸易的几项部长级会议决定。

(一)法律框架

1.GATS 的宗旨

《服务贸易总协定》的宗旨是在提高透明度和逐步自由化的条件下,扩大全球服务贸易,并促进各成员的经济增长和发展中国家成员服务业的发展。协定考虑到各成员服务贸易发展的不平衡,允许各成员对服务贸易进行必要的管理,鼓励发展中国家成员通过提高其国内服务业能力、效率和竞争力,更多地参与世界服务贸易。协定对发展中国家成员的利益给予了较充分的考虑。

2.GATS 的定义与适用范围

GATS 的第 1 条定义 GATS 的适用范围:它适用于各 WTO 成员采取的影响服务贸易的各项政策措施,包括口岸和地方政府以及经政府授权代表中央和地方政府行使权力的非政府团体所采取的政策措施。GATS 要求,为履行本协定项下的权利和义务,每一成员应采取一切可能措施,以确保其境内的地方政府和非政府团体履行其责任和义务。

关于服务贸易,GATS 作了如下定义:①从一成员境内向任何其他成员境内提供服务;②在一成员境内向任何其他成员的服务消费者提供服务;③一成员的服务提供者在任何其他成员境内以商业存在提供服务;④一成员的服务提供者在任何其他成员境内以自然的存在提供服务。根据上述定义,服务贸易具体则包括四种方式:

(1)跨境交付:指服务的提供者在一成员方的领土内,向另一成员方领土内的消费者提供服务的方式,如在中国境内通过电信、邮政、计算机网络等手段实现对境外的外国消费者的服务;

(2)境外消费:指服务提供者在一成员方的领土内,向来自另一成员方的消费者提供服务的方式,如中国公民在其他国家短期居留期间,享受国外的医疗服务;

(3)商业存在:指一成员方的服务提供者在另一成员方领土内设立商业机构,在后者领土内为消费者提供服务的方式,如外国服务类企业在中国设立公司为中国企业或个人提供服务;

(4)自然人流动:指一成员方的服务提供者以自然人的身份进入另一成员方的领土内提供服务的方式,如某外国律师作为外国律师事务所的驻华代表到中国境内为消费者提供服务。

《服务贸易总协定》列出服务行业包括以下 12 个部门:商业、通讯、建筑、销售、教育、环境、金融、卫生、旅游、娱乐、运输、其他,具体分为 160 多个分部门。协定规定了各成员必须遵守的

普遍义务与原则,磋商和争端解决的措施步骤。根据协定的规定,WTO 成立了服务贸易理事会,负责协定的执行。

3.一般义务和纪律

(1)最惠国待遇。GATS 规定,每个成员国应立即和无条件地给予任何其他成员的服务和服务提供者以不低于其给予任何其他国家相同的服务和服务提供者的待遇。如果一成员无法取消与上述规定不符的措施,则应在协议生效前申请最惠国待遇的例外,并规定 5 年后重新进行评审,一般应在 10 年内取消。根据世贸组织的规定,即使该国未向外国公司作出进入其市场的具体承诺,这一原则也适用。但是,与 GATT 的最惠国待遇原则相比,GATS 最惠国待遇规定具有较大的灵活性,它在服务贸易的政府采购、经济一体化协定等方面有一定的保留。

(2)透明度。GATS 第三条规定,各成员国应公布所有普遍适用的有关或影响本协定实施的措施。各成员国应至少每年一次向服务贸易理事会通报其显著影响在本协定下已作具体承诺的服务贸易的新的法律、规章或行政指示或对现行法律、规章或行政指示的任何修改。各成员国还应设立一个或多个咨询点,以便应请求,就所有这类事项及第 3 款要求通知的事项向其他成员提供具体资料。这些咨询点应在关于建立世界贸易组织的协议(本协定中称为 WTO 协议)生效后的 2 年内建立。在建立咨询点的时限方面,经同意可以给予个别发展中国家成员适当的灵活性。咨询点不必是法律和法规的保管处。任何成员国都可向服务贸易理事会通知它认为影响本协定实施的,由任何其他成员采取的任何措施。

(3)发展中国家的更多参与。促进发展中国家成员更多地参与世界贸易是 GATS 所规定的其成员国的一项重要义务。GATS 在第四条规定:发达国家成员和在可能的程度上的其他成员,应在 WTO 协议生效后的 2 年内建立联系点,以便利发展中国家成员的服务提供者获得与其相应市场有关的资料,包括:

①有关服务提供的商业和技术方面的资料;

②有关登记、认可和获得专业资格方面的资料;

③服务技术可获得的资料。

此外,GATS 还强调,应特别优先考虑最不发达国家成员,由于它们的特殊经济状况以及它们的发展、贸易和财政需要,对它们在接受谈判达成的具体承诺方面存在的严重困难应给予特殊的考虑。

(4)国内法规与提供服务所需资格的相互承认。由于国内法规(不是边境措施)对服务贸易产生的重大影响,所以,GATS 在第 6 条中要求:在已作出具体承诺的部门,每个成员应确保所有普遍适用的影响服务贸易的措施,以合理、客观和公正的方式予以实施。具体包括:

①每个成员应维持或尽快地建立司法、仲裁或行政法庭或程序,并确保这些程序实际上会作出客观和公正的审议;

②为了确保有关资格要求和程序、技术标准和许可要求的措施不致构成不必要的服务贸易壁垒,服务贸易理事会应通过其建立的适当机构,制订任何必要的纪律。这些纪律应旨在确保这些要求,特别是基于客观和透明的标准,诸如提供服务的资格和能力;除为保证服务质量所必需以外,不应成为负担;如是许可程序,则其本身不应成为提供服务的限制。

GATS 在第 7 条 还规定,成员可承认在一特定国家获得的教育或经验、已满足的要求以及所颁发的许可证和证明。这种通过协调或其他办法实现的承认,可基于与有关国家签订的协议或安排,也可自动给予。成员自动给予承认时,则它应给予任何其他成员充分的机会来证明在另一其他成员获得的教育程度、经验、许可证或证明以及已满足的资格条件等应得到承认。成员在实施其对服务提供者的批准、许可或证明的标准时,其给予承认的方式不得成为国家间实行歧视的手段,或对服务贸易构成隐蔽的限制。

(5)垄断和专营服务提供者。GATS的第8条允许成员国在相关市场上提供垄断服务,但成员的垄断提供者,应确保该提供者在其境内不滥用其垄断地位从而违反其承诺。GATS还要求成员国在WTO协议生效后,如果成员国在其已作具体承诺的服务的提供方面授予垄断权时,在给予的垄断权即将实施前不晚于3个月,该成员应通知服务贸易理事会。GATS还规定,每一成员国应任何其他成员的请求,应就取消第1款所述的商业惯例与其进行磋商。被要求的成员对此类请求应给予充分和同情的考虑,并通过提供与该事项有关的、公开的非机密性资料予以合作。在不违反国内法并就请求方保障其机密性达成满意协议的情况下,被请求的成员也应向请求方提供其他资料。

4.GATS有关投资的具体承诺

(1)市场准入。关于市场准入,GATS没有予以定义。一般来说,它是指是否允许外国的服务提供者进入本国市场的问题。服务业往往是东道国禁止向外国投资开放的行业,发展中国家如此,发达国家也不例外。GATS对此的贡献之一是为服务贸易的市场准入提供了一个谈判机制,规定成员方在市场准入方面承担的义务有两点:一是每个成员国给予其他任何成员的服务和服务提供者的待遇,不得低于其承诺中所同意和明确的规定、限制和条件;二是在承担市场准入承诺的部门中,一成员除非在其承诺表中明确规定,既不得在某一区域内,也不得在其全境内维持或采取以下措施:限制服务提供者的数量,不论是以数量配额、垄断、专营服务提供者的方式,还是以要求经济需求测试的方式;以数量配额或要求经济需求测试的方式,限制服务交易或资产的总金额;以配额或要求经济需求测试的方式,限制服务业服务的总量;以数量配额或要求经济需求测试的方式,限制某一特定服务部门可雇佣的或一服务提供者可雇佣的、对一具体服务的提供所必需或直接有关的自然人的总数;限制或要求一服务提供者通过特定类型的法律实体或合营企业提供服务的措施;通过对外国持股的最高比例或单个或总体外国投资总额的限制来限制外国资本的参与。

(2)国民待遇。GATS关于国民待遇条款是整个协定中最重要的条款之一。协定在第17条规定:在列入其承诺表的部门中,在遵照其中所列条件和资格的前提下,每个成员在所有影响服务提供的措施方面,给予任何其他成员的服务和服务提供者的待遇不得低于其给予该国相同服务和服务提供者的待遇;一成员给予其他任何成员的服务或服务提供者的待遇,与给予该国相同服务或服务提供者的待遇不论在形式上相同或形式上不同,都可满足第1款的要求;形式上相同或形式上不同的待遇,如果改变了竞争条件从而使该成员的服务或服务提供者与任何其他成员的相同服务或服务提供者相比处于有利地位,这种待遇应被认为是较低的待遇。

(3)逐步自由化。发展中国家从一开始就反对服务贸易自由化方案,因为服务贸易在这些国家不发达,而且服务业中的某些部门直接关系到国民经济整体利益。GATS的达成是各方妥协的结果,但在市场准入方面仍会产生一系列的冲突。例如强制性的服务贸易自由化可能会影响有关国家关于宏观经济和发展政策的自主权;若外资对本国服务市场无积极作用,东道国政府可能不愿意让其进入服务市场。因此GATS第19条规定了服务贸易自由化的目标,在适当尊重各成员国的国内政策目标和发展水平的前提下,确认其服务贸易自由化为一个渐进过程。GATS第16条表明,成员国可以自由决定其承担的市场准入义务的程度,并可明确的保留限制某些服务进入的权利。其承诺单可列举不对外完全开放的部门并维持某些限制。但协定要求各成员国在协定生效后一定时间内按平等互利、维护所有成员国的利益并在谋求权利和义务全面平衡的原则下,就进一步扩大服务贸易自由化问题每5年举行实质性谈判,不断推进服务贸易自由化,以直接减少或者消除限制服务贸易市场准入的措施。协定还规定每个成员应制定其承担具体义务的计划安排。

5.其他规定

(1)争端解决。服务贸易产生的争端由 WTO 服务贸易理事会按照世界贸易组织的争端解决程序和规则来处理。但 GATS 第 23 条第 3 款规定了成员国可以提起“违法之诉”。该款规定:如果任何成员认为根据另一成员在本协议第三部分下的具体承诺给予它的能够合理预见的利益,由于实施与 GATS 并不冲突的任何措施,而导致该利益正在丧失或受到损害,它可以诉诸 WTO 的争端解决机制解决。

(2)利益的拒给。GATS 第 27 条规定,一成员可在下述情况下,拒绝给予 GATS 的利益:

①对于一项服务的提供,如果确认该服务是从或在一非成员或该拒给成员不与其适用《建立世界贸易组织的协定》的成员境内提供的;

②在提供海运服务的情况下,如果确认该服务的提供是:由一艘依照非成员或该拒给成员不与其适用《建立世界贸易组织协定》的成员的法律注册的船只进行的,和由一个经营或使用整个或部分船只的人进行的,但该人属于一非成员或该拒给成员不与其适用《建立世界贸易组织协定》的成员;

③对于一个法人服务提供者,如果确认它不是另一成员的服务提供者,或它是该拒给成员不与其使用《建立世界贸易组织协定》的成员的服务提供者。

6.承诺减让表

承诺减让表,是各国根据 GATS 第 3 部分对市场准入和国民待遇及有关其他影响服务贸易的措施的谈判作出的承诺,它是 GATS 不可分割的部分。具有法律约束力。每个成员都应在承诺表中列明其根据 GATS 第三部分而承担的具体承诺,具体承诺表应作为 GATS 的附件,并应作为 GATS 的整体组成部分。在承担该承诺的部门,每个成员应明确列出:

①市场准入的规定、限制和条件;

②国民待遇的条件和资格;

③有关附加承诺的义务;

④适当情况下,实施这类承诺的时间表;

⑤这类承诺的生效日期。

(二)附件及有关规定

GATS 有 8 个附件,8 项部长决定,以及单独于《乌拉圭回合多边谈判结果最后文件》之后的一项谅解。这其中有一些,特别是 5 个将长期使用的附件,是乌拉圭回合服务贸易的一揽子协议中的重要组成部分。

1.空运服务附件

本附件适用于影响空运服务贸易的措施,不管其是否列入承诺表或未列入减让表,各成员确认 GATS 下承担的任何具体承诺或义务不应减少或影响一成员在 WTO 协定生效之日已实施的双边或多边协定下的义务。

航空服务部门只有三项活动包含在 GATS 中:①飞机维修和保养服务的措施;②空运服

务的销售和营销的措施;③计算机预订系统(CRS)服务的措施。其他服务可以不遵守 GATS 的相关规定,而继续根据国际民航协定对等原则,相互给予着陆权。但它还规定,服务贸易理事会应定期并至少每五年一次,审议空运部门的发展状况和本附件的运行情况以考虑 GATS 在本部门进一步适用的可能性。

2.金融服务附件

根据该附件第 5 条,金融服务是一成员的金融服务提供者的任何金融性质的服务。金融服务包括所有与保险有关的服务以及所有银行和其他金融服务(保险除外)。金融服务提供者包括希望提供和正在提供金融服务的自然人和法人,但不包括公法人。

此外,该附件的主要内容还包括:允许外国在成员国境内建立金融服务公司,并按竞争原则运行;外国公司享受国内公司同等的进入市场的权利,取消跨边界服务的限制;允许外国资本在投资上的比例可超过 50%。

3.电信服务附件

电信服务附件也是 GATS 的 8 个附件之一,它主要就保证成员方使用它国公共电信传输网络及服务的权利作了补充规定。《电信附件》是专门针对公用电信传输网和规范公用电信传输服务运营者行为的,其中 7 则条款涵盖了目标、范围、定义、透明度、公共电信传输网及其服务的接入使用、技术合作以及有关国际组织和协议等方面,核心内容是要求每一成员应保证任何其他成员的任何服务提供者可按照合理和非歧视的条款和条件接入使用其公共电信传输网络和服务,以提供其电信开放承诺减让表中包括的服务。此外,该条款还包括了透明度和发展中国家技术合作的规定。其指出,每一成员应保证可公开获得影响接入使用公共电信传输网络和服务条件的有关信息,包括:服务的收费及其他条款和条件,此类网络和服务的技术接口规范,负责制订和采用影响接入使用标准的机构的信息,适用于终端连接或其他设备的条件及可能的通知、注册或许可要求。

4.关于提供服务的自然人流动附件

GATS 除了对自然人流动进行定义之外,还规定了自然人流动适用的范围。它适用于:对成员方作为服务提供者的自然人具有影响的措施;对成员方服务提供者雇佣的另一成员方的自然人具有影响的措施。它不适用于有关公民长期居留或就业的措施,也不适用于旅行到国外找工作的人,它只适用于在外国临时停留提供服务的自然人。协议不限制各成员国对自然人流动采取管理措施并实行边境控制,条件是这些措施的使用,在特殊承诺条件下任何成员方所获得的利益不会被剥夺或损害。

5.关于第二条豁免的附件

GATS 第二条第二款规定:"一成员国可维持与第一款不一致的措施,只要该措施已列入《关于第二条豁免的附件》,并符合该附件的条件。"据此,GATS 任何成员方可以在 GATS 生效时提出最惠国待遇义务的豁免清单,在清单中列举出其所要采取的与最惠国待遇义务不一致的措施所针对的部门、措施内容、适用的国家、豁免的期限以及产生该豁免所需要的条件。并且从《关于第二条豁免的附件》的内容来看,并没有对各成员国采取这种豁免的行为施加任何实质性限制。因此,一种颇为流行的观点认为,这种豁免已使 GATS 最惠国待遇变成了事实上的"有条件"的最惠国待遇。

(三)GATS 的影响与作用

1. GATS 奠定了多边服务贸易自由化制度的基础

GATS 的签署和生效,为多边贸易体制重新注入了活力。它规定了成员国必须逐步减少服务贸易限制,逐步实现服务贸易自由化的义务,为全球服务贸易自由化以及国际服务贸易的新发展开辟了新道路。GATS 的产生同时还完善了多边贸易体制,弥补了单一货物贸易规则,对于调整广泛的国际经贸活动,促进多边经济合作,它标志着一套调整各个贸易部门的全面的一揽子多边贸易规则的形成。

2. GATS 刺激了国际直接投资的进一步自由化

GATS 投资规范对于国际投资法制的重大意义在于:它建立了一种多边谈判机制,各成员方可以通过这种轮番进行的多回合谈判,不断扩大对其他成员方直接投资者开放的服务部门,也就是市场准入的范围,从而使禁止或限制外国直接投资进入的服务业领域不断缩小。同时由于 GATS 所涉及的范围广泛,进一步规范了服务业国际交换的基本原则,尤其是逐步自由化、非歧视和透明度的原则,为各国服务业投资者创造良好的投资环境,推动了服务业投资。它将对服务业,乃至制造业、农业等领域投资产生积极影响,继而对国际贸易的基础产生影响,比如对国际贸易的广度、深度和形式都将产生重大的影响。

第三节　联合国跨国公司行为守则

一、《联合国跨国公司行为守则》起草始末

《联合国跨国公司行为守则》(以下简称《守则》),是由联合国国际投资和跨国公司委员会负责起草制定的。所谓联合国国际投资和跨国公司委员会 (U. N. Commission on International Investment and Transnational Corporations),其前身是联合国跨国公司委员会。联合国跨国公司委员会成立于 1974 年,是经社理事会的辅助机构,总部设在美国纽约。1994 年 7月,经社理事会同意该委员会转为联合国贸发会议贸易和发展理事会的辅助机构,并改名为联合国国际投资和跨国公司委员会。该委员会的宗旨和任务是:研究跨国公司的定义、任务及其对政治、经济和社会诸方面所产生的影响;协助审查关于跨国公司具体问题的可行性措施或协议,并研究拟定共同协议的可能性;向联合国大会呈交关于本身行为活动的报告或有关建议;召开各类会议,研究跨国公司在实践活动中所产生的矛盾和问题;制定跨国公司的行为守则;等。《守则》对跨国公司国际投资行为进行了明确规定,即不可侵犯他国选择自己经济和社会发展途径的权力,不可侵犯他国拥有自己领土上的自然资源和经济活动的权力,不可践踏当地政府的社会经济发展计划、法律制度和社会经济制度等。

《守则》则是该委员会于 1977 年 1 月正式开始起草的,1982 年提出初稿,但由于争议的问题很多,后经多次广泛吸收意见,至 1986 年的特别会议提出草案,汇集了各个问题上的分歧意见,并以此作为附件,还包括各种不同的措施和表述。此后就根据这个草案文本进行讨论。1992 年 4 月,跨国公司委员会召开了最后一次正式的年会,此后该委员会就宣告撤销。由于最后一次年会对《守则》文本仍未能定案,同年 7 月 21 日至 23 日,经过非正式磋商,得出结论:现阶段不可能达成一致意见。从此《守则》文本成为悬案。但毋庸置疑的是,制定《守则》仍是解决跨国公司管制问题的最佳方法。因为,通过跨国公司行动守则可以对跨国公司的消极活动予以管制,促使跨国公司在国际经济中发挥积极作用,同时确立关于外国直接投资的新国际

规范,促进建立新的国际经济新秩序。

二、《守则》草案的结构和内容简介

守则草案分为 6 章(或称 6 部分)。

(一)序言和目标

原定在这一章中要明确《守则》是有约束力的抑或可以自愿遵守,但美、英等国与多数发展中国家未能达成一致意见,故这一章内容暂缺。

(二)《守则》适用范围

这一章内容大体意见一致,明确规定《守则》普遍适用于如下的公司企业:不论其发源地在何国,亦不论其所有制是私、是公或公私混合;它在两个或两个以上国家具有营业机构;而且不论这些营业机构的活动范围在何方,活动时采取什么法律形式,其决定的运行机制是由一个或某几个决策中心作出显示具有连贯性的政策和共同的策略的;而且这些营业机构是由所有权或其他关系联系着,致使其中一个或几个能够对其他机构单位,特别在分享知识、资源和分担责任方面施加重大影响的。本守则所说的跨国公司就是指这样的公司企业。

(三)跨国公司的活动及其对东道国的态度

这一章的篇幅较长,包含三方面的内容:

1.政治问题

《守则》明确要求跨国公司要尊重国家主权,遵守国内法律、法规和行政惯例。具体包括:

(1)跨国公司应尊重经营所在地国的国家主权和各国对其自然财富和资源行使永久主权的权利。

(2)跨国公司的机构单位应受其经营所在地国家的法律、法规和确立的行政惯例的约束。

(3)跨国公司应尊重各国对其境内跨国公司的机构单位的活动加以规范和监督的权利。

(4)跨国公司应当尊重经营所在地国的人权和基本自由。跨国公司在处理其社会事务和劳资关系时不得依种族、肤色、性别、宗教、语言、社会出身、国籍、种族来源或政治或其他观念而给予歧视待遇。跨国公司应遵循当地政府旨在增进机会和待遇平等的政策。

(5)不干涉东道国内政与各国政府间事务。跨国公司不得干涉东道国的内部事务;不得干涉政府间事务,但本条款并不排斥双边或多边合作框架内允准可作的行为。

(6)杜绝贿赂贪污行为。跨国公司在其交易中不得向公职人员或为了他的利益提供、许诺或给予任何钱款、礼品或其他优惠,以此作为报酬,履行或逃避履行与上述交易有关的责任;跨国公司应保存其向公务员或中间人支付款项的确切记录。跨国公司应经营所在地国家主管机关的要求,向后者提供上述记录以用于与这些支付有关的调查和诉讼程序。

以上内容大体上达成一致意见,较突出的分歧是对"永久主权"这一概念的解释:美、英等国承认跨国公司应尊重东道国政府对自然资源和财富拥有永久主权,但实施必须符合国际法的规定;而多数发展中国家坚持只要符合其承担的国际义务即可。

2.经济、财政和社会问题

(1)关于跨国公司的所有权和控制权。要求母公司给予子公司以足够的自主权,以便于公司能为实现东道国的发展目标而进行积极的合作。

(2)国际收支与资金筹措。跨国公司从事经营活动时应遵守法律和法规并充分考虑所在地国家,特别是发展中国家,所制定的有关国际收支、金融交易等活动的政策目标。跨国公司为有助于解决经营所在地国国际收支和财政的迫切问题,应当积极响应各该国政府提出的就跨国公司活动进行磋商的要求。跨国公司在适当场合应为推进向经营所在地国的出口和多样化并对这些国家本地的产品、服务和其他资源的日益增多的利用有所贡献。跨国公司应当响应所在地国家,特别是发展中国家,提出的遇有撤出投资及汇出积累的利润规模与时机将导致该国国际收支严重困难时,将资本回抽分摊在一定期限内逐步进行的要求。跨国公司不得违反经营所在地国通常接受的金融习惯,以短期金融交易或转移、推迟或提前外汇支付,包括公司内部的支付等方式来增加货币的不稳定性并导致所在国国际收支发生严重困难。除经营所在地国通常接受的商业习惯外,跨国公司不得就商品、服务和资金的转移对其经营单位设置限制条件,导致该国国际收支发生严重困难。

跨国公司,当其有求于经营所在地国的货币和资本市场时,它们除了可以施用通常接受的这些国家的金融措施外,不得从事对当地市场的运行有重大危害的活动,特别是限制其他公司企业获得资金的活动。跨国公司,当其发行股票,以增加所在国某经营单位的当地股份参与、或在当地市场从事长期借款时,它应应有关国家政府的请求,与该政府就这类交易对当地货币和资金市场的影响进行磋商。

(3)转移作价与避税问题。跨国公司从事公司内部交易,不应采用非基于恰当的市场价格,或若无此价格时基于不徇私原则(arm's length principle)的价格的价格政策,以致对经营所在国的税收,外汇资源或经济的其他方面产生不良影响。跨国公司不得违反经营所在地国的法律和法规,利用其公司结构和经营方式,例如利用非基于不徇私原则的内部作价或其他手段,改变借以评估跨国公司各经营单位的课税基础。

(4)竞争与限制性商业措施。《守则》规定对于跨国公司的限制性商业做法适用于联合国大会在1980年12月5日第35/63号决议中通过的《一套多边协议的控制限制性商业措施的公平原则和规则》中有关条文。

(5)技术转让。跨国公司应遵守经营所在地国的技术转让法规,应与这些国家的主管机关合作就国际技术转让对其经济的影响进行评估,并就可能有助于这些国家,特别是发展中国家,获得经济和社会发展的各种技术选择与上述主管机关进行磋商。《守则》指出,跨国公司进行技术转让交易应遵照《一套多边协议的控制限制性商业措施的公平原则和规则》所确定的标准,避免对国际技术流通造成不利影响或在其他方面阻碍各国,特别是发展中国家经济、技术发展。还指出,跨国公司应按照发展中国家既定的科技政策和优先安排,帮助这些国家增强科学技术能力。跨国公司应致力于发展中国家的基础研究和开发活动并在此过程中充分利用当地的资源和人力。

(6)消费者的保护。跨国公司从事经营活动,特别是生产和销售活动,应遵守经营所在地国有关消费者保护的国内法律、法规、行政惯例和政策。跨国公司还应在完成其活动时对有关国际标准给予应有的考虑,以免损害消费者健康,危及消费者的安全,或造成各个市场中产品质量的差异并给消费者带来不利后果。

跨国公司应在任何国家就其引进或意图引进的产品、制作过程和服务,按照该国主管机关确定的细节,依请求或定期地向上述机关提供一切有关情报,包括:可能损害环境的产品、制作过程和其他活动,包括试用及有关方面等的特点,以及为避免或至少减轻损害所需的措施和费用,其他国家为保护环境而就这些产品、制作过程和服务所施行的禁令、限制、警告及其他公共管制措施等。跨国公司应当响应所在国政府的请求,适时准备与国际组织合作,努力发展和提高旨在保护环境的国内国际标准。

3.信息公开问题

跨国公司应以适当的传达方式,向所在地国公众公开有关跨国公司作为整体的机构组织、政策、活动和经营情况的明确、充分、全面的情报,情报应包括财务和非财务事项,并应按年度定期公布,通常在公司财政年度结束后 6 个月内公布,绝对不得超出 12 个月。此外,跨国公司还应在财政年度的适当时间公布半年度的财务情报概要。每年公开的财务情报应于必要时附以适当的说明后汇总提交。

(四)跨国公司的待遇

这一章主要包括三个方面的内容:

1.对跨国公司的待遇

原则上一致同意"跨国公司应在其经营的各国受到公正和平等的待遇",但涉及具体问题时仍有分歧。

(1)国民待遇原则。跨国公司应在经营所在国受到公平合理的待遇,但必须符合国家宪法,并服从维护公共秩序和保障国际安全的要求,也不得背离与发展中国家发展目标有关的立法措施。但在具体表述和措辞上仍有分歧,在这背后实际上涉及如何解释和界定问题。根据上述规定,可以不让跨国公司插足某些部门,如电视、广播、电信等,而且也可以在某些方面不给予外资企业与本国企业同样的待遇。

(2)立法和规章的透明问题。促进和保证国内政策、法律、法规和行政惯例明确而稳定。影响到跨国公司的法律、法规应当迅速公布,使人容易看到。主管行政部门作出的有关跨国公司的各种决定等应在可能范围内予以散发。

(3)商业秘密保护问题。前面规定跨国公司对东道国和社会公众应提供其经营情况的有关信息,但《守则》同时也规定,为了商业利益,某些信息只向政府专门机构提供,而且必须遵守保密要求。

(4)外汇自由汇兑问题。跨国公司要求能够自由提取、汇出在东道国的盈利和其他一切支付,发展中国家要求前者必须服从东道国的国内立法,包括外汇管制法规,而美、英等国则只愿接受一般性原则,即跨国公司应支持发展中国家的外汇平衡的管理措施,帮助缓解发展中国家收支的困难。所以最终的规定仍有待磋商。

2.国有化和补偿问题

大家公认各个国家都有权对其领土内从事经营活动的跨国公司的财产进行国有化或征收,但有关国家应按照适用的法律规定和原则,给予相应的补偿。争议较大的问题是:西方国家坚持国有化及其赔偿问题都应接受国际法制约;而多数发展中国家认为,哪些算是普遍接受的国际法原则尚待商榷,只能按照各国同意接受的国际义务来衡量。西方国家要求赔偿必须是迅速的、充分的、有效的,这未被发展中国家接受。专家顾问们提出的是"适宜的赔偿",可避开上述"国际法"与"国际义务"之争,但双方都未接受这一措辞,因此分歧并未解决。

3.司法权问题

一致承认东道国对跨国公司在东道国的子公司有司法权,但对司法管辖权的涵义应如何界定却一直存在争议。

(五)各国政府为实施《守则》的合作

应当在国际范围,必要时在双边的、地区的和地区间的范围内,建立和加强政府间合作。

跨国公司与东道国政府之间的争端应尽量使用当地补救办法来解决,在这些办法未告穷尽时,母国政府不应代表跨国公司采取行动。这就是说,只要当地有补救办法,便不得寻求外交保护。同时又规定,即使母国政府采取行动,也不得违反《联合国宪章》和《关于各国依联合国宪章建立友好关系及合作之国际法原则之宣言》。

(六)各国和国际上为实施《守则》所采取的行动

各国在制定有关跨国公司的法规时,应充分考虑《守则》的目标和要求。国际上则应由联合国有关机构予以推动,并进行一系列必要的工作。

第四节　地区性和其他国际性规范

20 世纪 90 年代以来,全球双边投资协定得到迅速发展,至 2002 年底已有 170 个国家(地区)签署了 2181 个双边投资协定,而 1995 年底时其数量累计才 924 个,发展速度由此可见一斑。区域投资协定的发展也很迅速,截止到 2000 年,区域投资协定已超过 170 个(见 11-2)。除此以外,世界银行、国际劳工组织等也都制定了一些相关的规定。这些协定、规则和规定都对规范跨国公司行为发生了影响作用,下面列举其中几个规定加以说明。

表 11-2　包含有投资内容的若干区域协定

时间	名称	制定者	是否有约束力	是否通过
1957	阿拉伯经济联盟协议	阿拉伯经济联盟	有约束力	通过
1961	资本流动自由化法则	经济与合作组织	有约束力	通过
1961	经常项目无形资产交易自由化守则	经济与合作组织	有约束力	通过
1969	安第斯地区一体化协议	安迪斯共同市场	有约束力	通过
1971	阿拉伯国际投资保证公司协议	阿拉伯国际投资保证公司	有约束力	通过
1972	中非关税经济共同体跨国公司法则	中非关税经济共同体	有约束力	通过
1973	加勒比共同体条约	加勒比共同体	有约束力	通过
1987	东盟关于投资促进和保护协定	东盟	有约束力	通过
1989	第四次洛美协议	欧盟—非加太会议(EU—ACP)	有约束力	通过

一、安第斯公约国家第 24 号决议

为发展区域内经贸合作,筹组共同市场,经过磋商,一些拉美国家于 1969 年 5 月 26 日在哥伦比亚的港口城市卡泰格那签署了《安第斯地区一体化协定》,并成立了"拉美一体化协会",后改称为"安第斯条约组织"。当时批准协定的有玻利维亚、智利、哥伦比亚、厄瓜多尔与秘鲁五国,1973 年委内瑞拉加入,1976 年 10 月智利退出。1970 年 12 月 31 日,安第斯条约组织在秘鲁首都利马通过《对外资、商标、专利、许可证和提成的共同待遇的第 24 号决议》(以下简称《决议》)。《决议》的主要内容分为关于外资利用和技术引进两大部分,简述如下。

(一)关于外资利用

《决议》在外资利用方面采取逐步弱化的政策,主要措施有:

1．外资比例

成员国外资企业中外资比重在 15 年内应逐渐减少到 49％以下，如果高于此数，便不得享受成员国相互间给予的关税减免和其他贸易优惠。除非承诺在 15 年内出让股本，使成员国的公民或法人在该企业中占有多数股权。

2．关于利润汇回

外资企业每年汇出利润规定在其注册资本的 14％以下，外资企业每年再投资者若超过当年利润额的 5％，须经审查批准。

3．关于行业进入限制

外资企业不得进入公用事业、出版业与广播电视等敏感部门，外资银行不得吸收当地的活期和定期存款。

4．关于利息支付

外资企业支付国外借款利息不得超过东道国商业银行优惠利率的 3％以上。所谓优惠利率，是指成员国商业银行短期贷款的最低利率，如为 5％，则外资企业支付从国外借入的贷款利息时，最高只能按 8％计息，这是为了防止外资企业已支付利息的名义汇出更多的利润或转移资金。

(二)关于技术引进

西方发达国家跨国公司特别是美国跨国公司凭借其技术垄断优势，在拉美国家的技术引进合同中广泛使用限制性商业惯例(RBP)，其在技术引进合同中常见的做法有以下几种。

1．束缚性购买条款(tie-in clause)

要求技术输入方必须向输出方购买规定的设备、零配件、原材料等，从而大大增加了引进方的实际费用。

2．出口限制条款(export restriction clause)

要求技术输入方不得出口用引进技术所生产的产品，并在数量、地区、价格等各方面都做了限制，以加强西方跨国公司的垄断优势。

针对上述情况，《决议》规定：设立专门的政府机构审查并取消技术转让合同中的不合理条款；采取措施，促进"适用技术"的引进和发展；建立信息网络，交流成员国有关技术引进的情况和对策。

总之，反映了拉美国家反对外国控制和发展民族经济的良好愿望和迫切要求，但实践证明，《决议》的原则和措施是不合时宜和不切实际的，也不符合拉美国家的长远利益。1987 年 5 月，安第斯条约组织开会作出调整，决定在不背离维护国家主权和民族利益的前提下，各成员国可自行制定利用外资和引进技术的政策，自此，成员国普遍放宽了对外国资本的限制，并采取了一系列积极引进外资的措施，极大地促进了外国跨国公司对拉美国家的投资。

二、经济合作与发展组织国家的《宣言》和《多国企业准则》

(一)经济合作与发展组织国家的《宣言》

经济合作与发展组织的主要成员是西欧国家和美国、日本，故《宣言》、《准则》反映了西方发达国家在跨国公司问题上的立场和观点。《宣言》的全称是《关于国际投资和多国企业宣言》(Declaration of Investment and MNE)，于 1976 年 6 月 21 日在巴黎公布。《宣言》共分五个部分：一是《多国企业准则》(Guidelines for MNE)，简称《准则》，其是《宣言》的主要内容，载于其附则中;二是国民待遇;三是鼓励和抑制投资;四是政府间磋商程序;五是检查。第一部分《多国企业准则》较长,包括序言和七章内容(总政策、信息、公开、竞争、融资、税收、就业与工业关系、科学与技术)。

(二)经济合作与发展组织国家的《准则》

《准则》的主要内容,可概括为以下几个特点:

1. 具有较高的权威性

经合组织作出的决定有两类,一是"决议",对成员国有约束力;一是"建议",没有约束力。既然在跨国公司问题上不可能产生有约束力的法律文件,故采取《宣言》、《准则》的形式,向成员国提出建议,并由各国政府自愿执行。由于成员国政府均已表示赞同,故《准则》在政治上舆论上仍具有较高的权威性。

2. 措辞委婉内容较为抽象

既然是"建议",故不仅措辞委婉,内容也体现了所谓的 comity principle,即要求相互尊重主权和法律的原则。这就决定了各章往往罗列一些抽象的条文,要求成员国和跨国公司考虑。例如:

"多国企业应充分考虑东道国既定的总政策……"

"多国企业应努力保证其活动很好的配合东道国的科技政策和计划……"

至于采取什么措施,以便落实"充分考虑"、"努力保证"、"很好配合"等要求,却没有具体规定。那么,这是否意味着《准则》纯属一纸空文、毫无作用呢? 实际情况并非如此,在解决争议时,《准则》常被引为仲裁的根据;遇有不同意见时,也可在《准则》中寻找答案,或提请经合组织下属的"国际投资与多国企业委员会"予以澄清和解释。因此,《准则》仍是具有较高权威性的。

三、世界银行的《公约》和《准则》

(一)世界银行的《公约》

世界银行(即国际复兴开发银行)于 1965 年 1 月 18 日制定了《东道国与其他国家国民之间投资争议解决公约》(Convention on the Settlement of Investment Disputes between States and nationals of Other States),简称世界银行的《公约》。截至 20 世纪 80 年代末已有 98 个国家签署了这项公约,我国于 1990 年 2 月 9 日签署公约,唯有拉美国家大多数未参加。由于世界银行总部设在华盛顿,故这个《公约》又称为《国际投资华盛顿公约》。过去的投资争端往往要通过政府的外交活动来解决,而这个公约可说是首次在国际范围内为投资纠纷开辟了调解和仲裁的途径,投资人(跨国公司)不必求助于本国政府,而可直接求助于《公约》,这样比外交途径要简便灵活得多。同时对东道国政府来说,调解和仲裁不会直接影响两国的外交关系,也有利于吸引外资。

1966 年根据《公约》在世界银行内设立了"解决投资争议国际中心"(ICSID,International Center for Settlement of Investment Disputes)。中心是独立法人,其业务便是为争议双方提供调解和仲裁的服务,即中心本身并不是仲裁机构,而是进行组织和安排,它可为双方提供、推荐调解人的名单,由争议双方挑选。仲裁作出的裁决具有约束力,但是否提交仲裁,则由双方自愿选择。如果双方都同意交付仲裁,则就有义务接受和遵守裁决。按照《公约》第 25 条规定,必须符合以下三个条件,"中心"才能接受申请,并作出必要的安排:

(1)争议当事人的一方是公约的签署国的公民,而另一方是另一签署国的公民(法人);

(2)争议双方都有表示同意提交仲裁的书面申请；

(3)争议限定为"直接由于投资所引起的法律争端"。

(二)世界银行的《准则》

《公约》是专门用于调解和仲裁投资争议的程序和技术安排，并非跨国经营规范。因为该《公约》仅涉及投资争议问题的解决，而对如何消除争议产生的原因以及国际投资方面的其他问题并未触及。在 1992 年 9 月 21 日，世界银行又同国际货币基金组织一起在征询了有关国家政府和国际组织（如国际法协会）的意见后，公布了《关于外国直接投资的待遇准则》(Guidelines on the Treatment to foreign Direct Investment)，并要求"世行"和"基金"的各会员国把《准则》作为在其领土内对外国私人直接投资的进入和待遇的参照尺度。但这一《准则》是非强制性的，它完全是自愿执行的。这个《准则》的重点在于东道国政府应如何对待外国私人直接投资者，对于跨国公司的行为要求却很少提及，可见其立场是偏向于投资方的。

《准则》实际上是一份建议书，共分 5 项（或 5 个部分），简述如下：

(1)第一项，其主要说明《准则》适用于一切已存在的和新的外国私人直接投资。

(2)第二项，其主要内容是要求东道国取消复杂的外资进入程序，加强投资法规的透明度，创造良好的投资环境，并及时提供信息。但也提出东道国政府有权加强对外资的监管。

(3)第三项，其主要内容是规定对外资给予公正和平等待遇的一般标准，其中包括国民待遇，这里所说的"一般标准"应无偏见的适用于所有国家。

(4)第四项，其主要内容是同意东道国有权征用（国有化）外资企业的财产，但必须出于公众利益的需要，并提供赔偿，而不能基于国籍和民族的歧视。赔偿应是"迅速、充分、有效"的，并拟定了计算公式。如果外资企业因触犯东道国法律而被征用时，可减少甚至不给赔偿。在发生革命、战争和大规模的社会改革时，对外资实施国有化，其赔偿问题应由国家之间磋商解决，或提交国际仲裁。

(5)第五项，其主要内容是关于投资人与东道国政府之间的争议问题，其规定与前述的"华盛顿公约"大致类似，要求各会员国尽量提交 ICSID 去安排。

四、关于限制性商业做法的多边协议

所谓限制性商业做法（或称"惯例"），是指大企业利用其在市场上的支配地位，限制公平的自由竞争，以攫取高额利润的各种措施。

西方跨国公司在货物贸易和技术贸易中，通过限制性商业做法进行盘剥，历来为发展中国家所反对。也是国际经济秩序中破旧立新斗争的一项重要内容。1972 年在智利首都圣地亚哥召开的联合国贸发会议上，通过决议成立专家小组研究如何对付限制性商业做法；1979 年在日内瓦的贸发会议第 6 届大会上提出了专家小组草拟的多边协议，1980 年 12 月 5 日在联合国第 35 届大会上通过，其正式的全称为联合国《关于管制限制性商业做法的公平原则与规则的多边协议》，在有关书刊中，为简化起见常称之为"RBP Cod"。这项多边协议是自愿执行的，而且不包括跨国公司内部的做法，只要这些内部做法不妨碍第三者在市场上的竞争条件，多边协议就不应过问；同时，也没有一个常设的国际机构进行监督。因此，多边协议完全是一套软性规则，甚至连西方工商界人士也表示不满，因为他们也希望限制垄断行为，开展公平竞争。

上述多边协议指出的企业不应使用的一系列限制性商业做法，大体上分为两类：一类是通过协商一致的行动来限制自由竞争,比如,串通投票、固定价格、划分市场或客户、联合抵制交易等;另一类是滥用其在市场上的支配地位来排斥竞争者。比如,掠夺性行为、歧视性条件、兼并和接管其他企业等。

五、国际劳工组织关于跨国公司问题的宣言

国际劳工组织(International Labor Organization,ILO)是1919年根据《凡尔赛和约》成立的,当时是国际联盟的下属机构。联合国成立后就成为其"联系机构"之一。所谓联系机构,是指不属于联合国的独立的国际组织,但它与联合国保持联系,并互相配合开展工作。国际劳工组织目前约有150多个会员国,每个会员国可派两名代表参加,其中一名来自雇主,另一名来自工会。它所通过的决议、声明、备忘录等文件均无约束力,但它的公约如经会员国签署,则对该签署国就有约束力。国际劳工组织总部设在瑞士日内瓦,它的训练中心位于意大利都灵,秘书处被称为国际劳工局。该组织曾在1969年获得诺贝尔和平奖。

国际劳工组织的组织机构包括:

(1)国际劳工大会:最高权力机构,每年召开一次会议;闭会期间理事会指导该组织工作,国际劳工局是其常设秘书处。主要活动有从事国际劳工立法,制定公约和建议书以及技术援助和技术合作。

(2)理事会:国际劳工组织的执行委员会,每三年经大会选举产生,在大会休会期间指导该组织工作,每年3月和11月各召开一次会议。

(3)国际劳工局:常设秘书处,设在瑞士日内瓦国际劳工局总部。

国际劳工组织是以国家为单位参加的国际组织,该组织宗旨是促进充分就业和提高生活水平;促进劳资双方合作;扩大社会保障措施;保护工人生活与健康;主张通过劳工立法来改善劳工状况,进而获得世界持久和平建立社会正义。国际劳工组织的成员国代表团由政府、雇主组织和工人组织的代表组成,三方代表有平等独立的发言和表决权。组织自成立起至2011年共举行了100届国际劳工大会。到2012年3月,该组织共召开了313次理事会会议。近年来理事会的经常性议题主要有:审议通过结社自由、计划财务与行政、法律与国际劳工标准、就业与社会政策等专门委员会的工作报告,讨论预算、人事和会议计划等。除以上例会外,该组织还经常召开各种产业和部门专业会议,研究有关产业或行业在就业、培训、职业安全卫生和社会保障等方面的问题。

1977年11月16日国际劳工组织通过《关于多国企业和社会政策原则的三方宣言》(以下简称《宣言》),三方即指政府、雇主和劳工。《宣言》主要涉及工人待遇、就业培训等,其内容与前述经合组织1976年的《准则》中有关劳工问题的要求大致相同,并被后来联合国起草的《跨国公司行为守则》中所吸收。其中较重要的主张有:跨国公司应努力增加就业机会,实行无歧视的雇用政策,并采用能直接或间接促进就业的技术;跨国公司应提供培训机会,提高就业标准;跨国公司的工资福利和工作条件不应低于东道国当地雇主所提供的标准,如果没有当地雇主可以比较参照,则必须满足工人的基本需要,并尽可能提高标准;跨国公司应尊重工人集会、结社、集体谈判的权力,不得以撤资或迁厂等措施来对工人施加压力。

《宣言》只是一种建议,并无约束力,但国际劳工组织特别设立了一个委员会,负责评估《宣言》的实施,每三年向各会员国进行一次通信调查,工会组织也可直接反映有关的情况要求评估时给予注意。

六、国际商会的《准则》

(一)国际商会简介

国际商会是为世界商业服务的非政府间组织,是联合国等政府间组织的咨询机构.国际商会于 1919 年在美国发起,1920 年正式成立.其总部设在法国巴黎。

国际商会的基本目的,是为开放的世界经济服务,坚信国际商业交流将导致更大的繁荣和国家之间的和平。

目前,国际商会的会员已扩展到 100 多个国家之中,由数万个具有国际影响的商业组织和企业组成,已在 59 个国家中成立了国家委员会或理事会,组织和协调国家范围内的商业活动。

国际商会主要职能有四个:

(1)在国际范围内代表商业界,特别是对联合国和政府专门机构充当商业发言人。

(2)促进建立在自由和公正竞争基础上的世界贸易和投资。

(3)协调统一贸易惯例,并为进出口商制定贸易术语和各种指南。其自 1936 年以来几经修订,已经形成国际贸易中重要惯例的《国际贸易术语解释通则》(INCOTERMS),对国际商务活动产生了重要的影响作用。

(4)为商业提供实际服务,服务包括:设立解决国际商事纠纷的仲裁院、协调和管理货物临时免税进口的 ATA 单证册制度的国际局、商业法律和实务学会、反海事诈骗的国际海事局、反假冒商标和假冒产品的反假冒情报局、为世界航运创造市场条件的海事合作中心和经常组织举办各种专业讨论会和出版发行种类广泛的出版物。

(二)国际商会的《准则》简介

国际商会分别于 1972 年和 1977 年公布《国际投资准则》(ICC),该文件未被世界各国和跨国企业广泛接受,因此,其影响力远不及上述的 INCOTERMS,它只是一种建议,其中主要内容为 1976 年经合组织的《准则》所吸收。国际商会于 1975 年 12 月开始起草文件,要求跨国公司和有关方面对不正当支付的行为实行自我约束,1977 年 11 月 29 日由该商会的理事会通过,正式名称为《对付勒索和贿赂行为守则》,其中一些内容后为联合国起草的《跨国公司行为守则》时所吸收。

本章小结

(1)国际投资法律规范的主要特点与类别。国际投资的法律规范,是指调整国际间私人直接投资关系的国内法律规范与国际法律规范的总称。其主要特点是:限于海外私人投资;限于私人直接投资;是调整国际投资环境的有效手段;国内与国际相关立法是其法理渊源。其主要类别包括:资本输入国有关国际投资的法律规范;资本输出国有关国际投资的法律规范;国际投资的有关国际条约与守则;等。

(2)《与贸易有关的投资措施协议》及其法律框架。"与贸易有关的投资措施"(trade-related investment measures)简称《TRIMS 协议》,是世界上第一个专门规范贸易与投资关系的国际协定,被视为当今世界最有影响的国际投资规范。该协议是一个篇幅简短的框架性文件,由序言、正文与附录三部分组成。序言部分主要阐明了该协议的宗旨;正文部分包括 9 个条文:适用范围、国民待遇和数量限制、例外规定、发展中国家(的特殊待遇)、通知与过渡性安排、透明度要求、建立与贸易有关的投资措施委员会、磋商与争端解决、货物贸易理事会的审查。附录部分,为解释性清单(illustrative list),采用概括性与列举性相结合的方法,列举了五项为协议明确禁止的措施。

(3)GATS及其有关投资的具体承诺。《服务贸易总协定》,英文简称为GATS,其是关贸总协定乌拉圭会合多边贸易谈判达成的一项迄今为止第一套有关国际服务贸易的、具有法律效力的多边协定。它首次确立了有关服务贸易的规则和原则的多边框架,以便在透明和渐进自由化的条件下扩展这类贸易。GATS有关投资的具体承诺主要包括:市场准入、国民待遇和逐步自由化三个方面。关于市场准入条款,GATS对此的贡献之一是为服务贸易的市场准入提供了一个谈判机制,规定了成员方在市场准入方面承担的义务。关于国民待遇条款,其是整个协定中最重要的条款之一。协定在第17条规定,每个成员在所有影响服务提供的措施方面,给予任何其他成员的服务和服务提供者的待遇不得低于其给予该国相同服务和服务提供者的待遇。关于逐步自由化,GATS规定成员国可以自由决定其承担的市场准入义务的程度,并可明确的保留限制某些服务进入的权利,确认其服务贸易自由化为一个渐进过程。

(4)《联合国跨国公司行为守则》的主要内容。《联合国跨国公司行为守则》(以下简称《守则》),是由联合国国际投资和跨国公司委员会负责起草制定的,但文本至今仍未定案,《守则》制定目的在于对跨国公司的消极活动予以管制,促使跨国公司在国际经济中发挥积极作用。《守则》主要内容分为6章(或称6部分):序言和目标、适用范围、跨国公司的活动及其对东道国的态度、跨国公司的待遇、各国政府为实施《守则》的合作、各国和国际上为实施《守则》所采取的行动。其中关于"跨国公司的活动及其对东道国的态度"和"跨国公司的待遇"这两章篇幅相对较长,其对跨国公司行为以及东道国的态度做了较为明确的界定和要求。

(5)经合组织《宣言》与世界银行《公约》。《宣言》全称是《关于国际投资和多国企业宣言》(Declaration of Investment and MNE),由经济合作与发展组织于1976年6月21日在巴黎颁布。《宣言》共分5个部分,《多国企业准则》(Guidelines for MNE)作为其重要组成部分被载于附则中。由于经济合作与发展组织的主要成员是西方发达国家,因此,《宣言》反映了西方发达国家在跨国公司问题上的基本立场和观点。由于成员国政府均已表示赞同,故《准则》在政治上舆论上仍具有较高的权威性。

《公约》的全称是《东道国与其他国家国民之间投资争议解决公约》(Convention on the Settlement of Investment Disputes between States and nationals of Other States),由世界银行于1965年1月18日制定颁布。由于世界银行总部设在华盛顿,故《公约》又称为"国际投资华盛顿公约"。1966年,根据《公约》世界银行又设立了"解决投资争议国际中心"(ICSID,Internationa Center for Settlement of Investment Disputes),中心是独立法人,其业务是为争议双方提供调解和仲裁的服务。因此,该《公约》可说是首次在国际范围内为投资纠纷开辟了调解和仲裁的途径。截止20世纪80年代末已有98个国家签署了这项《公约》,我国于1990年2月9日签署该项《公约》,唯有大多数拉美国家未参加。

关键术语

国际投资法律规范　TRIMS协议　《联合国跨国公司行为守则》安第斯公约组织　经合组织《宣言》　华盛顿公约　限制性商业做法

思考练习题

1.试述国际投资的法律规范及其特征与类别。

2. 试述 WTO 中与贸易有关的投资措施的主要内容。

3. 试述《联合国跨国公司行为守则》的产生过程及其主要内容。

4. GATS 及其有关投资的具体承诺是什么？

5. 《安第斯工约国家第 24 号决议》的内容是什么？

6. 简述经济合作与发展组织《宣言》。

7. 简述世界银行《公约》。

主要参考文献

[1] 孔淑红,曾铮.国际投资学[M].2版.北京:对外经济贸易大学出版社,2005.

[2] 张蔚,徐晨,陈宇玲.国际投资学[M].北京:北京大学出版社,2002.

[3] 吴晓东.国际投资学[M].成都:西南财经大学出版社,2005.

[4] 袁钢明.跨国投资与中国[M].北京:中国财政经济出版社,1994.

[5] 王东京.国际投资论[M].中国经济出版社,1993:137.

[6] 张中华,李荷君.国际投资理论与实务[M].中国财政经济出版社,1995:17.

[7] 綦建红.国际投资学教程[M].清华大学出版社,2005:4.

[8] [澳]肯伍德,洛赫德,著.国际经济的成长:1820—1990[M].王春法,译.北京:经济科学
     出版社,1997:22.

[9] 仇启华.世界经济学[M].北京:中共中央党校出版社,1989:333.

[10] 谭力文,吴天明.国际企业管理[M].修订版.武汉:武汉大学出版社,2005.

[11] 阎定军,周德魁,刘良云.国际投资[M].北京:清华大学出版社,2005.

[12] 李焕林,刘茂盛.投资学概论[M].大连:东北财经大学出版社,2005.

[13] 韩福荣.国际企业管理[M].北京:北京工业大学出版社,2006.

[14] 刘惠芳.跨国企业对外直接投资研究[M].北京:中国市场出版社,2007.

[15] 陈向东,魏栓成.当代跨国公司管理[M].北京:机械工业出版社,2007.

[16] 杨蓉.国际财务管理[M].上海:立信会计出版社,2007.

[17] 谷秀娟.金融风险管理[M].上海:立信会计出版社,2006.

[18] 杨大楷.国际投资学[M].上海:上海财经大学出版社,2005.

[19] 范爱军.国际投资学[M].济南:山东大学出版社,2006.

[20] 李焜文.国际投资学[M].武汉:湖北科学技术出版社,2005.

[21] 任淮秀,汪昌云.国际投资学[M].北京:中国人民大学出版社,1992.

[22] 王红岩.国际投资学教程[M].上海:立信会计出版社,2007.

[23] 李小北,王珽玖.国际投资学[M].北京:经济管理出版社,2003.

[24] 刘红杰.国际投资学教程[M].上海:立信会计出版社,2002.

[25] 胡曙光,刘毅.国际投资学[M].北京:中国人民大学出版社,2005.

[26] 李焜文,章福宁.国际投资学[M].武汉:湖北科学技术出版社,2005.

[27] 陈玲.现代国际投资[M].厦门:厦门大学出版社.

[28] 唐小我,刘星.国际投资学[M].西安:西安交通大学出版社,1997.

[29] 中国证券业协会编.证券投资分析[M].上海:上海财经大学出版社,2002.

[30] 中国证券业协会编.证券市场基础知识[M].上海:上海财经大学出版社,2002.

[31] 章昌裕,梁蓓.国际投资学[M].北京:中国对外经济贸易出版社,2003.

[32] 卢进勇,杜奇华.国际投资理论与实务[M].北京:中国时代经济出版社,2004.

[33] 曾小龙,蒋瑛.国际投资学[M].北京:中国商务出版社,2006.

[34] 胡海鸥,宣羽畅,马骏.证券投资分析[M].上海:复旦大学出版社,2000.

[35] 何孝星.证券投资基金运行论[M].北京:清华大学出版社,2003.

[36] 任映国,文显武,刘崇仪,何自云. 国际投资学[M].北京:中国金融出版社,2001.

[37] 任淮秀. 投资银行业务与经营[M].北京:中国人民大学出版社,2005.

[38] 桑百川,郑健明,等著. 国际资本流动:新趋势与对策[M].北京:对外经济贸易大学出版社,2003.

[39] 陈同仇,薛荣久. 国际贸易[M].北京:对外经济贸易大学出版社,1997.

[40] 裴平. 跨国公司经营学[M].南京:南京大学出版社,1992.

[41] 黄庆波,陈双喜. 国际投资学[M].北京:中国商务出版社,2004.

[42] 康荣平. 大型跨国公司战略新趋势[M].北京:经济科学出版社,2001.

[43] 林康. 跨国公司与跨国经营[M].北京:对外经济贸易大学出版社,2000.

[44] 邱立成. 跨国公司研究与开发的国际化[M].北京:经济科学出版社,2001.

[45] 王林生. 跨国经营理论与实务[M].对外经济贸易大学出版社,2001.

[46] 曾忠禄. 公司战略联盟:组织与运作[M].北京:中国发展出版社,1999.

[47] 赵昌平. 跨国战略联盟的形成机制与管理研究[M].北京:经济管理出版社,2005.

[48] 史建三. 跨国并购论[M].上海:立信会计出版社,1999.

[49] 郭杰,肖善. 企业跨国并购问题分析[M].北京:中国三峡出版社,2004.

[50] 朱宝宪. 公司并购与重组[M].北京:清华大学出版社,2006.

[51] 张小蒂,王焕祥. 国际投资与跨国公司[M].北京:浙江大学出版社,2004.

[52] 世界银行. 1985年世界发展报告[R].北京:中国财政经济出版社,1985:12-13.

[53] 蒋琴儿. 我国发展国际租赁业务存在的问题与对策[J].国际市场,2006.

[54] 世界银行. 1985年世界发展报告[R].北京:中国财政经济出版社,1985:12-13.

[55] 世界银行. 1985年世界发展报告[R].北京:中国财政经济出版社,1985:11.

[56] 联合国跨国公司与投资司. 1994世界投资报告[R].北京:对外经济贸易大学出版社,1995:174.

[57] 中国社会科学院世界经济与政治研究所. 世界经济统计简编(1978)[M].上海:三联书店,1979:421.

[58] 世界经济统计年鉴[G].上海:三联书店,1974.

[59] 冼国明,严兵. 全球国际直接投资的发展趋势与前景[J].国际经济合作,2007(1).

[60] 胡帆. 论国际直接投资发展趋势和中国的对策[J].当代经理人(下半月).2005(2).

[61] 陈宝森. 新世纪跨国公司的走势及其全球影响[J].世界经济与政治,2000(8).

[62] 张蕴岭. 外国对美国直接投资的增长[J].世界经济,1983(12).

[63] [英]杰·阿加瓦尔,著. 欠发达国家的对外直接投资[J].郑月泉,胡福润,译.世界经济译丛,1986.

[64] 刘昌黎. 浅析80年代世界直接投资的形成[J].投资研究,1987(2).

[65] 陈琦伟. 评发展中国家和地区对外直接投资的兴起[J].世界经济,1982(10).

[66] 中国社会科学院世界经济与政治研究所. 世界经济年鉴(1988)[G].中国社会科学出版社,1988:487.

[67] 胡帆. 论国际直接投资发展趋势和中国的对策[J].当代经理人(下半月).2005(2).

[68] 美国存托凭证(ADR),http://www.friedlandcapital.com.cn/cn/show.asp?id=462&typeid=9

[69]　肖德,周先平.浅述垄断优势理论的发展[J].湖北大学成人教育学院学报,2000(2).

[70]　陈泽明,陈晓红.内部化理论评述——兼论全球对外直接投资趋势[J].理论前沿,2002
　　　(8).

[71]　王国顺.来特.企业国际化成长的内部化理论述评[J].中南大学学报(社会科学版),
　　　2006(1).

[72]　叶莉,庞亚新,赵海.跨国公司理论发展趋势研究综述[J].山西财经大学学报,2006(2).

[73]　李翀.对外直接投资理论的构建[J].北京师范大学学报(社会科学版),2006(5).

[74]　康荣平.新型跨国公司的诞生[M].环球企业家,2005(11)

[75]　彭敬.跨国公司发展的新趋势[OL].中国网,http://www.china.com.cn.

[76]　王志乐.跨国公司全球战略调整与强化公司责任的潮流[OL].中国网,http://www.
　　　china.com.cn.

[77]　孙祁祥,海涛.保险投资的国际惯例与中国实践[J].保险研究,2002(7).

[78]　王信.养老基金的国外投资:国际经验与中国的选择[J].证券市场导报,2003(3).

[79]　祝向军,王金铎.论国际保险市场发展模式[J].保险研究.2003(6).

[80]　边疆.影响未来美国保险业增长的五个因素[OL].中国经济报刊网,http://www.
　　　jjbk.com.

[81]　王国刚.全球金融发展趋势[M].北京:社会科学文献出版社,2003.

[82]　路妍.当代全球跨国银行发展变化的新特点及趋势[J].经济研究参考,2006(54).

[83]　王向荣.跨国银行国际化的路径分析——我国银行业国际化的路径选择[J].哈尔滨高
　　　等专科学校学报,2005(12).

[84]　陈清泗,吴凤平.对冲基金的发展回顾与未来展望[J].商业研究,2002(3).

[85]　卢怀谦.共同基金:美国人重要的理财渠道[OL].中证网,2007-03-04.

[86]　陈高翔.亚洲金融危机后国际对冲基金的发展[J].当代亚太,2004(8).

[87]　万晓兰,汪威毅.跨国公司新论[M].江苏:经济科学出版社,2003.

[88]　李尔华.跨国公司经营与管理[M].北京:清华大学出版社、北京交通大学出版社,2005.

[89]　郭寿康,赵秀文.国际经济法[M].北京:中国人民大学出版社,2000.

[90]　余劲松,吴志攀.国际经济法[M].北京:北京大学出版社、高等教育出版社,2000.

[91]　中国科学院.高技术产业有关文件选编:WTO法律规则与评述(下),2002(15).http://
　　　www.cas.cn/jzd/jyb/jwjhb/jgjscyygwjhb/dswq2002.

第二版后记

本书由西安交通大学国际经济与贸易系教授樊秀峰撰写大纲,并组织全国七家高校相关教师撰写而成。樊秀峰、薛新国担任主编,樊增强、王舒建、王增涛担任副主编。本书在编写过程中以及再版都得到了西安交通大学出版社的大力支持与协助。2013 年 8 月再版时,樊秀峰负责对全书进行了校对与修订,同时还根据教学要求和跨国企业实践需要,对原书内容进行了增删,删去了原书第六章"国际证券投资"内容,增加了新书第十一章"国际投资的法律规范"内容。

再版修订后的编写人员及其分工顺序如下:

樊秀峰教授(西安交通大学)撰写第一、十一章;薛新国(河南财经大学)撰写第二、第三章;樊增强(山西师范大学)撰写第四、第五章;王舒建(西安建筑科技大学)撰写第六章;张同功(青岛科技大学)撰写第七章;王增涛(西安交通大学)撰写第八章;李亚宁(东北大学)撰写第九章;马玲(西安石油大学)撰写第十章。

本书初稿完成后,由樊秀峰教授对全书进行了统稿,并作最终的总纂定稿。

在本书写作期间,硕士研究生高蓉、张笑言、赵静贵、张雁、杨雪艳等参与了第一章、第九章初稿的写作,并参与了全书的文字校核工作,特此说明并感谢。

在本书的编写中,参考了国内外众多的相关文献,在此,谨向这些文献的原作者表示真诚的谢意。同时,向一切为本书的出版发行做出努力的人表示感谢。

编　者
2013 年 8 月